普通高等教育交通类专业规划教材

汽车运用工程学
第 2 版

陈焕江　李复活　编著

机械工业出版社

《汽车运用工程学》（第 2 版）系统阐述汽车运用工程学科的基本概念、基本规律和基本方法，全面介绍汽车使用过程中有关汽车运用基础设施、汽车使用性能、汽车运用技术、汽车运用技术保障等内容，努力反映汽车运用工程领域的新技术、新理论、新成果。

　　本书既可用作高等院校交通运输（汽车运用工程）、汽车服务工程和其他相关专业本科生或研究生"汽车运用工程"课程的教材或教学参考书，也可供从事汽车技术管理、汽车运输、汽车技术使用、汽车维修等工作的技术人员和管理人员参考。

图书在版编目（CIP）数据

汽车运用工程学/陈焕江，李复活编著. —2 版. —北京：机械工业出版社，2018.7

普通高等教育交通类专业规划教材

ISBN 978-7-111-60350-4

Ⅰ.①汽… Ⅱ.①陈… ②李… Ⅲ.①汽车工程-高等学校-教材 Ⅳ.①U46

中国版本图书馆 CIP 数据核字（2018）第 145843 号

机械工业出版社（北京市百万庄大街 22 号　邮政编码 100037）
策划编辑：赵海青　责任编辑：赵海青　责任校对：刘　岚
封面设计：马精明　责任印制：孙　炜
天津千鹤文化传播有限公司印刷
2018 年 8 月第 2 版第 1 次印刷
184mm×260mm · 23.25 印张 · 573 千字
0001—3000 册
标准书号：ISBN 978-7-111-60350-4
定价：59.90 元

前　言

要实现汽车运用的最佳效果，就必须科学合理地运用车辆。《汽车运用工程学》以提高汽车运用效果为主线，全面介绍汽车使用过程中有关汽车运用基础设施、汽车使用性能、汽车运用技术、汽车运用技术保障等内容，系统阐述汽车运用工程学科的基本概念、基本规律和基本方法，努力反映汽车运用工程领域的新技术、新理论、新成果，深入探讨提高汽车运用的经济效益和社会效益的技术措施、组织措施和管理措施。

《汽车运用工程学》（第 1 版）自 2010 年 5 月出版以来，数次重印，在全国许多高等院校的交通运输（汽车运用工程）专业、汽车服务工程专业和其他相关专业的教学中得到广泛应用，并于 2016 年 9 月获得陕西省普通高等学校优秀教材二等奖。本次修订过程中，在总结并坚持第 1 版优点的基础上，根据汽车运用工程领域的发展和技术进步，结合我们在实际教学中的学术积累和教学经验积累，第 2 版在以下方面进行了更新：

1. 根据汽车运用和汽车技术管理领域最新颁布的标准法规，力求反映汽车行业、汽车运输和管理行业的新技术、新成果、新趋势；对全书内容及文字进行了较大幅度更新。

2. 在保持第 1 版的基本内容框架的基础上，进一步优化了章节和内容安排，以更好地与其他相关课程的授课内容相衔接。

3. 根据所介绍内容之间的逻辑关系对相关内容进行了调整，使其逻辑性和系统性更好。

4. 增加了各章复习题以供读者参考选做。

5. 修改了第 1 版文字、图表、公式中的错误。

本书由长安大学陈焕江教授和三门峡速达交通节能科技有限公司李复活博士编著。长安大学邱兆文、王来军、肖梅、陈昊、朱彤、沈小燕等和三门峡速达交通节能科技有限公司李红宇、李雪锋、邹忠月、赵训练、李燕、卫振国、赵静等参与了资料分析、数据整理、插图绘制等工作。长安大学汽车学院和三门峡速达交通节能科技有限公司的领导对本书出版非常关心并提供了许多帮助，作者对此表示感谢。在本书编著过程中，参考了很多文献资料，在此对各位作者深表谢意。

恳请读者对本书的内容和章节安排等提出宝贵意见，并对书中存在的错误及不当之处提出批评和修改建议，以便本书再版修订时参考。

目　录

前　言

第一篇　汽车运用基础设施

第一章　汽车运输道路设施 ……… 2
第一节　道路交通网络 ……… 2
第二节　道路设施 ……… 10
第三节　道路交通控制设施 ……… 19
复习题 ……… 26

第二章　公路运输枢纽和站场设施 ……… 28
第一节　公路运输枢纽 ……… 28
第二节　汽车货运站（场） ……… 29
第三节　汽车客运站（场） ……… 34
复习题 ……… 41

第二篇　汽车使用性能

第三章　汽车整车结构参数和使用方便性 ……… 44
第一节　汽车的结构参数 ……… 44
第二节　汽车的质量参数及利用 ……… 46
第三节　汽车的使用方便性 ……… 49
复习题 ……… 52

第四章　汽车的动力性 ……… 53
第一节　汽车动力性的评价指标 ……… 53
第二节　汽车行驶方程式 ……… 54
第三节　汽车动力性分析 ……… 68
第四节　附着条件限制下汽车的动力性 ……… 75
第五节　影响汽车动力性的驱动系统参数 ……… 79
第六节　汽车动力性试验 ……… 83
复习题 ……… 87

第五章　汽车的燃油经济性 ……… 89
第一节　汽车燃油经济性的评价指标 ……… 89
第二节　汽车燃油经济性的计算 ……… 93
第三节　影响汽车燃油经济性的结构因素 ……… 98
第四节　汽车燃油经济性试验 ……… 102
复习题 ……… 103

第六章　汽车的制动性 ……… 105
第一节　汽车制动性的评价指标 ……… 105
第二节　制动时车轮的受力 ……… 106
第三节　汽车的制动效能 ……… 112
第四节　制动效能的恒定性 ……… 115
第五节　制动时汽车的方向稳定性 ……… 117
第六节　前、后轴制动器制动力的比例关系 ……… 120
第七节　防抱死制动系统的工作原理 ……… 125
第八节　汽车制动性试验 ……… 126
复习题 ……… 129

第七章　汽车的操纵稳定性 ……… 130
第一节　弹性轮胎的侧偏特性 ……… 130
第二节　汽车转向时的运动 ……… 135
第三节　汽车稳态转向特性分析 ……… 137
第四节　转向轮绕主销的摆振 ……… 144
第五节　作用于转向轮的稳定效应 ……… 146
第六节　汽车的瞬态响应简介 ……… 149
第七节　汽车操纵稳定性试验 ……… 150
复习题 ……… 151

第八章　汽车的行驶平顺性 ……… 153
第一节　汽车行驶平顺性的评价 ……… 153
第二节　汽车振动系统的简化和振动特性分析 ……… 156
第三节　影响汽车行驶平顺性的结构因素 ……… 159
第四节　汽车行驶平顺性试验 ……… 161
复习题 ……… 162

第九章　汽车的通过性 ……… 164
第一节　汽车通过性的评价指标 ……… 164
第二节　汽车的倾覆失效 ……… 167
第三节　影响汽车通过性的因素 ……… 169

第四节 汽车通过性试验 ………… 172
复习题 ……………………………… 173

第十章 汽车的环保性 ………… 175
第一节 汽车的排放性能 ………… 175

第二节 汽车噪声排放性能 ……… 182
第三节 汽车电磁波干扰 ………… 187
复习题 ……………………………… 188

第三篇 汽车运用技术

第十一章 汽车运输组织与效益 … 192
第一节 运输需求 ………………… 192
第二节 汽车运输过程和统计指标 … 193
第三节 汽车货物运输组织 ……… 195
第四节 公路旅客运输组织 ……… 200
第五节 城市公共汽车客运组织 … 204
第六节 汽车利用效率单项评价指标 … 207
第七节 汽车运输综合评价指标 … 210
复习题 ……………………………… 215

第十二章 汽车运行材料及合理使用 … 217
第一节 汽车燃料及合理使用 …… 217
第二节 汽车润滑材料及合理使用 … 225
第三节 汽车工作液及合理使用 … 235
第四节 汽车轮胎及合理使用 …… 240
复习题 ……………………………… 247

第十三章 汽车运用安全技术 …… 249
第一节 道路交通事故及其分类 … 249
第二节 道路交通事故的影响因素 … 251

第三节 道路交通安全系统分析 … 254
第四节 道路交通事故的预防措施 … 261
复习题 ……………………………… 264

第十四章 汽车公害防治技术 …… 266
第一节 汽车排放公害的防治 …… 266
第二节 汽车噪声公害的防治 …… 274
第三节 汽车电磁波公害的防治 … 279
复习题 ……………………………… 280

**第十五章 汽车在特殊条件下的合理
使用** …………………………… 282
第一节 汽车的走合期及其合理使用 … 282
第二节 汽车在低温条件下的合理使用 … 285
第三节 汽车在高温条件下的合理使用 … 290
第四节 汽车在高原和山区条件下的
使用 …………………………… 295
第五节 汽车在拖挂运输条件下的合理
使用 …………………………… 299
复习题 ……………………………… 301

第四篇 汽车运用技术保障

第十六章 汽车技术状况及其变化 … 304
第一节 汽车技术状况和运用性能 … 304
第二节 汽车技术状况变化的基本原因 … 305
第三节 影响汽车技术状况变化的使用
因素 …………………………… 307
第四节 汽车技术状况变化的规律 … 310
第五节 道路运输车辆技术等级划分和
评定 …………………………… 311
复习题 ……………………………… 312

第十七章 车辆的技术管理 ……… 314
第一节 车辆技术管理概述 ……… 314
第二节 车辆的基础管理 ………… 315
第三节 车辆的全过程技术管理 … 318

复习题 ……………………………… 326

第十八章 汽车的检测诊断与维修 … 327
第一节 汽车的检测诊断 ………… 327
第二节 汽车的维护 ……………… 342
第三节 汽车的修理 ……………… 346
第四节 汽车维修经营及维修质量管理 … 353
复习题 ……………………………… 356

第十九章 汽车更新理论 ………… 357
第一节 汽车性能劣化的原因 …… 357
第二节 汽车使用寿命 …………… 357
第三节 汽车更新时刻的确定 …… 359
复习题 ……………………………… 364

参考文献 ……………………………… 365

第一篇　汽车运用基础设施

道路交通网络有公路交通网络和城市道路交通网络两大类。两者共同构成城市间或城市与周边地区的对外道路交通系统和城市内部的道路交通系统；而公路运输枢纽及其站场设施是公路运输网络上的节点，是综合运输枢纽体系的重要组成部分，旨在提高公路运输的组织化程度并达成各种运输方式的有机衔接。

道路运输网络的完善程度决定着汽车的运用效果和运输效益，影响着汽车运输服务水平的提高，也制约着汽车运用和运输服务的空间范围。

因此，在汽车运用过程中，汽车运输道路设施、道路交通网络和汽车运输站场设施、公路运输枢纽所构成的道路运输网络是最重要的基础设施，本篇将给予重点阐述。

第一章　汽车运输道路设施

汽车运输服务于城市和乡村广大区域的旅客和货物位移，完善的汽车运输道路设施和道路交通网络是充分发挥汽车运输功能，提高运输服务水平的基础设施，也是决定汽车运输服务范围的基础条件。

第一节　道路交通网络

根据服务区域、交通性质和使用特点，道路交通网络有公路交通网络和城市道路交通网络两大类。前者构成城市间或城市与周边地区的对外道路交通运输系统；而后者服务于城市中的交通运输，承担着城市内部各种机动车、非机动车、行人等不同形式的交通任务，是城市内部的交通载体。

一、公路交通网络

公路运输系统是由公路交通网络、载运工具（汽车）、运输站场等设施设备按照一定规则构成的有机整体。公路交通网络是由各种不同等级、不同规格的道路构成的网状结构。按照服务区域和范围，公路交通网络分多个层次，如：国道网、省道网、县道网。各层次公路交通网络有机连接构成完整、方便、通达的公路交通网络；并与铁路、水路、航空、管道运输网络有机结合，构成国家综合交通运输网。完善的公路交通网络及公路运输系统，对于汽车运输效益和服务水平的提高具有重要意义，是从事汽车运输生产的载体和基本条件。

1. 公路交通网络的要求

公路交通网络的布局结构应满足以下要求：

（1）满足国民经济发展的要求　公路交通网络的布局结构和建设必须服从于所服务区域社会经济发展的总战略、总目标。在不同发展阶段，区域公路交通网络应有相应的发展规模，应满足该阶段所服务区域内的社会经济发展对公路运输的需求，其布局结构应适应社会生产力分布的大格局和相应公路运输量和运输流向的空间分布。

（2）因地制宜，与区域自然条件相适应　公路交通网络布局结构应适应区域交通源的分布、交通流量和流向，并结合地形、地质、河流、综合运输布局、周边公路网以及原有公路网状况。

公路交通网络布局结构、主要公路线路走向、公路等级和通行能力应与公路交通的流量和流向相一致，以发挥最佳运输效益。地形、地质、河流影响公路造价，也影响公路的运输效益，因此应选择地形、地质状况较好的走向，并减少与河流的交叉。

（3）与综合运输网络协调发展　区域综合运输网络是由公路网、铁路网、水运网、航空网、管道网五种运输方式组成的，公路运输是综合运输系统中的一种运输方式。其布局结构相互协调、相互配合，才能发挥各种运输方式的长处，共同完成所服务区域的运输任务。同时，其线路布置上应减少相互干扰，避免过多交叉。

（4）不同层次公路交通网络协调发展　某层次公路网的布局结构必须服从于上一层次

公路网总体布局的要求，各层次公路交通网络有机连接，才能构成完整、方便、通达的公路交通网络。如：省际（域）公路网布局结构，必须以国家干线公路交通网络布局为前提；城市区域公路网规划，必须以国家干线网络布局和省际（域）干线网络布局为前提。同时，区域间公路交通网络要协调发展，相互衔接，使之发挥最大效益；另外，新建公路交通网络应与现有公路交通网络结合，使之得到充分利用，发挥最大作用。

2. 公路交通网络的结构

公路网布局结构是以运输需求场所和运输站场为节点，以连接运输节点间的公路为边线所组成的图形来表示。公路网的结构和完善程度对于汽车运输的效率有关键影响。如图 1-1 所示为某地公路网络的结构。

一般来说，在平原和微丘地区，路网布局结构以三角形（星形）、棋盘形（方格形）和放射形（射线形）较为普遍；由于受到山脉和河川的限制，在重丘地带和山区，路网布局结构往往为并列型、树权型或条型。当主要运输节点偏于区域边缘时，路网布局结构常为扇型或树权型；在狭长地带，区域公路网常为条型。而各种布局结构往往又相互组合而形成混合型。

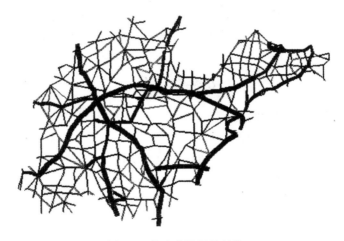

图 1-1 某地公路网的结构

3. 公路交通网络的主要技术指标

公路交通网络的技术评价指标分两类：一类是反映公路网结构性能的指标，包括公路网密度、公路网连通度、公路网铺面率、公路网可达性等；另一类是反映公路交通网络使用功能的指标，包括公路网平均车速、公路网拥挤度、公路网平均交通事故率、公路网服务水平等。

（1）公路网密度 反映国家或地区的公路发展水平和路网结构的合理性，是评价公路交通网络的重要指标之一。常用评价参数如下。

① 面积密度 δ_1（km/km^2），指单位面积拥有的公路里程长度。即

$$\delta_1 = L/A$$

② 人口密度 δ_2（km/万人），指单位人口拥有的公路里程长度。即

$$\delta_2 = L/P$$

③ 车辆密度 δ_3（km/百辆），指单位车辆占有的公路里程长度。即

$$\delta_3 = L/N$$

④ 运输密度 δ_4（km/万车公里），指单位运输周转量占有的公路里程数。即

$$\delta_4 = L/T$$

⑤ 经济密度 δ_5（km/亿元），指单位经济产值占有的公路里程数。即

$$\delta_5 = L/GDP$$

式中　L——区域内公路总长度（km）；

　　　A——区域国土面积（km²）；

　　　P——区域总人口（万人）；

　　　N——区域车辆保存量（百辆）；

　　　T——区域客、货车周转量（万车·km）；

　GDP——区域国内生产总值（亿元）。

上述参数中，面积密度使用最为普遍。但由于各区域的自然地理特征、经济发展水平和人口密度不同，因此有时使用其他评价参数。

（2）公路网连通度　为区域内各节点间由公路交通相互连通的强度。公路网密度从公路网建设规模方面反映公路网结构性能；公路连通度则通过网络交通节点（公路交叉口或交通枢纽）的连通状况，从路网布局合理性的角度反映公路网的结构特点。公路网连通度计算公式为

$$C = \frac{L/\xi}{sN} = \frac{L/\xi}{\sqrt{AN}}$$

式中　C——规划区域内公路网连通度；

　　　L——区域内的公路网总里程（km）；

　　　s——相邻两节点间的平均空间直线距离（km）；

　　　A——区域面积（km²）；

　　　N——区域内应连通的节点数；

　　　ξ——非直线系数。

当 C 值接近 1.0 时，公路网布局为树状，各节点之间多为两路连通；C 值为 2.0 时，公路网布局为方格网状，节点多为四路连通；当 C 值略大于 3.0 时，公路网布局为三角网状，节点多为六路连通。一般来说，公路网连通度 C 最好为 2.0~3.0。

（3）公路网铺面率　指铺有路面的公路里程占整个公路网总里程的比例。铺面率与整个路网的通行能力和服务水平密切相关。既直接影响行车质量（如：行车的全天候性和舒适性等），又直接影响公路运输的经济效益。其计算公式为

$$P = \frac{\sum L_p}{\sum L}$$

式中　P——公路网平均铺面率（%）；

　　$\sum L_p$——铺有路面公路总里程（km）；

　　　$\sum L$——公路网总里程（km）。

（4）公路网可达性　指从某一节点出发，通过公路交通抵达任一目的地的行程距离、行程时间或交通费用的大小。

公路网中某一节点的可达性，即由该点开始至其他各点的平均出行时间 $T_i(h)$ 和距离 $D_i(km)$ 为

$$T_i = \frac{\sum\limits_{j}^{n} t_{ij}}{n}$$

$$D_i = \frac{\sum\limits_{j}^{n} d_{ij}}{n}$$

式中　t_{ij}——i、j 两节点间的最短平均行程时间（h）；

　　　d_{ij}——i、j 两节点间的最短平均距离（km）；

　　　n——路网中节点数目。

整个公路网络的可达性，则由其总平均出行时间 $\overline{T}$ 或距离 $\overline{D}$ 来表示，即

$$\overline{T} = \frac{\sum\limits_{i}^{n} T_i}{n}$$

$$\overline{D} = \frac{\sum\limits_{i}^{n} D_i}{n}$$

（5）公路网平均车速　是公路网络系统、车辆技术性能和公路交通管理系统综合作用的结果，是反映公路网络服务质量的重要指标。计算公式为

$$\overline{v}_a = \frac{\sum\limits_{i}^{n} (\overline{v}_{ai} l_i q_i)}{\sum\limits_{i}^{n} (l_i q_i)}$$

式中　$\overline{v}_a$——平均车速（km/h）；

　　　$\overline{v}_{ai}$——第 i 路段平均行驶车速（km/h）；

　　　l_i——第 i 路段里程（km）；

　　　q_i——第 i 路段交通量（辆/日）。

（6）公路网拥挤度　为公路网交通量与公路网容量之比，是用来表示公路拥挤或利用程度的指标，反映整个公路网与交通需求的适应情况。其计算公式为

$$S = \frac{Q}{C} = \frac{\sum\limits_{i} (q_i l_i)}{\sum\limits_{i} (l_i c_i)}$$

式中　S——公路网拥挤度；

　　　Q——整个路网交通量（辆/日）；

　　　C——整个路网的标准容量（辆/日）；

q_i——第 i 个路段实际交通量（辆/日）；

c_i——第 i 个路段设计标准交通量（辆/日）；

l_i——第 i 个路段里程（km）。

利用以上技术指标评价实际公路交通网络的结构性能、功能和完善程度时，应根据具休情况作适当取舍或修正。

二、城市道路交通网络

城市道路交通网络指由各类各级城市道路所组成的连接城市各种功能区域和组织社会生产和生活的交通骨架。城市道路交通网络布局是否合理，直接关系到城市是否可以合理、经济地运转和发展，影响着城市交通的快捷、顺畅和方便。建立结构合理、主次分明、功能良好、完整、连续、通畅的城市道路网络，对促进和加快城市建设与发展具有极其重要的意义。

1. 城市道路交通网络的基本要求

城市道路交通网络应能适应城市将来的发展、交通结构的变化和要求，具有一定超前性。

（1）满足城市道路交通运输需求　城市道路交通网络是城市综合交通体系中的子系统。其功能包括：使城市各分区之间有方便、迅速、安全和经济的交通联系，能形成城市道路交通干道系统，满足城市中以速度为主要要求的长距离出行；在城市各分区内部则要形成工作、生活性道路，满足以交通容量为主要要求的短距离出行，以方便城市中客、货流的集散。

在城市道路系统中，快速路和主干路主要起"通"的作用，应满足机动车以较高速度通过的要求；次干路则兼有"通"和"达"的功能。次干路两侧一般设置有大量的沿街商贸、文化、卫生建筑设施及城市公共服务设施，并且与支路直接相连，支路对于城市客货流的集散以及在快速干道上的运输起着承接转换的作用。因此，要求次干路具有较大的交通容量，道路通行速度则居于第二位；支路则遍及到城市各分区内部，主要起"达"的作用，其主要功能是交通过程中最初的"集"和最终的"散"。

（2）满足城市合理布局的要求　城市道路交通网络应构成城市结构的基本框架。各级道路常常是划分城市各分区、组团、各类城市用地的分界线，形成城市分区布局的"骨架"。比如城市支路和次干路可能成为划分小街坊或小区的分界线；城市次干路和主干路可能成为划分大街坊或居住区分界线；城市交通性主干道和快速路及两旁绿化带可能成为划分城市分区或组团的分界线。道路网分割的城市用地及分区形态，应有利于城市总体规划对用地的分配。

城市各级道路应成为联系城市各分区、组团、各类城市用地的通道。比如城市支路应成为联系小街坊或小区之间的通道；城市次干路可能成为联系各分区、组团内各大街坊或居住区的通道；城市主干道可能成为联系城市各分区、组团的通道；公路或快速路又可把郊区城镇与中心城区联系起来。

（3）满足城市环境的要求　城市道路网络的布局应尽可能使建筑用地取得良好的朝向，以有利于城市建筑的通风、日照。

城市道路网络应有利于组织城市的景观。形成自然、协调、活泼、多变的城市风貌，给人以浓烈的生活气息、丰富的动感和美好的感受。

（4）满足各种市政工程管线布置的要求　城市公共事业和市政工程管线包括：给水管、雨水管、污水管、电力电缆、照明电缆、通信电缆、供热管道、煤气管道及地上架空线杆等，其走向和埋设与道路网布局密切相关。因此，城市道路网络应能满足工程管线的布置要求，并为其留下必需的布置空间。

2. 城市道路交通网络的结构形式

城市道路交通网络结构形式指城市道路交通网络的平面投影几何图形，是根据城市发展需要，为满足城市规模、形态、用地布局、城市交通及其他要求而形成的。由于社会经济条件、自然条件和建设条件的差别，不同城市道路系统的发展形态不同，具有不同的结构形式。

（1）方格网式道路交通网络　又称为棋盘式道路网。其优点是街道形状整齐，有利于沿街建筑布置，且由于平行方向有多条道路，交通分散、灵活性大。其缺点在于道路功能不易明确，交叉口多，对角线方向的交通不便。北京市中心区的城市道路交通网络是典型的方格网式结构形式，如图 1-2 所示。

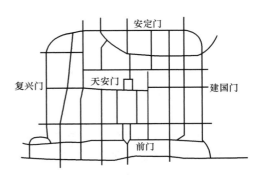

图 1-2　方格网式道路交通网络

（2）环形加放射式道路交通网络　指由市中心向四周引出若干条放射干道，并在各条放射干道间连以若干条环形干道的城市路网。优点是有利于市中心区与各分区、郊区、市区外围相邻各区之间的交通联系，道路功能明确。缺点是放射形干道容易将各方向外围交通引至市中心，造成市中心交通过于集中，交通灵活性不如方格网式道路网；同时，道路形成的街区不规则，交叉口不易处理，不利于建筑布置。我国长春市和英国伦敦市的城市道路交通网络是典型的环形加放射式结构形式，如图 1-3 所示。

（3）自由式道路交通网络　一般是由于城市地形起伏变化较大，道路适应地形变化呈不规则形状而形成的。主要优点是不拘一格，充分结合自然地形，线形生动活泼，对环境和景观破坏较少；缺点在于绕行距离较大，不规则街坊多，建筑用地较分散。重庆市的城市道路交通网络是典型的自由式结构形式，如图 1-4 所示。

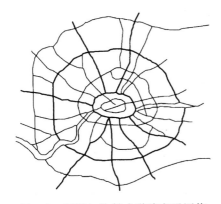

图 1-3　环形加放射式道路交通网络

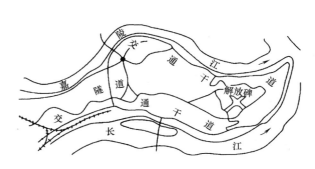

图 1-4　自由式道路交通网络

（4）混合式道路交通网络 方格网式、环形加放射式及自由式三种基本路网形式常常组合在一起，形成混合式城市道路网。混合型城市道路网有利于因地制宜、扬长避短、合理组织分配交通，如中心城区布置（或保留）方格网式结构，各分区、郊区、城区及外围可用放射环和（或）自由式结构加以组织。武汉市城市道路系统已形成了典型的混合式道路网结构形式，如图 1-5 所示。

此外，还有一种由一两条主要交通干道作为纽带（链），好像脊骨一样联系着各类较小范围的道路网而形成的链式道路网。常见于组合型城市或带状发展的组团式城市，如兰州等。

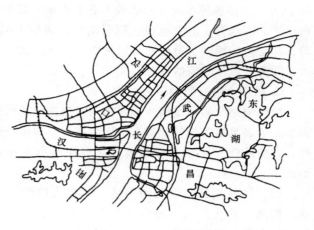

图 1-5 混合式道路交通网络

3. 城市道路交通网络的主要技术指标

评价城市道路交通网络完善程度的主要技术指标包括交叉口间距、道路网密度、道路面积率、人均道路用地面积、非直线系数等。

（1）交叉口间距 不同规模城市的不同性质、不同等级道路的交叉口间距应有不同要求，主要取决于道路设计车速、隔离程度及方便性要求，其推荐值见表 1-1。

表 1-1 城市道路交叉口间距推荐值

道路类型	快速路	主干路	次干路	支路
设计车速/（km/h）	60~100	40~60	30~50	20~40
交叉口间距/m	1500~2500	700~1200	350~500	150~250

注：小城市取低值。

（2）道路网密度 即城市道路总长度与城市用地总面积之比。道路网密度对于城市居民出行和货物集散的方便性、便捷性和迅速性有重要影响，其评价指标按各类道路分别表示：

$$\delta_i = \frac{\sum L_i}{\sum A}$$

式中 δ_i——某类道路网密度，i 分别对应为快速路、主干路、次干路和支路；

$\sum L_i$——某类道路总长度（km）；

$\sum A$——城市建设用地总面积（km²）。

根据 GB 50220—1995《城市道路交通规划设计规范》的规定，大、中城市各类道路网的密度指标见表 1-2。

道路网密度值无法反映同类道路因横断面宽度不同而产生的通行能力差异，因此不能全面评价道路网对城市交通的适应性。

表 1-2　大、中城市道路网密度指标

项目	城市规模与人口/万人		快速路	主干路	次干路	支路
通路网密度 /（km/km²）	大城市	>200	0.4~0.5	0.8~1.2	1.2~1.4	3~4
		≤200	0.3~0.4	0.8~1.2	1.2~1.4	3~4
	中等城市		—	1.0~1.2	1.2~1.4	3~4

（3）道路面积率　指城市各类各级道路占地面积与城市用地总面积之比值：

$$r = \frac{\sum(L_i \cdot B_i)}{\sum A}$$

式中　r——城市道路面积率（%）；

L_i——各类道路长度（km）；

B_i——各类道路宽度（km）；

$\sum A$——城市建设用地总面积（km²）。

城市道路用地面积也包括交通集散广场和公共停车场面积等。

根据 GB 50220—1995《城市道路交通规划设计规范》规定，r 应在 8%~15% 之间，对规划人口在 200 万以上的大城市，r 应为 15%~20%。

（4）人均道路用地面积　指城市道路用地总面积与城市人口总数之比值，即

$$\lambda = \frac{\sum(L_i \cdot B_i)}{N}$$

式中　λ——人均道路用地面积（m²/人）；

L_i——各类道路长度（m）；

B_i——各类道路宽度（m）；

N——城市总人口（人）。

根据 GB 50220—1995《城市道路交通规划设计规范》规定，λ 应为 7~15m²/人。其中：道路用地面积 6.0~13.5m²/人，广场面积为 0.2~0.5m²/人，公共停车场面积为 0.8~1.0m²/人。

（5）非直线系数　指道路起、终点间的实际长度与其平面直线距离之比值，用以衡量道路网的便捷程度。

$$\rho = \frac{L}{\overline{L}}$$

式中　ρ——非直线系数；

L——道路起、终点的实际长度；

$\overline{L}$——道路起、终点的平面直线距离。

除山区或地形起伏较大的城市外，交通干道的非直线系数应尽可能控制在 1.4 以内。

（6）道路红线宽度　道路红线是道路用地和两侧建筑用地的分界线。道路用地包括车行道、步行道、绿化带、分隔带四部分。在道路的不同部位，这四部分的宽度有不同的要求。例如，在道路交叉口附近，车行道应加宽，以利于不同方向车流在交叉口分行，步行道部分加宽，以减少交叉口人流拥挤状况；在公共交通停靠站附近，要求增加乘客候车和集散的用地。根据实际需要，道路红线的宽度是变化的。

不同等级道路对道路红线宽度的要求不同，根据 GB 50220—1995《城市道路交通规划设计规范》规定，大、中城市道路红线宽度见表 1-3。

表 1-3　大、中城市道路红线宽度　　　（单位：米）

项目	城市规模/万人		快速路	主干路	次干路	支路
道路宽度/m	大城市	>200	40~45	45~55	40~50	15~30
		≤200	33~40	40~50	30~45	15~20
	中等城市		—	35~45	30~40	15~20

第二节　道　路　设　施

一、公路基础设施

公路指连接城市、乡村，主要供汽车行驶的具备一定技术条件和设施的道路，是一种建筑在大地上的带状空间结构物。

1. 公路的主要结构

公路的结构主要包括路基、路面、桥涵、隧道、排水工程、防护工程、公路沿线设施等。

（1）路基　路基是路面的基础。路基必须具有足够的强度和整体稳定性，以承受车辆荷载的作用。路基通常由天然土石材料修筑而成，其基本构造如图 1-6 所示。

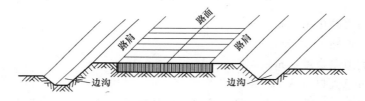

图 1-6　路基基本构造

（2）路面　路面是公路与汽车车轮直接接触的结构层，一般是用各种不同的材料铺筑于路基顶面的单层或多层结构，如图 1-7 所示。路面应具有足够的强度、稳定性、平整度和粗糙度，以承受车轮载荷，减小磨损，保证汽车的附着条件和较小的运行阻力，使车辆安全而舒适地行驶。

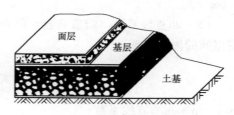

图 1-7　路面结构示意图

路面平整度是路面的主要使用特征，影响汽车运行速度、动载荷、轮胎磨损、货物完好性及乘员舒适性，从而影响汽车的利用指标和使用寿命。例如，汽车在良好路面上行驶，可达到较高车速并具有良好的燃料经济性；汽车在崎岖不平的道路上行驶，平均技术速度低，换档和制动频繁，加剧了零件的磨损，并增加了油耗和驾驶人工作强度；路面不平也使汽车零部件受到的冲击载荷增大，加剧行驶系统损伤和轮胎磨损，同时因难以操纵而易于引发交通事故。另外，在附着条件不良的路面上，汽车的制动距离增长，容易发生侧向滑移，汽车行驶的安全性降低。汽车允许行驶速度与路面平整度的关系如图 1-8 所示。

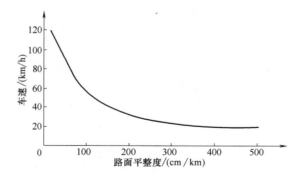

图 1-8　汽车允许行驶速度与路面平整度的关系

（3）桥梁、涵洞　公路跨越障碍物（如：河流、山谷、铁路、公路）时，需要修筑桥梁和涵洞。交通部 JTG B01—2014《公路工程技术标准》规定，凡单孔跨径不小于 5m 或多孔跨径总长不小于 8m 者，都称之为桥梁；当小于上述值时则称为涵洞，如图 1-9 所示。

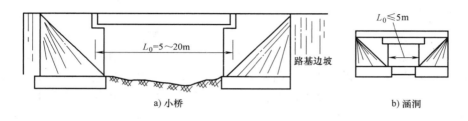

a) 小桥　　　　　　　　　　　　　　　b) 涵洞

图 1-9　桥梁与涵洞示意图

（4）隧道　山区公路翻越垭口或穿越山梁时，往往采用隧道，如图 1-10 所示。隧道可以改善公路平面线形，减缓纵坡，缩短路线里程，提高路线标准，并能减少土石方开挖工程量，但隧道的施工技术和工程造价较高。

除上述基本构造物外，公路的构成还包括交通安全设施、交通管理设施、防护设施、停车设施、公路养护和营运房屋等设施及公路绿化等。

2. 公路的几何要素

公路是平面上有曲线、纵面上有起伏的立体空间线形，包括平面线形和纵面线形。

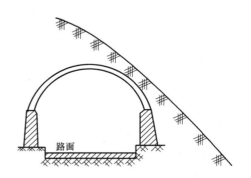

图 1-10　公路隧道示意图

（1）平面线形几何要素　公路的中心线在水平面上的投影称为公路路线的平面。当受地形、地质、地物等障碍的限制时，就需要设置曲线来连接相邻两直线。因此，公路的平面线形主要由直线、圆曲线、缓和曲线组成，如图 1-11 所示。

直线是平面线形中的基本线形，其长度应根据路线所处地段的地物、地貌，并结合土地利用、驾驶人的视觉和心理状态以及行车安全等合理布设。直线的最大长度（m）及曲线间直线的最小长度一般规定为设计车速（km/h）的若干倍。但长直线路段易使驾驶人注意力

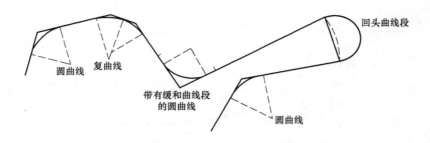

图 1-11　公路路线的平面线形

不集中而不利于安全行车，因此高速公路应避免采用长直路线形。

路线遇到障碍或需要改变方向时需要设置圆曲线，在直线段和圆曲线之间，则需插入一段曲率半径逐渐过渡的缓和曲线。车辆沿圆曲线行驶时，会产生离心力，其大小与车速的平方成正比，与圆曲线半径成反比。因而，可按照设计车速的要求，以车辆不因离心力作用而倾倒为目标，确定圆曲线半径的限制值。为平衡离心力作用，道路横断面应向曲线内侧倾斜，称为超高。

汽车在弯道上曲线行驶时，受离心力作用可能会引起侧向滑移，操纵性恶化，舒适性降低，严重时可能翻车。平曲线半径过小时，车辆的轮胎在行驶中在侧向力作用下发生侧向变形，车轮滚动阻力增大、磨损增加，燃油消耗量也增大；曲线路段还影响驾驶人的视线，夜间行车时的光照距离也比直线段短，不利于行车安全。平曲线半径与交通事故率的关系如图1-12 所示。

在直线段和圆曲线之间，须插入一段其曲率半径逐渐过渡的缓和曲线。

（2）纵断面线形几何要素　纵断面指通过公路中线随地形的起伏而变化的竖向剖面，如图 1-13 所示。纵断面线形由直线匀坡线和相邻坡段间插入的竖曲线所组成。

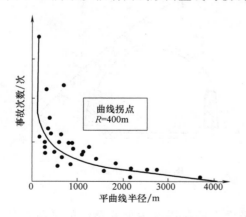

图 1-12　平曲线半径与交通事故率的关系

图 1-13　公路纵断面示意图

公路路线的纵向坡度值以高差与水平距离之比的百分数表示。理想的纵坡度应当是均匀平缓的纵坡，并能使各种车辆都能最大限度地以接近设计速度行驶。公路纵坡使汽车受到坡度阻力的影响。上坡行驶时，汽车动力消耗增大，后备功率降低，燃料消耗增加。若纵坡过陡，则因坡度阻力过大而使汽车不得不以最低档行驶，车速大幅降低，车辆行驶中速度差异大，还可能造成上坡熄火；若陡坡过长，则会因长时间大负荷工作，发动机过热、燃油供给系统发生气阻。因此，公路纵坡的坡度应满足相应规定。下坡行驶时，汽车易于加速行驶甚至下坡溜滑失控。坡度过陡时，驾驶人的操作难度大，一旦遇到突发情况就可能酿成事故。而当汽车沿长大陡坡下坡时，为控制下坡速度需要持续制动，导致制动器工作温度升高产生热衰退现象，使制动性能下降。因此，对坡长要给予限制，并要设置一定长度的缓和坡段。

相邻两个纵坡之间要插入竖曲线（图1-14），以缓冲汽车行驶到纵坡变坡点时产生的冲击，保证行车视距，增加行车安全感和舒适感。竖曲线线形有凹凸之分。凸形竖曲线，以改善纵坡顺适性和保证行车视距为依据；而凹形竖曲线可以减小行车

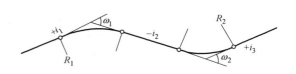

图 1-14　竖曲线的形式

时汽车受到的冲击力，缓和行车颠簸和振动，并保证夜间行车灯光束照明视距的要求。

（3）行车视距　驾驶人在行车过程中，从发现前方障碍物后而进行制动或绕避时，车辆所行驶的最小长度，称为行车视距。足够的视距和清晰的视野，是保障行车安全的重要因素。在平、竖曲线上超车时发生的道路交通事故常常与视距不足有关，视距不良的路段往往是事故多发路段。道路事故率与行车视距的关系如图 1-15 所示。

行车视距分为停车视距、会车视距和超车视距三种。

汽车行驶时，驾驶人自看到前方障碍物时起至到达障碍物前安全停车止，所需的最短行车距离称为停车视距，如图 1-16 所示。分析停车视距时，驾驶人的视线高度取 1.2m；障碍物的高度取 0.1m。

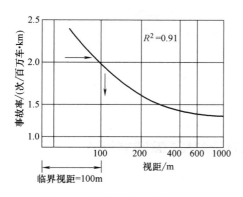

图 1-15　事故率与行车视距

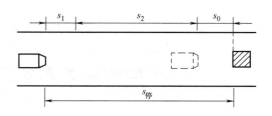

图 1-16　停车视距
S_0—安全距离　S_1—反应距离　S_2—制动距离

会车视距指两辆对向行驶的汽车能在同一车道上及时制动避免碰撞，所必需的距离，如图 1-17 所示。会车视距一般取停车视距的两倍。

当后车在双车道公路上超越前车时，从开始驶离原车道的位置，至可见逆行来车，并能在超车后安全驶回原车道所需的最短距离为超车视距，如图 1-18 所示。分析超车视距时，驾驶人的视线高度和障碍物的高度都取 1.2m。

（4）横断面几何要素　公路中心线的法线方向的剖面图称为公路横断面，包括路面

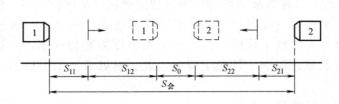

图 1-17　会车视距

S_{11}—车辆 1 的反应距离　S_{12}—车辆 1 的制动距离

S_{21}—车辆 2 的反应距离　S_{22}—车辆 2 的制动距离　S_0—安全距离

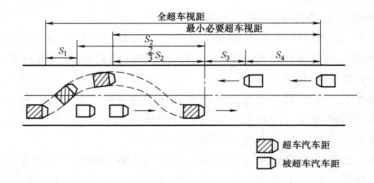

图 1-18　超车视距

S_1—加速行驶的距离　S_2—超车汽车在对向车道上的行驶距离

S_3—超车结束时，超车汽车与对向汽车间的安全距离

S_4—超车汽车从开始加速到超车结束时对向汽车的行驶距离

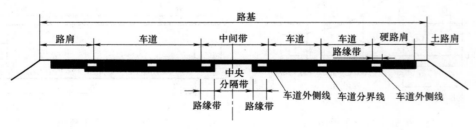

图 1-19　公路横断面

（车道）、路肩、中央分隔带、路基等，如图 1-19 所示。

　　行车道宽度与汽车宽度、行驶速度、交通量、交通组成等因素有关，一般应有能满足对向车辆错车、超车或并列行驶所必需的余宽。大部分情况下为 3.75m；山区公路通常取较小值，但不应小于 3.5m。

　　车道数取决于公路的设计交通量和公路的技术等级。对于高速公路和一级公路一般采用四车道或六车道。

路肩设置于行车道两侧，位于行车道外缘至路基边缘，是具有一定宽度的带状结构物。起保障行车道的功能和临时停车的作用，并作为路面的横向支撑。

高速公路和一级公路应设置中间带，以分隔往返车流，保证安全，减少事故，提高通行能力。中间带由两条分设在各个方向行车道左侧的路缘带以及中央分隔带组成。路缘带具有诱导视线的作用。

路基指路面下的土基，是根据路线位置和技术要求修筑的带状构造物。为承受由路面传播下来的载荷，路基应有足够的强度、稳定性和耐久性。路基的宽度一般为车道宽度、路肩宽度和中央分隔带宽度之和。

公路横断面内的车道宽度、车道数和路肩宽度等技术特征对于公路的通过能力、汽车运行的平均技术速度、汽车行驶安全性和舒适性有很大影响。

3. 公路交叉

公路与公路或公路与铁路等相交的部位称为交叉口。路线与路线在同一高程相交叉称为平面交叉，由于来往车辆在同一平面上通过，因而形成较多的冲突点（钝角相交）和交织点（锐角相交）。因此平面交叉有车速低、易产生交通阻滞和交通事故的缺点；但平面交叉形式简单、造价低、占地小。

相交公路在平面交叉范围内应有良好的线形和视距。平面交叉范围内的路段宜采用直线，纵面应平缓，相互通视点至路口的距离应满足视距要求，如图 1-20 所示。

平面交叉按构造不同可分为渠化交叉和非渠化交叉；按几何形状不同，可分为 T 形交叉（图 1-20）、十字形交叉（图 1-21）和环形交叉（图 1-22a）。图 1-22b 为渠化十字平面交叉的一种类型。

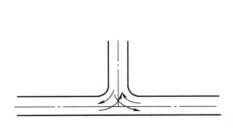

图 1-20　非渠化平面 T 形交叉

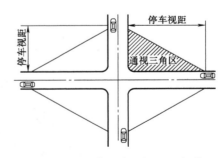

图 1-21　十字形交叉视距三角形

路线与路线在不同高程相交叉称为立体交叉。立体交叉把相交公路的交通流从空间上分离开来，使直行车辆畅通无阻，有效减少了冲突点和交织点，可以大幅提高交叉口通行能力，对保证车辆安全畅通有重要意义；但立体交叉技术复杂、占地面积大、造价高。

根据相交道路上行驶的车辆是否能相互转换，立体交叉又可分为分离式和互通式两种。在交叉处设跨路桥，上、下道路之间不设匝道的立体交叉称为分离式立体交叉，如图 1-23a 所示；上、下道路之间设有匝道，相交道路上行驶的车辆可以相互转换的立体交叉称为互通式立体交叉，如图 1-23b 所示。

4. 公路等级及技术特征

（1）公路等级　道路等级是影响汽车运用的一切道路因素的基础，是对汽车的使用效果起决定性作用的道路条件。

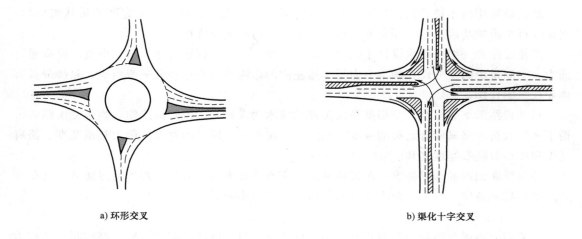

a) 环形交叉   b) 渠化十字交叉

图 1-22 十字交叉

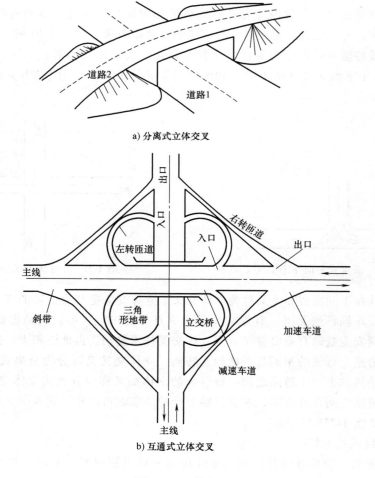

a) 分离式立体交叉

b) 互通式立体交叉

图 1-23 立体交叉

根据交通部 JTG B01—2014《公路工程技术标准》，依据公路交通所承担的任务、性质和相应的交通量，我国公路分为五个等级：高速公路、一级公路、二级公路、三级公路和四级公路。

高速公路为专供汽车分向、分车道行驶，并应全部控制出入的多车道公路。四车道高速公路应能适应将各种汽车折合成小客车的年平均日交通量 25000～55000 辆；六车道高速公路应能适应将各种汽车折合成小客车的年平均日交通量 45000～80000 辆；八车道高速公路应能适应将各种汽车折合成小客车的年平均日交通量 60000～100000 辆。

一级公路为供汽车分向、分车道行驶，并可根据需要控制出入的多车道公路，一般为连接高速公路、大城市结合部、开发区经济带以及边远地区的干线公路。四车道一级公路应能适应将各种汽车折合成小客车的年平均日交通量 15000～30000 辆；六车道一级公路应能适应将各种汽车折合成小客车的年平均日交通量 25000～55000 辆。

二级公路为供汽车行驶的双车道公路，一般为连接中等城市的干线公路或通往大工矿区、港口的公路，或交通运输繁忙的城郊公路。二级公路应能适应将各种汽车折合成小客车的年平均日交通量 5000～15000 辆。

三级公路为主要供汽车行驶的双车道公路，一般为沟通县及城镇的集散公路。三级公路应能适应将各种车辆折合成小客车的年平均日交通量 2000～6000 辆。

四级公路为主要供汽车行驶的双车道或单车道公路，一般为沟通乡、村等地的地方支线公路。四级公路能适应将各种车辆折合成小客车的年平均日交通量为：双车道 2000 辆以下；单车道 400 辆以下。

公路等级的选用应根据公路的功能、路网规划、交通量，并充分考虑公路所在地区的综合运输体系、远景发展等，经论证后确定。

（2）技术特性　JTG B01—2014《公路工程技术标准》对每级公路规定了相应的技术标准，如设计车速、车道宽、车道数、最小停车视线距、纵坡、平曲线半径等，见表1-4。各级公路的设计速度和车道数应根据公路的功能、等级、交通量，并结合沿线地形、地质等状况，经论证后确定。

表 1-4　各级公路主要技术指标（JTG B01—2014《公路工程技术标准》）

公路等级		高速公路			一级公路			二级公路		三级公路		四级公路	
设计速度/（km/h）		120	100	80	100	80	60	80	60	40	30	30	20
车道宽度/m		3.75	3.75	3.75	3.75	3.75	3.50	3.75	3.50	3.50	3.25	3.25	3.0①
不设超高圆曲线最小半径/m	路拱≤2.0%	5500	4000	2500	4000	2500	1500	2500	1500	600	350	350	150
	路拱>2.0%	7500	5250	3350	5250	3350	1900	3350	1900	800	450	450	200
凸形竖曲线半径极限值/m		11000	6500	3000	6500	3000	1400	3000	1400	450	250	250	100
凹形竖曲线半径极限值/m		4000	3000	2000	3000	2000	1000	2000	1000	450	250	250	100
竖曲线最小长度/m		100	85	70	85	70	50	70	50	35	25	25	20
停车视距/m		210	160	110	160	110	75	110	75	40	30	30	20
会车视距/m								220	150	80	60	60	40
超车视距/m								550	350	200	150	150	100
最大纵坡（%）		3	4	5	4	5	6	5	6	7	8	8	9

① 单车道时为 3.5m。

二、城市道路基础设施

1. 城市道路及其分类

城市道路是城市中组织生产、安排生活所必需的车辆、行人交通往来的道路。城市道路把城市的各个组成部分连接了起来，并与郊区公路、铁道场站、港口、码头、航空机场相贯通。城市道路是组织城市交通运输的基础。对于承担市内公共交通任务、市内运输及物流配送的车辆，城市道路条件对运用效果有重要影响。

交通性质、交通量和行车速度是区分城市道路类型的基本因素。根据 GB 50220—1995《城市道路交通规划设计规范》的规定，城市道路分为快速路、主干路、次干路和支路四类。

快速路的功能是快速交通，是解决城市长距离快速交通的主要道路。快速路进出口应采用全控制或部分控制；快速路与快速路相交或与高速公路相交，必须采用立体交叉。

主干路以交通功能为主。主干路上的机动车与非机动车应分道行驶；平面交叉口间距以800~1200m 为宜，主干路不宜设置公共建筑物出入口。

次干路是城市的区域性交通干道，为区域交通集散服务。次干路与主干路组成道路网，连接城市各部分，集散交通。

支路以服务功能为主。支路用于联系各居住小区，解决地区交通，且直接与两侧建筑物的出入口相接。支路还应满足公共交通线路行驶的要求。

2. 城市道路交叉口

城市中道路与道路相交的部位称为城市道路的交叉口。是构成城市交通网络、影响城市交通快速畅通的关键部位。

城市道路交叉口分为平面交叉和立体交叉两类，每一类又包括多种形式，以适应不同的通行能力和不同的地形构造。

（1）平面交叉　平面交叉指城市道路在同一标高相交。根据交叉道路数，平面交叉可分为三路交叉、四路交叉和多路交叉，常见的形式有十字形、X 字形、T 字形、Y 字形、错位交叉和复合交叉等几种。规划交叉口时，应设法减少冲突点和交织点。

交叉口的行车安全和通行能力，在很大程度上决定于交叉口的交通组织。常用交通组织方式有环形交叉、渠化交通、交通管制几种方式。

环形交叉指在交叉口中央设置圆形或椭圆形交通岛，使进入交叉口的车辆一律绕岛单向逆时针方向行驶，如图 1-22a 所示。

渠化交通指在交叉口合理布置交通岛，组织车流分道行驶，以减少车辆行驶时的相互干扰，如图 1-22b 所示。

交通管制是指在交叉口设置信号灯或由交通警察手势指挥，使通过交叉口的直行、左转弯和右转弯车辆的通行时间错开。

（2）立体交叉　立体交叉是利用跨线结构物使不同方向的城市道路在不同高程上相互交叉。在交通流量较大的城市道路交叉口采用立体交叉，可以有效减少交通冲突点和交织点，提高通行能力，保障交通畅通。调查表明，采用立体交叉后，行车速度和通行能力比相同规模的平面交叉口提高 2.5~3 倍。根据相交道路上的交通能否相互转换，立体交叉可分为分离式和互通式两类。

分离式立体交叉在交叉处设跨路桥，上、下道路之间不设匝道，上、下道路上行驶的车辆不能相互转换，如图 1-23a 所示。其主要作用是分离两个方向的交通流，保证城市快速干道交通畅通。当快速干道与城市次要道路相交时，可采用分离式立体交差。如快速干道从桥下穿过，称为主线下穿式；反之，称为主线上跨式。

互通式立体交叉相交道路上行驶的车辆可以相互转换，用于两条主干道相互交叉的场所。其主要组成部分包括跨路桥、匝道、出入口、变速车道，如图 1-23b 所示。

跨路桥分两类。高速或快速路从桥上通过，相交道路从桥下通过，称为上跨式；反之，称为下穿式。

匝道是为连接两相交道路而设置的互通式交换道，可分为单向匝道、双向匝道和设分隔带的双向匝道。

出入口包括出口和入口。由快速道路驶出，进入匝道的道口称为出口；由匝道驶出，进入快速道路的道口称为入口。由匝道驶入快速道的车辆需加速，由快速道驶入匝道的车辆需要减速。

变速车道指设置在快速道右侧，用于出入匝道的车辆加速或减速使用的附加车道。

3. 停车场

为满足城市交通发展的需要，除了需要便捷的道路网络系统之外，还应设置相应数量的停车场。根据服务对象不同，停车场分为专用停车场和公用停车场两类。专用停车场专为机关或单位的车辆使用；公用停车场则为社会各种车辆提供停车服务，如分布在城市出入口，为外地进入城市的车辆或过境车辆提供停车服务的停车场，或设置在商场、影剧院、体育场馆等公共建筑附近的停车场，以及城市道路路段上的停车场等。

城市公共停车场用地总面积可根据规划城市人口，按每人 $0.8 \sim 1.0\,\text{m}^2$ 规划。在市中心地区，停车场的服务半径不大于 200m；一般地区不大于 300m。公共停车场的停车面积根据规划停车位数计算，每个停车位占地 $25 \sim 30\,\text{m}^2$。按车辆与通道的位置关系，机动车辆的停放方式可分为平行式、垂直式、斜放式三种类型，如图 1-24 所示。

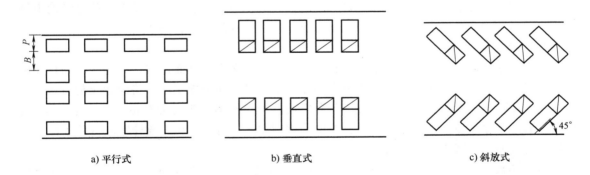

a) 平行式   b) 垂直式   c) 斜放式

图 1-24　机动车辆的停放方式

P—停车带　*B*—通道

第三节　道路交通控制设施

道路交通控制设施是道路交通安全、畅通的必要前提条件。道路交通控制设施分为交通信号和交通安全设施。

一、交通信号

交通信号是指挥车辆、行人前进、停止或者转弯的特定信号，包括用光色、手势表示的信号和用标志、标线表示出的指挥、引导意图，如：交通信号灯、交通标志、交通标线和交通警察的指挥等，其作用是对道路上的车辆、行人合理分配通行权，使之有秩序地顺利通行。

1. 交通信号灯

交通信号灯是指用手动、电动或电子计算机操作，以信号灯光指挥交通，在道路交叉口分配车辆通行权的设施。交通信号灯规定了交叉口车辆的运行次序，引导车流按脉冲流行驶，减少或消除了交叉口的冲突点。因此，在平面交叉口设置信号灯可以大大提高交叉口的通行能力，并降低事故率。

交通信号灯分为机动车信号灯、非机动车信号灯、人行横道信号灯、车道信号灯、方向指示信号灯、闪光警告信号灯、道路与铁路平面交叉道口信号灯。

交通信号灯一般是红、黄、绿三色信号灯。绿灯表示允许通行，红灯表示不准通行，黄色灯为红色灯与绿色灯之间的过渡信号。有些信号灯除红、黄、绿三色基本信号灯外，增加了箭头信号灯和闪烁灯。箭头信号灯在灯头上加设指示方向的箭头，分设左、直、右三个方向，用于分离各种不同方向的交通流，并对其提供专用通行时间。在一组灯具上，具备左、直、右三个箭头信号灯时，就可取代普通的绿色信号灯。闪烁灯在各色信号灯启亮时，按一定的频率闪烁，以补充其他灯色所不能表达的交通指挥意义。

交通信号的控制方式基本上可分为定时式和感应式。

定时信号控制是利用定时控制器，按预先设定的时间顺序，重复变换红、黄、绿三色灯的控制方式。信号周期时间可按照交叉口处不同方向上的车流情况预先规定一种或几种。

感应信号控制是通过车辆检测器测定到达交叉口的车辆数，及时变换信号显示时间的一种控制方式。其优点是能充分利用绿灯时间，提高通行能力，使车辆在停车线前尽量能不停车，从而可得到安全通畅的通车效果。但感应式信号装置的造价较高。

2. 道路交通标线

道路交通标线指标划于路面上的各种线条、箭头、文字、立面标记、突起路标和轮廓标等。道路交通标线的作用是建立行进方向的参照系，管制和引导交通。路面标线是引导驾驶人视线，保障车流分道行驶，导流交通行驶方向，指引车辆在汇合和分流前进入适当车道，组织交通的重要手段。正确设置交通标线能合理利用道路有效面积，改善车流行驶条件，增加道路通行能力，减少交通事故。

（1）道路交通标线的功能　根据功能不同，道路交通标线分为指示标线、禁止标线、警告标线、路标等类型。

指示标线是用于指示车行道、行车方向、路面边缘、人行道等设施的标线。主要包括路面中心线、车行道分界线、车行道边缘线、人行横道线、距离确认线、左转弯导向线、高速公路出路口标线、停车位标线、导向箭头、路面文字标记。设置在平交路口驶入段车道内的导向箭头如图1-25所示。

禁止标线是告示道路交通的遵行、禁止、限制等特殊规定的标线。主要包括禁止超车线、禁止变换车道线、禁止停放线、停止线、停车让行线、减速让行线、非机动车禁驶区标线、导流线、禁止掉头线、专用车道线等。

警告标线是促使车辆驾驶人及行人了解道路上的特殊情况，提高警觉，准备防范应变措施的标线。主要包括车行道宽度渐变标线、接近路面障碍物标线、减速标线等。

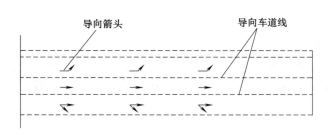

图 1-25　导向箭头

路标为沿道路中线或车道边线或防撞墙埋设的反光标志物，用以指示道路方向、车行道边界。

（2）道路交通标线的标划方式　路面标线的颜色有黄色和白色两种。白色一般用于准许车辆越过的标线，例如车道线、转弯符号等；黄色一般用于车辆不准许超越的标线，例如禁止通行区、不准超车的双中心线等。根据标划方式，道路交通标线可分为以下几类：

① 白色虚线。划于路段中时，用以分隔同向行驶的交通流或作为行车安全距离识别线；划于路口时，用以引导车辆行进。

② 白色实线。划于路段中时，用以分隔同向行驶的机动车和非机动车，或指示车行道的边缘；设于路口时，可用作导向车道线或停止线。

③ 黄色虚线。划于路段中时，用以分隔对向行驶的交通流；划于路侧或缘石上时，用以禁止车辆长时在路边停放。

④ 黄色实线。划于路段中时，用以分隔对向行驶的交通流；划于路侧或缘石上时，用以禁止车辆长时或临时在路边停放。

⑤ 双白虚线。划于路口时，作为减速让行线；设于路段中时，作为行车方向随时间改变之可变车道线。

⑥ 双黄实线。划于路段中时，用以分隔对向行驶的交通流。

⑦ 黄色虚实线。划于路段中时，用以分隔对向行驶的交通流。黄色实线一侧禁止车辆超车、跨越或回转；黄色虚线一侧在保证安全的情况下允许车辆超车、跨越或回转。

⑧ 双白实线。划于路口时，作为停车让行线。

3. 道路交通标志

道路交通标志是用图形符号、颜色和文字传递特定信息，用于管理交通的设施。道路交通标志设置在路侧或道路上，可使驾驶人在一定距离内迅速、准确地辨认出标志形状和文字、字符图案，从而及时掌握交通信息并采取相应措施。因此，交通标志应有良好的视认性。决定视认性好坏的主要因素是标志的颜色、形状和字符图案。

交通标志主要包括警告标志、禁令标志、指示标志、指路标志、旅游区标志、道路施工安全标志等。

（1）警告标志　警告标志用于唤起驾驶人对前方公路或交通条件的注意，如陡坡、急转弯、窄桥、铁路平交口以及安全行车警告标志。警告标志的颜色为黄底、黑边、黑图案，其形状为顶角朝上的等边三角形，通常设在距危险地点及应注意地点一定距离的位置。交叉路口、急弯、傍山险路标志如图 1-26 所示。

a) 交叉口　　　　　b) 急弯　　　　　c) 傍山险路

图 1-26　警告标志

（2）禁令标志　禁令标志是根据道路和交通情况，根据交通管理规则，为保障交通安全而对车辆和行人的交通行为加以禁止或限制的标志，如限速、不准停车、不准超车、不准左转等。禁令标志的颜色一般为白底、红圈、红杠、黑图案。其形状通常为圆形。禁止通行、禁止停车、速度限制标志如图 1-27 所示。

a) 禁止通行　　　　　b) 禁止停车　　　　　c) 速度限制

图 1-27　禁令标志

（3）指示标志　指示标志是指示车辆、行人按规定方向、地点行进或停止的标志，其颜色为蓝底、白图案，形状为圆形、长方形和正方形。如：直行、左转、右转、靠右侧（或靠左侧）道路行驶标志等，如图 1-28 所示。

a) 直行标志　　　b) 左转标志　　　c) 直行和右转标志　　　d) 靠右侧道路行驶标志图

图 1-28　指示标志

（4）指路标志　指路标志是传递道路方向、地点、距离等信息的标志。主要包括里程碑、百米桩、公路界碑、分界碑、指路牌、地点识别标志、交叉路口标志、分界标志及高速公路和一级公路出入口、服务区预告标志等，如图 1-29 所示。一般公路的指路标志为蓝底白图案；高速公路指路标志为绿底白图案。除地点识别标志、里程牌、分合流标志外，指路标志的形状为长方形和正方形。

（5）旅游区标志　旅游区标志是设置在通往旅游景点的交通路口，用于提示方向和距离信息的标志，用于使旅游者方便地识别通往旅游区的方向和距离，了解旅游项目的类别。旅游区标志分为指引标志和旅游符号标志两大类。

a) 交叉口标志

b) 出口标志

c) 服务区标志

图 1-29　指路标志

指引标志提供旅游区的名称、有代表性的图案及前往旅游区的方向和距离。设置在高速公路出口附近及通往旅游区各连接道路的交叉口附近。

旅游符号标志提供旅游项目类、具代表性的符号及前往各旅游景点的指引。设置在高速公路或其他道路通往旅游景点的交叉口附近，或设在大型服务区内通往各旅游景点的路口。也可在指路标志上附具代表性的旅游符号，让旅游者了解景点的旅游项目。旅游符号下可以附加辅助标志以指示前进方向或距离。

（6）道路施工安全标志及设施

① 路栏。用以阻挡车辆及行人前进或指示改道。设置在因道路施工、养护、落石、塌方使交通阻断的路段两端或周围。

② 锥形交通路标。与路栏配合，用以阻挡或分隔交通流。设置在需要临时分隔车流、引导交通，指引车辆绕过危险路段，保护施工现场设施和人员等场所的周围。夜间使用时，交通锥上端应安装白色反光材料或反光导标。

③ 施工警告灯。用以警告车辆驾驶人前方道路施工，应减速慢行。设于夜间施工路段附近。警告灯有闪光灯及定光灯两种，安装于路栏或独立活动支架上，高度为 120cm。

④ 道口标柱。设置在公路沿线较小交叉路口两侧，用来提醒主线路上的车辆提高警觉，防范小路口车辆突然出现而造成意外。

⑤ 施工区标志。设置在道路施工、养护等路段前适当位置。用以通告道路交通阻断、绕行等情况。施工标志为长方形，蓝底白字，图案部分为黄底黑图案。

⑥ 移动性施工标志。当前方道路有作业车正在施工时，用以警告车辆驾驶人应减速或变换车道行驶。移动性施工标志为黄底黑色图案、黑边框、背面斜插色旗两面，悬挂于工程车辆及机械之后部。

（7）辅助标志　辅助标志是附设于主标志下起辅助说明作用的标志。其形状为矩形，颜色采用白底黑字（黑图案），黑边框。辅助标志可分为表示车辆种类、表示时间、表示区域或距离、表示警告和禁令理由等四种。辅助标志不能单独设置。

（8）可变信息标志　可变信息标志是一种可以根据交通、道路、气候等状况的变化而改变显示内容的标志。一般设在高等级公路、城市快速路上，用以显示速度限制、车道控制、道路状况、交通状况、气象状况等信息。

二、道路交通安全设施

道路交通安全设施是保证行车安全、防止交通事故、减轻交通事故后果的重要手段，主要包括安全护栏、隔离设施、防眩设施和诱导设施等。

1. 安全护栏

安全护栏是沿着道路路基边缘或中央隔离带设置的一种安全防护设施，用于防止车辆驶出路外或驶入对向车道，同时诱导驾驶人视线、限制行人横穿。车辆碰撞护栏时，通过护栏和车辆的弹、塑性变形、摩擦、车体变形来吸收车辆碰撞能量，保护车内人员生命安全，避免碰撞护栏外障碍物和其他设施。根据设置位置，护栏可分为以下几类。

① 路侧护栏。指设置在公路路肩（或边坡）上的护栏，用于防止失控车辆越出路外，避免碰撞路边障碍物和其他设施。波形梁路侧护栏的断面结构如图 1-30 所示。

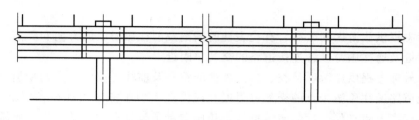

图 1-30　波形梁路侧护栏

② 中央分隔带护栏。指设置于道路中央分隔带内的护栏，用于防止失控车辆穿越分隔带驶入对向车道，保护中间带内的构造物和其他设施。

③ 人行道护栏。指设置在危险路段，用以保证行人安全的一种护栏。人行道护栏经常设置在交通量大、人车需要严格分流，车辆驶出行车道将严重威胁行人安全，防止行人跌落等路段上。

④ 桥梁护栏。凡设置于桥梁上的护栏称为桥梁护栏，其目的是防止失控车辆越出桥外。

2. 防眩设施

在驾驶人视野范围内，能使驾驶人视觉机能或视力降低，产生烦恼和不舒适的光照称为眩光。驾驶人在夜间行车时，极易受到眩光的影响而操作失误，导致事故发生。

防眩设施指设置于中央分隔带上，用于避免夜间行车受到对向车辆前照灯眩目的构造物。常用的防眩设施主要有防眩板和植树防眩两种。

（1）防眩板　防眩板是以方形型钢作为纵向骨架，把一定厚度、宽度的板条按一定间隔固定在方形型钢上形成的一种防眩结构，如图 1-31 所示。

（2）植树防眩　在中央分隔带上植树是最先采用的防眩设施，具有防眩、美化路容、降低噪声和诱导交通等多重功能。植树防眩特别适用于较宽的中央分隔带，作为道路总体景观的一部分。植物可以一定间隔种植，也可密集种植。防眩高度一般为 1.7m 左右。

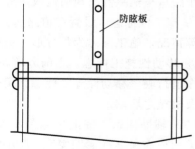

图 1-31　护栏上的防眩板

3. 视线诱导设施

视线诱导设施是一种设置在车道两侧，用以指示道路方向、车行道边界及危险路段位置等的设施。视线诱导设施可以诱导驾驶人的视线，表明道路轮廓，保证行车安全。

根据功能不同，视线诱导设施可分为轮廓标、分流诱导标、合流诱导标，指示性或警告性线形诱导标。

（1）轮廓标　轮廓标是设置于行车道边缘，用以指示道路线形轮廓的设施。轮廓标应有良好的反射性能。

轮廓标有柱式和附着式两种。当路边无构造物时，常采用柱式轮廓标，独立设置于土路肩中，如图 1-32 所示；当路边有护栏、桥梁栏杆、侧墙等构造物时，轮廓标就附着于这些构造物的适当位置上，如图 1-33 所示。

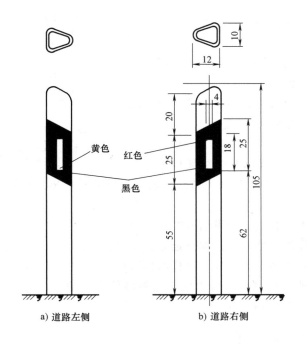

图 1-32　柱式路边轮廓标（尺寸单位：cm）

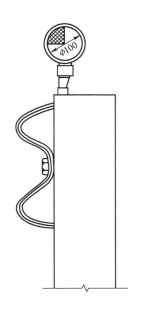

图 1-33　附着于护栏立柱上的
轮廓标（尺寸单位：cm）

（2）分流、合流诱导标　分流、合流诱导标是以反射器制成的图案符号粘贴在底板上构成的标志，设置于分流或合流交通的区段，以引起对交通情况的注意，引导交通。分流、合流诱导标图案如图 1-34 所示。

（3）线形诱导标　线形诱导标指设置于急弯或视距不良路段，用来指示道路改变方向，或设置于施工、维修作业路段，用来警示注意，改变行驶方向的设施，如图 1-35 所示。

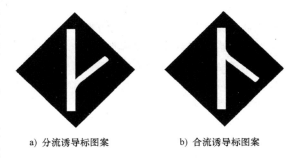

a）分流诱导标图案　　　　b）合流诱导标图案

图 1-34　分流、合流诱导标图案

线形诱导标又分为指示性线形诱导标和警告性线形诱导标两种。前者用以提供一般性行驶指示；后者用于提示警觉，并准备防范应变之措施。

三、交通流检测与控制设施

1. 交通流检测器

交通流检测器的功能是在道路上实时检测交通量、车速或占有率等各种交通参数。主要类型如下：

① 压力式检测器。当汽车从检测器上通过时，压力使密封橡胶压力板里的接触极闭合，从而发出车辆通过的信号。

② 地磁检测器。在路面上埋设一个具有高导磁率铁心的线圈，车辆通过时，线圈的磁通量发生变化，产生电动势，经放大后推动继电器，发出车辆通过信息。

③ 环形线圈检测器。由环形线圈、检测单元及反馈线三部分组成，既可检测交通量，又可检测车速等多个参数。

④ 超声波检测器。由超声波发射器发出波束，再接收从车辆或地面的反射波，根据反射时间的差别判断车辆通行状况。

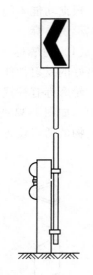

图 1-35　安置于立柱
上的线形诱导标

2. 交通流控制设备

交通流控制设备的用途：操纵一个或同时操纵几个交叉口的信号灯；把多个交叉口的控制机连接到主控计算机上，形成干道线控制或区域控制系统。其基本功能如下：

① 根据预先设定的配时方案或感应控制方案，操纵信号灯的变换。

② 接收交通流检测器送来的信号，作信息处理，并按预定方案操纵信号灯。

③ 接收从主控计算机发来的指令，并按预先设定的方案操纵信号灯。

④ 配置小型计算机或微处理机的交通流控制机，可以收集检测器的交通信息，处理并存储这些数据，或根据指令把数据送给主控计算机。

复 习 题

一、问答题

1. 什么是公路交通网络？

2. 公路交通网络应满足哪些要求？

3. 公路交通网络的主要技术指标有哪些？

4. 城市道路交通网络应满足哪些要求？

5. 城市道路交通网络主要有哪几类？

6. 城市道路交通网络的主要技术指标有哪些？

7. 公路由哪些设施构成？

8. 公路路面应满足什么要求？

9. 公路线形有哪几种？

10. 行车视距有哪几种？

11. 公路交叉有哪几类？各有哪些优缺点？

12. 我国公路分为哪些等级？

13. 公路的技术特征有哪些？

14. 城市道路分为哪几类？

15. 平面交叉口的交通组织方式有哪几种？

16. 互通式立体交叉由哪些部分构成？

17. 什么是道路交通标线？有什么作用？

18. 什么是道路交通标志？有什么作用？

19. 道路交通安全设施主要有哪几类？

二、综述题

1. 说明路面平整度对汽车运行的影响。

2. 说明平曲线半径对汽车运行的影响。

3. 说明道路坡度对汽车运行的影响。

4. 说明行车视距对行驶安全的影响

5. 说明在交通流量较大的城市道路交叉口采用立体交叉的优越性。

6. 说明交通流控制设备的用途和功能。

第二章　公路运输枢纽和站场设施

公路运输枢纽及其站场设施的完善程度，对于规范公路运输市场，提高车辆的运输效益，促进各种运输方式的有机衔接，推动综合运输的发展具有重要意义。

第一节　公路运输枢纽

一、公路运输枢纽及其构成

公路运输枢纽是综合运输枢纽体系的重要组成部分，是进行公路客、货运输作业和综合服务的集中场所，是在公路运输网络的节点上形成的货物流、旅客流及客货信息流的转换中心。

公路运输枢纽分为国家公路运输枢纽、区域（地区）性公路运输枢纽和集散性公路运输枢纽三个层次。其中：国家公路运输枢纽是位于重要节点城市的国家级公路运输中心，提供与周边国家之间、区域之间、省际之间以及大、中城市之间的公路客货运组织及相关服务；地区性公路运输枢纽主要提供一定区域内的公路客货运输服务，并对国家公路运输枢纽起集散作用；集散性公路运输枢纽则主要对国家公路运输枢纽和区域（地区）性公路运输枢纽起集散作用。不同层次的公路运输枢纽间相互联系、配合，构成遍及全国的公路运输枢纽网络；同时与其他运输枢纽相互联系构成完整的综合运输枢纽系统。

为适应公路交通发展的要求，形成布局合理、运转高效的国家公路运输枢纽系统，《国家公路运输枢纽布局规划》共规划了179个国家公路运输枢纽。国家公路运输枢纽将与国家高速公路网共同构筑全国性的便捷、高效的公路交通运输网络。图2-1为运输枢纽与道路网络规划示意图。

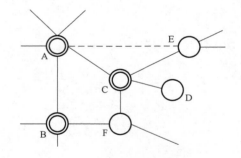

图2-1　枢纽及路网规划示意图

二、公路运输枢纽的组成和任务

公路运输枢纽一般由货运站场系统、客运站场系统、通信信息服务系统、生产生活辅助服务系统等四个子系统组成。

货运站场系统是组织货物周转运输的机构，其主要任务是接纳货物进入运输站场储存、分拣装车及安全及时地送达目的地。

客运站场系统是组织旅客周转运输的机构，其主要任务是接纳旅客进入客运站购票、候车、上车及安全到达疏散。

通信信息服务系统使全国（或某地区）的公路运输枢纽形成网络，也使公路运输枢纽内各站场与港口运输枢纽、铁路站场和航空港有机联系，相互衔接，提供车、货配载信息服务和通信服务。对公路运输枢纽营运中所发生的各类运输信息进行传输、处理与发布使用。

生产生活辅助服务系统是公路运输枢纽提供优质服务的保障。其主要作用包括：为旅客、驾乘人员提供必要的食宿服务；代办报关、报检和保险；为车辆提供停放、检测、维修、加油、清洗服务。

第二节　汽车货运站（场）

汽车货运站是公路货物运输网络的节点，是从事公路货物运输的集散、中转、仓储、配送等作业和相关服务的场所。完善的货运站系统和货运站设施，可以提高汽车货物运输的组织化水平和规模，从而提高汽车运输的生产率和运输服务质量，降低运输成本。

一、汽车货运站的功能

汽车货运站一般应具备运输组织、中转和装卸储运、中介代理、通信信息、辅助服务等功能。

1. 运输组织功能

运输组织的主要内容包括公路货运市场管理、货源组织与管理、运输能力组织与管理、货运生产组织管理。

公路货运站协同行业管理部门，通过运输管理可以把用户、经营者、公路运输管理部门有机地联系起来，为货主提供运输车辆，为车主提供配载货物，促使社会上的分散车辆和物流的组织化，运输秩序正常化，能源和资金利用合理化。

货源是运输市场中的基本要素。通过货运生产的组织与管理，以及对货源信息和物流变化规律等资料的研究，汽车货运站可以及时掌握货源的分布、流向、流量、流时等特点，提高公路货物运输的合理性。

货运站通过向用户提供货源、物流信息，可以合理组织各种营运车辆从事公路货物运输，为社会运输能力提供配货服务，使运输能力与运输量始终保持相对平衡。

货运生产组织管理主要包括货物发送、中转、到达以及货物装卸、分发、保管，制订货物运输计划，进行运输能力的调配和货物的配载作业，进行货物运输全过程的质量监督与管理等。

在车辆运行的组织与管理过程中，应根据货物流动的特点，确定货运车辆的最佳行驶路线和运行方式，合理制订运行作业计划，使货运车辆有序运行，并及时掌握营运线路通阻情况。

2. 中转和装卸储运功能

货物运输过程中，特别是在集装箱运输或零担货物运输过程中涉及大量中转换装作业。如公路、水运、铁路、航空不同运输方式联合运输过程中的中转换装。货运站应配备装卸设备、仓库、堆场、货运受理点以及相应配套设施，安全可靠地完成货物中转换装作业，及时把货物运送到目的地。

公路货运站还应为货主提供仓储、保管、分检、配货、分放、配装、搬运服务，以利于货物的集、疏、运。

3. 中介代理功能

运输代理指货运站为其服务区内的各有关单位或个体代办各类货物运输业务。汽车货运站应通过信息中心和站内信息系统，与铁路运输、水运和空运等行业及部门建立密切的货物联运关系，协调地开展联合运输业务，完善综合运输体系，为货主和车主提供双向服务。包括选择最佳运输路线、合理组织联运等。以达到方便货主，提高企业经济效益和社会经济效益的目的。

4. 通信信息功能

通过计算机联网及现代通信设施，使汽车货运站与本地区有关单位以及其他区域的货运站形成物流信息网络，同时使汽车货运站与港口、码头、铁路货站、航空港形成有机联系，从而获取与运用有关物流、车流信息，进行货物跟踪、仓库管理、运输付款通知、运费结算、托运事务处理、发货事务处理和运输信息交换等。实现联网运输和综合运输。并向社会提供货源、运力、货流信息和车-货配载信息等服务。

5. 辅助服务功能

除正常货运生产外，公路货运站还应提供与运输生产有关的服务。如：代办报关、报检等业务；提供商情信息；开展商品包装、分拣、配货、分发等；货运车辆停放、清洗、加油、检测、维修等。

二、汽车货运站的类型

为了适应运输市场的发展，公路货运站必须根据各项业务范围进行合理分工和组织，向专业化方向发展，形成不同的货运网络，即形成由不同的货运业务受理站点、载运工具及运行线路组成的运输系统。当前，我国公路运输企业的货运站一般可分为整车货运站、零担货运站、集装箱货运站三类。

1. 整车货运站

整车货运站是以货运商务作业机构为代表的汽车货运站，是调查、组织货源，并办理货运商务作业（包括托运、承运、受理业务、结算运费等）的场所。整车货运站主要经办大批货物运输，兼营零担货运。其作业特点如下：

① 货运商务作业在整车货运站内进行。

② 由于运输货物批量大，适于采用大载质量车辆和高生产率装卸机械，且货运车辆可在专用场地内停放和保管。

③ 从发货单位仓库内装车、运输过程的货物保管，直到运送到收货单位的仓库卸车的过程由运力单位负责。

2. 零担货运站

零担货运站是专门经营零担货物运输的公路货运站。汽车零担货物运输指货主一次托运，同一到站的货物，计费质量不足 3t 的货物运输。零担货物运输要求单件质最不超过 200kg，单件体积不超过 $1.5m^2$，高度不超过 1.3m。零担货运站的工作流程如图 2-2 所示，其主要特点如下：

① 货运计划性差。一般均由货主单位根据需要自行把零担货物运到货运站点，也可以由货运站指派业务人员上门办理托运手续。

② 站务作业工作量大且复杂。其作业内容主要包括受理托运、退运与变更、检货司磅、验收入库、开票收费、装车与卸车、货物交接、货物中转至到达交付等。

③ 货运站建设要求较高。货运站建设必须满足零担货运工艺要求，合理设置生产设施。

④ 货运站的设备和设施应满足零担货运的需要。应选择厢式车作为专用零担运输车辆；同时，还应配置高生产率的站内运输机械和装卸设备。

3. 集装箱货运站

集装箱货运站主要承担集装箱货运的中转运输业务，其工作流程如图 2-3 所示，主要业务如下：

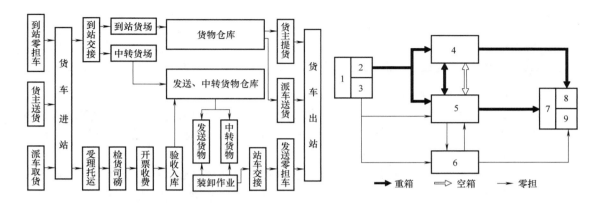

图 2-2　公路零担货运站工作流程框图

图 2-3　集装箱货运站工作流程框图

1—进站口　2—重箱　3—零担货　4—集装箱堆场

5—拆装箱平台　6—拆装箱仓库　7—出站口

8—车站　9—货主

① 港口、火车站等与货主间的集装箱门到门运输。

② 集装箱适箱货物的拆箱、装箱、仓储、接取和送达。

③ 空、重集装箱的装卸、堆放，以及集装箱的检查、清洗、消毒、维修。

④ 车辆、设备的检查，以及清洗、维修和存放。

⑤ 代办报关、报检等货运代理业务。

三、汽车货运站站级划分

汽车货运站站级划分的主要依据是年换算货物吞吐量。根据汽车货运站完成的年换算货物吞吐量，可把汽车货运站划分为四级。

一级货运站：年换算货物吞吐量 600×10^3 t 及以上。

二级货运站：年换算货物吞吐量 $300 \times 10^3 \sim 600 \times 10^3$ t。

三级货运站：年换算货物吞吐量 $150 \times 10^3 \sim 300 \times 10^3$ t。

四级货运站：年换算货物吞吐量不足 150×10^3 t。

货运站各类货物吞吐量折算成换算货物吞吐量的计算公式如下：

$$Q_h = \sum_{i=1}^{n} \lambda_i Q_i$$

式中　Q_h——货运站换算货物吞吐量（t）；

　　　Q_i——第 i 种货物吞吐量（t）；

　　　λ_i——第 i 种货物吞吐量换算系数，见表 2-1；

　　　n——货物类别数。

表 2-1　各类货物吞吐量换算系数

类　　别	换 算 系 数（λ_i）
快速货运	1.3
零担货运	1.25
集装箱拼箱货	1.25
仓储	1.0
加配送	0.2
加包装	0.15～0.25
加半成品加工	0.20～0.50

四、汽车货运站主要设施

汽车货运站设施包括生产设施、生产辅助设施和生活服务设施，设施构成应根据货运站的业务范围和规模而定。其中，生产设施主要包括业务办公设施、库（棚）设施、场地设施、道路设施、危险货物运输设施等。

业务办公设施主要包括货运站站房、生产调度办公室和信息管理中心及联运代理业务办公室。站房由货物托运或仓储受理的场所构成；信息管理中心由机房、办公场所和信息发布场所构成。业务办公设施的设置要方便货主，货物受理处和联合办公室应按作业流程设置，并临近仓库。

库（棚）设施由仓库和货棚构成。仓库包括中转库、零担库、集装箱拆装箱库、仓储库等，分别用作货物短期存放、集装箱拆装作业和货主待收或待发货物仓储。中转库为中转货物集中、分拣、换装、发货的场所。各类仓库应分区设置，并以道路衔接保持良好作业联系。货棚则用于堆放不便进库但又不宜露天存放的零担或仓储货物，零担货棚和仓储货棚应与相应仓库位于同一区域。

场地设施主要包括集装箱堆场、装卸场或作业区、货场和停车场。

集装箱堆场应靠近装箱作业区，并与站内主要道路衔接。较大的集装箱堆场应划分空、重箱及冷藏箱、危险品箱堆存区。

货场应与仓储库一同位于仓储作业区内。

各类仓库、货场、铁路专用线一侧或两侧应设置装卸（作业）场（图 2-4），并与主要道路衔接。装卸货场宽度应满足车辆调头、装卸作业要求。

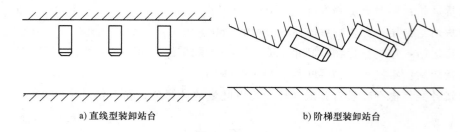

a) 直线型装卸站台　　　　　　　　b) 阶梯型装卸站台

图 2-4　装卸场（站台）

停车场可集中设置，也可在不同作业区城内分别设置。停车场宜临近装卸（作业）场布置。站内自备车辆和外来车辆应分区停放。

道路设施包括铁路专用线和站内道路。在临近铁路线并有较大公铁联运作业量的一、二级汽车货运站，可引设铁路专用线。站内道路应采用无交叉的环形行驶路线。

危险货物运输设施建设既应适应危险货物运物的技术条件、生产安全要求，又必须符合环境保护、消防安全、劳动保护、交通管理等方面的规定。

生产辅助设施主要包括维修设施、动力设施、供水供热设施、环保设施等。生活服务设施主要包括住宿设施和其他服务设施。生产辅助和生活服务设施应按需设置。

五、汽车货运站主要设备

汽车货运站主要设备包括运输车辆、装卸机械、分拣设备、计量设备、信息管理设备、维修设备等。

货运站应根据需要配备用于货物配送和装卸搬运工作的运输车辆。其车辆类型应根据运输方式、货物种类合理选择。

汽车货运站装卸机械包括货场和仓库装卸机械及集装箱堆场和作业区装卸机械等。高架库房宜采用高位叉车或巷道堆垛机存取货物，其储货区与装卸区间可采用带式输送机。一、二级货运站的中转库可根据作业需要设置监控、传送、分拣设备。

货运站应配备检定合格的计量设备或器具。一、二级货运站应设置电子自动计量设备。

货运站的管理信息系统包括监控系统无线/有线通信系统、计算机网络系统、信息显示系统等。

货运站的清洁和维修设备应根据车辆、装卸机和集装箱的维修工作量配备。货运站安全、消防设备的配备应符合国家有关标准、规范的规定。

六、汽车货运站站址选择

1. 选址原则

为了满足货物运输需求，合理规划和建设汽车货运站具有重要意义，其重要前提是选择合适站址。货运站站址的选择，除应符合一般运输场站选址和布局的基本原则外，还应满足以下要求：

① 符合城镇总体布局规划。公路客运站的设置和建设是城市总体规划的一部分，建站地址必须符合所在城市的总体规划和建设的要求。建设规模应以科学预测为依据，其站址位置的选择和占地面积除应满足实现货运业务功能的要求外，还要符合城市布局和远景规划的要求。使之既方便开展汽车运输业务，又尽可能地避免或减少汽车货运站的运营对城市居民生活的干扰。

② 与综合运输网合理衔接，便于组织多式联运。货运站尤其是集装箱货运站的站址选择，宜接近港口码头、铁路货站，或靠近交通枢纽、货流量大的地区，与综合运输网合理衔接，构成网络，满足交通运输方便以及开展综合运输的要求。

③ 靠近较大货源点，并适应服务区域内的货运需求。站址选择与货源点的分布及货物性质密切相关。若货物的性质关系到供应城市人民的日常生活用品，则站址应与市内仓库有较方便的联系；若货物性质对城市居民有影响或以中转货物为主，则站址应位于仓库区、工业区等货物较为集中的地区，靠近较大货源点。

④ 尽量利用现有设施，并留有发展余地。汽车货运站建设既要从当前实际出发，又要为以后发展留有余地。要充分利用现有条件和设施，促进汽车运输发展。货运站建设不能贪大求洋，也不要保守落后，应力求其科学性、先进性和可行性。

⑤ 具备良好的给排水、电力、道路、通信等条件。良好的给排水、电力、道路、通信等经济条件是汽车货运站正常建设和运营的基本条件。

⑥ 具备良好的地质条件。

2. 选址步骤

货运站站址选择的步骤如下：

① 收集城镇、路网、国土等有关规划和运输统计、站区内水文地质等有关资料。

② 确定汽车货运站的服务范围和功能。

③ 测算设计年度货运站的生产规模和占地面积。

④ 根据站址选择原则，提出若干货运站站址备选方案。

⑤ 对货运站的备选站址进行现场勘查。

⑥ 经方案比选，确定货运站站址。

七、汽车货运站的技术经济指标

1. 总体指标

① 年度货物吞吐量（t）。

② 集装箱拆装箱工作量（t）。

③ 驻站运输车辆数（辆）。

④ 货运站工作人员数（人）。

⑤ 货运站占地面积（m^2）。

⑥ 货运站建筑面积（m^2）。

⑦ 货运站动力消耗量（电、水、气）。

⑧ 建设投资总额（元）。

2. 单位指标

① 日均货物最大吞吐量（t）。

② 日均货物最大受理量（t）。

③ 日均集装箱运输量（t）。

④ 货物平均堆存期（日）。

⑤ 单位货物平均而积（m^2/t）。

⑥ 单位人员平均面积（$m^2/$人）。

⑦ 单位车辆平均面积（$m^2/$车）。

⑧ 平均单位投资额（元/t、元/人、元/车）。

第三节　汽车客运站（场）

汽车客运站是道路旅客运输网络的节点和旅客集散的场所。完善汽车客运站的设施、设备，提高汽车客运站的经营管理水平，对于汽车客运的服务质量有重要影响。

一、汽车客运站的功能

汽车客运站的基本任务是安全、及时、方便、舒适、经济地运送旅客。在客运过程中，客运站起着组织、协调、指挥、监督运输工作的重要作用。其主要功能如下：

① 运输组织功能。

② 中转、换乘功能。

③ 多式联运功能。

④ 通信、信息功能。

⑤ 辅助服务功能。

二、汽车客运站的类型

根据 JT/T 200—2004《汽车客运站级别划分和建设要求》，汽车客运站的分类方法和类型如下。

（1）按车站规模分类

① 等级站：具有一定规模，可按规定分级的车站。

② 简易车站：以停车场为依托，具有集散旅客、售票和停发客运班车功能的车站。

③ 招呼站：道路沿线（客运班线）设立的旅客上落点。

（2）按车站位置和特点分类

① 枢纽站：可为两种及两种以上交通方式提供旅客运输服务，且旅客在站内能实现自由换乘的车站。

② 口岸站：位于边境口岸城镇的车站。

③ 停靠站：为方便城市旅客乘车，在市（城）区设立的具有候车设施和停车位，用于长途客运班车停靠、上下旅客的车站。

④ 港湾站：道路旁具有候车标志、辅道和停车位的旅客上落点。

（3）按车站服务方式分类

① 公用型车站：具有独立法人地位，自主经营，独立核算，全方位为客运经营者和旅客提供站务服务的车站。

② 自用型车站：隶属于运输企业、主要为自有客车和与本企业有运输协议的经营。

三、汽车客运站的站级划分

根据设施和设备配置情况、地理位置和设计年度平均日旅客发送量（以下简称日发量）等因素，汽车客运站划分为五个级别以及简易车站和招呼站。

（1）一级车站　设施和设备满足表 2-2 和表 2-3 所列要求，且具备下列条件之一：

① 日发量在 10000 人次以上的车站。

② 省、自治区、直辖市及其所辖市、自治州（盟）人民政府和地区行政公署所在地，如无 10000 人次以上的车站，可选取日发量在 5000 人次以上具有代表性的一个车站。

③ 位于国家级旅游区或一类边境口岸，日发量在 3000 人次以上的车站。

（2）二级车站　设施和设备符合表 2-2 和表 2-3 所列要求，且具备下列条件之一：

① 日发量在 5000 人次以上，不足 10000 人次的车站。

② 县以上或相当于县人民政府所在地，如无 5000 人次以上的车站，可选取日发量在 3000 人次以上具有代表性的一个车站。

③ 位于省级旅游区或二类边境口岸，日发量在 2000 人次以上的车站。

（3）三级车站　设施和设备符合表 2-2 和表 2-3 所列要求，日发量在 2000 人次以上，不足 5000 人次的车站。

（4）四级车站　设施和设备符合表 2-2 和表 2-3 所列要求，日发量在 300 人次以上，不足 2000 人次的车站。

（5）五级车站　设施和设备符合表 2-2 和表 2-3 所列要求，日发送量在 300 人次以下的车站。

（6）简易车站 达不到五级车站要求或以停车场为依托，具有集散旅客、停发客运班车功能的车站。

（7）招呼站 达不到五级车站要求，具有明显的等候标志和候车设施的车站。

表 2-2 汽车客运站设施配置表

		设施名称	一级站	二级站	三级站	四级站	五级站
场地设施		站前广场	●	●	★	★	★
		停车场	●	●	●	●	●
		发车位	●	●	●	●	★
建筑设施	站房 站务用房	候车厅（室）	●	●	●	●	●
		重点旅客候车室（区）	●	●	★	—	—
		售票厅	●	●	★	★	★
		行包托运厅（处）	●	●	★	—	—
		综合服务处	●	●	●	★	—
		站务员室	●	●	●	●	●
		驾乘休息室	●	●	●	●	●
		调度室	●	●	●	★	—
		治安室	●	●	★	—	—
		广播室	●	●	★	—	—
		医疗救护室	★	★	★	★	★
		无障碍通道	●	●	●	●	●
		残疾人服务设施	●	●	●	●	●
		饮水室	●	★	★	★	★
		盥洗室和旅客厕所	●	●	●	●	●
		智能化系统用房	●	★	—	—	—
	办公用房		●	●	●	●	★
	辅助用房 生产辅助用房	汽车安全检验台	●	●	●	●	●
		汽车尾气测试室	★	★	—	—	—
		车辆清洁、清洗台	●	●	★	—	—
		汽车维修车间	★	★	—	—	—
		材料间	★	★	—	—	—
		配电室	●	●	—	—	—
		锅炉房	★	★	—	—	—
		门卫、传达室	★	★	★	★	★
	生活辅助用房	司乘公寓	★	★	★	★	★
		餐厅	★	★	★	★	★
		商店	★	★	★	★	★

注："●"—必备；"★"—视情况设置；"—"—不设。

表 2-3 汽车客运站设备配置表

	设备名称	一级站	二级站	三级站	四级站	五级站
基本设备	旅客购票设备	●	●	★	★	★
	候车休息设备	●	●	●	●	●
	行包安全检查设备	●	★	★	—	—
	汽车尾气排放测试设备	★	★	—	—	—
	安全消防设备	●	●	●	●	●
	清洁清洗设备	●	●	★	—	—
	广播通讯设备	●	●	●	—	—
	行包搬运与便民设备	●	●	●	—	—
	采暖或制冷设备	●	★	★	★	★
	宣传告示设备	●	●	●	★	★

（续）

	设备名称	一级站	二级站	三级站	四级站	五级站
智能系统设备	微机售票系统设备	●	●	★	★	★
	生产管理系统设备	●	★	★	—	—
	监控设备	●	★	★	—	—
	电子显示设备	●	●	★	—	—

注："●"—必备；"★"—视情况设置；"—"—不设。

四、汽车客运站的工艺组织

汽车客运站的工艺流程指在客运站的整个空间内，对客流、行包流和车流进行协调、组织，以使各种流线不发生相互交叉，统一协调运行。

汽车客运站站务作业包括发售客票、行包处理、候车服务、客车准备、组织乘车与发车、客车运送、客车到达、交付行包及其他服务等。客运站内的交通流分为客流、行包流、车流三种。客流组织原则：避免旅客流线交叉和相互干扰，保证安全，适应旅客集散和乘车。按照车辆在站内的流动方向，车流可分为发送车流和到达车流。发送车流一般是客车从停车场驶入发车位，待旅客入座、行包装好后按时驶离车位，经出站门出站。按行包在站内的流动方向，行包流线可分为发送行包流线和到达行包流线，发送行包流线的特点是先分散后集中，而到达行包流线的特点是先集中后分散。

客运站的工艺流程如图 2-5 所示，在组织客运站工艺流线时，应满足以下要求：

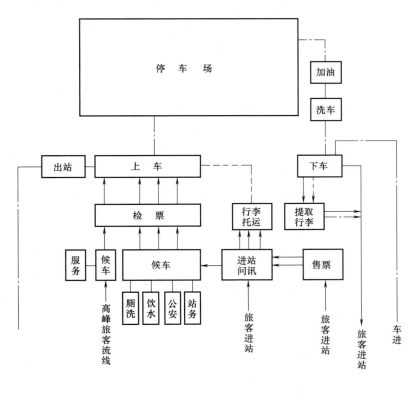

图 2-5 客运站工艺流程

① 正确处理客流、车流、行包流三者关系，避免其相互交叉和干扰，保证分区明确。

② 流线组织要简捷、通畅、不迂回，尽量缩短流线距离。尤其是售票处、候车厅、行包托运处和提取处等主要服务设施的布局要合理，各种流线既能自成体系，又与其他流线有机地联系在一起。

③ 应在站前广场对各种流线采取适当分流。分流方式主要有两种：前后分流或左右分流。前后分流是把人流和车流分别组织在站前广场的前、后两个部分，前部停靠车辆、上下旅客，后部为旅客活动区域。左右分流是把车流、人流沿站前广场横向分布。人流右边进站，左边出站，车流按流量、流向分别组织在不同的区段，达到人车分流，互不干扰的目的。

④ 分开设置发送行包流和到达行包流，并避免行包流与旅客流的交叉。

⑤ 组织旅客流时，既要考虑正常情况下的客流组织，又要考虑节假日的客流组织。

⑥ 车辆进、出站口应沿站外主干线的顺行方向设置，以减少客运站对主干线交通的干扰；入口应位于出口之前，以减少车辆流的交叉干扰。

五、汽车客运站的主要设施

客运站的对外服务区一般由站前广场、站内停车场和站房组成。站前广场用于组织旅客流线，便于旅客集散和乘车。站内停车场主要停放客运车辆，并附设对车辆进行小修和一般维护作业的维修车间。站房是客运站的主体，主要包括售票处、行包办理处、候车厅、站台和发车位、服务设施等。站房的功能如下：

售票处包括售票室和售票厅两部分。售票厅内的人流集中，流动性较大，故宜单独设置，并成为站房建筑的一个主要入口。为便于旅客购票后能很快进入候车厅休息或办理其他乘车手续，售票厅应与候车厅毗连，以保证形成旅客从进站、购票到候车的合理流线。

行包办理处是旅客办理行包托运和提取手续的场所。包括托运厅、作业室、库房、提取厅等。客流量较大的客运站，行包业务繁忙，为避免旅客拥挤及托运、提取流线的不必要交叉，可分别设立行包托运厅和行包提取厅；中、小型车站及客、货兼营站，客流量不大，行包业务量较小，也可合并设立，但发送和到达行包要分开堆放。行包办理处要设置必要的业务窗、托运厅、受理作业区（行包件）和存放保管的库房，一般都设在站房内。为便于运送行包，通常一边靠近广场停车处，另一边靠近站台，并开有宽敞的大门。

候车厅可分为专用式和综合式两种基本类型。专用式候车厅按客流去向分别设置，宜在大型车站设置；综合式候车厅将不同去向的各类旅客集中在一起候车。候车厅应具有宽敞、安静、舒适的候车环境，此外还应具有服务旅客、组织旅客检票进站等功能。因此，候车厅内应配备必要的服务设施，如问讯处、服务台、小卖部等。另外，候车厅的门要与售票处、行包办理处等相通，在靠近站台处应设置若干检票口，使旅客进站上车方便。大型汽车站要采用先进的现代化服务设施，如客运班次时刻显示牌、客车到发信号装置、旅客指示标志系统、广播系统以及计时装置等。

站台是候车室与客车的连接地段，是旅客进站后排队上车或短暂停留的台阶。旅客经站台搭乘班车，有利于维护车场秩序和保证安全。

发车位是为了保证客车按班次、有秩序地从车站发出，方便旅客上下及装卸行李所设置的车辆停放位置。站台与车位有垂直式、斜置式、辐射式和平行式等不同形式，如图2-6所示。

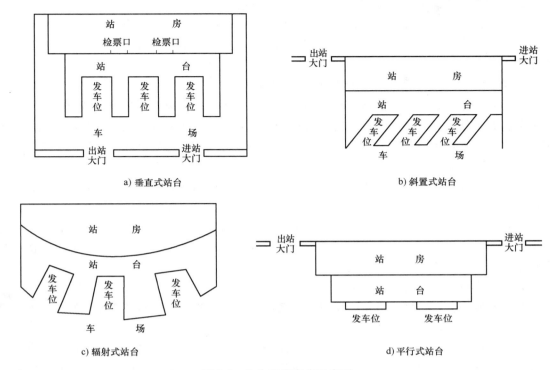

图 2-6　站台和发车位示意图

客运站的主要服务设施包括问讯处、小件寄存处、服务台、广播室、值班站长室、公安执勤室、小卖部、停车场等。

问讯处是为旅客提供咨询服务的场所，分为敞开式和窗口式两类，其位置可设在候车厅内或车站入口的明显地方。

小件寄存处为旅客提供随身小件物品寄存服务，一般由办理存（取）手续和物品保管两部分组成，宜位于候车厅与售票厅之间。其工作窗口要宽敞。

服务台主要办理介绍旅社、出售旅行常用药物、邮票、代办邮电业务等，一般设在候车厅内合适位置。

广播室是为了通告即将发出班车的时间及有关事项而设立的服务设施，应设在靠近候车厅并靠近站台的位置，既能方便地联系服务员，又能清楚地看清站台、车场人员活动及班车到、发情况。

一、二级客运站均应在候车厅内设置值班站长室，以便接待旅客并听取意见，处理工作人员与旅客发生的纠纷，协调现场服务，提高服务质量。

较大的客运站可设立公安执勤室。其位置应在站内明显处，以便接待反映治安方面的问题的旅客，便于执行执勤任务。

小卖部为满足旅客在上车前临时购买旅行用品、食品和土特产等需要而设，其位置宜布置在候车厅内或入口处附近。

停车场是供驻站车辆停放的场所。在停车场周围，还应根据需要合理布置车辆清洗、加油和维修场地，以保证车辆的正常运行。

六、汽车客运站的站址选择

为了满足旅客运输需求，合理规划和建设汽车客运场站具有重要意义。建设好汽车客运场站的重要前提之一是选择合适站址。客运站站址的选择，除应符合一般运输场站选址的基本原则外，还应满足以下要求：

1. 客运站站址应纳入城镇总体规划，合理布局

客运站站址的选择应符合城市规划的要求。公路客运站的设置和建设是城市总体规划的一部分，其位置选择和占地面积除应符合车站技术要求外，还要符合城市布局远景规划的要求。使客运站的位置既方便旅客乘车，又尽可能地避免或减少对城市居民生活的干扰。

2. 便于旅客集散和换乘

客运站站址的选择应当便于旅客的集散和换乘，尽可能节省旅客出行时间和费用，减少在市内换乘次数。中、小城市和乡镇的车站应尽量靠近人口比较集中的居民区或城市公共交通枢纽处。大城市由于范围大、旅客多，客运站宜适当分散。当一个城市的旅客日发送量超过 1 万人次时，除建设一个主要车站外，还应根据城市的特点和旅客的主要流向，在适于旅客乘车的位置建设一个或几个客运站。

3. 与其他运输方式衔接

客运站应与公路、城市道路、城市公交系统和其他运输方式的站场衔接良好，确保车辆流向合理，出入方便。

车站的位置应处于交通便利地带，既要保证城市交通工具易于停靠，又要保证进出客运站的客车行驶畅通，使车辆流向合理，方便旅客和车辆出入。因此，在站址选择时，既要考虑公路客运部门自身的方便，又要注意综合运输发展的需要，尽可能与铁路、水运、航空等交通方式相互衔接和开展联运。

4. 具备必要的工程、地质条件

客运站站址应具备良好的地质条件，方便与城市的公用工程网系（道路网、电力网、给排水网、排污网、通信网等）的连接。

5. 具备足够的场地，并有发展余地

客运站站址的选择应考虑土地的利用和限制。站址面积应能满足车站建设及未来发展的需要。站址所需面积要有计算依据，要明确客运站的业务功能范围。此外，选址时还要适当考虑今后改、扩建发展的需要。

七、汽车客运站的技术经济指标

汽车客运站的技术经济指标，分为反映设计条件的总体指标和进行企业间比较的单位指标。

1. 总体指标

① 年度客运量（人）。

② 旅客最高聚集人数（人）。

③ 客运站占地面积（m^2）。

④ 客运站建筑面积（m^2）。

⑤ 客车发车位数（个）。

⑥ 客运站工作人员数（人）。

⑦ 客运站动力消耗量（包括电、水、气）。

⑧ 建站投资总额（元）。

2. 单位指标

① 日均客运量（人/日）。

② 车均客运（人/车）。

③ 车位每日发车数（辆/位）。

④ 车均占地面积（m^2/车）。

⑤ 人均占地面积（m^2/人）。

⑥ 车均建筑面积（m^2/车）。

⑦ 人均建筑面积（m^2/人）。

⑧ 单位投资额（元/人，元/车，元/时）。

复 习 题

一、问答题

1. 公路运输枢纽一般由哪几部分组成？

2. 汽车货运站有哪些功能？

3. 汽车货运站有哪些类型？

4. 汽车货运站的站级如何划分？

5. 汽车货运站的主要设施有哪些？

6. 汽车货运站的主要设备有哪些？

7. 汽车货运站站址选择应满足哪些要求？

8. 汽车客运站有哪些功能？

9. 汽车客运站有哪些类型？

10. 汽车客运站的站级如何划分？

11. 汽车客运站的主要设施有哪些？

12. 汽车客运站站址选择应满足哪些要求？

二、综述题

1. 说明不同层次公路运输枢纽的作用。

2. 说明零担货运站的工艺流程及其特点。

3. 说明客运站的工艺流程及其要求。

第二篇 汽车使用性能

汽车使用性能指在一定使用条件下汽车以最高效率工作的能力，是决定汽车运用效率和方便性的结构特性的表征。

汽车运用条件复杂，运输任务繁杂，所选用车型和性能应适应使用条件，满足使用要求，以获得最佳工作效率。

评价汽车工作效率的指标是运输生产率和成本，基于运输生产率、成本与汽车结构之间的内在联系的研究，可以确定用于评价汽车使用性能的指标。目前，我国采用的汽车使用性能指标主要有汽车的动力性、燃油经济性、制动性、操纵稳定性、通过性、平顺性、环保性、使用方便性等。

掌握汽车使用性能是合理使用汽车以提高汽车运用效果的前提。

第三章　汽车整车结构参数和使用方便性

汽车的使用性能与汽车的结构参数、质量参数等汽车整车技术参数密切相关。本章主要介绍汽车的结构参数、汽车的质量参数及利用和汽车的使用方便性。

第一节　汽车的结构参数

汽车的结构参数主要包括车辆外廓尺寸、轴距、轮距、前悬、后悬、驾驶室内部尺寸以及人机工程学参数等。

一、汽车的外廓尺寸

汽车的外廓尺寸指车辆的长度、宽度及高度，如图 3-1 和图 3-2 所示。车辆外廓尺寸不得超过或小于规定的外廓尺寸界限。

车辆的长度 L' 指垂直于车辆的纵向对称平面并分别抵靠在汽车前、后最外端凸出部位的两垂直面之间的距离。

车辆的宽度 B' 指平行于车辆纵向对称平面并分别抵靠在车辆两侧固定凸出部位（除去后视镜、侧面标志灯、示宽灯、转向信号灯、挠性挡泥板、折叠式踏板、防滑链以及轮胎与地面接触部分的变形）的两平面之间的距离。

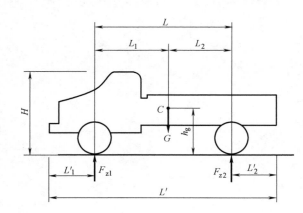

图 3-1　车辆的外廓尺寸（长度和高度）
C—质心　L'—车辆长度　L—轴距　L_1—质心至前轴距离
L_2—质心至后轴距离　L'_1—前悬　L'_2—后悬
H—车辆高度　h_g—质心高度　G—汽车总重
F_{z1}—作用在前轮的法向反作用力
F_{z2}—作用在后轮的法向反作用力

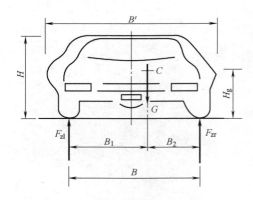

图 3-2　车辆的外廓尺寸（宽度和高度）
C—质心　B—轮距　B_1—质心至左车轮距离
B_2—质心至右车轮距离　B'—车辆宽度　H—车辆高度
H_g—质心高度　G—汽车总重
F_{zl}—作用在左车轮的法向反作用力
F_{zr}—作用在右车轮的法向反作用力

车辆的高度 H 指在车辆无装载质量时，支承车辆的水平地面与车辆最高凸出部位相抵靠的水平面之间的距离。

汽车的长、宽、高是根据汽车的用途、道路条件、载质量（或载客量）及结构布置等因素而确定的。为了使汽车的外廓尺寸适合于本国的公路、桥梁、涵洞和公路运输的标准及保证行驶的安全性，各国对公路运输车辆的外廓尺寸均有限制。GB 1589—2016《汽车、挂车及汽车列车外廓尺寸、轴荷及质量限值》规定了我国在道路上使用的汽车、挂车及汽车列车的外廓尺寸、轴荷及质量的限值。其中对外廓尺寸的限制如下：

① 车辆高度≤4m。

② 车辆宽度≤2.55m。

③ 车辆长度：二轴货车≤9m；三轴货车≤12m；二轴客车≤12m；三轴客车≤13.7m；单铰接客车≤18m；铰接汽车列车≤17.1m；载货汽车列车≤20m。

二、汽车的轴距和轮距

轴距 L 指汽车在直线行驶位置时，同侧相邻两轴的车轮落地中心点到车辆纵向对称平面的两条垂线间的距离，如图 3-1 所示。多轴机动车应从前至后分别注明相邻两轴间的距离，其总轴距为各轴距之和。

轮距 B 指在支承平面上，同轴左、右车轮两轨迹中心线间的距离（轴两端为双轮时，为左右两条双轨迹中线间的距离），如图 3-2 所示。

三、汽车的前悬和后悬

前悬 L'_1 指通过两前轮中心的垂面与抵靠在车辆最前端（包括前拖钩、车牌及任何固定在车辆前部的刚性部件）并垂直于车辆纵向对称平面的垂面之间的距离，如图 3-1 所示。

后悬 L'_2 指通过车辆最后端车轮的轴线的垂面与抵靠在车辆最后端（包括牵引装置、车牌及固定在车辆后部的任何刚性部件）并垂直于车辆纵向对称平面的垂面之间的距离，如图 3-1 所示。

后悬的长度取决于货厢的长度、轴距和轴荷分配情况，同时要保证车辆具有适当的离去角。若后悬过长，则车辆上下坡时容易刮地，转弯时的通道宽度过大。

四、汽车外形尺寸的利用情况

汽车外形尺寸的利用情况可以用紧凑性作为指标来评价。汽车的操纵轻便性、机动性、通过性以及停车面积等均与汽车紧凑性有密切关系。重型载货汽车、大型客车较其他车辆更要求有较好的紧凑性。

汽车的紧凑性主要用长度利用系数 λ_1、外形面积利用系数 λ_a、比容载量面积 a_c（货车：m^2/t）和 a'_c（客车：$m^2/$座位）、比容载量体积 b_c（货车：m^3/t）和 b'_c（客车：$m^3/$座位）评价。计算公式为

$$\lambda_1 = \frac{L_k}{L'}$$

$$\lambda_a = \frac{a}{A}$$

$$a_c = \frac{A}{q_0}$$

$$a'_c = \frac{A}{p_0}$$

$$b_c = \frac{AH}{q_0}$$

$$b'_c = \frac{AH}{p_0}$$

式中　L_k——车厢（身）的有效容积内的长度（m）。

　　　L'——车辆长度（m）。

　　　a——车厢（身）面积（m²）。

　　　A——车辆占地面积（m²）。

　　　q_0——额定装载质量（t）。

　　　p_0——额定载客量（人）。

　　　H——车辆高度（m）。

第二节　汽车的质量参数及利用

一、汽车的质量参数

汽车的质量参数主要包括整车干质量、整车整备质量、总质量、装载质量、轴载质量等。

整车干质量是指装备有车身、全部电气设备和车辆正常行驶所需要的辅助设备的完整车辆质量与选装装置质量之和。

整车整备质量指整车干质量、冷却液质量、燃料质量与随车件质量之和。

装载质量指货运质量与客运质量之和。最大货运质量与最大客运质量之和称为最大装载质量。

总质量指整车整备质量与装载质量之和。整车整备质量与最大装载质量之和称为最大总质量。

轴载质量可分为厂定最大轴载质量和允许最大轴载质量。前者指制造厂考虑材料强度、轮胎的承载能力等因素而核定出的轴载质量；后者指车辆管理部门根据使用条件而规定的轴载质量。

二、质心位置参数

汽车质心位置参数主要包括质心水平位置参数和质心高度，由质心的纵向、横向和高度几何参数确定。

1. 质心水平位置参数

质心水平位置参数包括质心纵向水平位置参数和质心横向水平位置参数。

质心纵向水平位置参数包括质心距前轴中心线的水平距离 L_1(m) 和质心距后轴中心线的水平距离 L_2(m)。根据前、后轴的轴载质量 m_1、m_2 和轴距 L，可计算出汽车质心到前轴和后轴中心线的水平距离 L_1 和 L_2，如图 3-1 所示。

$$L_1 = \frac{m_2 L}{m_1 + m_2}$$

$$L_2 = \frac{m_1 L}{m_1 + m_2}$$

质心横向水平位置参数指质心距左侧和右侧车轮平面的水平距离 B_1 和 B_2。汽车质心的横向位置并非处于纵向对称平面内，这是由于燃料箱、蓄电池、随车工具及备用轮胎等的布置，汽车质心往往偏离纵向中心平面。对于前、后轴轮距相等的汽车，分别测量出左、右侧车轮的法向反作用力，可计算出质心的横向位置参数，如图 3-2 所示。

$$B_1 = \frac{BF_{zr}}{G}$$

$$B_2 = \frac{BF_{zl}}{G}$$

式中　B_1——质心至左侧车轮平面的水平距离（m）；

　　　B_2——质心至右侧车轮平面的水平距离（m）；

　　　G——汽车重量（N）；

　　　F_{zl}——左侧车轮负荷（N）；

　　　F_{zr}——右侧车轮负荷（N）。

2. 质心高度

质心高度指质心距车辆支承平面的垂直距离 h_g（m）。在采用侧倾试验台测试汽车质心高度时，用液压举升机构缓慢举升试验台面及被试汽车，使其向右倾斜，直到汽车左侧车轮负荷为零或脱离试验台面时为止（测试时，应使用钢丝绳对汽车进行保护性约束，以防止汽车翻出试验台面），如图 3-3 所示。

如果质心位于汽车纵向对称平面内，则可根据举升角度直接计算出质心高度，即

$$h_g = \frac{B}{2}\cot\alpha_{max}$$

式中　h_g——质心高度（m）；

　　　B——轮距（m）；

　　　α_{max}——最大侧倾角（°）。

图 3-3　侧倾法测汽车质心高度和侧倾角

三、汽车整备质量利用情况

通常采用质量利用系数 γ_m 或整备质量利用系数 γ_b 评价汽车质量利用的优劣，反映了汽车整备质量与装载质量的关系和汽车设计、制造及材料利用的水平。

$$\gamma_m = \frac{q_0}{m}$$

$$\gamma_b = \frac{q_0}{m_b}$$

式中　m——总质量（kg）；

　　　q_0——额定装载质量（kg）；

　　　m_b——整备质量（kg）。

整备质量利用系数的高低与汽车的部件、总成、结构的完善程度以及轻型高强度材料的使用率有关。

整备质量利用系数表明了汽车主要材料的使用水平，反映了该车型的设计、制造水平。运输过程中，汽车整备质量将引起非生产性油耗，加速轮胎磨损，增大发动机功率损耗，因而直接影响汽车的使用经济性。在装载质量和使用寿命相同的条件下，汽车整备质量利用系数越高，其结构和制造水平就越高，使用经济性越好。

提高整备质量利用系数的措施如下：

① 不断完善汽车结构和制造技术。

② 使用轻型高强度材料，特别是使用强度高、质量小的高强度铝合金和复合塑料。

③ 提高汽车装载质量。

汽车整备质量利用系数随装载质量的增加而提高，一般情况下轻型货车约 1.1，中型货车约 1.35，重型货车 1.3~1.7。平头汽车的整备质量利用系数一般比长头汽车高。由货车变形的自卸汽车，因改装后整备质量增大，其整备质量利用系数比基本型汽车低。表 3-1 为几种国产汽车的整备质量利用系数。

表 3-1　几种国产汽车的整备质量利用系数

车型	额定装载质量 q_0/kg	整备质量 m_b/kg	整备质量利用系数 γ_b
EQ3092F19D	5000	4930	1.01
EQ5202CCQ	9900	10110	0.98
DFL3251A1	15600	9200	1.70
DFL1250A	14210	10690	1.33
CQ3193T8F3G381	9305	9695	0.96
CQ3263T8F19G324	14000	12000	1.17
CA1225P1K2L9T1	13980	8510	1.64
CA1310P4K2L11T4A	19200	11790	1.63

四、汽车装载质量利用情况

汽车装载质量的利用情况与汽车的额定装载质量、车厢尺寸、货物密度有关，常用装载质量利用系数 δ_m 和比装载质量 δ_c（t/m³）评价，反映汽车的车厢容积与所载货物类别的适应性。

$$\delta_m = \frac{m_v V_v}{q_0}$$

$$\delta_c = \frac{q_0}{V_v}$$

式中　q_0——额定装载质量（t）；

　　　V_v——车厢容积（m³）；

　　　m_v——货物容积质量（t/m³）。

货物容积质量 m_v 指在自然堆积状态下，单位容积货物的质量。

装载质量利用系数 δ_m 和比装载质量 δ_c 表征汽车车厢对货物容积质量的适应能力。前者反映某种汽车车厢装满某类货物时，其额定装载质量的利用程度，决定该车装载何种货物时能够充分利用汽车装载能力；后者说明某型汽车装载何种货物且装满车箱时，可以使额定装载质量得到充分利用。

汽车栏板的标准设计高度一般约为 600mm，普通货车装载容积质量小或密度低的货物时，不能充分利用汽车的装载质量。汽车装载质量越大，就越不适合装载密度低的货物。

常见散货的容积质量见表 3-2。某些载货汽车的比装载质量见表 3-3，某些汽车装载不同货物时的装载质量利用系数见表 3-4。

为充分利用货运车辆的装载能力，装运容积质量小的货物时，在保证货物完整的条件下，可采用适当措施增加装货高度。因此，汽车实际装载质量利用系数高于表 3-4 所列数值。

表 3-2　常见散货的容积质量

货物种类	白菜	马铃薯	小麦	无烟煤	干土	砖	建筑用石	砂	铁条
容积质量/(t/m³)	0.35	0.68	0.73	0.80	1.2	1.5	1.5	1.6	2.10

表 3-3　某些载货汽车的比装载质量 δ_c

车型	额定装载质量 q_0/kg	比装载质量 δ_c/(t/m³)
EQ3092F19D	5000	1.035
EQ3121FT4	9900	0.795
HFC1048	1920	0.593
CA1225P1K2L9T1	13980	0.885
CQ3263T8F19G324	14000	1.000

表 3-4　某些载货汽车装载不同货物时的装载质量利用系数 δ_m

货物名称	包装方式	EQ3092	DFL3251	EQ5202	EQ3121	EQ1081	HFC1020	HFC1031
白菜	散装	0.17	0.19	0.89	0.20	0.28	0.30	0.30
马铃薯	散装	0.33	0.37	1.73	0.39	0.54	0.58	0.58
小麦	散装	0.36	0.40	1.85	0.42	0.58	0.62	0.62
无烟煤	散装	0.39	0.44	2.03	0.46	0.64	0.68	0.68
干土	散装	0.58	0.66	3.04	0.70	0.96	1.02	1.02
砖	散装	0.73	0.83	3.81	0.87	1.20	1.27	1.27
建筑用石	散装	0.73	0.83	3.81	0.87	1.20	1.27	1.27
砂	散装	0.80	0.91	4.19	0.96	1.32	1.40	1.40
铁条	束装	1.02	1.16	5.33	1.22	1.68	1.78	1.78

第三节　汽车的使用方便性

使用方便性是汽车的综合使用性能，用于表征汽车运行过程中，驾驶人和乘客的舒适性和疲劳程度，以及对保证运送货物完好无损和装卸货物的适用性。其主要评价指标包括操纵轻便性、出车迅速性、乘客上下车方便性、装卸货物方便性、最大续驶里程等。

一、操纵轻便性

操纵轻便性决定驾驶人工作条件，对减轻疲劳，保证行车安全具有重要作用。其主要评价量标为操纵力、操作次数、座位与调整参数及视野参数。

控制操纵机构的力用测力计测定。为降低驾驶人操纵力，常在转向系统或制动系统中设置助力器等助力装置。

操作次数通常用换档、踏离合器和制动器踏板的次数表征。通常在常用路况下、在典型道路上通过运行试验确定，并将试验路段上的各类操作次数换算为 100km 行程的操作次数。

座椅构造和操纵杆件配置是否舒适方便，对使用方便性影响很大。适当增加座椅高度，减小座垫与靠背间的倾角，可改善驾驶人劳动条件。为了适应不同驾驶人的驾驶操作，座椅设计成可沿水平和垂直方向调节，且靠背倾角也可调节的形式。同时，转向盘位置也应能按驾驶人需要调节。

为提高操纵轻便性，汽车操纵机构应有良好的接近性，应设置速度、机油压力、机油和冷却液温度、燃油消耗量以及充放电参数等显示仪表。当控制参数进入临界值时，发出声、光信号，以便驾驶人及时掌握车辆状况。控制显示仪表应具有必要的显示精度和在暗环境下的亮度，以利观察。

为了改善工作环境，提高劳动效率，驾驶室内应设空调及采暖通风装置。视野主要取决于座椅布置、高度以及座垫和靠背的倾角，以及车窗尺寸、形状、布置和支柱的结构等。

二、出车迅速性

出车迅速性指汽车开动前所需准备时间的长短，主要取决于发动机的起动性。当不采用特殊的低温起动措施时，汽油机在-10℃、柴油机在-5℃以下的气温条件下，起动时间应不大于15s。

在低温条件下使用时，发动机起动困难。尤其是柴油机，由于起动阻力大、起动转速高等原因，使低温起动性能更差。如果露天停放，除在使用时采取必要的预热措施外，选购汽车时应考虑柴油机是否有起动辅助装置，例如独立预热装置、起动液喷射器、电热塞及进气管火焰加热器等。

三、乘客上下车方便性

乘客上下车方便性影响城市公共汽车站点的停车时间，从而影响汽车的线路运行时间。

乘客上下车的方便性，主要取决于车门的布置（轿车）和踏板的结构参数。

对于轿车，车门支柱的布置对上下车方便性的影响尤其明显。车门支柱倾斜适当，可改善乘客上下车的方便性。

对于客车，踏板高度、深度、级数、能见度及车门的宽度影响上下车的方便性。踏板高度和宽度应与日常生活中所习惯的楼梯台阶相同。

四、装卸货物方便性

装卸货物方便性指车辆对装卸货物的适应性，用车辆装卸所耗费的时间和劳动力评价。

影响装卸货物方便性的汽车结构因素：货厢地板的装卸高度；从一面、两面、三面或上面装卸货物的可能性；厢式车车门的构造、布置和尺寸；有无随车装卸装置及其效率。

在人工装卸，或货物批量小的场合，货厢地板的高度越高，装货时间和劳动力消耗就越大。但在机械化装卸的场合，货厢地板高度对装卸效率无明显影响。

通用栏板汽车可从三面装货，与单门厢式汽车相比，栏板货厢易于适应装卸货点的需要，可节省汽车掉头时间。

五、最大续驶里程

汽车的最大续驶里程 L_T（km）指油箱加满后所能连续行驶的最大里程，即

$$L_T = \frac{100V_f}{Q}$$

式中　V_f——油箱容积（L）；

　　　Q——汽车百公里燃油消耗量（L/100km）。

除汽车技术水平外，汽车百公里燃油消耗量 Q 与实载率、道路条件、运行速度等使用因素有关，因此最大续驶里程随使用条件变化。合理确定 L_T 的值可减少中途停车，提高汽车运输效率。汽车的最大续驶里程应保证汽车昼夜或班次行程内，不需中途停车加油。

六、汽车的可靠性和耐久性

汽车的可靠性和耐久性是评价汽车技术水平的综合指标。可靠性和耐久性与使用过程中汽车的故障率和完好率有密切关系，因而影响汽车使用过程中的方便性。

1. 汽车的可靠性

汽车的可靠性指在规定条件下和规定时间内，汽车完成规定功能的能力。

汽车的可靠性主要取决于零件材料的性能，主要部件的结构合理性及稳定性，主要总成的技术水平、制造工艺水平和质量，以及使用水平（驾驶水平、汽车维修的技术水平和质量）。

评价汽车可靠性的常用指标有平均首次故障里程、平均故障间隔里程、故障率和当量故障率等。

2. 汽车的耐久性

汽车的耐久性指在规定的使用和维修条件下，汽车达到某种技术或经济指标极限时完成规定功能的能力。汽车极限技术状况指技术状况参数达到了技术文件规定的极限值的状况。汽车的耐久性一般用汽车从投入使用到进入极限状况时的总行程或使用延续期表示。

汽车耐久性的评价指标主要有第一次大修前的平均行程（大修里程）、大修间平均行程（大修间隔里程）和 $\gamma\%$ 行程。

大修间隔里程是指汽车两次大修之间的行程，用来评价汽车大修的质量。在修理技术水平和配件供应水平相等的条件下，大修间隔里程取决于汽车设计制造技术水平。

$\gamma\%$ 行程是指汽车以 $\gamma\%$ 的概率使用到极限状况的行程，如 80% 的汽车第一次大修里程不低于 200000km，又称为 80% 的耐久性（寿命）。

七、汽车的维修性

汽车的维修性指在规定的条件下和规定的时间内，按规定程序和方法维修时，保持或恢复汽车规定功能的能力。

决定维修性优劣的汽车结构特性包括：要求定期维护（润滑、紧固、调整和技术状况检测）点的数量，要求维护的部件、机构的易接近性，总成和部件的连接方式，单独拆卸、更换总成的可能性，总成部件在整车中紧固的简便性，取下沉重总成的简便性，总成和部件拆装的简便性，易损件更换和修理的简便性，同一总成中各零件具有等寿命和相等的耐磨性，零部件规格的统一性和互换性，以及采用的工具、器具和润滑材料规格的统一性和互换性。

汽车维修性的评价指标包括技术利用系数、完好率、修复率、维护周期等。

汽车技术利用系数 K_T

$$K_T = \frac{T_a}{T_a + T_w + T_r}$$

式中　T_a——汽车技术完好时间的期望；

　　　T_w——因维护停驶时间的期望；

　　　T_r——因修理停驶时间的期望。

汽车完好率 a_a

$$a_a = \frac{t_a}{t_a + t_w}$$

式中 t_a——汽车技术完好时间；

t_w——因维修停驶时间。

修复率指汽车工作能力被恢复的概率，表征汽车工作能力在规定时间内被修复的可能性。

复 习 题

一、问答题

1. 汽车的结构参数主要有哪些？
2. 汽车外形尺寸的利用情况可以用哪些指标来评价？
3. 汽车的质量参数主要有哪些？
4. 汽车整备质量利用情况用哪些指标评价？
5. 汽车装载质量的利用情况与哪些因素有关？用什么指标评价？
6. 汽车使用方便性用哪些指标评价？

二、综述题

1. 说明汽车质心位置的确定方法。
2. 说明提高汽车质量利用水平的作用。

第四章　汽车的动力性

汽车的动力性指汽车在良好路面上直线行驶时由受到的纵向外力决定的，所能达到的平均行驶速度，表示汽车以最大可能的平均行驶速度运送货物或乘客的能力。

汽车的最基本功能是运输，其运输效率取决于在各种使用条件下的平均速度，主要取决于汽车的动力性。因此，在汽车各种使用性能中，动力性是最重要、最基本的性能。

汽车的运动状况取决于汽车所受到的各种外力。因此，以下从分析汽车行驶时所受到的纵向外力（驱动力、行驶阻力）出发，建立汽车行驶方程式，并根据汽车行驶过程中的受力平衡和功率平衡，分析确定汽车的动力性。

第一节　汽车动力性的评价指标

汽车的平均行驶速度取决于汽车的最高车速、加速能力和爬坡能力。因此，汽车的动力性可以由上述三方面指标评价。

1. 汽车的最高车速

汽车的最高车速 v_{amax}（km/h）指汽车在状况良好的路面上所能达到的最高行驶速度。

2. 汽车的加速能力

汽车的加速能力可以由加速时所能达到的加速度 $\dfrac{dv}{dt}$（m/s²）或加速过程所经历的时间——加速时间 t_j（s）评价。由于加速时间直观且测试容易，因此得到广泛应用。

汽车的加速能力有原地起步加速能力和超车加速能力两种，分别用原地起步加速时间 t_{jq} 和超车加速时间 t_{jc} 表示。原地起步加速时间 t_{jq} 指汽车由第 1 档或第 2 档起步，并以最大的加速强度（包括选择恰当的换档时机）逐步换至最高档后，行驶到某一预定的距离（通常为 400m）或达到某一车速（通常为 100km/h）所需要的时间。若起步加速能力强，则汽车起步快，所用时间短，有利于其速度性能的发挥。超车加速时间 t_{jc} 指用最高档或次高档由某一较低车速全力加速至某一高速所需的时间。一般低速取 30km/h 或 40km/h，而高速为 $80\%v_{amax}$ 或某一高速。汽车的加速能力也可用汽车的加速曲线即车速-时间关系曲线全面反映，如图 4-1 所示。超车时，汽车与被超车辆并行，容易发生安全事故。所以，超车加速能力的强弱决定了汽车超车过程中的并行行程，对超车安全有重要影响。

汽车在一定坡道上的加速时间也可以反映

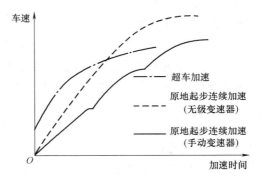

图 4-1　汽车加速曲线

汽车的加速性能。强调汽车在坡道上的加速能力，有利于使汽车安全地从有坡度的匝道以一定车速驶入高速公路而汇入高速车流。

3. 汽车的爬坡能力

汽车的爬坡能力用最大爬坡度 i_{max} （%）评价，指汽车满载时以变速器最低档在良好路面上等速行驶所能通过的最大道路坡度。轿车最高车速大，加速时间短，且通常在城市道路及较好公路条件下行驶，一般不强调爬坡能力；货车运行的道路环境较复杂，具有足够的爬坡能力非常必要，一般 i_{max} 在 30% 左右，即坡度角 α 为 16.7°左右；而越野汽车要在坏路或无路条件下行驶，因而爬坡能力至关重要，其最大爬坡度可达 60% 左右，即坡度角 31°左右。

需要说明，i_{max} 大于汽车实际行驶中所能通过的道路最大坡度，是汽车的极限爬坡能力。因为汽车在实际坡道上行驶时，为顺利起步加速、克服松软路面和崎岖不平路面的较大阻力等都会消耗汽车动力。

以汽车在一定坡道上必须达到的车速也可以表明汽车的爬坡能力。强调汽车在坡道上的运行速度，有助于提高汽车在山区复杂道路上的平均行驶速度。

显然，道路和载荷情况对汽车的动力性指标有重要影响。其道路条件应为干燥、清洁的水泥或沥青路面；而各国对载荷条件的规定不同，我国规定为满载，并要求装载均匀。同时，汽车的动力性指标均应在无风或微风条件下测定。

第二节 汽车行驶方程式

汽车沿行驶方向的运动状况，由其在该方向上受到的各种外力所决定。若把汽车速度变化时的惯性力看成与加速度方向相反的外力，则汽车行驶过程中的驱动力与行驶阻力始终相等，该平衡关系式称为汽车的行驶方程式，即

$$F_t = \sum F$$

式中　F_t——汽车的驱动力（N）；

　　$\sum F$——汽车的行驶阻力之和（N）。

根据汽车行驶方程式可以确定汽车的运动状况，估算汽车的最高车速、加速度和最大爬坡度，因而是研究汽车动力性的基础。以下介绍汽车的驱动力和各种行驶阻力的产生机理、影响因素和数量关系。

一、汽车的驱动力

汽车发动机产生的有效转矩 T_e，经传动系传到驱动轮上；此时，作用于驱动轮上的转矩 T_t 产生一个对地面的圆周力 F_0；地面对驱动轮的反作用力 F_t（方向与 F_0 相反）即是驱动汽车行驶的外力，称为汽车的驱动力，如图 4-2 所示。其数值为

$$F_t = \frac{T_t}{r}$$

式中　F_t——汽车的驱动力（N）；

　　T_t——作用于驱动轮的转矩（N·m）；

　　r——车轮半径（m）。

T_t 由 T_e 经传动系传至驱动轮而产生，若变速器、主减速器的传动比为 i_g、i_0，传动系

统的机械效率为 η_t，则 T_t（N·m）的值为

$$T_t = T_e i_g i_0 \eta_t$$

若汽车装有分动器、轮边减速器、液力传动等装置，计算 T_t 时应计入相应的传动比和机械效率。

这样，驱动力 F_t 表示为

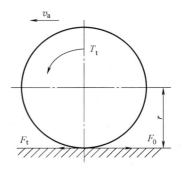

$$F_t = \frac{T_e i_g i_0 \eta_t}{r} \qquad (4\text{-}1)$$

因此，汽车的驱动力 T_t 取决于发动机有效转矩 T_e、传动系统速比 i_g 和 i_0、机械效率 η_t、车轮半径 r。以下首先介绍参数 T_e、η_t 和 r 的确定方法（i_g、i_0 的确定方法见本章第五节）。

1. 发动机有效转矩 T_e

发动机输出的有效功率 P_e（kW）、有效转矩 T_e（N·m）和有效燃油消耗率 g_e [g/（kW·h）] 随曲轴转速 n_e（r/min）的变化关系曲线，称为发动机的速度特性曲

图 4-2　汽车的驱动力

线。节气门全开（或高压油泵在最大供油位置）时的速度特性曲线，称为发动机的外特性曲线，如图 4-3 所示；而节气门部分开启（或部分供油量位置）时的速度特性曲线，称为发动机部分负荷特性曲线，如图 4-4 所示。P_e 和 T_e 满足如下关系：

$$P_e = \frac{T_e n_e}{9550} \qquad (4\text{-}2)$$

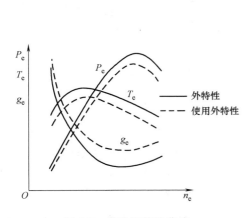

图 4-3　发动机特性曲线

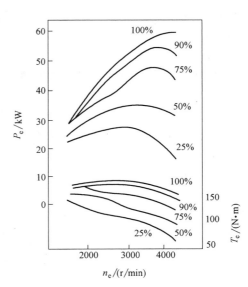

图 4-4　发动机部分负荷特性曲线中的功率与转矩曲线

实际上，车用发动机很少在节气阀全开的工况下工作，主要以部分负荷运转。因此，外特性转矩（或功率）曲线下面广泛范围内的点，都可以是发动机的工作状态点。

发动机带有全部附件（空气滤清器、水泵、风扇、消声器、发电机等）时，测得的发

动机特性曲线称为使用外特性曲线，如图 4-3 中虚线所示，其功率和转矩均小于外特性曲线的功率和转矩。汽油发动机最大功率比其外特性的最大功率约小 15% 左右；货车和轿车（含轻型汽车）柴油机则分别小 10% 和 5%。

发动机外特性是通过台架试验得到的。此时，发动机工况相对稳定，冷却液、机油温度保持规定数值，且维持各个转速不变。实际使用时，发动机的工况是不稳定的。发动机的转速、节气门开度、热状况和可燃混合气的浓度与稳定工况下的数值相比有显著差异，导致发动机输出的有效功率、有效转矩和有效燃油消耗率较稳定工况下的测试值有一定变化。但一般忽略二者的差别，在进行汽车动力性估算时仍使用稳定工况下的外特性曲线。

利用发动机外特性中的有效转矩 T_e（N·m）曲线和有效功率 P_e（kW）曲线，可求出汽车在各档位、不同车速下的驱动力和驱动功率，建立汽车的驱动力图和输出功率图。

2. 传动系统的机械效率 η_t

发动机有效功率 P_e（kW），经传动系统传至驱动轮的过程中，产生了功率损失 P_w（kW）。传动系统的机械效率 η_t 为

$$\eta_t = \frac{P_e - P_w}{P_e} = 1 - \frac{P_w}{P_e} \tag{4-3}$$

根据产生的部位，P_w 由传动系统中的部件——变速器、传动轴、万向节、主减速器等的功率损失所组成，其中变速器和主减速器的功率损失所占比重最大。根据成因，P_w 可分为机械损失和液力损失两大类。前者指齿轮传动副、轴承、油封等处的摩擦损失，其大小与参与啮合齿轮的对数、传递的转矩大小等因素有关；后者是消耗于旋转零件搅动润滑油、零件表面与润滑油之间的表面磨擦等的功率损失，其大小与润滑油的品种、温度、油面高度以及齿轮等旋转零件的转速有关。

对变速器的各个档位来说，档位越高，机械效率也越高。直接档的机械效率一般最高，这是因为其他啮合的齿轮不传递转矩，使机械损失减小。同一档位且传递转矩不变时，转速愈高效率愈低；而同一档位且转速不变时，机械效率随传递转矩的增加而有所提高，如图 4-5 所示。若负荷及所传递的转矩增大时，液力损失的比例降低，机械效率较高；转速低时，搅油导致的液力损失小，因而比转速高时机械效率高。

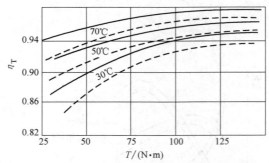

图 4-5　变速器传动效率与传递转矩、润滑油温度的关系

（实线：$n = 1500 \text{r/min}$，虚线：$n = 2500 \text{r/min}$）

就汽车的使用过程来说，新车走合期结束后的传动效率最高，此后随行驶里程的增加而缓慢下降；当各部件磨损至配合间隙超过允许值后，机械效率急剧下降。

传动系统机械效率受多个因素影响，其实际数值在一定范围内变化。但进行汽车动力性分析时，一般将机械效率视为常数，把传动系统各总成的机械效率值（表 4-1）相乘进行估算。

表 4-1　传动系统各总成的传动效率

总成名称	传动效率(%)
4~6 档变速器	95
副变速器或分动器	95
8 档以上变速器	90
单级减速主减速器	96
双级减速主减速器	92
万向节	98

3. 车轮半径 r

弹性轮胎在受力和运动过程中会因变形而使半径尺寸发生变化。无载荷作用时的车轮半径称为自由半径 r_0（m）；仅受汽车重力作用时，车轮中心至轮胎与道路接触面间的距离称为静力半径 r_s（m）；同时承受垂直载荷和转矩时的车轮半径称为动态半径 r_d（m）。显然，$r_0 > r_s > r_d$。

车轮的滚动半径 r_r（m）为换算半径。即

$$r_r = \frac{S}{2\pi n_g}$$

式中　n_g——车轮转动的圈数；

　　　S——滚动 n_g 圈时车轮前进的距离（m）。

作动力学分析时，应该用动态半径或静力半径；而作运动学分析时，应该用滚动半径。但粗略计算时，通常不计其间的差别，统称为车轮半径 r，即认为

$$r \approx r_0 \approx r_s \approx r_d$$

4. 汽车的驱动力图

汽车的驱动力图即驱动力 F_t（N）与车速 v_a（km/h）之间的函数关系曲线，可全面表示汽车驱动力的大小及其变化。

若已知汽车传动系统各档传动比 $i_g i_0$、传动效率 η_t、车轮半径 r 等参数，利用发动机使用外特性曲线中的转矩曲线，根据发动机输出转矩 T_e 与汽车驱动力 F_t 的关系（式4-1），可得到汽车驱动力 F_t 与发动机转速 n_e 之间的关系曲线。

显然，发动机转速 n_e（r/min）与汽车行驶速度 v_a（km/h）之间的关系为

$$v_a = 0.377 \frac{rn_e}{i_g i_0} \qquad (4\text{-}4)$$

据此可绘出汽车驱动力图，即各个档位 i_g 下汽车驱动力 F_t 与车速 v_a 间的关系曲线，如图4-6所示。

驱动力图根据外特性曲线中的转矩曲线求得，因此表明的是汽车使用各档位时在各车速下所能产生的驱动力最大值。实际行驶中，由于发动机是在不稳定状态下工作，且常使用部分负荷，因而相应的驱动力较其最大值小得多。

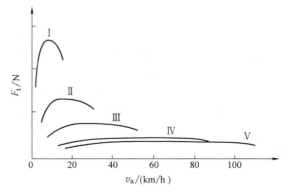

图 4-6　装有五档变速器的某型汽车的驱动力图

二、汽车的行驶阻力

汽车行驶需要的能量取决于所受到的行驶阻力，其动力性高低取决于汽车的驱动力和行驶阻力的相互作用。

汽车在水平道路上等速直线稳定行驶时，必须克服轮胎-地面相互作用而产生的滚动阻力 F_f 和车身-空气相互作用而产生的空气阻力 F_w；在坡道上稳定行驶时，还必须克服重力沿坡道的分力，即坡度阻力 F_i。加速行驶时，需要克服与加速度方向相反的惯性力，即加速阻力 F_j。

1. 滚动阻力

（1）滚动阻力的产生　车轮滚动时，轮胎与路面的接触区域产生法向、切向的相互作用力，二者产生相应变形。其相对刚度决定了轮胎和支承面变形的特点和相对大小。在硬路面（混凝土路、沥青路）上滚动时（动力性分析时的道路条件），弹性轮胎的变形是主要的；在软路面（土路、砂路）上滚动时，路面的沉陷变形是主要的。这些变形伴随着能量损失，是滚动阻力产生的根本原因。

某轮胎在硬支承路面上受径向载荷（W）时的径向变形（h）曲线如图 4-7 所示。图中：C 为加载变形过程曲线，D 为卸载变形恢复过程曲线。加载变形过程，外力对弹性轮胎做功，使其变形，C 曲线下面积 $OCABO$ 为该过程中对轮胎作的功；在卸载变形恢复过程中，弹性轮胎变形而具有的弹性势能向外释放做功，使变形恢复，D 曲线下面积 $ADEBA$ 为轮胎恢复变形时释放的功。由于阻尼的存在，两曲线并不重合，其间的面积为加载与卸载过程中的能量损失。此能量消耗在轮胎各组成部分的摩擦以及橡胶、帘线等物质的分子间的摩擦，转化为热能消失在大气中，称为弹性轮胎的迟滞损失。

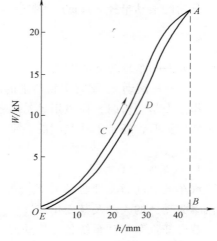

图 4-7　某轮胎的径向变形曲线

加载与卸载变形曲线的差异，导致了轮胎接地面上压力分布的变化，产生阻碍车轮滚动的阻力偶和阻力。车轮不滚动时，地面对车轮的法向反作用力的分布前后对称。显然，在法线 nn' 两侧，同样的变形对应有相同的法向应力；当车轮滚动时，在法线 nn' 前后两侧相对应点，由于处于压缩变形和恢复变形的不同过程中，相同的变形所对应的法向应力却不同。由于弹性迟滞现象，前部的地面法向反作用力大于后部的地面法向反作用力，使轮胎前后地面法向反作用力的分布不对称，从而使法向反作用力的合力 F_z 相对于法线 nn' 向前移动了距离 a。若把合力 F_z 平移至法线 nn'，则需添加一个阻力偶 $T_f = F_z a$，如图 4-8 所示。

由于弹性车轮滚动时产生了阻力偶，因此若使从动车轮在硬路面上等速滚动，必须相应在车轮中心施加推力 F_{p1}（下标 1 指前轮），使之与相应的地面切向反作用力构成力偶矩克服 T_f。即

$$F_{p1} r = T_f$$

因此：

$$F_{p1} = \frac{T_f}{r} = \frac{F_z a}{r} = F_z f$$

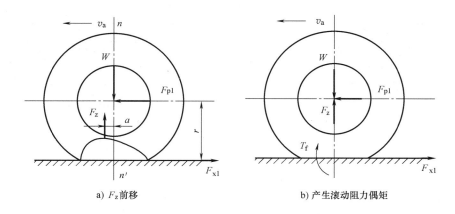

a) F_z 前移　　　　　　　　　　b) 产生滚动阻力偶矩

图 4-8　弹性轮胎在硬路面上滚动时的受力情况

力都是成对出现的，F_{x1} 为推动车轮滚动前进的推力 F_{p1} 引起的地面切向反作用力，在此表现为阻碍车轮滚动的滚动阻力 F_f。即

$$F_f = F_{x1} = F_{p1} = F_z f \qquad (4\text{-}5)$$

f 称为滚动阻力系数。显然：$f = \dfrac{a}{r} = \dfrac{F_{p1}}{F_z}$。可见滚动阻力系数指车轮在一定条件下滚动时所需之推力与车轮负荷之比，即单位汽车重力所需之推力。

这样，在分析汽车行驶阻力时，不必具体考虑车轮滚动时所受到的滚动阻力偶矩，而只要知道滚动阻力系数即可求出滚动阻力。

驱动轮在硬路面等速滚动时的受力情况如图 4-9 所示。图中：F_{x2} 为驱动力矩 T_t 所引起的道路对车轮的切向反作用力 F_{x2}（下标 2 指后轮），F_{p2} 为驱动轴作用于车轮的水平力。由于弹性迟滞现象，驱动轮的法向反作用力的作用点也前移了距离 a，因而也产生了滚动阻力偶 T_f。由平衡条件得

$$F_{x2} r = T_t - T_f$$

$$F_{x2} = \frac{T_t}{r} - \frac{T_f}{r} = F_t - F_f$$

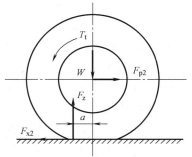

图 4-9　驱动轮在硬路面等速滚动时的受力图

由此可见，由于弹性迟滞现象产生的滚动阻力偶 T_f，也使驱动轮受到滚动阻力 F_f 的作用。驱动力矩 T_t 产生的驱动力 F_t 在克服了滚动阻力 F_f 后，才能转化为作用在驱动车轮上驱动汽车前进的地面切向反作用力 F_{x2}。

（2）滚动阻力系数　滚动阻力 F_f 的大小取决于滚动阻力系数 f，研究汽车的滚动阻力的实质就是研究滚动阻力系数。试验表明：f 的大小与路面种类及其状况、行驶车速以及轮胎的构造、材料、气压等有关。

轮胎在不同路面上滚动时的变形量及由此所引起的弹性迟滞损失不同，因而其滚动阻力系数不同。汽车中低速行驶时，其滚动阻力系数的数值范围见表 4-2。

表 4-2　滚动阻力系数的数值

路面类型	滚动阻力系数
良好的沥青或混凝土路面	0.010~0.018
一般沥青或混凝土路面	0.010~0.018
碎石路面	0.020~0.025
良好的卵石路面	0.025~0.030
坑洼的卵石路面	0.030~0.050
干燥压紧土路	0.025~0.035
雨后压紧土路	0.050~0.150
泥泞土路(雨季或解冻期)	0.100~0.250
干砂	0.100~0.300
湿砂	0.060~0.150
结冰路面	0.015~0.030
压紧的雪道	0.030~0.050

　　路面状况也影响滚动阻力系数，汽车在坚硬、平整、干燥的路面上行驶时，其滚动阻力要比在破损了的旧路面上小得多。汽车在湿路面上行驶时，车轮必须排挤水层（图 4-10），产生附加穿水阻力 F_s，因此滚动阻力通常较在干路面上行驶大得多。

　　行驶车速对滚动阻力系数有很大影响，如图 4-11 所示。车速低于100km/h 时，货车及轿车轮胎的滚动阻力系数随车速逐渐增大，但变化不大。车速高于 140km/h 时，轿车轮胎的滚动阻力系数值增长较快，且当车速达到某一临界车速时，因轮胎发生驻波现象，滚动阻力系数迅速增大。

　　汽车以接近临界车速 v_{al} 的车速行驶时，轮胎离开地面后，胎面因

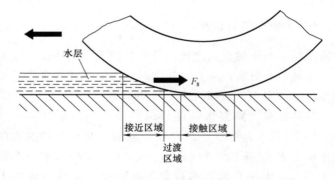

图 4-10　车轮在积水硬路面上的滚动

轮胎变形所产生的扭曲不能立即恢复，其残余变形产生了一种波即驻波，轮胎周缘不再是圆形而呈明显的波浪状，如图 4-12 所示。轮胎刚刚离开地面时，驻波振幅最大，而后依指数规律沿轮胎圆周衰减。驻波的形成使能量损失显著增大，从而引起大量发热，使轮胎温度很快升高到 100℃ 以上，胎面与轮胎帘布层脱落，极易出现爆胎现象。

　　轮胎的结构、帘线和橡胶品种不同，轮胎承载后滚动变形量也不同，而且变形后胎面、轮胎内部材料之间的摩擦有很大差异，因此对滚动阻力系数 f 的值都有影响。

　　与普通斜交轮胎相比，子午线轮胎的帘线层数较普通斜交胎少，胎体薄，轮胎在载荷作用下发生变形后所产生的弹性迟滞损失小，因而子午线轮胎的滚动阻力系数 f 较低，如图4-11所示。

　　用合成橡胶制成的轮胎，其滚动阻力一般要比用天然橡胶制成的稍大。丁基橡胶轮胎的牵引附着性能较好，而其滚动阻力甚至比普通的合成橡胶轮胎更大。

　　轮胎充气压力 p 对滚动阻力系数 f 值有很大影响。汽车在硬路面上行驶时，若轮胎气压

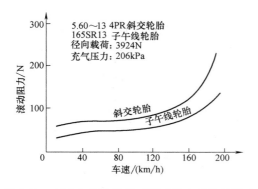

图 4-11 车速和轮胎类型对滚动阻力系数的影响

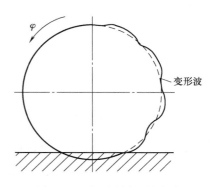

图 4-12 胎面圆周上的驻波

降低，则 f 值迅速增大，如图 4-13 所示。这是因为胎压影响轮胎挠性，在相同大小的载荷作用下，气压降低时轮胎变形大，使轮胎滚动时的迟滞损失增大的缘故。

胎压对滚动阻力的影响随路面的变形性质而异。在坚硬路面上滚动阻力随胎压增大而稍有减少。在松软路面上（如砂土路）行驶时，若轮胎气压高，地面变形增加，因而滚动阻力增大；而轮胎气压低时，地面变形减少，轮胎变形增大，因而轮胎弹性迟滞损失增大。因此对某一特定的松软路面，汽车在某一轮胎气压下行驶时滚动阻力最小。

驱动力矩作用于驱动轮，使胎面相对于路面有一定滑动，使轮胎滚动时的能量损失增大，因而滚动阻力系数增大。若用驱动力系数（驱动力与径向载荷之比）表示驱动力的相对大小，滚动阻力系数与驱动力系数的关系如图 4-14 所示。

工作温度对滚动阻力也有影响，滚动阻力系数随轮胎内部温度而变化的关系如图 4-15 所示。

汽车转弯行驶时，轮胎在侧向力作用下发生侧偏现象，轮胎变形及在路面上的滑移增大，因而滚动阻力大幅度增加，其增大量可达直线行驶时的滚动阻力的 50%～100%，如图 4-16 所示。

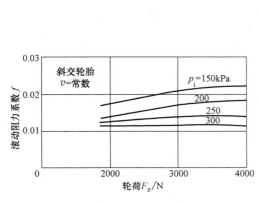

图 4-13 气压对滚动阻力系数的影响

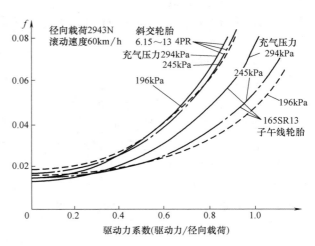

图 4-14 滚动阻力系数与驱动力系数的关系

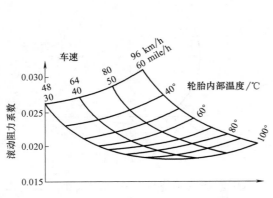

图 4-15 轮胎内部温度对滚动阻力系数的影响

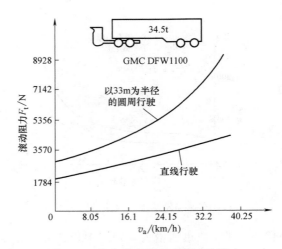

图 4-16 汽车转弯行驶时的滚动阻力

进行动力性分析时,一般把滚动阻力系数 f 看成常数,并取其在良好水泥或沥青硬路面上的滚动阻力系数值,如轿车可取 $f = 0.0165$。也可以用以下经验公式估算滚动阻力系数 f 的值。

轿车轮胎的滚动阻力系数:

$$f = f_0 \left(1 + \frac{v_a^2}{19400} \right)$$

式中,$f_0 = 0.014$,良好沥青或水泥路面;$f_0 = 0.025$,卵石路面;$f_0 = 0.20$,砂石路面。

货车轮胎气压高,其滚动阻力系数为

$$f = 0.0076 + 0.000056 v_a$$

2. 坡度阻力

（1）坡度阻力的计算 汽车上坡行驶时,汽车重力沿坡道的分力称为汽车坡度阻力 F_i（N）,如图 4-17 所示。

$$F_i = G \sin\alpha \qquad (4-6)$$

式中 G——作用于汽车上的重力（N）;

α——坡度角（°）。

道路坡度可用坡高与底长之比表示,根据我国的公路工程技术标准,高速公路平原微丘区最大坡道为 3%;山岭重丘区为 5%;一级汽车专用公路平原微丘区最大坡度 4%;山岭重丘区为 6%;一般四公路平原微丘区

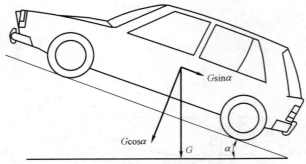

图 4-17 汽车的坡度阻力

为 5%,山岭重丘区为 9%。一般道路的坡度较小,$\sin\alpha \approx \tan\alpha \approx i$。因而,坡度阻力可以近似用下式计算:

$$F_i = G \tan\alpha = Gi \qquad (4-7)$$

式中 i——道路坡度（%）。

但道路坡度 i 较大时，近似公式计算结果的误差较大。坡度 i 与坡度角 α 的换算关系如图 4-18 所示。

（2）坡道上的滚动阻力　汽车在坡道上行驶时，汽车重力垂直于坡道的分力为 $G\cos\alpha$，其滚动阻力可用下式计算：

$$F_f = Gf\cos\alpha$$

坡度较小时，$\cos\alpha \approx 1$，上式近似为

$$F_f = Gf$$

（3）道路阻力　由于坡度阻力 F_i 与滚动阻力 F_f 均属于与道路有关的阻力，且均与汽车重力成正比，故二者之和称为道路阻力 F_ψ，即

$$F_\psi = F_f + F_i = G(f\cos\alpha + \sin\alpha) \approx G(f + i) = G\psi$$

式中 ψ——道路阻力系数，$\psi = f + i$。

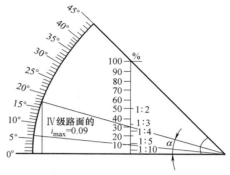

图 4-18　坡度与角度的换算关系

3. 空气阻力

汽车直线行驶时受到的空气作用力在行驶方向上的分力称为空气阻力。

（1）空气阻力的形成　空气阻力分为压力阻力与摩擦阻力两部分。

作用在汽车外形表面上的法向压力的合力在行驶方向的分力称为压力阻力，如图 4-19 所示。压力阻力又分为四部分：形状阻力、诱导阻力、干扰阻力、内循环阻力。

形状阻力与车身主体形状有很大关系，约占整个空气阻力的 58%。车辆向前运动时，由于其主体形状所限，表面上的涡流分离现象是不可避免的，被车辆分开的空气无法在后部平顺合拢和回复原状，这样在车辆后部形成涡流区，产生负压，从而使运动方向上产生了阻力。涡流分离的范围越大即涡流区域越大，压力阻力也就越大，如图 4-20 所示。

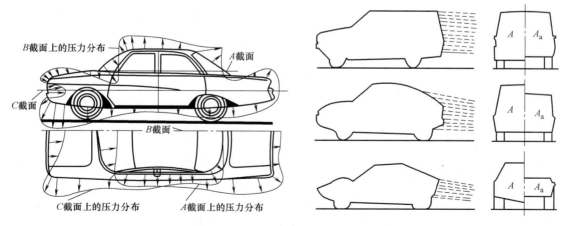

图 4-19　压力阻力的形成　　　　　　图 4-20　不同形式轿车的涡流区

车辆上部与底部的空气压力不同，会引起横向气流以及车辆的升力。横向气流也会在车身表面产生涡流分离现象，造成压差产生所谓诱导阻力。诱导阻力一般占空气阻力的 7%。

干扰阻力是车身表面突起物（如后视镜、门把、引水槽、悬架导向杆、驱动轴等）引

起的阻力，一般可占空气阻力的 14%；

发动机冷却系统、车身通风等所需空气流经车体内部时由于动量损失构成的阻力即为内循环阻力（图 4-21），约占空气阻力的 12%。

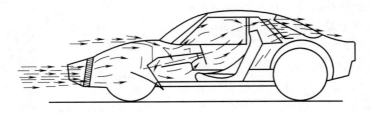

图 4-21　车辆的内部气流

汽车行驶过程中，空气与车身表面由于摩擦产生的切向力的合力在行驶方向的分力称为摩擦阻力或表面阻力。显然，车身较长的车辆（如大客车）或车身表面粗糙的车辆，其表面阻力也较大。

空气阻力的划分主要说明了空气阻力的形成机理。在进行汽车动力性分析时，空气阻力并不分门别类计算，一般把其当成作用在风压中心的相等集中合力。风压中心与汽车的质心并不重合，其离地高度 h_w 对汽车高速行驶的稳定性有重要影响。

（2）空气阻力的计算　根据流体力学的有关结论，常把汽车空气阻力的总数值总结成与气流相对速度的动压力成正比的计算公式，即

$$F_w = \frac{\rho}{2} C_D A v_r^2$$

式中　C_D——空气阻力系数；

ρ——空气密度（$N \cdot s^2 \cdot m^{-4}$）；

A——迎风面积（m^2）；

v_r—相对速度（m/s）。

若取空气密度 $\rho = 1.2258 N \cdot s^2 \cdot m^{-4}$，$v_r$ 单位为 km/h，在无风状态下（$v_r = v_a$），空气阻力的计算公式为

$$F_w = \frac{C_D A v_a^2}{21.15} \tag{4-8}$$

此式表明，空气阻力与 C_D 及 A 值成正比。迎风面积 A 值受乘坐使用空间的限制不易进一步减少，所以降低 C_D 值是降低空气阻力的主要手段。以轿车为例：20 世纪 50~70 年代，C_D 值维持在 0.4~0.6 之间；70 年代能源危机后，为进一步降低油耗，各国都致力于降低 C_D 值，至 90 年代 C_D 值已减小到 0.25~0.40。目前，对于降低货车与半挂车的空气阻力也很重视，不少半挂车的牵引车驾驶室上已开始装用导流板等装置以减少空气阻力，节约燃油。汽车空气阻力系数 C_D 和迎风面积 A 的变化范围见表 4-3。

表 4-3　汽车空气阻力系数和迎风面积的变化范围

车型	迎风面积 A/m^2	空气阻力系数 C_D
轿车	1.7~2.1	0.28~0.41
载货车	3~7	0.6~1.0
大客车	4~7	0.5~0.8

汽车的 C_D 值实际上随着车身的离地距离、俯仰角以及侧向风的大小而变化。一般应给出额定载荷下无侧向风时的空气阻力系数 C_D 的值。

由于汽车的空气阻力与车速的平方成正比，因此随着汽车行驶车速的提高，空气阻力急剧增大。

（3）降低空气阻力系数的措施　低 C_D 值轿车车身具有如下特点，如图 4-22 所示。

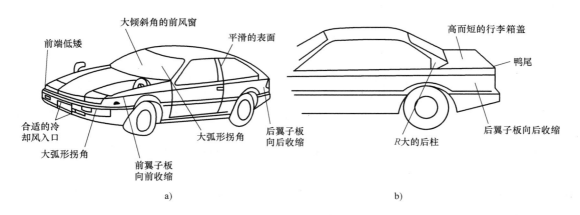

图 4-22　低空气阻力系数轿车的特点

车身前部发动机舱盖适当向前下倾。面与面的交接处应呈平滑圆弧状。前风窗玻璃与发动机舱盖和车顶的过渡应圆滑，玻璃应尽可能地倾斜。减少灯、后视镜等凸出物。凸出物应接近流线型。保险杠下应有合适的扰流板。车轮罩应光滑且与车轮相平。

整个车身应向前倾 $1°\sim2°$，水平投影应为腰鼓形，后端应稍微收缩，前端呈半圆形。

汽车尾部采用舱背式或直背式。行李盖上盖板应短而高。"扰流翼"（或汽车尾翼）具有降低空气阻力和提高稳定性的作用。在高速公路上以 120 km/h 的车速行驶时，安装扰流冀能省油 14%。

底部要求盖住零部件，且使其平整，并由中部或后轮向后逐步升高。

改进散热器、通风的进口和出口位置。载货汽车车顶部安装导流罩，汽车侧面应安装防护板。

4. 加速阻力

加速阻力 F_j 指汽车加速行驶时所需克服的因其质量加速运动所产生的惯性力，加速阻力的方向与汽车加速度的方向相反。

（1）加速阻力的计算　汽车加速时，不仅平移的质量产生惯性力，引起了平移质量加速阻力 F_{jt}，旋转的质量也要产生惯性力偶矩，产生了旋转质量加速阻力 F_{jr}。二者的大小为

$$F_{jt} = m\frac{\mathrm{d}v}{\mathrm{d}t} \tag{4-9}$$

$$F_{jr} = \frac{I}{r}\frac{\mathrm{d}\omega}{\mathrm{d}t} = \frac{I}{r^2}\frac{\mathrm{d}v}{\mathrm{d}t} \tag{4-10}$$

式中　m——汽车总质量（kg）；

　　　I——折算到驱动轮上的汽车全部旋转部件的转动惯量和车轮的转动惯量（kg·m²）；

$\dfrac{\mathrm{d}\omega}{\mathrm{d}t}$——车轮的角加速度（rad/s^2）；

$\dfrac{\mathrm{d}v}{\mathrm{d}t}$——汽车的加速度（m/s^2）；

r——车轮半径（m）。

汽车的总加速阻力为

$$F_{\mathrm{j}} = F_{\mathrm{t}} + F_{\mathrm{r}} = \left(m + \dfrac{I}{r^2} \right) \dfrac{\mathrm{d}v}{\mathrm{d}t} = \left(1 + \dfrac{I}{mr^2} \right) m \dfrac{\mathrm{d}v}{\mathrm{d}t}$$

令：$\delta = 1 + \dfrac{I}{mr^2}$，称为汽车旋转质量换算系数，显然 $\delta > 1$。因此：

$$F_{\mathrm{j}} = \delta m \dfrac{\mathrm{d}v}{\mathrm{d}t} \tag{4-11}$$

引入旋转质量换算系数 δ 后，旋转质量的加速阻力就转化为平移质量的加速阻力。

显然，平移质量加速阻力 F_{jt}（N）作用于汽车质心处，而旋转质量加速阻力 F_{jr}（N）作用于汽车轮胎与路面接触处。但由于二者均与汽车加速度的方向相反，因此若把二者之和 F_{j}（N）看成作用在质心处，并不影响汽车动力性分析即汽车沿前进方向运动状态的分析结果。

（2）旋转质量换算系数　旋转质量换算系数 δ 主要取决于 I，其大小与汽车各旋转部件的转动惯量、变速器速比和主传动速比有关。

如图 4-23 所示，汽车加速时，发动机、离合器和变速器旋转部件也加速旋转，

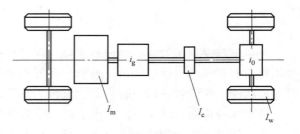

图 4-23　汽车的旋转部件简图

设其转动惯量为 I_m（kg·m^2），角加速度为 $\dfrac{\mathrm{d}\omega_{\mathrm{f}}}{\mathrm{d}t}$（rad/s^2），且有 $\dfrac{\mathrm{d}\omega_{\mathrm{f}}}{\mathrm{d}t} = i_{\mathrm{g}} i_0 \dfrac{1}{r} \dfrac{\mathrm{d}v}{\mathrm{d}t}$，则产生的惯性力矩 T_m（N·m）为

$$T_m = I_m \dfrac{\mathrm{d}\omega_{\mathrm{f}}}{\mathrm{d}t} = I_m i_{\mathrm{g}} i_0 \dfrac{1}{r} \dfrac{\mathrm{d}v}{\mathrm{d}t}$$

T_m 传递到驱动车轮上的力矩 T_{mw} 的大小为

$$T_{mw} = T_m i_{\mathrm{g}} i_0 = I_m i_{\mathrm{g}}^2 i_0^2 \dfrac{1}{r} \dfrac{\mathrm{d}v}{\mathrm{d}t}$$

同理，若传动轴、差速器的转动惯量为 I_c，角加速度为 $\dfrac{\mathrm{d}\omega_c}{\mathrm{d}t}$，由传动轴、差速器加速旋转产生的惯性力矩 T_c 为

$$T_c = I_c \dfrac{\mathrm{d}\omega_c}{\mathrm{d}t} = I_c i_0 \dfrac{1}{r} \dfrac{\mathrm{d}v}{\mathrm{d}t}$$

传递到驱动轮上，T_c 增大 i_0 倍：

$$T_{cw} = I_c i_0 \frac{d\omega_c}{dt} = I_c i_0^2 \frac{1}{r} \frac{dv}{dt}$$

显然，由车轮转动惯量 I_w（全部车轮转动惯量之和）产生的惯性力矩 T_{ww} 为

$$T_{ww} = I_w \frac{d\omega_w}{dt} = I_w \frac{1}{r} \frac{dv}{dt}$$

这样，由汽车全部旋转部件产生并传递到车轮的惯性力矩 T_w 为

$$T_w = T_{mw} + T_{cw} + T_{ww} = (I_w + i_0^2 I_c + i_g^2 i_0^2 I_m) \frac{1}{r} \frac{dv}{dt}$$

由惯性力矩 T_w 产生的惯性阻力 F_{jr} 为

$$F_{jr} = \frac{T_w}{r} = (I_w + i_0^2 I_c + i_g^2 i_0^2 I_m) \frac{1}{r^2} \frac{dv}{dt}$$

与式（4-10）比较，I 的值为

$$I = I_w + i_0^2 I_c + i_g^2 i_0^2 I_m$$

式中　I_m——发动机、离合器和变速器转动惯量（$kg \cdot m^2$）；

　　　I_c——传动轴、差速器等转动惯量（$kg \cdot m^2$）；

　　　I_w——全部车轮转动惯量（$kg \cdot m^2$）；

　　　i_g——变速器速比；

　　　i_0——主传动器速比。

因此，δ 的值为

$$\delta = 1 + \frac{I}{mr^2} = 1 + \frac{1}{m} \frac{I_w}{r^2} + \frac{1}{m} \frac{i_0^2 I_c}{r^2} + \frac{1}{m} \frac{i_0^2 i_g^2 I_m}{r^2}$$

在进行汽车动力性初步计算时，也可以根据档位与总传动比估算 δ 的值，如图 4-24 所示。

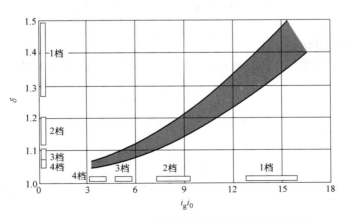

a）轿车旋转质量换算系数与传动系总传动比的关系

图 4-24　汽车旋转质量换算系数

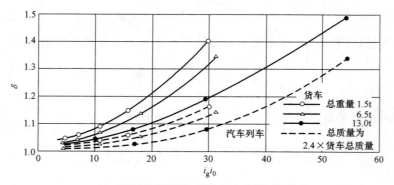

b) 货车旋转质量换算系数与传动系总传动比的关系

图 4-24　汽车旋转质量换算系数（续）

三、汽车行驶方程式

若把汽车速度变化时的惯性力看成与加速度方向相反的外力，则行驶过程中，汽车的驱动力与行驶阻力始终处于平衡状态，描述这种平衡关系的关系式称为汽车行驶方程式。利用以上逐项分析得到的汽车驱动力与各种行驶阻力的关系式，汽车行驶方程式表示为

$$F_t = F_f + F_i + F_w + F_j$$

$$\frac{T_e i_g i_0 \eta_t}{r} = Gf + Gi + \frac{C_D A v_a^2}{21.15} + \delta m \frac{\mathrm{d}v}{\mathrm{d}t} \tag{4-12}$$

汽车行驶方程式表示汽车驱动力与行驶阻力的数量关系，是进行汽车动力性分析的基础，据此可以确定汽车的运动状况。即，当发动机的速度特性、变速器传动比 i_g、主传动比 i_0、传动效率 η_t、车轮半径 r、空气阻力系数 C_D、汽车迎风面积 A、汽车质量 m 等有关参数确定后，可以根据此式分析汽车在附着性能良好的典型路面（混凝土、沥青路面）上行驶时，当节气门全开时可能达到的最高车速、加速能力和爬坡能力。

第三节　汽车动力性分析

一、汽车行驶的驱动条件

汽车起步行驶的首要条件是必须有加速能力。由汽车行驶方程式得

$$\delta m \frac{\mathrm{d}v}{\mathrm{d}t} = F_t - (F_f + F_w + F_i)$$

要使 $\dfrac{\mathrm{d}v}{\mathrm{d}t} > 0$，应满足

$$F_t > (F_f + F_w + F_i) \tag{4-13}$$

即，当驱动力大于滚动阻力、坡度阻力和空气阻力之和后，汽车才能加速行驶。若驱动力小于上述阻力之和，则汽车无法起动，正在行驶的汽车将减速直至停车。该条件是汽车行驶的必要条件，称为汽车行驶的驱动条件。

若汽车在路面状况良好（水泥或混凝土路面）的道路上行驶时，汽车动力性主要受驱动条件的制约。采用增大发动机转矩、加大传动比等措施可以增大汽车驱动力，使汽车驱动

条件得以满足。但只有在驱动轮与路面不发生滑转现象时，这些措施才有效；否则增大驱动力只会使驱动轮加速旋转，地面切向反作用力并不会增大，汽车仍不能行驶。此时汽车的动力性受附着条件的限制，见本章第四节。

二、驱动力-行驶阻力平衡图、动力特性图和功率平衡图

汽车在良好的水泥或混凝土路面上行驶时，其动力性可用驱动力-行驶阻力平衡图、动力特性图和功率平衡图来进行分析。换言之，驱动力-行驶阻力平衡图、动力特性图和功率平衡图是研究汽车动力性的手段。

1. 驱动力-行驶阻力平衡图

汽车行驶方程式［式（4-12）］表明了汽车行驶时驱动力与行驶阻力平衡关系的普遍情况。

为清晰而形象地表明汽车行驶时的受力情况及其平衡关系，可将汽车行驶方程式用图解法进行分析。显然，汽车行驶方程式等号左侧驱动力的值及其变化关系可以用汽车的驱动力图描述，如图 4-6 所示。

汽车在水平路面上匀速行驶时，汽车受到的行驶阻力包括：滚动阻力 F_f、空气阻力 F_w，驱动力应与该两阻力之和相等。因此式（4-12）表示为

$$F_t = F_f + F_w = Gf + \frac{C_D A v_a^2}{21.15} \tag{4-14}$$

把 F_f、F_w 以同样坐标和比例尺画在汽车驱动力图上，所得曲线图称为汽车驱动力-行驶阻力平衡图，如图 4-25 所示。

2. 动力特性图

由于各类汽车具有不同的总重 G、空气阻力系数 C_D 和迎风面积 A，其行驶时的道路阻力与空气阻力也不同。因此，汽车的驱动力 F_t 不能直接用于评价汽车的动力性。为此，需要扣除空气阻力 F_w 的影响和汽车总重 G 影响，构造一个以汽车单位总重计量的指标。

称 $D = \dfrac{F_t - F_w}{G}$ 为动力因数，可用于比较不同汽车的动力性。

根据动力因数 D 的定义和汽车行驶方程式，有

$$D = \frac{F_t - F_w}{G} = f + i + \frac{\delta}{g} \frac{dv}{dt} \tag{4-15}$$

汽车在水平路面上稳定行驶时，上式简化为

$$D = f \tag{4-16}$$

汽车在水平路面上稳定行驶时，根据动力因数的定义和汽车的驱动力图，根据式（4-16）可得各档的动力因数 D 与车速 v_a 的关系曲线，称为动力特性图，如图 4-26 所示。

3. 功率平衡图

汽车行驶时，不仅驱动力和行驶阻力互相平衡，驱动轮功率 P_t（kW）与汽车行驶的阻力功率也互相平衡。即在汽车行驶的每一瞬间，发动机发出的功率 P_e 始终等于传动系功率损失 P_s 和全部行驶阻力功率之和。汽车克服行驶阻力所消耗的功率有滚动阻力功率 P_f、空气阻力功率 P_w、坡度阻力功率 P_i 及加速阻力功率 P_j。根据汽车行驶方程式和力与功率的关系，把式（4-12）两侧同乘以行驶车速 v_a（km/h），经整理及单位换算，得到汽车功率平衡方程式如下：

$$P_e = \frac{P_t}{\eta_t} = \frac{1}{\eta_t}(P_f + P_i + P_w + P_j)$$

$$= \frac{1}{\eta_t} \frac{v_a}{3600}\left(Gf + Gi + \frac{C_D A v_a^2}{21.15} + \delta m \frac{dv}{dt}\right) \qquad (4\text{-}17)$$

在平直道路上稳定行驶时，上式表示为

$$P_e = \frac{1}{\eta_t}(P_f + P_w) = \frac{1}{\eta_t} \frac{v_a}{3600}\left(Gf + \frac{C_D A v_a^2}{21.15}\right) \qquad (4\text{-}18)$$

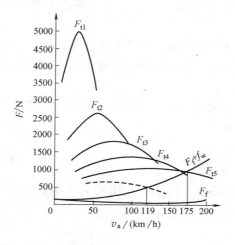

图 4-25　汽车驱动力-行驶阻力平衡图

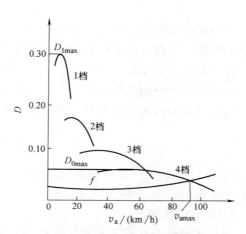

图 4-26　汽车动力特性图及动力性分析

根据发动机转速 n 与汽车车速 v_a 的关系式 [式 (4-4)]，可把发动机外特性曲线中的功率 P_e 曲线的横坐标 n 转化为车速 v_a，由此可得汽车在使用不同档位时发动机功率 P_e 与行驶车速 v_a 的关系曲线，如图 4-27 所示。由图可见，在不同档位时，功率大小基本不变，但各档功率曲线所对应的车速范围不同。低档时，不仅车速低而且所占速度变化区域窄；高档时，不仅车速高而且所占速度变化区域宽。

功率平衡方程式也可用图解法表示。汽车在平直道路上稳定行驶时，发动机需克服的阻力功率为 $\dfrac{P_f + P_w}{\eta_t}$。将其以同样的坐标绘在发动机功率 P_e 与行驶车速 v_a 的关系曲线上，即为汽车功率平衡图，如图 4-27 所示。

功率平衡图从能量守恒的角度研究汽车的动力性，可表明汽车后备功率大小和发动机负荷率的大小。因此，在分析汽车后备功率和与发动机负荷率有关的燃油经济性时较为方便。

三、汽车动力性分析方法

汽车动力性分析指根据汽车行驶方程式，利用驱动力-行驶阻力平衡图、动力特性图或功率平衡图，确定汽车的动力性指标即最高车速、加速时间和爬坡能力，并据此评价汽车的动力性。

1. 汽车的最高车速

汽车的最高车速 v_{amax}（km/h）指汽车在水平良好的路面上所能达到的最高行驶速度。

因此，汽车以最高车速行驶时，坡度阻力和加速阻力均为零，汽车驱动力全用于克服滚动阻力和空气阻力。

（1）利用驱动力-行驶阻力平衡图分析汽车在水平良好的路面上以最高车速行驶时，有 $F_t = F_f + F_w$。

绘出汽车的驱动力-行驶阻力平衡图，汽车以最高档行驶时，其驱动力 F_t 曲线与阻力曲线 $F_f + F_w$ 的交点所对应的车速，即为在给定道路阻力条件下汽车的最高车速，如图 4-25 所示。

当车速低于最高车速时，驱动力大于行驶阻力。这样，汽车可以利用剩余驱动力加速或爬坡。而当需要中速或低速行驶时，可以关小节气门开度，使发动机只以部分负荷特性工作。此时，汽车的驱动力（图 3-25 中虚线所示）在较低车速处与行驶阻力达到新的平衡。

（2）利用动力特性图分析 汽车在水平良好的路面上以最高车速行驶时，有 $D = f$。因此，在动力特性图上绘上滚动阻力 f 的变化曲线，汽车以最高档行驶时，其动力因数 D 曲线与滚动阻力系数 f 曲线的交点所对应的车速，即为汽车在给定道路阻力条件下的最高车速，如图 4-26 所示。

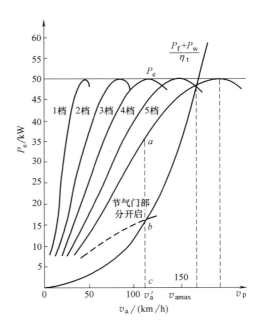

图 4-27　汽车的功率平衡图

（3）利用功率平衡图分析 汽车以最高档在平直道路上稳定行驶时，其发动机功率曲线 P_e 与需克服的阻力功率曲线 $\dfrac{P_f + P_w}{\eta_t}$ 的交点所对应的车速即为汽车的最高车速，如图 4-27 所示。

2. 汽车的加速能力

（1）利用驱动力-行驶阻力平衡图分析 汽车驱动力与滚动阻力和空气阻力之差 $F_t - (F_f + F_w)$，称为汽车的后备驱动力。若将其全部用来加速（即坡度阻力为零），根据汽车行驶方程式，汽车所能达到的加速度 $\dfrac{dv}{dt}$ 为

$$\frac{dv}{dt} = \frac{1}{\delta m}[F_t - (F_f + F_w)] \tag{4-19}$$

根据汽车的驱动力-行驶阻力平衡图，可得到不同档位、不同车速时的汽车后备驱动力 $F_t - (F_f + F_w)$ 与车速 v_a 的关系曲线。然后，据式（4-19）得到汽车在节气门全开时各档的加速度曲线，如图 4-28 所示。

由图可见，一般高档的加速度小于低档的加速度，1 档的加速度最大；但由于有的越野汽车 1 档的 δ 值很大，使用 1 档时，其旋转质量产生的惯性力矩过大，反而使 1 档的加速度小于 2 档的加速度。

除用加速度评价汽车的加速能力外，利用加速时间 $t_j(s)$ 可以更方便、直观地反映汽车

加速过程的快慢。

显然，$\mathrm{d}t = \dfrac{1}{\dfrac{\mathrm{d}v}{\mathrm{d}t}}\mathrm{d}v = \dfrac{\delta m}{[F_t - (F_f - F_w)]}\mathrm{d}v$

因此　　　　　$t_j = \displaystyle\int_{v_1}^{v_2} \dfrac{1}{\dfrac{\mathrm{d}v}{\mathrm{d}t}}\mathrm{d}v = \int_{v_1}^{v_2} \dfrac{\delta m}{[F_t - (F_f + F_w)]}\mathrm{d}v$

这样，利用加速度曲线图（图 4-28），可得到加速度倒数 $\dfrac{\mathrm{d}t}{\mathrm{d}v}$ 随车速 v_a 的变化曲线，如图 4-29 所示。其加速度倒数曲线下自 v_1 到 v_2 的面积，即为汽车在给定道路条件下全力加速时，车速由 v_1 上升到 v_2 所需的加速时间 t_j。

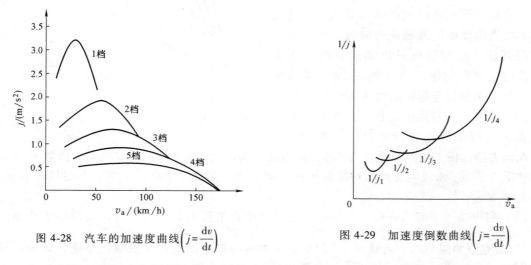

图 4-28　汽车的加速度曲线 $\left(j = \dfrac{\mathrm{d}v}{\mathrm{d}t}\right)$ 　　　图 4-29　加速度倒数曲线 $\left(j = \dfrac{\mathrm{d}v}{\mathrm{d}t}\right)$

由于加速度或加速度倒数为复杂的速度函数，加速时间难以用解析积分法确定，加速时间一般由图解积分法求得。用图解积分法时需进行离散化处理，以下以汽车直接档加速度倒数曲线，分析汽车以直接档由初速度 v_0 加速到某车速 v_n 的加速时间，其步骤如下：

① 确定比例尺。在横坐标 $v_a(\mathrm{km/h})$ 上，以 1mm 表示 $a\mathrm{km/h}$；在纵坐标 $\dfrac{1}{j}$（$\mathrm{s^2/m}$）上以 1mm 表示 b（$\mathrm{s^2/m}$），则加速度倒数曲线 $\dfrac{1}{j}$-v_a 下每 1mm^2 单位面积表示的加速时间等于 $\dfrac{ab}{3.6}$（s）。

② 确定加速过程中 $\dfrac{1}{j}$-v_a 曲线下 v_0-v_n 间的面积。可将加速过程中的速度区间分为若干段（每段常为 5km/h），每一段曲线下对应的面积分别为 Δ_1、Δ_2……Δ_n。

③ 确定由初速度 v_0 分别加速到 v_1、v_2……v_n 的加速时间 t_1、t_2……t_n。

$$t_1 = \dfrac{ab}{3.6}\Delta_1$$

$$t_2 = \dfrac{ab}{3.6}(\Delta_1 + \Delta_2)$$

……

$$t_n = \frac{ab}{3.6}(\Delta_1 + \Delta_2 + \cdots\cdots \Delta_n)$$

④ 绘出直接档由 v_0 加速到 v_n 的加速时间曲线。建立加速时间 t_j-v_a 坐标系，在图中绘出从 v_0 加速到相应车速 v_1、v_2……v_n 的加速时间 t_1、t_2……t_n，连接各点即为直接档的加速时间曲线，如图 4-30 所示。

以同样的方法可以求出汽车由 1 档起步开始连续换档加速至最高档某一车速的加速时间。但应注意，因相邻两档位总是重叠于某一车速区段，所以换档时机的选择直接关系到加速时间。对于重叠区段，应选择 $\frac{1}{j}$-v_a 图上低位置 $\frac{1}{j}$ 曲线所对应的档位，这样所求出的加速时间最短。若相邻两档的 $\frac{1}{j}$ 曲线相交，则最佳换档时机便是相邻两档 $\frac{1}{j}$ 曲线交点所对应的车速。

若不计换档时间及换档过程速度降低，则原地起步加速时间曲线是一条光滑曲线。但换档过程中动力暂时中断，速度略有下降。若计入换档时间和速度降低，则原地起步加速时间曲线如图 4-31 所示。

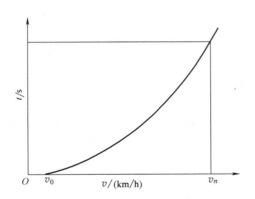

图 4-30　直接档加速时间曲线

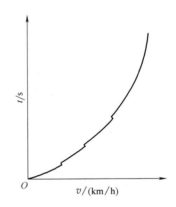

图 4-31　原地起步加速时间

（2）利用动力特性图分析　称动力因数与滚动阻力系数之差 $D-f$ 为后备动力因数。在平直路面上加速行驶时，由汽车行驶方程式得

$$D = f + \frac{\delta}{g}\frac{dv}{dt}$$

因此，

$$\frac{dv}{dt} = \frac{D-f}{\delta}g$$

根据汽车的动力特性图（图 4-26），首先得到各档后备动力因数随车速的变化曲线，然后利用上式即可求得汽车的加速度曲线。据此也可求出加速时间 t_j（s），其求解方法同上。

（3）利用功率平衡图分析　利用汽车的功率平衡图也可确定汽车的加速能力。

称 $P_e - \frac{1}{\eta_t}(P_f + P_w)$ 为汽车的后备功率。

由汽车功率平衡方程式［式（4-17）］，当汽车在平直路面上加速行驶时，有

$$P_j = \frac{v_a}{3600}\delta m \frac{dv}{dt} = \eta_t \left[P_e - \frac{1}{\eta_t}(P_f + P_w) \right]$$

整理得

$$\frac{dv}{dt} = \frac{3600\eta_t}{v_a \delta m}\left[P_e - \frac{1}{\eta_t}(P_f + P_w) \right]$$

因此，首先根据汽车的功率平衡图（图4-27）得到汽车各档的后备功率随行驶车速的关系曲线，如图 4-32 所示，然后根据上式可得汽车的加速度曲线。

3. 汽车的爬坡能力

若汽车的后备驱动力、后备动力因数或后备功率全部用来爬坡，则此时汽车加速阻力为零，据此可求得汽车使用某档位且以某一车速爬坡时所能通过的坡度。汽车以 1 档所能通过的最大坡度，即是汽车的最大爬坡度 i_{max}。而汽车直接档最大爬坡度 i_{0max}，对车辆的换档频度有很大影响。

（1）利用驱动力-行驶阻力平衡图分析　若后备驱动力 $F_t - (F_f + F_w)$ 全部用来爬坡，则 $F_j = 0$，根据行驶方程式得到：

$$F_i = F_t - (F_f + F_w)$$

求汽车以 1 档（及低档）的爬坡能力时，由于坡度较大，因此以 $\tan\alpha$ 代替 $\sin\alpha$ 的误差较大，坡度阻力应表示为 $G\sin\alpha$；相对于坡度阻力，滚动阻力较小，且 $\cos\alpha \approx 1$。因此：

$$F_i = G\sin\alpha = F_t - (F_f + F_w)$$

$$\alpha = \arcsin\frac{F_t - (F_f + F_w)}{G}$$

因此，根据汽车驱动力-行驶阻力平衡图，据上式可求得汽车以各个档位行驶时，所通过的坡度角 α 与车速 v_a 的关系曲线。其 α 的最大值 α_{max} 即是汽车可以通过的最大坡度角。

汽车爬坡能力一般用坡度值 $i = \tan\alpha$ 表示，因此由坡度角 α 与车速 v_a 的关系曲线，可得到汽车以各档位所通过的坡度 i 随车速 v_a 的关系曲线，如图 4-33 所示。

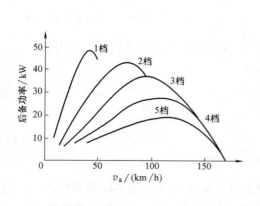

图 4-32　后备功率曲线图

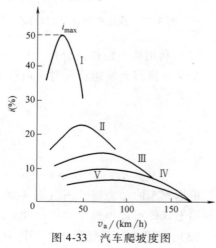

图 4-33　汽车爬坡度图

直接档所能通过的道路坡度较小，因此直接档最大爬坡度 i_{0max} 可用下式计算：

$$i_{0max} = \frac{F_{t0max} - (F_f + F_w)}{G}$$

式中　F_{t0max}——直接档最大驱动力（N）。

（2）利用动力特性图分析　若汽车的后备动力因数 $D-f$ 全部用来爬坡，因 $F_j=0$，根据汽车行驶方程式［式（4-12）］和式（4-15），有

$$i = D-f$$

即，动力特性图上 D 曲线与 f 曲线之间的距离，可以表示汽车的上坡能力。

采用 1 档上坡时，由于坡度较大，计算式为

$$D_{1max} = f\cos\alpha_{max} + \sin\alpha_{max}$$

整理得

$$a_{max} = \arcsin\frac{D_{1max} - f\sqrt{1 - D_{1max}^2 + f^2}}{1 + f^2}$$

汽车的最大爬坡度，即 1 档的最大爬坡度 i_{max} 为

$$i_{max} = \tan\alpha_{max}$$

（3）利用功率平衡图分析　汽车的后备功率 $P_e - \dfrac{1}{\eta_t}(P_f + P_w)$ 全部用于爬坡时，加速阻力功率 P_j 为零，由汽车功率平衡方程式［式（4-17）］得

$$P_i = \frac{v_a}{3600}Gi = \eta_t\left[P_e - \frac{1}{\eta_t}(P_f + P_w)\right]$$

因此：

$$i = \frac{3600\eta_t}{v_a G}\left[P_e - \frac{1}{\eta_t}(P_f + P_w)\right]$$

利用汽车后备功率曲线（图 4-32），据上式即可求得汽车各档的爬坡度。

第四节　附着条件限制下汽车的动力性

一、汽车行驶的附着条件

1. 附着力的概念

地面对轮胎的切向反作用力 F_x 的极限值称为附着力 F_ϕ。在硬路面上，附着力取决于轮胎与地面间的相互嵌合、剪切和摩擦。在数值上，附着力与作用于驱动轮上的法向反作用力 F_z（N）成正比，其正比系数称为附着系数 ϕ，即

$$F_\phi = F_z\phi \tag{4-20}$$

2. 附着条件

地面切向作用力 F_x 不能大于附着力 F_ϕ，否则将发生驱动轮滑转现象。此时，即使驱动轮的驱动力矩很大，也不能完全转化成地面切向作用力驱动汽车前进。即

$$F_x = F_t - F_f \leqslant F_\phi = F_z\phi \tag{4-21}$$

式（4-19）即为汽车行驶的第二个条件——附着条件。该式还可写成：

$$\frac{F_x}{F_z} \leqslant \phi$$

称 $\varphi = \dfrac{F_x}{F_z}$ 为附着率，显然：$\varphi \leqslant \phi$。

驱动轮的附着率表明汽车在直线行驶状况下驱动轮不滑转时充分发挥驱动力作用所要求的最低路面附着系数，附着系数是附着率的极限值。汽车行驶过程中，若受到附着条件的制约，则作用于汽车驱动轮的驱动力 F_t 克服了滚动阻力 F_f 后，才能转化为路面对驱动车轮的反作用力 F_x。此时，F_x 只能等于附着力 F_ϕ，即

$$F_x = F_t - F_f = F_\phi = F_z \phi$$

把汽车行驶的驱动条件［式（4-13）］与附着条件结合起来，即汽车行驶的驱动-附着条件：

$$(F_f + F_w + F_i) \leqslant F_t \leqslant F_z \phi \tag{4-22}$$

驱动-附着条件是汽车行驶的必要与充分条件。

二、影响附着力大小的因素

汽车的附着力 F_ϕ 取决于附着系数 ϕ 和作用于驱动轮上的法向反作用力 F_z。

1. 附着系数

附着系数 ϕ 主要取决于路面的种类和状况、轮胎规格及胎面花纹，行驶车速和车轮运动状况对其也有影响。本书第六章对附着系数有较详细讨论。

在汽车动力性分析中，一般只需取附着系数的平均值。在良好的混凝土或沥青路面上，路面干燥时，ϕ 值为 0.7~0.8，而路面潮湿时为 0.5~0.6；在干燥的碎石路面上，ϕ 值为 0.6~0.7；在土路上，干燥时为 0.5~0.6，潮湿时为 0.2~0.4。

2. 驱动轮上的法向反作用力

若汽车总重为 G（N），则驱动轮上的地面法向反作用力 F_z（N）与汽车的总体布置、行驶状况及道路坡度有关。

汽车加速上坡时的受力情况如图 4-34 所示。若忽略作用于前、后车轮上的滚动阻力偶矩 T_{f1}、T_{f2} 和旋转质量惯性阻力偶矩 T_{j1}、T_{j2}，将作用于汽车上的其余各力对前、后车轮与道路接触面中心取力矩，可得到作用于前、后轴的地面法向反作用力 F_{z1} 和 F_{z2} 为

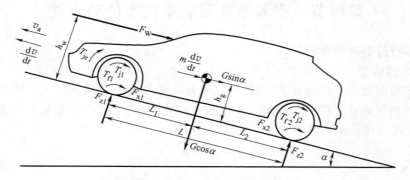

图 4-34　汽车加速上坡时的受力图

G—汽车重力　α—道路坡度角　h_g—汽车质心高度　h_w—风压中心高区　T_{f1}、T_{f2}—作用在前、后车轮上的滚动阻力偶矩　T_{j1}、T_{j2}—作用在前、后车轮上的惯性阻力偶矩　F_{z1}、F_{z2}—作用在前、后车轮上的法向反作用力　F_{x1}、F_{x2}—作用在前、后车轮上的地面切向反作用力　L—汽车轴距　L_1、L_2—汽车质心到前后轴的距离

$$F_{z1} = \frac{L_2}{L} G\cos\alpha - \frac{h_g}{L} G\sin\alpha - \frac{h_g}{L} m \frac{dv}{dt} - \frac{h_w}{L} F_w$$

$$F_{z2} = \frac{L_1}{L} G\cos\alpha + \frac{h_g}{L} G\sin\alpha + \frac{h_g}{L} m \frac{dv}{dt} + \frac{h_w}{L} F_w \tag{4-23}$$

式中 G——汽车重力（N）；

   α——道路坡度角（°）；

   h_g——汽车质心高度（m）；

   h_w——风压中心高（m）；

F_{z1}、F_{z2}——作用在前、后车轮上的地面法向反作用力（N）；

   L——汽车轴距（m）；

 L_1、L_2——汽车质心到前、后轴的距离（m）。

式（4-23）中，第一项是汽车静止时前、后轴上的静载荷，第二项是汽车在坡道上行驶时的坡度阻力对前、后轴地面法向反作用力的影响，第三项是汽车的加速阻力对前、后轴地面法向反作用力的影响，而第四项是作用在风压中心的空气阻力对前、后轴地面法向反作用力的影响。

3. 汽车的附着力

对前轴或后轴驱动的汽车而言，其附着力 $F_{\phi1}$ 和 $F_{\phi2}$ 分别为

$$F_{\phi1} = F_{z1}\phi_1$$
$$F_{\phi2} = F_{z2}\phi_2$$

式中 ϕ_1、ϕ_2——前、后车轮的附着系数。

显然，对于全轮驱动汽车而言，若有 $\phi_1 = \phi_2 = \phi$，则其附着力 F_ϕ 为

$$F_\phi = (F_{z1} + F_{z2})\phi$$

三、附着条件限制下汽车的动力性

汽车在良好道路上正常行驶时，在大多数情况下满足附着条件，因而其动力性受驱动条件的制约；但在使用低速档急加速时，或以低速档在坡度很大的道路上行驶时，其动力性有可能受到附着条件的制约。而汽车在坏路或无路地带行驶时，因道路附着系数低，附着条件成为影响其通过性的关键因素。以下讨论汽车在良好道路上行驶时由附着条件限制的汽车动力性，而汽车的通过性见本书第九章。

1. 附着条件限制的加速能力

汽车使用低速档在平直道路上急加速时，坡度阻力为零，由于车速较低，空气阻力忽略不计。但此时车轮受到的地面切向力比较大。

受到附着条件限制时，作用在汽车驱动轮上的地面切向作用力 F_x 即等于驱动轮的附着力 F_ϕ。

对于前轮驱动的汽车，当受到附着条件限制时，其驱动轮与路面间的切向作用力 F_{x1} 为

$$F_{x1} = F_{\phi1} = F_{z1}\phi_1$$

前驱动汽车加速行驶时的受力如图 4-35 所示，切向作用力 F_{x1} 与滚动阻力的平衡关系为

$$F_{x1} = F_{f2} + m\frac{dv}{dt}$$

作用于前、后轴的地面法向作用力 F_{z1}、F_{z2} 分别为

$$F_{z1} = \frac{L_2}{L}G - \frac{h_g}{L}m\frac{dv}{dt}$$

$$F_{z2} = \frac{L_1}{L}G + \frac{h_g}{L}m\frac{dv}{dt}$$

设前驱动轮的附着系数为 ϕ_1，则作用于前驱动轮的地面切向作用力 F_{x1} 为

$$F_{x1} = F_{z1}\phi_1 = \left(\frac{L_2}{L}G - \frac{h_g}{L}m\frac{dv}{dt}\right)\phi_1$$

因此有

$$\left(\frac{L_2}{L}G - \frac{h_g}{L}m\frac{dv}{dt}\right)\phi_1 = F_{f2} + m\frac{dv}{dt}$$

后轮的滚动阻力 F_{f2} 为作用于后轮的垂直载荷 F_{z2} 与滚动阻力系数 f 之积，因此：

$$F_{f2} = F_{z2}f = \left(\frac{L_1}{L}G + \frac{h_g}{L}m\frac{dv}{dt}\right)f$$

由此，可解得该车在附着条件限制下的加速度为

$$\frac{dv}{dt} = \frac{-fL_1 + \phi_1 L_2}{L + (\phi_1 + f)h_g}g$$

同理，对于后轮驱动的汽车，设后驱动轮的附着系数为 ϕ_2，其附着条件限制的加速度为

$$\frac{dv}{dt} = \frac{-fL_2 + \phi_2 L_1}{L - (\phi_2 + f)h_g}g$$

而对于全轮驱动的汽车，若满足 $\phi_1 = \phi_2 = \phi$，则：

$$\frac{dv}{dt} = \phi g$$

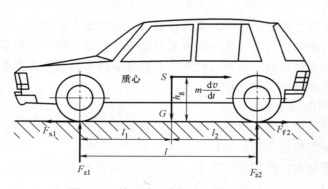

图 4-35 前驱动汽车加速行驶时受力

2. 附着条件限制的爬坡能力

汽车使用低速档全力上坡时，加速阻力为零，由于此时车速较低，空气阻力忽略不计。

前驱动的汽车上坡时的受力如图 4-36 所示，受到附着条件限制时，其受力平衡情况为

$$F_{x1} = F_{f2} + G\sin\alpha = F_{z2}f + G\sin\alpha$$

$$F_{x1} = F_{\phi1} = F_{z1}\phi_1$$

作用在前、后车轮上的地面垂直作用力 F_{z1}、F_{z2} 分别为

$$F_{z1} = \frac{L_2}{L}G\cos\alpha - \frac{h_g}{L}G\sin\alpha$$

$$F_{z2} = \frac{L_1}{L}G\cos\alpha + \frac{h_g}{L}G\sin\alpha$$

由以上各式，可求出前驱动汽车受到附着条件限制时的最大爬坡度 i_{max} 为

$$i_{max} = \tan\alpha = \frac{-fL_1 + \phi_1 L_2}{L + (\phi_1 + f) h_g}$$

同理，可求出后驱动汽车受到附着条件限制时的最大爬坡度 i_{max} 为

$$i_{max} = \tan\alpha = \frac{-fL_2 + \phi_1 L_1}{L - (\phi_2 + f) h_g}$$

而对于全轮驱动的汽车，若满足 $\phi_1 = \phi_2 = \phi$ ，则：

$$i_{max} = \tan\alpha = \phi$$

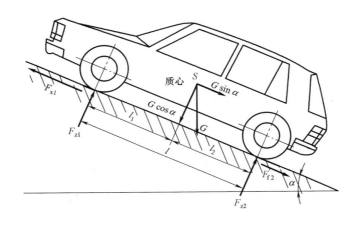

图 4-36　前驱动汽车上坡时受力

第五节　影响汽车动力性的驱动系统参数

汽车驱动系统中的发动机功率、传动系统的档数和传动比、轮胎尺寸与型式等参数对汽车的动力性有很大影响。

一、发动机功率

显然，在附着条件允许时，发动机功率和转矩越大，汽车的动力性越好。但功率过大不但使发动机尺寸、质量、制造成本增大，而且汽车运行时发动机负荷率低，燃油经济性显著下降；同时，由于附着条件的限制，发动机功率过大对汽车动力性的提高也无作用。

确定发动机功率时，常先从保证汽车预期最高车速初步选择。即发动机功率 P_e 应等于汽车以最高车速 v_{amax} 行驶时的行驶阻力功率之和。

$$P_e = \frac{1}{\eta_t} \frac{v_{amax}}{3600} \left(Gf + \frac{C_D A v_{amax}^2}{21.15} \right) \tag{4-24}$$

最高车速虽然仅是动力性中的一个指标，但也在一定程度上反映了汽车的加速能力与爬坡能力。因为最高车速越高，要求的发动机功率越大，汽车后备功率大，加速与爬坡能力必

然较好。

发动机最大功率 P_e 与汽车总质量 m 之比称为汽车比功率 b_p（kW/t）。其计算式为

$$b_p = \frac{1000P_e}{m} = \frac{fg}{3.6\eta_t}v_{amax} + \frac{C_DA}{76.14m\eta_t}v_{amax}$$

因此，也可以利用现有汽车统计数据初步估计汽车比功率，预估发动机功率。汽车比功率的大小对汽车的动力性和燃油经济性有很大影响，比功率偏高时，动力性提高，但燃油经济性降低，反之亦然。

二、汽车传动系统的传动比

对普通汽车传动系统而言，传动系统的传动比包括传动系统最小传动比、传动系统最大传动比、变速器各档传动比。

1. 传动系统最小传动比

当变速器最高档为直接档，传动系统最小传动比 i_{min} 即为主传动传动比 i_0。汽车大多数时间以最高档行驶，因此合理确定 i_{min} 非常重要。

传动系统最小传动比是由要求的最高车速决定的。此时，功率平衡方程式为 $P_e = \frac{1}{\eta_t}$ (P_f+P_w)。确定汽车传动系统最小传动比时，应使其所能达到的最高车速位于发动机的最大功率点所对应的车速附近，如图 4-37 所示。一般有 v_{amax} 设计、高速设计、低速设计三种确定方法。

采用 v_{amax} 设计时，最高车速对应于发动机最大功率点的转速 $n_e(P_{emax})$。其优点是可以利用发动机发出的最大功率，达到理论最高车速。缺点是在接近 v_{amax} 的车速范围内，后备功率较小，加速、上坡和克服逆风的能力不足。

采用高速设计时，最高车速对应的发动机转速高于发动机最大功率点的转速 n_e (P_{emax})。其优点是有较大的后备功率，缺点是达不到理论最高车速。而且，当以 v_{amax} 行驶时，发动机转速过高，因而噪声、磨损和油耗都过高。

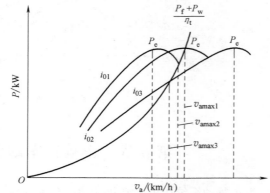

图 4-37　最小传动比的确定方法

采用低速设计时，最高车速对应的发动机转速低于发动机最大功率点的转速 $n_e(P_{emax})$。其优点是汽车以 v_{amax} 行驶时，发动机转速较低；同时，发动机负荷率较高，油耗下降。缺点是达不到理论最高车速，同时后备功率小。

以上方法各有优缺点。为综合其优缺点，可在直接档之上设置一个传动比 i_c 小于1的超速档。此时，传动系统的最小传动比为 i_0i_c。当变速器采用直接档时，根据高速设计确定其主传动传动比 i_0，使直接档具有较大的后备功率；而使用超速档时，按低速设计确定传动系统的最小传动比 i_0i_c，以提高发动机的负荷率，降低发动机的有效比油耗。

2. 传动系统最大传动比

传动系统最大传动比 i_{tmax} 一般是变速器1档传动比 i_{g1} 与主减速器传动比 i_0 之积。当确

定 i_0 后，确定传动系最大传动比也就是确定变速器 1 档的传动比 i_{g1}。

确定最大传动比时，要考虑三方面的问题：最大爬坡度、汽车最低稳定车速及附着条件。

变速器 1 档的传动比 i_{g1} 首先要满足汽车最大爬坡度 a_{max} 的要求。汽车全力爬坡时，加速阻力为零；因车速很低，可忽略空气阻力。汽车最大驱动力 F_{tmax} 应为

$$F_{tmax} = \frac{T_{emax} i_{g1} i_0 \eta_t}{r} = Gf\cos\alpha + G\sin\alpha$$

因此，i_{g1} 的值不应小于：

$$i_{g1} = \frac{G(f\cos\alpha_{max} + \sin\alpha_{max})r}{T_{emax} i_0 \eta_t} \qquad (4\text{-}25)$$

一般货车的最大爬坡度约为 30%，即 $\alpha_{max} \approx 16.7°$。

越野汽车经常在松软地面上行驶时，为避免土壤受冲击剪切破坏后减小地面附着力，其传动系统的最大传动比应保证汽车能在极低车速下稳定行驶。若要求的最低稳定车速为 v_{amin}，发动机的最低稳定转速为 n_{min}，则传动系统最大传动比应为

$$i_{tmax} = 0.377 \frac{n_{min} r}{v_{amin}}$$

轿车也应具有爬上 30% 坡道的能力。实际上轿车的最大爬坡能力常大于 30%，其最大传动比是根据其加速能力来确定的。可参考同一等级的轿车选择最大传动比。

在确定最大传动比后，还应计算驱动轮的附着率。验算在汽车上坡或加速时是否满足附着条件的要求。必要时，应从汽车总体布置和结构着手，改善汽车的附着能力。

3. 变速器各档传动比

（1）变速器档位数　变速器的档位数与汽车的动力性、燃油经济性有密切关系。档位数多，增加了发动机发挥最大功率附近高功率的机会，提高了汽车的加速与爬坡能力；同时增大了发动机在低燃油消耗率区域工作的可能性，降低了油耗。因此增加档位数会改善汽车的动力性和燃油经济性。

档位数还影响相邻两档之间传动比的比值。比值过大，则换档困难。比值一般不宜大于 1.7~1.8。因此，最大传动比与最小传动比的比值越大，档位数也应越多。

（2）变速器各档传动比的确定　确定了变速器的最小传动比、最大传动比及变速器的档位数后，可以确定中间各档的传动比。

当变速器的最高档为直接档时，其最小传动比为 1；而当最高档为超速档时，其最高档传动比 i_c 小于 1，此时次高档一般为直接档。以下分析以最高档为直接档的变速器为例。

变速器各档传动比的分配应使换档过程中发动机的工作稳定，并使发动机功率得到充分利用。常用的确定各档传动比的方法有等比级数分配和渐进式分配两种：

1）等比级数分配。等比级数分配指汽车传动系统各档的传动比的值近似构成等比级数，其变速器各相邻两档传动比的比值接近常数。各档传动比（以 4 档变速器为例）的关系为

$$i_{g1} = i_{g2}q = i_{g3}q^2 = i_{g4}q^3 \qquad (4\text{-}26)$$

在发动机外特性曲线的功率曲线图中，画出每个档位的车速与发动机转速的关系曲线，如图 4-38 所示。若变速器各档的传动比满足式（4-26），换档过程中发动机的转速变化范围相同，因此发动机工作较稳定。

汽车车速 v_a 与发动机转速 n_e 的关系为

$$v_a = 0.377 \frac{n_e r}{i_g i_0}$$

驾驶人用 1 档起步，随着发动机转速的提高，汽车的行驶速度也随之增加。当发动机转速达到 n_2 时，驾驶人开始换档。假设换档过程中车速没有降低，则换上 2 档时，发动机转速应降到 n_1，离合器才能平顺无冲击地接合。n_1 与 n_2 的关系如下：

$$0.377 \frac{n_2 r}{i_{g1} i_0} = 0.377 \frac{n_1 r}{i_{g2} i_0}$$

此时有

$$\frac{n_2}{n_1} = \frac{i_{g1}}{i_{g2}}$$

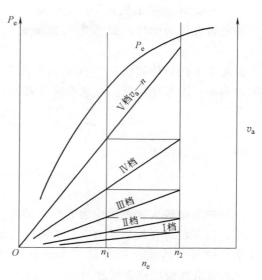

图 4-38　换档过程中车速与发动机转速的关系

同理，若在 2 档时，发动机转速升到 n_2' 换 3 档，则应把发动机转速降到 n_1' 才能无冲击地接合离合器。同理若换档过程中车速没有降低，则 n_1' 与 n_2' 的关系为

$$\frac{n_2'}{n_1'} = \frac{i_{g2}}{i_{g3}}$$

若各档传动比是按等比级数分配，即满足 $\frac{i_{g1}}{i_{g2}} = \frac{i_{g2}}{i_{g3}} = q$ 时，则有 $\frac{n_2}{n_1} = \frac{n_2'}{n_1'}$。这说明如果每次在发动机转速升到 $n_2' = n_2$ 时换档，则换档时的发动机的速度变化范围相等，均为 $n_1 \sim n_2$。

当遇到较大阻力，变速器从高档降至低档时，其转速变化范围与升档过程相同。

按等比级数分配传动比还能充分利用发动机提供的功率，提高汽车的动力性。当汽车需要较大功率（如全力加速或上坡）时，若档位选择恰当，按等比级数分配传动比的变速器，能使发动机经常在接近外特性最大功率 P_{emax} 处的较大功率范围内运转，从而增大了汽车的后备功率，提高了汽车的加速或上坡能力。

2）渐进式分配。现代轿车车速较高，多采用渐进式传动比分配，其各档（以具有四个档位的变速器为例）传动比关系为

$$\frac{i_{g3}}{i_{g4}} = qq_0^0 ; \frac{i_{g2}}{i_{g3}} = qq_0^1 ; \frac{i_{g1}}{i_{g2}} = qq_0^2 \tag{4-27}$$

其中，$q_0 = 1.1 \sim 1.2$。

与等比级数分配相比较，采用渐进式传动比分配时较高档间传动比的比值明显减小。这是因为换档不可能在瞬间完成，换档必然带来车速降低，由于空气阻力的影响，高速换档时车速降低量远大于低速换档。因此，较高档间传动比的比值应小于较低档间传动比的比值，才能使换档时发动机的转速波动范围不变。此外，汽车主要以较高档行驶，较高档位相邻两档传动比的比值应小些，以使换档方便，并增加发动机在功率较大的范围内工作的可能性，提高汽车的动力性。

三、轮胎尺寸与形式

汽车的驱动力 F_t 与车轮半径 r 成反比，而车速 v_a 与车轮半径 r 成正比。

目前，在良好路面上行驶的汽车，其轮胎半径有减小的趋势。首先，路面较好时，附着系数较大，尽管小直径轮胎接地面积小，也可得到足够的驱动力。而车速的提高可以用减小主减速器传动比来解决。轮胎尺寸和主减速器传动比减小，使汽车质心高度降低，提高了汽车的行驶稳定性，有利于汽车的高速行驶。

轮胎形式、花纹、气压对汽车的动力性也有影响。为提高汽车的动力性，应尽量减小汽车轮胎的滚动阻力，同时增加道路与轮胎间的附着力。根据这一原则，在硬路面上行驶的汽车，装用具有小而浅的花纹的子午线轮胎，并采用较高的轮胎气压，有利于提高汽车的动力性；而在松软路面上行驶的汽车，采用宽而深的轮胎花纹和较低的轮胎气压，对提高汽车动力性和通过性有很大作用。

第六节　汽车动力性试验

汽车动力性试验的方法包括道路试验和室内台架试验两种。

一、汽车动力性道路试验

1. 试验条件

① 道路试验应在混凝土或沥青路面的直线路段上进行。路面要求平整、干燥、清洁，纵向坡度在 0.1% 之内。

② 试验时应是无雨无雾天气，相对湿度小于 95%，气温应在 0~40℃ 之间，风速不大于 3m/s。

③ 测试汽车应处于良好的技术状况，且汽车的载荷为满载。轮胎充气压力符合汽车技术条件的规定，误差不超过 10kPa。

④ 测量仪器精度不低于 0.5%。

2. 试验仪器

道路试验通常采用五轮仪或非接触式汽车速度测量仪来进行记录汽车行程、车速、行驶时间。

五轮仪主要由主机、第五轮传感器和脚踏开关等部分组成，如图 4-39 所示。检测时把第五轮安装在汽车车身上，使其能够在地面上滚动。第五轮支架上，装有一个磁电式速度传感器（或光电式速度传感器），其磁头靠近圆盘矩形齿。第五轮旋转时，磁头与矩形齿之间的间隙周期性变化，使通过传感器线圈的磁通量发生相应变化，主机可据此计算出汽车行驶的距离及行驶速度。

非接触式汽车速度测量仪没有滚动的第五轮，试验时把传感元件用吸盘吸附在汽车保险杠（或其他部位）下部，传感元件可以向路面发射脉冲光束，并能接收路面的反射波，根据反射波的变化情况，可测出汽车的行驶速度。

五轮仪主机由单片计算机控制，由传感器信号接口、键盘、显示器、微型打印机等部分构成。第五轮、脚踏开关等传感器产生的电信号输送到主机，经放大、处理、运算后，在显示器上显示出检测过程的数据变化及检测结果，微型打印机可把检测结果及检测过程中汽车行驶速度的变化曲线打印出来，还可以通过键盘输入检测项目及预先设定的初始值等。

a) 非接触式　　　　　b) 接触式　　　　　c) 主机

图 4-39　五轮仪

3. 试验项目和试验方法

汽车动力性的道路试验项目主要包括最高车速 v_{amax}、加速性能、上坡能力、滚动阻力等。

（1）最高车速试验　根据 GB/T 12544—2012《汽车最高车速试验方法》，在符合试验条件的道路上，设置 200m 长的测量路段，并在两端选定充足的加速区间，使汽车在到达测量路段以前，以最高档达到稳定的最高车速 v_{amax}，此时节气门全开。测定汽车以最高速度等速行驶通过 200m 路段所需的时间，换算得出 v_{amax}（km/h）的值。测定时间可采用秒表或光电测时仪。试验往返进行，并取平均值作为汽车的最高速度试验结果。

（2）加速性能试验　汽车加速性能试验应根据 GB/T 12543—2009《汽车加速性能试验方法》进行。

在试验道路上，选取合适长度的路段，作为加速性能试验路段，在两端各放置标杆作为记号。

原地起步加速性能试验：一般轿车为 1 档，货车为 2 档。汽车停于试验路段之一端，变速器置入该车的起步档位，迅速起步并将加速踏板快速踩到底，使汽车尽快加速行驶，当发动机达到最大功率转速时。力求迅速无声地换档，换档后立即将节气门全开，直至最高档最高车速的 80% 以上，对于轿车应加速到 100km/h 以上。

最高档和次高档超车加速性能试验：汽车在变速器预定档位，以预定的车速（从稍高于该档最低稳定车速起，选 5 的整数倍之速度如 30 km/h、35 km/h、40 km/h）作等速行驶，用五轮仪监测初速度，当车速稳定后（偏差 ±1km/h），驶入试验路段，迅速将加速踏板踩到底，使汽车加速行驶至该档最大车速的 80% 以上，对于轿车应加速到 100km/h 以上。

用五轮仪或非接触式汽车速度测量仪测定汽车加速行驶的全过程，往、返各进行一次，往返试验的路段应重合，试验结果取平均值。

加速性能试验测得的数据，经处理后绘出相应的加速曲线，即速度-时间或速度-行程曲线。根据这些曲线可以评定汽车的加速性能。

（3）爬坡能力试验　为了测得汽车的最大爬坡度，应有一系列不同坡度的坡道，其长度应大于汽车长度的 2~3 倍。试验时，汽车停于坡道前平地上，接合传动系的最低档，节气门全开进行爬坡，直至试验终了。所能通过的最陡坡道的坡度，便是汽车的最大爬坡度。

若所选坡度不符合被测汽车的最大爬坡度，可用改变载荷或档位的方法试验，然后折算出汽车的最大爬坡度 i'_{max}。其折算公式为

$$\sin\alpha_{\max} = \sin\alpha'_{\max} \frac{m' i_{g1}}{m i'_g}$$

$$i_{\max} = \tan\alpha'_{\max}$$

式中　$\alpha_{\max}$——折算出的汽车最大坡度角（°）；

　　　$\alpha'_{\max}$——试验时的实际最大坡度角（°）；

　　　m——汽车满载总质量（kg）；

　　　m'——试验时的实际总质量（kg）；

　　　i_{g1}——1 档传动比；

　　　i'_g——试验时实际使用档位传动比。

（4）滑行试验　滑行指汽车以某一稳定行驶车速为初速度，脱档利用其动能继续行驶直至停车的过程。滑行试验中，通常测定汽车的滑行距离与滑行阻力。

进行滑行试验时，在长约 1000m 的试验路段两端立上标杆作为滑行区段，汽车驶入滑行区段前，驾驶人将变速器排档放入空档（松开离合器踏板），汽车开始滑行。当汽车的车速为 50km/h 时（汽车应进入滑行区段），用五轮仪进行记录，直至汽车完全停止为止。滑行过程中驾驶人不得转动转向盘。记录滑行初速度（应为 50km/h ±0.3km/h）和滑行距离。试验至少往、返各滑行一次，往返试验的路段应重合。显然，滑行时汽车的滚动阻力与空气阻力之和为

$$F_f + F_w = \delta m \frac{\mathrm{d}v}{\mathrm{d}t} - \frac{T_r}{r}$$

δ 为汽车旋转质量换算系数；而 T_r 为滑行时传动系加于驱动轮的摩擦阻力矩与从动轮的摩擦阻力矩之和，因数值较小一般忽略。

滑行时汽车的运动只决定于 $F_f + F_w$ 和汽车的质量参数，因此可以根据滑行中的减速度、滑行时间、滑行距离等求得汽车行驶阻力。若忽略汽车低速行驶时的空气阻力，则可据此求出汽车行驶时的滚动阻力和滚动阻力系数。

二、汽车动力性室内台架试验

汽车动力性的室内台架试验可以在底盘测功机上完成，如图 4-40 所示。试验时，驱动车轮放置在滚筒表面驱动滚筒旋转，底盘测功机以滚筒表面模拟路面，加载装置通过给滚筒加载，模拟各种阻力，测量装置可以测出驱动车轮上的驱动力或输出功率。另外，以底盘测功机模拟汽车的行驶阻力和各种循环工况，采用相应仪器设备，也可以进行汽车燃油经济性试验和汽车排放性能试验。

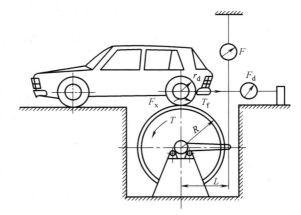

图 4-40　汽车底盘测功机试验原理

底盘测功机的转鼓轴端装有液力或电力测功器，用于产生阻力矩以调节转鼓的转速，控制汽车驱动轮的转速。

汽车驱动轮作用于转鼓的力矩 T 由测力装置测出。

$$T = FL$$

式中　L——测力臂长度（m）；

　　　F——测力臂上拉力（N）。

此外，由固定汽车的钢丝绳上拉力表测得挂钩拉力 F_d，显然，$F_d = F_x$。由驱动轮力矩平衡得

$$T_t = F_x r_d + T_f$$

由转鼓力矩平衡得：

$$T = F_x R - T_f$$

由此解出汽车驱动轮的驱动力为

$$F_t = \frac{T_t}{r_d} = \frac{F_d(r_d + R) - FL}{r_d}$$

测出在各种车速下节气门全开时的 F_d 和 F 值，即可等到汽车的驱动力—车速关系曲线。利用汽车底盘测功机，还可以测得汽车驱动轮的驱动功率。

三、汽车动力性有关参数试验

1. 传动系统传动效率试验

传动系统效率试验台的原理如图 4-41 所示。两个被试变速器与齿轮箱、传动轴构成封闭驱动系统。由液力缸对系统加载，由转矩传感器上测出变速器输入轴转矩 T，由电力测功器驱动封闭系统，提供的转矩为 T_1。作为对比，把变速器拆下，换上一根传动轴，这时电力测功机提供的转矩为 T_2。$T_1 - T_2$ 即为两个变速器克服转动损失所需转矩，由此可求得效率：

$$\eta_t = \sqrt{\frac{T - (T_1 - T_2)}{T}}$$

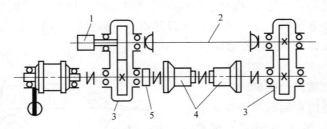

图 4-41　传动系统效率试验台
1—液力缸　2—输入轴　3—传动轴齿轮箱　4—变速器　5—转矩传感器

2. 空气阻力系数的风洞试验

风洞实验时，使已知速度的空气流迎面吹过置于风洞内的车身，由测力传感器测出汽车在气流方向的受力，即为空气阻力 F_w。由式 $F_w = \dfrac{C_D A v_a^2}{21.15}$ 即可求得空气阻力系数 C_D 的值。图 4-42 为回流式整车风洞的简图。

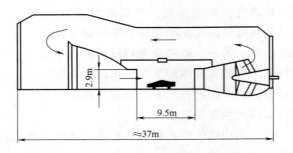

图 4-42　回流式整车风洞（功率：625kW；最大风速：145km/h）

复 习 题

一、问答题

1. 什么是汽车的动力性？其评价指标是什么？

2. 汽车的驱动力是怎么产生的？其大小与哪些因素有关？

3. 汽车传动系统的机械损失产生于哪些部位？其成因是什么？

4. 什么是车轮的自由半径、静力半径、动力半径和滚动半径？

5. 汽车的行驶阻力有哪几种？各在什么情况下存在？

6. 滚动阻力系数与哪些因素有关系？

7. 什么是空气阻力？什么是形状阻力、诱导阻力、干扰阻力、内循环阻力和摩擦阻力？

8. 什么是坡度阻力？什么是道路阻力？

9. 什么是加速阻力？加速阻力由哪两部分构成？

10. 什么是附着力？什么是附着系数？

11. 什么是后备驱动力？

12. 什么是汽车的动力因数？

13. 什么是后备功率？

二、综述（分析）题

1. 汽车的驱动力是如何产生的？汽车的驱动力如何计算？

2. 汽车传动系统功率损失的影响因素主要有哪些？

3. 怎样绘制汽车的驱动力图？

4. 简述车轮滚动阻力的产生机理。

5. 空气阻力由哪几部分构成？其大小与哪些因素有关？

6. 说明形状阻力形成的原因。

7. 旋转质量换算系数与哪些因素有关？

8. 汽车行驶的驱动与附着条件是什么？

9. 怎样绘制汽车的驱动力平衡图？

10. 如何利用汽车的驱动力平衡图确定其最高车速、加速能力和爬坡能力？

11. 如何绘制汽车的动力特性图？

12. 如何利用动力特性图确定汽车的最高车速、加速能力和爬坡能力？

13. 如何绘制汽车的功率平衡图？

14. 怎样用汽车的功率平衡图分析其动力性？

15. 汽车空载和满载时的动力性有无变化？为什么？

16. 汽车外形尺寸和整备质量如何影响汽车的动力性？

17. 汽车以最高车速行驶时，发动机是否也达到最高转速？为什么？

18. 汽车的后备驱动力大小怎样影响汽车的动力性和燃油经济性？

19. 分析主传动速比对汽车直接档动力性和燃油经济性的影响。

20. 分析超速档对汽车动力性和燃油经济性的影响。

21. 变速器各档速比如何确定？

22. 说明轮胎尺寸和类型对汽车动力性的影响。

23. 如何进行汽车最高车速、加速能力、爬坡能力的试验？

三、计算题

1. 已知车速 $v_a = 30 \text{km/h}$，道路坡度 $i = 0.1$，汽车总重 $G_a = 38000 \text{N}$，车轮动力半径 $r_d = 0.367 \text{m}$，传动效率 $\eta_t = 0.85$，滚动阻力系数 $f = 0.013$，空气阻力系数 $C_D = 0.75$，汽车迎风面积 $A = 3.8 \text{m}^2$，传动系统传动比

$i_0 i_g = 18$。求发动机的输出转矩 T_e。

2. 已知某汽车总重为 80000N，滚动阻力系数为 0.01，坡度角为 10°，若用头档等速爬坡，问汽车能爬过该坡需要驱动力至少为多少？该车为后轴驱动，作用在后轴的法向反作用力为 60000N，当附着系数为 0.7 时，驱动轮是否发生滑转？

3. 某全轮驱动的汽车在平路上起步时，车轮同时达到峰值附着率 μ_ϕ，分析汽车的起步加速度；该车以低速档通过附着系数为 μ_ϕ 的坡道时，前后车轮同时滑转，分析说明坡度值的大小。

第五章 汽车的燃油经济性

汽车的燃油经济性指汽车以最少的燃油消耗完成单位运输工作量的能力。

提高汽车的燃油经济性，可以节约石油资源，降低运输成本。同时，可以减少发动机有害气体和CO_2的排放量。

第一节 汽车燃油经济性的评价指标

汽车的燃油经济性常用汽车在一定工况下行驶某一单位行程的燃油消耗量，或汽车在一定工况下完成某一单位运输工作量的燃油消耗量评价。评价指标：百公里燃油消耗量（L/100km）；百吨公里燃油消耗量 [L/（100t·km）] 或千人公里燃油消耗量 [L/（1000人·km）]。其数值越小，汽车的燃油经济性越好。

汽车的燃油经济性也用消耗某一单位量燃油所能行驶的里程作为评价指标。在美国，汽车燃油经济性评价指标为 MPG 或 mile/usgal，即每加仑燃油所能行驶的英里数。其数值越大，燃油经济性越好。

汽车行驶过程中，载荷和道路条件对燃油消耗量的影响很大。可采用平均燃油运行消耗特性评价汽车在不同道路和载荷条件下运行时的燃油经济性。

一、百公里燃油消耗量

百公里燃油消耗量即行驶 100km 所消耗燃油的升数，可以用下式表示。

$$Q = \frac{100Q_L}{s} \tag{5-1}$$

式中 Q——百公里燃油消耗量（L/100km）；

Q_L——汽车通过测试路段的燃油消耗量（L）；

s——测量路段长度（km）。

1. 等速百公里燃油消耗量

等速百公里燃油消耗量指汽车在一定载荷（我国标准规定轿车为半载，货车为满载）下，以最高档在水平良好路面上等速行驶 100km 的燃油消耗量。乘用车常用 90km/h 和 120km/h 的等速百公里燃油消耗量（L/100km）来评价其燃油经济性。若测出每隔 10km/h 速度间隔的等速百公里燃油消耗量，据此绘出等速百公里燃油消耗量曲线，可用于评价汽车的燃油经济性，如图 5-1 所示。几种车型汽车以 90km/h 车速行驶时的等速百公里燃油消

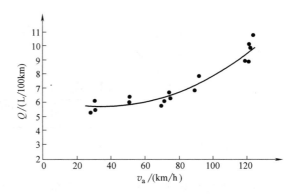

图 5-1 等速百公里燃油消耗量曲线

耗量曲线见表 5-1。

等速百公里燃油消耗量可用于比较评价相同容量汽车的燃油经济性，也可用于分析同一种汽车装用不同部件（如发动机、传动系统等）后对燃油经济性的影响。

表 5-1　几种车型汽车的 90km/h 等速百公里油耗量

车型	别克 GL8	神龙富康 988EX	赛欧 SL	夏利 2000	宝来 1.8-MT	波罗 Ali	奥迪 A4-3.0
90km/h 等速百公里油耗/（L/100km）	8.6	≤6.5	5.3（手动变速） 5.7（自动变速）	≤5.0	6.4	5.8	9.7

2. 循环工况百公里燃油消耗量

等速行驶工况没有全面反映汽车的实际运行情况，特别是在市区行驶中频繁出现的加速、减速、怠速、停车等行驶工况。循环行驶工况可以模拟汽车的实际运行状况，若以其百公里燃油消耗量评定相应行驶工况的燃油经济性，称为循环工况百公里燃油消耗量 Q_w。

我国针对载货汽车、城市公共汽车和乘用车提出了相应的燃油经济性试验规范。

六工况循环模拟干线公路车辆的行驶工况，试验车辆载荷为满载，其整个循环共需 96.1s，累计行程 1350m，如图 5-2 所示。

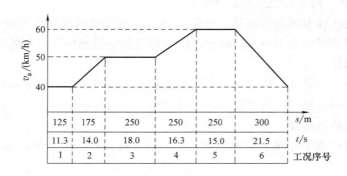

图 5-2　载货汽车六工况试验循环试验规范

四工况循环模拟城市公交客车站间的行驶工况，试验车辆载荷为 65% 载质量，其整个循环共需 72.5s（或 75.7s），累计行程 700m，如图 5-3 所示。

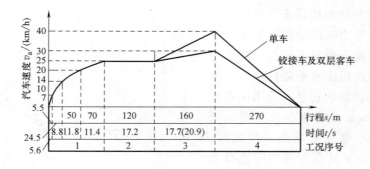

图 5-3　城市客车四工况试验循环试验规范

十五工况循环模拟乘用车、轻型汽车在城市道路上的运行工况，试验车辆载荷为车辆基准质量，即整备质量加 100kg，其整个循环共需 195s，如图 5-4 所示。

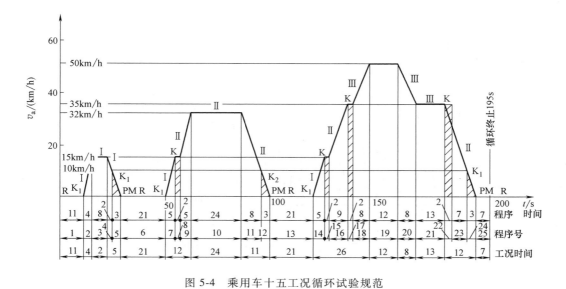

图 5-4　乘用车十五工况循环试验规范

K—离合器分离　K₁、K₂—离合器分离，变速器结合 1 档或 2 档

Ⅰ、Ⅱ、Ⅲ—变速器 1 档、2 档、3 档　PM—空档　R—怠速（图中阴影表示换档）

十三工况循环用于模拟乘用车和轻型汽车在市郊条件下行驶时的运行工况，如图 5-5 所示。试验车辆载荷为车辆基准质量，即整备质量加 100kg，其整个循环共需 400s。

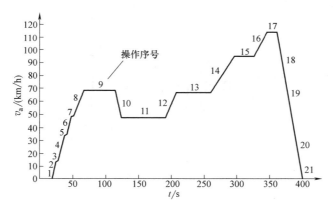

图 5-5　十三工况循环试验规范

乘用车和轻型汽车燃油消耗量限值试验规范由试验 1 部和试验 2 部构成，如图 5-6 所示。试验 1 部包括四个市区运转循环；试验 2 部是一个市郊运转循环。其中：市区运转循环为十五工况循环，用来模拟市区条件下汽车的行驶工况；市郊运转循环为十三工况循环，用来模拟市郊条件下汽车的行驶工况。

美国机动车工程师协会（SAE）推荐了四种道路循环，如图 5-7 所示。美国环保局（EPA）CVS-C 行驶循环（UDDS 循环）的速度-时间关系曲线如图 5-8 所示，其循环时间为 22.87min，平均车速 31.4km/h，最高车速 90.9km/h，包括一系列不重复的加速、减速、怠速和接近于等速的行驶过程，可用于模拟美国城市市内的汽车行驶工况。

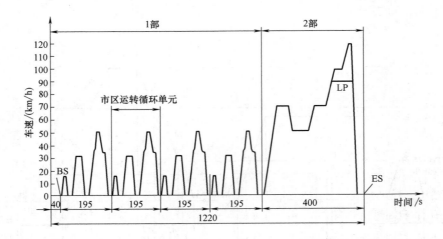

图 5-6 用于乘用车、轻型汽车测试的多工况循环试验规范
BS—取样开始 ES—取样结束 LP—低功率车辆

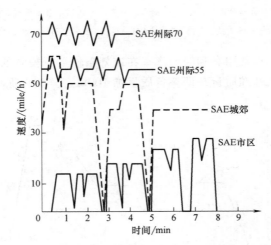

图 5-7 SAE 道路循环试验规范
1mile/h = 1.6km/h

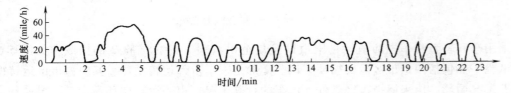

图 5-8 美国城市市内行驶循环的速度-时间曲线
1mile/h = 1.6km/h

二、百吨公里（千人公里）燃油消耗量

百吨公里燃油消耗量 Q_q（L/100t·km）即完成 100t·km 货物运输工作量所消耗燃油的升数；千人公里燃油消耗量 Q_p（L/1000 人·km）即完成 1000 人·km 旅客运输工作量所消

耗燃油的升数。可表示为

$$Q_q = \frac{100Q_L}{qs} \qquad Q_p = \frac{1000Q_L}{ps} \qquad (5\text{-}2)$$

式中 q——汽车载质量（t）；

$\quad\ Q_L$——汽车通过测试路段的燃油消耗量（L）；

$\quad\ s$——汽车行驶距离（km）；

$\quad\ p$——汽车载客量（人）。

百吨公里（千人公里）燃油消耗量常用于比较和评价不同容载量的货运汽车（客运汽车）的燃油经济性。

三、汽车平均燃油运行消耗特性

平均燃油运行消耗特性指在不同的道路条件下汽车的百公里燃油消耗量与有效载荷之间的关系，可用于确定道路条件和装载情况对汽车燃油经济性的影响。

平均燃油运行消耗特性常采用道路试验的方法获得。根据不同车型的平均燃油运行消耗特性，可对其在不同道路和装载情况下的燃油经济性进行比较。如图 5-9 所示，在良好道路条件和一般道路条件下运行时，车型 2 的平均燃油运行消耗特性优于车型 1；而在不良道路条件下运行时，车型 1 的平均燃油运行消耗特性反而优于车型 2。

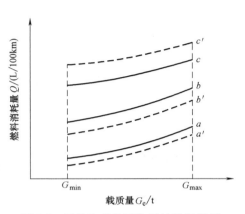

图 5-9　两种汽车的平均燃油运行消耗特性的比较

a、a'——良好道路条件　b、b'——一般道路条件　c、c'——不良道路条件

实线—车型 1　虚线—车型 2

第二节　汽车燃油经济性的计算

根据发动机台架试验得到的特性曲线和汽车的功率平衡图，估算汽车的燃油经济性，可以作为汽车结构参数选择的依据。

一、汽车燃油消耗方程式

发动机每小时燃油消耗量 Q_T（kg/h）等于：

$$Q_T = \frac{P_e g_e}{1000}$$

式中 P_e——发动机有效功率（kW）；

$\quad\ g_e$——发动机有效油耗率 [g/(kW·h)]。

Q_T（kg/h）与汽车百公里燃油消耗量 Q（L/100km）的关系为

$$Q = \frac{100 \cdot Q_T}{\gamma \cdot v_a}$$

式中 γ——燃油密度（kg/L），汽油为 0.71～0.73kg/L，柴油为 0.81～0.83kg/L；

$\quad\ v_a$——汽车行驶速度（km/h）。

根据以上二式得：

$$Q = \frac{P_e g_e}{10 \gamma v_a} \tag{5-3}$$

发动机有效功率 P_e（kW）可根据汽车功率平衡方程式求出：

$$P_e = \frac{1}{\eta_t}(P_f + P_i + P_w + P_j)$$

其中：

滚动阻力功率：

$$P_f = \frac{F_f v_a}{3600} = \frac{Gf v_a}{3600}$$

坡度阻力功率：

$$P_i = \frac{F_i v_a}{3600} = \frac{Gi v_a}{3600}$$

令 $\psi = f + i$，称为道路阻力系数。则道路阻力功率为

$$P_\psi = P_f + P_i = \frac{G v_a}{3600} \psi$$

空气阻力功率：

$$P_w = \frac{F_w v_a}{3600} = \frac{C_D A v_a^3}{21.15} \frac{1}{3600}$$

加速阻力功率：

$$P_j = \frac{F_j v_a}{3600} = \frac{\delta G v_a}{3600 g} \frac{dv}{dt}$$

由此得 P_e（kW）的值为

$$P_e = \frac{v_a}{3600 \eta_t} \left(G\psi + \frac{C_D A v_a^2}{21.15} + \frac{\delta G}{g} \frac{dv}{dt} \right)$$

代入式（5-3），则：

$$Q = \frac{g_e}{36000 \eta_t \gamma} \left(G\psi + \frac{C_D A v_a^2}{21.15} + \frac{\delta G}{g} \frac{dv}{dt} \right) \tag{5-4}$$

式（5-4）称为汽车燃油消耗方程式，可以表明汽车的百公里燃油消耗量 Q（L/100km）与发动机的有效油耗率、汽车结构参数、道路条件、汽车运动状况等影响因素间的关系。

二、汽车等速百公里燃油消耗量的计算

发动机负荷特性、功率平衡图和燃油消耗方程式是求解汽车等速百公里燃油消耗量的依据。汽车等速行驶时，加速阻力功率 P_j 为零，汽车百公里燃油消耗量 Q（L/100km）为

$$Q = \frac{g_e}{36000 \eta_t \gamma} \left(G\psi + \frac{C_D A v_a^2}{21.15} \right) \tag{5-5}$$

负荷特性曲线给出了在发动机某一转速 n_e 时，不同有效输出功率 P_e 或负荷率 U 下的有效油耗率 g_e，如图 5-10 所示。负荷率指在某一相同转速下节气门部分打开时发动机发出的功率与节气门全开时发出的功率之比。

在初步确定了汽车结构参数、汽车行驶的道路条件等影响因素后，可绘出汽车的功率平衡图和汽车车速 v_a（km/h）与发动机转速 n_e（r/min）的关系图，如图 5-11a 所示。据此可得到汽车采用变速器档位 i 以给定车速行驶时的发动机转速 n_{ei}、输出功率 P_{en} 或负荷率 U（%）。负荷率 U 为

$$U = \frac{P_{en}}{P_{un}}$$

式中　P_{en}——某转速 n_e 下节气门部分打开时发动机发出的功率（kW）；

P_{un}——某转速 n_e 下节气门全开时发动机发出的功率（kW）。

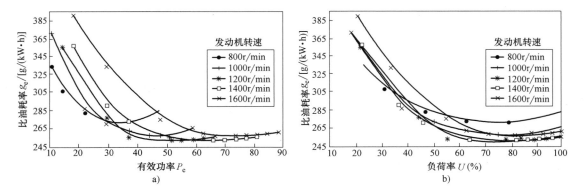

图 5-10　发动机负荷特性曲线

根据发动机转速 n_e、输出功率 P_e（kW）或负荷率 U（%），利用负荷特性图可得有效燃油消耗率 g_e [g/（kW·h）] 的值（图 5-11b），而后根据汽车燃油消耗方程式 [式（5-4）] 可求出汽车以某一给定车速 v'_a 行驶时的等速百公里燃油消耗量 Q（L/100km）。

若用同样方法，依次求出每隔 10km/h 速度间隔的若干个车速 v_{a1}、v_{a2}……下的等速百公里燃油消耗量 Q_1、Q_2……，从而在 v_a-Q 坐标系中得到若干个点，连接各点即可绘出该车在给定条件下的等速百公里燃油消耗量曲线，如图 5-1 所示。即可用于评价该车在给定条件下的燃油经济性。

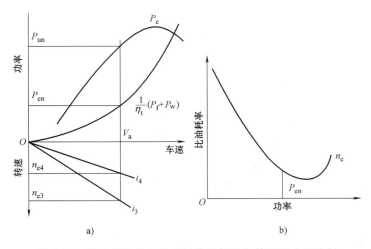

图 5-11　用功率平衡和负荷特性计算汽车等速百公里油耗

求出不同道路阻力系数 ψ_1、ψ_2……或不同档位 i_1、i_2……下的等速百公里燃油消耗量曲线（图 5-12），则可评价道路条件变化或汽车某结构参数（如档位）的变化对汽车燃油经济性的影响。

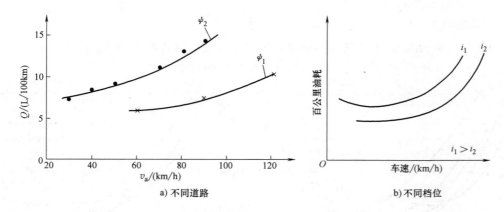

a) 不同道路　　　　　　　　b) 不同档位

图 5-12　不同条件下的等速百公里油耗曲线

三、汽车循环工况百公里燃油消耗量的计算

汽车的循环工况由匀速行驶、加速行驶、减速行驶、怠速等运行状况构成。因此，要计算汽车循环工况百公里燃油消耗量，必须分别计算各种循环工况的燃油消耗量，其整个循环的百公里燃油消耗量 Q_w（L/100km）为

$$Q_w = \frac{\sum Q_i}{S} 100$$

式中　$\sum Q_i$——所有行驶工况的燃油消耗量之和（L）；

　　　　S——整个循环的行驶距离（km）。

以下介绍循环工况的燃油消耗量之和 $\sum Q_i$ 的计算方法。

1. 汽车匀速行驶工况燃油消耗量

对于循环工况中的各匀速工作阶段，可先求出其等速百公里燃油消耗量 Q_1、Q_2……（L/100km），而后根据各个匀速行驶阶段的长度 L_1、L_2……（100km），求出各个匀速行驶阶段的燃油消耗量 Q_{L1}、Q_{L2}……（L）。显然：$Q_{L1} = Q_1 L_1$，$Q_{L2} = Q_2 L_2$……循环工况中所有匀速阶段的燃油消耗量之和 Q_n 为

$$Q_n = \sum \Delta Q_{Li}$$

2. 汽车加速行驶工况燃油消耗量

汽车的加速行驶包括等加速行驶和不等加速行驶两种情况。

（1）等加速行驶工况燃油消耗量　汽车以等加速行驶工况行驶时的百公里燃油消耗量为

$$Q = \frac{P_e g_e}{10 \gamma v_a}$$

$$= \frac{g_e}{36000 \eta_t \gamma} \left(G\psi + \frac{C_D A v_a^2}{21.15} + \frac{\delta G}{g} \frac{dv}{dt} \right)$$

$$= \frac{g_e}{36000 \eta_t \gamma} \left(G\psi' + \frac{C_D A v_a^2}{21.15} \right)$$

$\psi' = \psi + \dfrac{\delta}{g} \dfrac{dv}{dt}$ 称为当量道路阻力系数。这样，汽车以等加速度 $\dfrac{dv}{dt}$（m/s²）在道路阻力系

数 ψ 的道路上行驶时的燃油经济性，可以用汽车在当量道路阻力系数为 ψ' 的道路上稳定行驶时的燃油经济性近似表示。

然而，汽车加速过程中，其行驶速度 v_a 不断变化。因此，如计算汽车以 $\dfrac{dv}{dt}$ 的等加速度使车速从 v_{a1} 上升到 v_{a2} 的过程中的燃油消耗量时，可以按车速每增长 Δv_a（km/h），把整个加速过程分为 n 个小区间 Δt_{1-2}、Δt_{2-3}……Δt_{n-1-n}，如图 5-13 所示。每个加速区间的持续时间 Δt（s）为

$$\Delta t = \frac{\Delta v_a}{3.6 \dfrac{dv}{dt}}$$

在每个小区间中，汽车行驶速度可以近似用车速的平均值 $\bar{v}_a$（km/h）代表。同时，由等加速度 $\dfrac{dv}{dt}$ 时的当量道路阻力系数 ψ' 和车速 $\bar{v}_a$，利用功率平衡图和发动机负荷特性可得每一小区间发动机稳定工作时的有效油耗率 $\bar{g}_e$ [g/(kW·h)]。显然，区间划分越细，计算结果的近似程度越好。

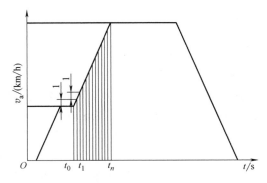

图 5-13 等加速过程的燃油消耗量计算

这样，车速从 v_{ai} 上升到 v_{aj} 的小区间 Δt_{i-j} 的百公里燃油消耗量 Q_{i-j}（L/100km）和燃油消耗量 ΔQ_{i-j}（L）分别为

$$Q_{i-j} = \frac{\bar{g}_{ei-j}}{36000\eta_t\gamma}\left(G\psi' + \frac{C_D A \bar{v}_{ai-j}^2}{21.15}\right)$$

$$\Delta Q_{i-j} = \frac{\bar{g}_{ei-j}}{36000\eta_t\gamma}\left(G\psi' + \frac{C_D A \bar{v}_{ai-j}^2}{21.15}\right)\frac{\bar{v}_{ai-j}\Delta t}{3600\times 100}$$

整个等加速过程的燃油消耗量 Q_{je}（L）为各个小区的燃油消耗量之和：

$$Q_{je} = \sum \Delta Q_{i-j}$$

（2）不等加速行驶工况燃油消耗量　汽车以不等加速行驶工况行驶时燃油消耗量的计算方法与等加速时类似。主要区别在于：等加速行驶工况时，各加速小区间的当量道路阻力系数相同，即 $\psi_1' = \psi_2' = K$；而在不等加速行驶工况时，则有 $\psi_1' \neq \psi_2' \neq K$。

设各加速小区间 Δt_{i-j} 的速度变化为 $v_{ai} \sim v_{aj}$（km/h），则该小区间的加速度可以用平均加速度 $\dfrac{d\bar{v}_{i-j}}{dt_{i-j}}$（m/s²）表示。即

$$\frac{d\bar{v}_{i-j}}{dt_{i-j}} = \frac{1}{3.6}\frac{v_{aj}-v_{ai}}{t_j-t_i}$$

因此，该加速小区间 Δt_{i-j} 的当量道路阻力系数 ψ_{i-j} 为

$$\psi_{i-j} = \psi + \frac{\delta}{g}\frac{d\bar{v}_{i-j}}{dt_{i-j}}$$

据此，用同样的方法，可求出车速从 v_{ai} 上升到 v_{aj} 的小区间 Δt_{i-j} 的百公里燃油消耗量 Q_{i-j}（L/100km）和燃油消耗量 ΔQ_{i-j}（L）。各小区间的绝对油耗量相加，可得整个不等加速过程的燃油消耗量 Q_{jb}（L）。

整个加速过程的燃油消耗量 Q_j（L）为

$$Q_j = Q_{je} + Q_{jb}$$

3. 急速停车时的燃油消耗量

在汽车运行循环中，若急速停车的时间为 t_s（h），则急速停车时的燃油消耗量 Q_t（L）为：

$$Q_t = Q_i t_s$$

式中　Q_i——急速燃油消耗率（L/h）。

4. 减速行驶工况的燃油消耗量

减速行驶时，节气门松开（关至最小位置），并进行轻微制动，发动机处于强制急速状态，其油耗量即为正常急速燃油消耗量。所以，减速工况燃油消耗量 Q_d（L）等于减速行驶时间 t_d（h）与急速燃油消耗率 Q_i 之积。即

$$Q_d = Q_i t_d$$

显然，汽车在一个完整循环工况的燃油消耗量之和为

$$\sum Q_i = Q_n + Q_j + Q_t + Q_d$$

第三节　影响汽车燃油经济性的结构因素

根据汽车燃油消耗方程式，汽车的百公里燃油消耗量 Q（L/100km）与行驶阻力 $\sum F$（N）和发动机的燃油消耗率 g_e [g/(kW·h)] 成正比，且与汽车传动系统的传动效率 η_t 成反比。

发动机的燃油消耗率 g_e，一方面取决于发动机的种类、设计制造水平和使用燃油的规格；另一方面又与汽车行驶时发动机的负荷率 U（%）有关。从发动机负荷特性图可知，发动机负荷率低时，g_e 值显著增大。

汽车行驶阻力则与汽车底盘结构、车身和汽车总质量等因素有关。

汽车传动系统的传动效率 η_t 越高则汽车的燃油经济性越好。

一、发动机结构因素

发动机的热效率直接影响发动机的有效燃油消耗率 g_e。因而，凡是对发动机的燃烧过程和热功转换效率有影响的结构因素，都对汽车的燃油经济性有重要影响。主要包括发动机种类、压缩比、燃烧过程、进排气系统、配气相位、负荷率等。

1. 发动机种类

与汽油机相比，柴油机的热效率高、有效燃油消耗率较低。现代柴油机的燃油消耗率 g_e [g/(kW·h)] 比汽油机低 20%~40%，排气污染较汽油机小。

2. 压缩比

汽油机的热效率 η 与压缩比 ε 的关系为

$$\eta = 1 - \varepsilon^{1-K}$$

式中　K——绝热指数，$K>1$。

增大压缩比，热效率提高，发动机燃油消耗率降低。汽油机压缩比提高主要受爆燃的限制，同时压缩比提高到一定程度后，不仅对发动机的功率和效率的提高无明显效果，还会增大排放废气中NO_x的浓度。

改进燃烧室和进气系统，提高发动机结构的爆燃极限；使用爆燃传感器，自动延迟产生爆燃时的点火提前角；采用掺水燃烧抗爆技术；开发高辛烷值汽油等都是提高压缩比的措施。

3. 燃烧过程

改进燃烧室形状，采用稀薄混合气分层燃烧技术，利用电控燃油喷射系统精确控制供油量等措施，可改善汽油机的燃烧过程，显著提高热效率，同时降低排放污染。

燃用稀混合气提高热效率的机理：汽油分子有更多的机会与空气中的氧分子接触，以便于完全燃烧；同时，稀混合气燃烧后最高温度和压力降低，缸壁传热损失较少，还可以增大压缩比，提高热效率。但若混合气过稀，燃烧缓慢，则发热量及热效率下降；同时，混合气过稀，发动机工作对混合气及分配的均匀性更加敏感，个别缸失火的概率增大。

燃用稀混合气的主要技术措施包括：加快燃烧速度；提高点火能量，适当增大点火提前角，延长火花持续时间；清除火花塞附近的废气；汽油充分雾化等。

快速燃烧技术实现，主要依靠燃烧室及进气道的设计。例如：火花塞位置选择、提高进气气流速度、组织进气涡流、挤压紊流及燃烧紊流等。

为了燃用稀混合气，还可以采用分层充气技术，即在火花塞附近的局部区域供给浓混合气，在其他区域供给稀混合气。当浓混合气点燃形成火焰后，所产生的高温和强涡流使稀混合气点燃并使火焰得以传播。

使用稀薄燃烧技术的汽油发动机，其混合气空燃比可达 20：1 以上，甚至高达 26：1。

4. 进、排气系统

改善进、排气系统的目的是，降低进气阻力和排气干扰，提高充气效率。进气管断面形状和尺寸，对燃油的雾化、蒸发和分配影响很大。进气管应有足够的流通截面，表面光洁，连接处平整，气流转折少且截面突变小，以减少气流的局部阻力。进气门处局部阻力最大，采用多气门结构，可以增大进气充量。但断面过大，气流速度低，燃油易沉积于管壁，蒸发速率慢，各缸混合气分配不均匀，油耗增大。

5. 配气相位

优化配气相位对于充气系数的变化特性、换气损失、燃烧室扫气作用、排气温度以及净化程度有很大影响。

合理的配气相位与发动机常用工作区相关。配气相位的持续角较宽时，发动机在高速时充气特性好，而低速时则充气特性差；持续角窄时，则反之。适当的排气相位角，可充分利用气流的惯性以及排气系统压力波动进行充气。采用电液控制的可变配气相位控制技术，可使配气相位在各种工况下都处于最佳状态。

6. 负荷率

发动机以某转速工作时，若负荷率较高，则有效燃油消耗率较低。汽车在水平良好道路上以正常速度行驶时，一般只用到最大功率的 20% 左右，大部分时间都在较低负荷率下工作，从而导致其燃油消耗率较大。因此，在保证动力性的前提下，不宜装用功率过大的发动机，以提高负荷率。

采用闭缸技术可以改变发动机的有效工作排量，从而改变负荷率，其主要方法有变行程法和变缸法两种。

变缸法即改变有效气缸数目的方法，其工作原理如图5-14所示。即应用电控技术在汽车负荷率较低（车速较低且车辆加速度低于一定值）时停止一部分发动机气缸的工作，仅由余下的部分气缸工作，从而使以这部分气缸工作的发动机具有较高的负荷率。减少工作气缸数的方法有堵塞进气道和关闭进、排气门两种。变缸控制技术特别适合于气缸数为6缸或6缸以上的发动机，气缸数过少，则在变缸转换时会影响发动机工作的平稳性。另外，在车速过低时也不宜采用变缸。

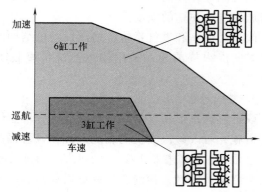

图 5-14 变缸控制技术

变行程法指改变活塞行程的方法。在中、小负荷时，缩短活塞行程，可以使气缸有效工作排量减小。

二、底盘结构因素

1. 传动系统结构因素

汽车传动系统的档位数、传动比、传动效率、发动机与传动装置的匹配情况对燃油经济性有很大影响。

（1）变速器的档位数　变速器档位较多时，可根据行驶阻力的变化选择合适档位，使发动机处于经济运行工况的机会增多。档位无限的无级变速器，可以使发动机工作特性与汽车行驶工况达到最佳匹配，在任何情况下都能使发动机工作在最经济工况下。

（2）主减速器传动比　选择较小的主减速器传动比，在相同的车速和道路条件下，可以提高汽车的负荷率，有利于降低燃油消耗。但若主减速器传动比过小，因动力性不足，会导致汽车经常以较低档行驶，使最小传动比档位的利用率降低，反而使燃油消耗率增大。

（3）超速档　为改善汽车在水平良好道路上行驶时的燃油经济性，在变速器中增设传动比小于1的超速档，则可以提高发动机的负荷率，降低百公里油耗量。

（4）发动机与传动装置的匹配　为判断传动比与发动机匹配是否合理，可以把发动机的常用工况区与万有特性图画在同一坐标系上，考察常用工况区与最低油耗区接近（重叠）情况，如图5-15所示。经运行工况调查，可知常用的车速和档位，从中可确定相应的转速范围为 $n_{e1} \sim n_{e2}$，相应的功率范围为 $P_{e1} \sim P_{e2}$，则可在万有特性图上表示出常用工况区 A。若 A 区偏离万有特性最低油耗区，可进行调整，使常用工况位于最佳工况区 B 区或 C 区。

（5）传动系统机械效率 传动系统效率越高，则传动过程中的功率损失越小，汽车的燃油经济性越好。因此应保持汽车传动系统的技术状况良好，采用高品质的润滑油（脂）并加注适量。

2. 行驶系结构因素

汽车车轮装用子午线轮胎，提高轮胎气压，是减小滚动阻力的重要途径。

试验表明：滚动阻力每减小10%，油耗可降低2%；大型货车装用子午线轮胎后，滚动阻力可减少 15% ~ 30%，节油 4% ~ 6%。

提高轮胎气压，可以使轮胎的变形减小，因此滚动阻力降低。但轮胎气压提高后，又带来舒适性降低、悬架动载荷增大等问题。

合理调整行驶系车轮轮毂轴承的松紧度，可以减小行驶阻力，减少燃油消耗。

三、车身结构因素

汽车车身形状和尺寸影响汽车行驶时的空气阻力，优化车身设计，降低空气阻力，可以提高汽车的燃油经济性。

空气阻力的大小取决于汽车迎面面积 A 和空气阻力系数 C_D。迎面面积取决于汽车乘坐或完成运输任务所要求的外形尺寸。因而，减小空气阻力主要应从降低空气阻力系数着手，其主要措施如下：

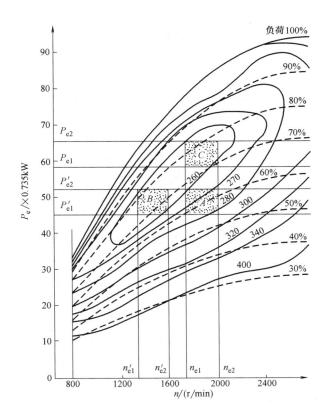

图 5-15　发动机的万有特性及最低油耗区

① 选择合理的车身外形。

② 对所有暴露部分进行空气动力学优选。

③ 在车身上加装各种导流装置。

载货汽车常用导流装置如图 5-16 所示。

四、汽车总质量

汽车行驶时，除空气阻力外，滚动阻力、坡度阻力和加速阻力都与汽车的总质量成正比。因此，减轻汽车整备质量，是降低油耗的最有效措施之一，其主要方法如下：

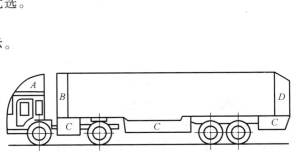

图 5-16　导流装置示意图

A—空气动力学屏板　B—间隙密封罩　C—防护罩　D—导流罩

① 优化设计汽车结构，充分利用材料的强度，提高结构刚度。

② 采用高强度轻材料，如采用高强度低合金钢、铝合金、镁合金、塑料和各种纤维强化等材料制造汽车零件。

③ 改进汽车结构，尽量减少零件数量。如轿车采用前轮驱动、高可靠性轮胎（可以去掉备胎）、少片或单片钢板弹簧、承载式车身、空冷式发动机、二行程发动机、绝热发动机，以及各种零件的薄壁化、复合化、小型化等；减小车身尺寸等。

④ 减少附加设备及器材等，大量应用质量轻的电子产品。

第四节　汽车燃油经济性试验

汽车燃油经济性试验是测试汽车在规定条件下的燃油消耗量，以获取燃油经济性评价指标数据的试验。其试验方法可分为道路试验和台架试验两类。

一、汽车燃油经济性的道路试验

道路试验法是测量汽车在规定行驶工况下的燃油消耗量的常用方法。道路试验法简单、易行，试验时汽车所受阻力与实际行驶阻力一致，油耗测量数据的可靠度好，而且设备费用低。道路试验法的主要不足如下：需要符合规定的道路；受气候条件限制；试验结果受道路条件和试验人员的影响，可比性和可重复性较差；难以实现复杂的多工况循环行驶试验。

1. 试验条件

① 道路条件。试验道路应为沥青或混凝土铺装的、平坦的直线路，道路长 2~3km，宽不小于 8m，纵向坡度在 0.1% 以内，最大横向路拱高度小于 1.5%。路面应干燥、清洁。

② 气候条件。无雨、无雾；相对湿度小于 95%；气温 0~40℃；风速小于 3m/s。试验时的空气密度与基准状态（$P=100$kPa，$T=293.2$K）下的空气密度相差不得超过 ±7.5%，否则需要进行修正。

③ 试验仪器。油耗仪、五轮仪或非接触式汽车速度测量仪、秒表、风速仪等。示值误差：燃油流量，0.5%；车速，小于 0.1m/s 或 0.5%；时间，小于 0.1s；距离，小于 0.1m 或 0.3%；风速，小于 0.5%。

④ 试验汽车。试验汽车装备应符合生产厂的出厂规定。轮胎充气压力应符合规定，误差不超过 ±10kPa，并保持各车轮气压一致。试验车辆应运行预热，使之处于正常行驶的温度状况。

⑤ 试验质量。M_1 类汽车、总质量小于 2t 的 N_1 类汽车的试验质量为整备质量加 180kg，若汽车的 50% 的载质量大于 180kg，则试验质量为整备质量加 50% 的载质量（包括测量人员和仪器的质量）；M_2、M_3 类城市客车试验质量为装载质量的 65%；最大总质量大于 2t 的 N 类及其他车辆的试验质量为满载。

2. 稳态工况燃油消耗量试验

汽车以规定测试车速等速通过 500m 长度的测量路段，同一车速往、返各进行两次，测定其燃油消耗量和通过时间。两次试验之间的时间间隔应尽可能缩短，以保持稳定的热状况，往返四次试验结果的燃油消耗量差值不应超过 ±5%，取四次试验结果的算术平均值为等速行驶燃油消耗量试验的测定值。

测得汽车以稳定车速等速行驶通过测量路段 s 的燃油消耗量 Q_L（mL）及所用时间 t（s）后，可以计算得到汽车的实际试验车速 v_a（km/h），并根据式（5-1）求出汽车在该车速下的百公里燃油消耗量 Q（L/100km）。

在变速器最高档的速度范围内，测试车速从 20km/h（最小稳定车速高于 20km/h 时，从 30km/h）开始，以车速 10km/h 的整数倍均匀选取车速，直至最高车速的 90%，至少测定五个车速。根据各车速下的百公里燃油消耗量数据，便可以在横坐标为车速、纵坐标为百公里燃油消耗量的坐标系中绘出该车的百公里燃油消耗量曲线图，如图 5-1 所示。

3. 循环工况燃油消耗量试验

　　道路循环工况燃油消耗量试验只适于较简单的四工况、六工况循环，如图5-2和图5-3所示。

　　试验前，根据规定工况的距离在试验路段上安置标杆。试验时，汽车按规定的车速−时间规范（如换档、怠速、加速、减速、等速、离合器脱开等）和档位，通过测试路段，用试验仪器记录汽车的行程−车速−时间曲线，记录每一次循环试验的燃油消耗量和行驶时间。

　　在进行循环工况试验时，汽车终速度的允许偏差为±3km/h，其他各工况的速度偏差为±1.5km/h；在工况改变过程中，允许车速的偏差大于规定值，但在任何条件下超过车速偏差的时间不应大于1s，即时间偏差为±1s。

　　每辆车的循环工况燃油消耗量试验应往、返各进行两次，取四次试验结果的算术平均值为循环工况燃油消耗量试验的测定值，而后根据循环工况的距离折算得到汽车在相应循环工况下的百公里燃油消耗量。

　　二、汽车燃油经济性的室内台架循环试验

　　汽车燃油经济性的室内台架循环试验指在实验室内，利用底盘测功机按规定试验循环进行汽车燃油经济性试验。

　　采用道路试验的方法模拟汽车循环工况较为困难，因此多工况燃油消耗量试验基本上都在室内底盘测功机-转鼓试验台上进行，如图4-40所示。试验时，汽车固定于转鼓试验台上，从动轮置于固定台面；驱动轮置于转鼓上，驱动转鼓（及与其相连接的旋转质量与电力测功器）旋转，模拟汽车的行驶阻力和各种循环工况，进行燃油经济性试验。

　　图5-17是汽车在底盘测功机-转鼓试验台上进行六工况燃油消耗量试验的测试结果。

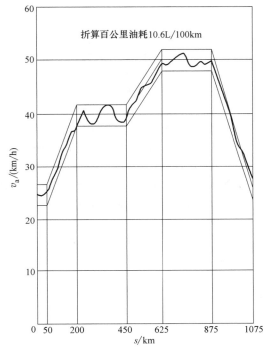

图5-17　六工况燃油消耗量台架测试结果显示

底盘测功机的控制与指示装置显示屏上标明了六工况"车速—行程"循环过程及公差带和实际试验时的"车速—行程"循环过程（较粗连续曲线），同时显示出折算所得的六工况循环百公里燃油消耗量。

　　若配备多种汽车油耗测量仪器和汽车排放分析仪器，使用室内台架试验方法可以同时进行燃油经济性与排气污染试验，并能采用多种测量燃油消耗量的方法，如质量法、体积法与碳平衡法等。

复　习　题

一、问答题

1. 什么是汽车的燃油经济性？其评价指标和常用单位是什么？

2. 什么是等速行驶百公里燃油消耗量？

3. 什么是循环工况百公里燃油消耗量？

4. 影响汽车燃油经济性的发动机结构因素有哪些？

5. 影响汽车燃油经济性的底盘结构因素有哪些？

6. 汽车燃油经济性的循环试验工况有哪些？各有什么使用场合？

二、综述（分析）题

1. 写出汽车燃油消耗方程式，说明汽车的百公里燃油消耗量与哪些因素有关。

2. 说明利用功率平衡图和发动机负荷特性确定汽车百公里燃油消耗量的方法。

3. 分析说明发动机油耗与汽车油耗之间的关系。

4. 高速档行驶与低速档行驶相比哪种情况节油？为什么？

5. 汽车以不同车速行驶时，汽车的燃油消耗量有无变化？为什么？

6. 如何计算汽车在水平路面或坡道路面上等速行驶的百公里油耗量？

7. 如何对汽车多工况循环行驶的燃油经济性进行计算？

8. 发动机燃用稀混合气为什么能够提高燃油经济性？

9. 发动机的负荷率如何影响汽车的燃油经济性？

10. 汽车外形和质量对燃油经济性有何影响？

11. 汽车轮胎对燃油经济性有何影响？

12. 变速器档位和传动比对燃油经济性有何影响？

13. 说明发动机与传动装置的匹配情况对汽车燃油经济性的影响。

14. 从结构上提高发动机燃油经济性的主要途径有哪些？

15. 如何从改进汽车底盘设计方面来提高汽车的燃油经济性？

16. 如何进行稳态工况燃油消耗量试验？

三、计算题

某乘用车总重 $G = 10000\text{N}$，汽车滚动阻力系数 $f = 0.013$，空气阻力系数 $C_D = 0.4$，迎风面积 $A = 2\text{m}^2$，车速 $v_a = 30\text{km/h}$，传动效率 $\eta_t = 0.8$，汽油密度 $\rho = 0.714\text{kg/L}$，发动机的比油耗 $g_e = 280\text{g/(kW·h)}$。求汽车在坡度 $i = 0.01$ 的坡道上行驶时的百公里油耗。

第六章　汽车的制动性

汽车的制动性指汽车能在行驶时迅速停车且维持方向稳定，并能在下长坡时控制车速及能在一定坡道上驻车的能力。

制动性是汽车安全行驶的保证；同时，汽车在具有良好制动性使行车安全得以保证的前提下，其动力性才能得到充分发挥，其平均技术速度和运输效率才能得到提高。

第一节　汽车制动性的评价指标

汽车的制动性可以用制动效能、制动效能的恒定性和制动时汽车的方向稳定性三方面的指标评价。

1. 制动效能

汽车的制动效能是指汽车迅速降低车速直至停车的能力。汽车的制动效能可以用以下三个指标评价：

制动距离 s（m）：汽车速度为 v_0（m/s）时，从驾驶人开始操纵制动控制装置（制动踏板）开始到汽车完全停住为止所驶过的距离。

地面制动力 F_b（N）：汽车制动时，地面作用于制动车轮上的与汽车行驶方向相反使汽车减速直至停车的力。

制动减速度 j_b（m/s^2）：制动时，汽车速度随制动时间的降低率，$j_b = -\dfrac{\mathrm{d}v}{\mathrm{d}t}$。

制动系统最基本的功能是使汽车在行驶过程中迅速停车，因此制动效能是汽车制动性能的最基本评价指标，也是最直观的评价指标。制动效能不良、制动距离过长是导致道路交通事故的重要原因。

2. 制动效能的恒定性

制动效能的恒定性指汽车制动时制动效能保持的程度，主要指汽车制动器的抗衰退性能，包括制动器的抗热衰退性能和抗水衰退性能。

抗热衰退性能是指汽车高速行驶情况下制动或下长坡连续制动时制动效能保持的程度。制动过程实质上是把汽车行驶的动能通过制动器吸收转换为热能，引起制动器温度升高，摩擦副摩擦系数减小，制动力矩下降，制动效能降低。因此，制动器温度升高后能否保持冷态时的制动效能或尽量减小冷态时制动效能的降低，已成为设计制动器时要考虑的主要问题。

抗水衰退性能是指汽车在潮湿的情况下或涉水行驶后，制动效能保持的程度。汽车涉水后，由于制动器表面水膜的润滑作用，造成摩擦系数降低，制动力矩减小，制动效能下降。

3. 制动时汽车的方向稳定性

制动时汽车的方向稳定性指汽车在制动过程中维持直线行驶或按预定弯道行驶的能力。制动时汽车的方向稳定性常用制动时汽车按给定路径行驶的能力评价。制动稳定性不良时则汽车在制动过程中将偏离原来的路径，易于导致交通事故。

第二节　制动时车轮的受力

汽车受到与行驶方向相反的外力作用时，才能降低车速直至停车。汽车制动过程中，空气阻力相对较小，因此该外力只能来自地面，称之为地面制动力。汽车在制动过程中的表现，都是作用于制动车轮的地面制动力与所受到的其他作用力（如惯性力、风力等）相互作用的结果。地面制动力越大，制动减速度越大，制动距离也越短。因此，地面制动力对于汽车的制动性能有决定性影响。

地面制动力 F_b 的大小与制动蹄-制动毂和轮胎-路面两个摩擦副有关，不仅取决于制动器制动力 F_μ，而且取决于地面附着力 F_ϕ。

一、地面制动力

汽车在良好的硬路面上制动时车轮的受力情况如图6-1所示。制动时，踩下制动踏板，制动蹄摩擦片压在制动毂或制动盘上，二者相互滑转产生摩擦力矩 T_μ（N·m），使车轮转速减慢或停止；然而，由于汽车减速时的惯性力，使车轴受到推动车轮继续前行的力 F，从而在轮胎与路面的接触表面产生摩擦，产生与汽车前进方向相反的地面切向反力，即为阻碍汽车运动直至停车的地面制动力 F_b（N）。由于汽车回转质量的惯性力矩 T_j 和车轮的滚动阻力矩 T_f 相对较小，可以忽略。这样，地面制动力 F_b（N）的值为

$$F_b = \frac{T_\mu}{r} \tag{6-1}$$

F_b 的大小与制动蹄摩擦片-制动毂和轮胎-路面两个摩擦副有关。第一个摩擦副相互作用产生的摩擦力，决定着制动力矩 T_μ 和制动器制动力 F_μ 的大小；第二个摩擦副相互作用产生的与汽车运动方向相反的地面反作用力即为地面制动力，显然轮胎-路面间的附着力 F_ϕ 是地面制动力的极限值。即：地面制动力 F_b 不仅取决于制动器制动力 F_μ，而且取决于地面附着力 F_ϕ（N）。

二、制动器制动力

在轮胎周缘沿切线方向克服车轮制动器摩擦力矩所需的力称为制动器制动力 F_μ（N）。其值为

$$F_\mu = \frac{T_\mu}{r}$$

制动器制动力 F_μ（N）取决于制动器结构、形式与尺寸大小、制动器摩擦副摩擦系数和车轮半径 r（m）。一般情况下，其数值与制动踏板力 F_P（N）成正比，即与制动系统的液压或气压高低成线性关系。对于结构、尺寸一定的制动器而言，制动器制动力主要取决于制动踏板力与摩擦副的表面状况，如接触面大小、表面有无油污等。

显然，若地面附着力 F_ϕ（N）足够大，即满足 $F_\phi > F_\mu$，有 $F_\mu = F_b$，意味着制动器产生的制动器制动力 F_μ 完全转化为地面制动力 F_b。若地面附着状况不良，$F_\phi < F_\mu$

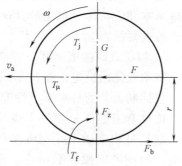

图6-1　制动时车轮受力

T_μ—车轮制动器的摩擦力矩

T_j—汽车回转质量的惯性力矩

T_f—车轮的滚动阻力矩

F—车轴对车轮的推力

G—车轮的垂直载荷

F_z—地面对车轮的法向反作用力

时，有 $F_b = F_\phi < F_\mu$，说明 F_μ 受到 F_ϕ 的限制而不能完全转化为 F_b。

三、地面制动力的增长

制动过程中，制动器制动力 F_μ 的大小由制动力矩 T_μ 决定，地面制动力 F_b 和制动器制动力 F_μ 随制动踏板力 F_p 增大的关系如图 6-2 所示。制动时，车轮有滚动或抱死拖滑两种运动状态。踏板力 F_p 较小时，产生的摩擦力矩 T_μ 不大，地面制动力 F_b 足以克服制动摩擦力矩使车轮滚动。此时，地面制动力 F_b 等于制动器制动力 F_μ，且随踏板力 F_p 的增长成正比增长。但当制动踏板力增大至 $F_p = F_p'$ 时，地面制动力 F_b 增大到等于附着力 F_ϕ，车轮抱死而出现拖滑现象。此时，地面制动力 F_b 受轮胎与路面附着条件的限制，达到其最大值 $F_{bmax} = F_\phi$。此后，随着踏板力 F_p 继续增大（$F_p > F_p'$），摩擦力矩 T_μ 由于摩擦表面间作用力的增大仍可增大，因而制动器制动力 F_μ 随 F_p 继续增大几乎成线性上升，但地面制动力 F_b 达到极限值 F_ϕ 后却保持在该极限值而不再增大。由此可见，要获得足够大的地面制动力，以提高汽车的制动性能，制动器必须具有足够大的制动器制动力矩，同时路面又能提供足够高的附着力。

四、附着力与附着系数

制动过程中，地面制动力的最大值 F_{bmax}（N）等于作用于车轮的地面垂直反力 F_z（N）与附着系数 ϕ 的乘积。即

$$F_{bmax} = F_\phi = F_z \phi \tag{6-2}$$

在以上分析过程中，没有考虑附着系数和地面垂直反力的变化，即把附着系数 ϕ 和地面垂直反力 F_z 看作常数。实际上，汽车制动过程中，在传递地面切向力的过程中，附着系数 ϕ 和地面垂直反力 F_z 并非常数，因而附着力 F_ϕ 不是常数。

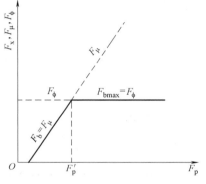

图 6-2　制动力、制动器制动力与附着力的关系

1. 垂直反力

若汽车在水平路面上制动，并忽略空气阻力的影响，则由式（4-21）可以得到制动过程中作用于汽车前、后轴的地面垂直反力 F_{z1}、F_{z2} 的值为

$$F_{z1} = \frac{L_2}{L} G - \frac{h_g}{L} m \frac{dv}{dt}$$

$$F_{z2} = \frac{L_1}{L} G + \frac{h_g}{L} m \frac{dv}{dt} \tag{6-3}$$

制动过程中的加速度 $\dfrac{dv}{dt}$（m/s²）为负值，因而所产生的惯性力的方向与汽车的行驶方向相同。由式（6-3）可见，制动过程中，作用于前、后轴上的垂直载荷之和等于汽车的总重，即 $F_{z1} + F_{z2} = G$，并不因汽车制动而改变。但在制动过程中会发生载荷的转移，即前轴的垂直载荷增大，而后轴的垂直载荷减小。

此轴荷变化将对汽车的制动过程产生重要影响。因为即使前、后轴的附着系数相同，汽车制动时的轴荷转移也会影响前、后车轮附着力的相对大小，因而影响着前、后车轮所能获得的最大地面制动力的相对大小，同时影响着前、后车轮达到最大地面制动力的进程，因此对于汽车的制动性能会产生重要影响。

2. 滑移率、附着率与附着系数

（1）滑移率　制动过程中，随着制动强度增大，车轮的运动从纯滚动转变为纯滑动。制动过程中轮胎胎面在路面上的印痕是一个从车轮滚动到抱死拖滑的渐变过程，如图 6-3 所示。

地面制动力产生前，车轮作纯滚动，印痕形状与轮胎胎面花纹基本一致，如图 6-3a 所示。此时，汽车行驶速度即车轮中心的速度 v（m/s）等于车轮转动的线速度。即

$$v = r\omega$$

式中　ω——车轮旋转线速度（rad/s）；

　　　r——车轮半径（m）。

制动开始后，产生制动器制动力矩 T_μ，使车轮旋转速度相对于车速降低，轮胎与路面间发生一定程度的相对滑移，轮胎花纹印痕虽能辨别但逐渐模糊，如图 6-3b 所示。此时，车轮处于边滚边滑状态，由于摩擦产生地面制动力 F_b。且随着制动强度增大，滚动成分降低，滑动成分上升。即

$$v > r\omega$$

随着制动强度进一步增大，产生的制动器制动力矩 T_μ 达到使车轮抱死，轮胎胎面印痕中已看不出花纹，车轮在路面上滑移，如图 6-3c 所示。此时：

$$r\omega = 0$$

定义制动滑移率 s 为

$$s = \frac{v - r\omega}{v} \qquad (6-4)$$

若研究车轮受到驱动力时的滑移情况，则驱动滑移率 s 定义为

$$s = \frac{r\omega - v}{r\omega}$$

滑移率 s 反映了车轮受到地面切向力作用时，车轮在路面上的滑移情况。在制动开始前，车轮纯滚动时，$s = 0$；制动过程中，车轮边滚边滑，$0 < s < 1$；而制动强度增大到车轮抱死后，车轮纯滑移，$s = 1$。因此，滑移率的数值表明车轮运动过程中滑移成分所占的比例。

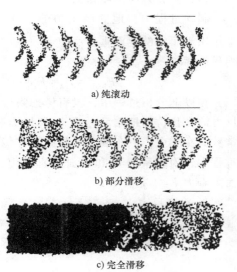

a) 纯滚动

b) 部分滑移

c) 完全滑移

图 6-3　制动时轮胎在路面上的印痕

（2）附着率　轮胎与路面间传递的切向力 F_x 与地面垂直反力 F_z 的比值称之为附着率 φ，即

$$\varphi = \frac{F_x}{F_z} \qquad (6-5)$$

制动过程中，切向力 F_x 等于地面制动力 F_b，所对应的附着率为制动附着率；而在驱动过程中，切向力 F_x 等于地面驱动力 F_t，所对应的附着率为驱动附着率。

附着率 φ 是汽车车轮不滑转时充分发挥地面切向力（驱动力或地面制动力）作用所要求的最低路面附着系数，而附着系数 ϕ 是附着率 φ 的极限值。

（3）制动过程中附着率的变化　制动过程中，附着率不是常数，而是随着制动强度的

变化而变化的。试验证明：制动过程中，附着率 φ 表示为滑移率 s 的函数，二者关系如图 6-4 所示。图中：φ_b 表示纵向附着率，即车轮受到的在车轮平面方向的地面切向反力与垂直反力的比值；φ_1 表示侧向附着率，即车轮受到的垂直于车轮平面的侧向地面反作用力与垂直反力的比值。

由图可见，在制动过程中，当制动强度不大因而滑移率 s 较小时，纵向附着率 φ_b 几乎随滑移率 s 的增大成正比增大；而后，随 s 增长，纵向附着率 φ_b 缓慢增长，逐渐达到极限值即附着系数值。试验表明：当 s 达到 15%～20% 左右时，φ_b 达到峰值附着系数 ϕ_p。而当 $s=100\%$ 时，φ_b 达到滑动附着系数 ϕ_s。通常，$\phi_s<\phi_p$。ϕ_p 和 ϕ_s 的大小，对于汽车的制动过程有重要影响，分别表示装有防抱死制动系统的汽车和装用普通制动系统的汽车，在制动时有可能利用的地面附着能力。

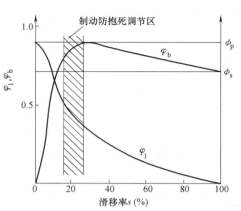

图 6-4　附着率与滑移率的关系

实际上，当制动强度不大时虽有一定的滑动率，但轮胎并没有与路面发生真正的相对滑动，滑移率大于零的原因是轮胎的滚动半径变大。当产生地面制动力时，轮胎前面即将与地面接触的胎面受到拉伸而有微量的伸长，滚动半径 r_r 随地面制动力的加大而加大，故 $v=r_r\omega>r\omega$ 或 $s>0$。显然，滚动半径与地面制动力成正比增大，纵向附着率 φ_b 随滑移率 s 也近似成正比增大。制动强度及滑移率 s 增长到足够大后，轮胎接地面积中出现局部的相对滑动，纵向附着率 φ_b 值的增大速度减慢。因为摩擦副间的动摩擦系数小于静摩擦系数，故纵向附着率 φ_b 值在滑移率 s 约为 15% 处达到最大值 ϕ_p 后又逐渐降低，最后在制动车轮完全抱死拖滑后纵向附着率 φ_b 值稳定于 ϕ_s。

在制动过程中，汽车轮胎常常会受到侧向力的作用发生侧偏或侧滑。在侧向力作用下制动时，侧向附着率 φ_1 也随滑移率 s 而变化。当制动强度不大因而滑移率 s 较小时，侧向附着率 φ_1 的值较大，表明汽车可以承受较大的侧向力；随滑移率 s 增大，φ_1 的值减小；而当车轮抱死滑移后，滑移率 $s=1$ 时，φ_1 的值降至接近于零。这表明：当滑移率 $s=1$ 时，车轮失去承受侧向力的能力。在此情况下，制动过程中若受到侧向力的作用，极易产生侧向滑移。

由此可见，在制动过程中，若能控制汽车的制动强度，使车轮的滑移率 s 保持在较低值（15%～20%），则既能获得较大的纵向附着率 φ_b，提高汽车的制动效能，又能获得较大的侧向附着率 φ_1，提高汽车制动时的方向稳定性。

3. 影响附着系数的因素

附着系数的大小主要取决于道路的材料、路面状况和轮胎结构、轮胎气压、胎面花纹、材料以及行驶速度等。

（1）道路及路面状况　不同道路对附着系数的影响如图 6-5 所示，其附着系数的平均值见表 6-1。

干燥硬实的混凝土或沥青路面的附着系数较大，因为在这种路面上，轮胎变形相对大，路面上坚硬而微小的凸起物嵌入轮胎接触表面，增大了接触强度。路面潮湿时。轮胎与路面间的水膜起着润滑作用，会使附着系数下降。所以，路面的宏观结构应具有自动排水功能，微观结构应粗糙且有一定的尖锐棱角，以穿进水膜直接与轮胎接触，提高附着能力。冰雪路面附着系数非常小。

路面的清洁程度对附着系数也有影响。路面被细砂、尘土、油污、泥土等污物覆盖时，附着系数会降低。

汽车在松软土壤路面上行驶时，土壤变形大且抗剪强度较低，附着系数较小。潮湿、泥泞的土路抗剪强度更低，附着系数有明显下降。

表 6-1　各种路面上的平均附着系数

路面	峰值附着系数 ϕ_p	滑动附着系数 ϕ_s
沥青或混凝土（干）	0.8~0.9	0.75
沥青（湿）	0.5~0.7	0.45~0.6
混凝土（湿）	0.8	0.7
砾石	0.6	0.55
土路（干）	0.68	0.65
土路（湿）	0.55	0.4~0.5
雪（压实）	0.2	0.15
冰	0.1	0.07

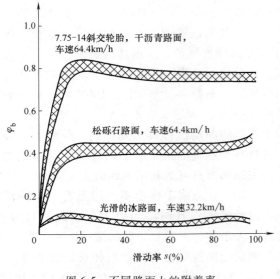

图 6-5　不同路面上的附着率

（2）轮胎　轮胎花纹、结构尺寸、轮胎气压、磨损程度、橡胶及帘线质量等对附着系数都有影响。

不同花纹的轮胎与路面的接触状况不同，因而附着系数也不同。具有细而浅花纹的轮胎在硬路面上有较好附着性能。具有宽而深花纹的越野轮胎，在松软路面可以增大嵌入轮胎花纹内土壤的剪切断面，从而达到提高附着系数的目的。

增大轮胎与地面的接触面积可提高附着能力；低气压、宽断面和子午线轮胎承受垂直载荷时变形大，因而附着系数大。

轮胎气压对附着系数影响很大。降低轮胎气压，可使车轮在硬路面上的附着系数略有增加。在松软路面上，降低轮胎气压可增大轮胎与地面接触面积，因而附着系数明显增大，如图 6-6 所示。

轮胎磨损程度也会影响附着能力。新轮胎的附着系数较高，轮胎磨损后，随着胎面花纹深度减小，其附着系数显著降低。

此外，轮胎胎面橡胶的性质也是影响附着性能的重要因素，例如胎面胶为天然橡胶的轮胎，在低温下的附着系数要比一般合成橡胶轮胎高得多。

（3）车速　汽车的行驶速度对附着系数有一定的影响。随着行驶速度的提高，附着系数一般降

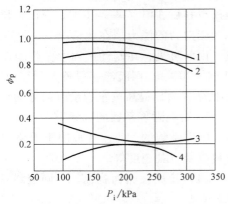

图 6-6　附着系数与轮胎气压的关系图

1—干混凝土路面　2—湿混凝土路面

3—软路面　4—积雪路面

低，如图 6-7 所示。

在硬路上提高汽车行驶速度时，不仅峰值附着系数和滑动附着系数的值大大下降，而且两者的差明显增大，如图 6-8 所示。这是由于车速越快胎面越来不及与路面微观凹凸构造很好地嵌合的缘故。在松软路面上，由于高速行驶的车轮的动力作用极容易破坏土壤的结构，同时土壤也不能与胎面花纹很好地嵌合，附着系数也会降低。

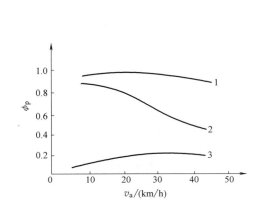

图 6-7　不同路面附着系数与车速关系
1—干燥路面　2—潮湿路面　3—结冰路面

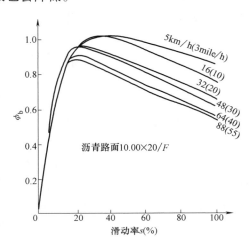

图 6-8　不同滑移率下车速与附着系数的关系

在潮湿路面上高速行驶的汽车，轮胎与路面间的水不易排出，附着系数明显降低，当汽车高速通过有积水层的路面时，由于流体压力的影响，会出现使轮胎上浮的现象，这种现象称为"滑水现象"，如图 4-10 所示。滑水现象大大减小了胎面与地面的附着能力。由实验得知，在车速为 100km/h、水膜厚度为 10mm 时，附着系数接近于零，即已发生了滑水现象。

五、汽车的制动过程

根据紧急制动过程中制动踏板力 F_p、地面制动力 F_b 和制动减速度 $j_b\left(j_b = -\dfrac{\mathrm{d}v}{\mathrm{d}t}\right)$ 随制动时间 t 的增长过程，可以把汽车紧急制动的全过程所持续的时间 t 分为四个阶段（图 6-9）：

驾驶人反应时间 t_1：即从驾驶人识别障碍至把踏板力 F_p 施加到制动踏板上所经历的时间，$t_1 = t_1' + t_1''$。t_1' 为驾驶人发现、识别障碍，并作出紧急制动的决定所经历的时间；t_1'' 为驾驶人移动右脚，从加速踏板换到制动踏板上所经历的时间。驾驶人反应时间 t_1 的长短因人而异，一般为 0.3～1.0s。

制动器起作用时间 t_2：即从制动踏板力 F_p 开始上升至地面制动力 F_b 增长到最大值所需的时间，$t_2 = t_2' + t_2''$。t_2' 为地面制动力 F_b 滞后于踏板力 F_p 的时间，或消除制动系统各铰链和轴承间的间隙以及制动摩擦片与制动鼓或制动盘间的间隙的时间。t_2'' 为地面制动力 F_b 产生至增大

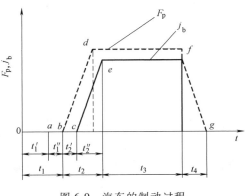

图 6-9　汽车的制动过程

到最大值所用的时间。制动器起作用时间 t_2 主要取决于汽车制动系的结构形式，还取决于驾驶人踩踏板的速度。

持续制动时间 t_3：在该时间段内，汽车的制动减速度 j_b 基本不变，以最大制动强度制动至停车。

制动释放时间 t_4：指驾驶人松开制动踏板至制动力完全消除所需时间。制动释放时间 t_4 一般为 $0.2\sim0.9\mathrm{s}$，t_4 过长时会影响随后汽车的起步。

第三节　汽车的制动效能

汽车的制动效能是指汽车迅速降低车速直至停车的能力。评价汽车制动效能的指标是制动距离、制动减速度或地面制动力。

一、地面制动力

地面制动力 F_b 的大小与制动蹄摩擦片-制动毂和轮胎-路面两个摩擦副有关，不仅取决于制动器制动力 F_μ，而且取决于地面附着力 F_ϕ，在数值上等于二者中的较小值。即，若制动器技术状况良好，能产生足够大的制动器制动力时，则地面制动力受地面附着力限制，$F_b = F_\phi$；而当制动器不能产生足够大的制动器制动力时，地面制动力受制动器制动力限制，$F_b = F_\mu$。

显然，若汽车总质量为 m，且制动系统技术状况良好即能产生足够大的制动器制动力 F_μ（大于 F_ϕ）时，汽车制动过程中可能产生的最大地面制动力 F_{bmax} 为

$$F_{bmax} = mg\phi \tag{6-6}$$

若汽车装用防抱死制动系统，在制动过程中可以把滑移率 s 控制在最佳值即 $s = 15\%$ 左右，则能够利用峰值附着系数 ϕ_p，地面制动力为 $F_{bmax} = mg\phi_p$；若汽车未装用防抱死制动系统，但在制动过程中能够使前、后车轮同时抱死拖滑即同时达到 $s = 100\%$，此时能够利用滑动附着系数 ϕ_s，所能达到的地面制动力为 $F_{bmax} = mg\phi_s$。

制动过程中能产生的地面制动力越大，制动距离越短，因而汽车制动效能越好。

二、制动减速度

制动减速度 j_b（$\mathrm{m/s^2}$）是制动时汽车速度 v（$\mathrm{m/s}$）随制动时间 t（s）的降低率，显然：$j_b = -\dfrac{\mathrm{d}v}{\mathrm{d}t}$。

制动减速度是制动所产生的地面制动力作用于汽车的直接结果。在制动器技术状况良好的前提下，持续制动期间汽车能达到的最大制动减速度 j_{bmax} 取决于附着力，因此：

$$F_{bmax} = mg\phi = mj_{bmax} \tag{6-7}$$

$$j_{bmax} = \phi g$$

汽车装用防抱死制动系统时，$j_{bmax} = \phi_p g$；而制动到前、后车轮同时抱死拖滑时，$j_{bmax} = \phi_s g$。

由于制动过程持续制动时间内的制动减速度存在一定的波动，为使减速度取值有较好的代表性和稳定性，取其减速度值波动较小的中间段。相应的车速由 v_{ab} 到 v_{ae}，其间的平均减速度称为充分发出的平均减速度 $FMDD$。

$$FMDD = \frac{v_{ab}^2 - v_{ae}^2}{25.92(s_e - s_b)}$$

式中　v_{ab}——0.8v_{a0}车速（km/h）；

　　　v_{ae}——0.1v_{a0}车速（km/h）；

　　　v_{a0}——制动初速度（km/h）；

　　　s_b——车速v_{a0}和v_{ab}之间车辆驶过的距离（m）；

　　　s_e——车速v_{a0}到v_{ae}之间车辆驶过的距离（m）。

充分发出的平均减速度 $FMDD$ 是在测得车辆制动过程中的行驶距离和相应车速的基础上，通过计算求得的。充分发出的平均减速度不受测试时车辆倾角的影响，是车辆在制动过程中制动减速度的一个较稳定的平均值，能较准确地反映车辆的制动减速特性。

三、制动距离

制动距离 s（m）指汽车以一定初速度 v_0（m/s）制动到停车所驶过的距离，其大小等于在整个制动过程的各个阶段汽车所驶过的距离之和。

1. 驾驶人反应时间内汽车驶过的距离

在驾驶人反应时间 t_1（s）内，制动踏板力和地面制动力均为零，若忽略空气阻力和滚动阻力的影响，汽车仍然以原有初速度 v_0（m/s）行驶，所驶过的距离 s_1（m）为

$$s_1 = v_0 t_1$$

2. 制动器起作用时间内汽车驶过的距离

在制动器起作用时间 t_2（s）内，在 t_2' 时间段地面制动力为零，汽车继续匀速行驶，所驶过的距离 s_2' 为

$$s_2' = v_0 t_2'$$

在制动力增长所需时间 t_2'' 内，制动减速度 j_b（m/s²）几乎成线性从零增长到最大减速度 j_{bmax}（m/s²），在 t_2'' 内汽车的减速度 j_b 为

$$j_b = -\frac{dv}{dt} = kt$$

其中，$k = \dfrac{j_{bmax}}{t_2''}$，因此有

$$\int dv = -\int kt dt$$

注意到，在时间从 0 到 t 的过程中，车速从初速度 v_0 变化到 v。积分上式得 t_2'' 内的汽车速度 v（m/s）为

$$v = v_0 - \frac{1}{2}kt^2$$

当 $t = t_2''$（e 点）时，其车速记为 v_e，则

$$v_e = v_0 - \frac{1}{2}kt''^2$$

又有 $\int ds = \int \left(v_0 - \dfrac{1}{2}kt^2 \right) dt$

该时间段汽车驶过的距离 s 为

$$s = v_0 t - \frac{1}{6} k t^3$$

当 $t = t_2''$（e 点）时，汽车驶过的距离 s_2'' 为

$$s_2'' = v_0 t_2'' - \frac{1}{6} j_{\text{bmax}} t_2''^2$$

在制动器起作用时间 t_2（s）内，汽车驶过的距离 s_2（m）为

$$s_2 = s_2' + s_2'' = v_0 (t_2' + t_2'') - \frac{1}{6} j_{\text{bmax}} t_2''^2$$

3. 持续制动时间内汽车驶过的距离

持续制动时间 t_3（s）内，汽车以最大减速度 j_{bmax}（m/s²）作匀减速运动，其速度由 v_e（m/s）降至 0，汽车驶过的距离 s_3（m）为

$$s_3 = \frac{v_e^2}{2 j_{\text{bmax}}} = \frac{v_0^2}{2 j_{\text{bmax}}} - \frac{v_0 t_2''}{2} + \frac{j_{\text{bmax}} t_2''^2}{8}$$

4. 汽车的制动距离

汽车在制动过程中驶过的总距离 s（m）为上述各阶段驶过的距离之和。即

$$s = s_1 + s_2 + s_3 = \left(t_1 + t_2' + \frac{t_2''}{2} \right) v_0 + \frac{v_0^2}{2 j_{\text{bmax}}} - \frac{j_{\text{bmax}} t_2''^2}{24}$$

由于在驾驶人反应时间 t_1 内汽车驶过的距离 s_1 与汽车的制动性能无关，因此一般所指汽车制动距离 s 是从踩下制动踏板至完全停车汽车所驶过的距离，即 $s = s_2 + s_3$。上式中最后一项很小，可以忽略。因此 s（m）等于：

$$s = \left(t_2' + \frac{t_2''}{2} \right) v_0 + \frac{v_0^2}{2 j_{\text{bmax}}} \tag{6-8}$$

把制动起始车速 v_0（m/s）用 v_{a0}（km/h）表示，则：

$$s = \frac{1}{3.6} \left(t_2' + \frac{t_2''}{2} \right) v_{a0} + \frac{v_{a0}^2}{25.92 j_{\text{bmax}}}$$

若制动器技术状况良好，$j_{\text{bmax}} = \phi g$，汽车的制动距离可用下式计算：

$$s = \frac{1}{3.6} \left(t_2' + \frac{t_2''}{2} \right) v_{a0} + \frac{v_{a0}^2}{25.92 \phi g} \tag{6-9}$$

四、影响汽车制动效能的因素

式（6-9）说明：在汽车制动器技术状况良好的前提下，即制动器制动力 F_μ 大于地面附着力 F_ϕ 时，决定汽车制动距离的主要因素为制动起始车速 v_{a0}、道路附着系数 ϕ、制动器起作用时间 t_2。

制动起始车速 v_{a0} 越低，制动距离越短。

在持续制动期间，最大减速度 j_{bmax} 取决于附着力 F_ϕ，道路附着系数 ϕ 的大小，对汽车的制动距离有重要影响。

在制动器起作用时间内，汽车的运动速度很快，因而 t_2 的大小对制动距离的影响很大，其大小与制动系统的结构形式有密切关系。

急速踩下制动踏板时，液压制动系统的制动器起作用时间可短至 0.1s 或更短；真空助力制动系统和气压制动系统约为 0.3~0.9s；货车拖带挂车时，汽车列车的制动器起作用时间有时长达 2s，但精心设计的汽车列车制动系统可缩短到 0.4s。因此，改进制动系统结构，缩短制动器起作用时间，是缩短制动距离、提高制动效能的一项有效措施。

第四节　制动效能的恒定性

制动效能的恒定性主要指制动器抗热衰退现象和抗水衰退现象的能力。

一、制动器的抗热衰退性能

制动器的抗热衰退性能反映汽车高速行驶或下长坡连续制动时制动效能保持的程度。

1. 制动器热衰退的原因

汽车制动时，其行驶动能转化为车轮制动器摩擦副和车轮-路面摩擦副的摩擦热能，使制动器温度升高。汽车长时间进行强度较大的制动时（如下长坡连续制动或高速制动），制动器的温度常在 300℃ 以上，有时甚至能达到 600~700℃。温度升高后，制动摩擦片性能下降，制动器摩擦副的摩擦系数 μ 减小，所产生的摩擦力矩和制动力减小，制动效能降低，如图 6-10 所示。这种现象称为制动器的热衰退。制动器温度升高后能否保持足够的制动效能，是评价汽车制动性能的重要方面。特别是山区行驶的货车和高速行驶的轿车，因制动器制动强度大，更应有较好的抗热衰退性能。

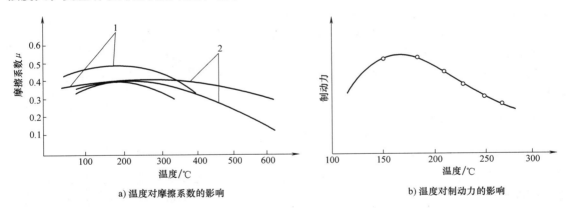

a) 温度对摩擦系数的影响　　　　　　　　　b) 温度对制动力的影响

图 6-10　温度对摩擦系数和制动力的影响

1—鼓式制动器摩擦材料　2—盘式制动器摩擦材料

2. 制动器热衰退性能的评价

制动器抗热衰退性能一般用热衰退率 ξ 表示：

$$\xi = \frac{j_{bL} - j_{bR}}{j_{bL}} \times 100\%$$

式中　j_{bL}、j_{bR}——冷态、热态时汽车的制动减速度（m/s²）。

制动器抗热衰退性能用一系列连续制动时制动效能的保持程度来衡量。根据国家行业标准，制动器抗热衰退性能应满足的要求为：以一定车速连续制动 15 次，每次的制动强度为 3.0m/s²，最后的制动效能应不低于规定的冷试验制动效能（5.8m/s²）的 60%（在制动踏板力相同的条件下）。

3. 影响制动器抗热衰退性能的因素

制动器抗热衰退性能与制动器摩擦副材料及制动器结构形式有关。

一般制动器的制动鼓、盘由铸铁制成，而制动摩擦片由石棉、半金属材料制成。正常制动时，制动器摩擦副的温度在200℃左右时，摩擦副的摩擦系数 μ 约为 $0.3 \sim 0.4$。但在更高的温度时，摩擦系数会有很大降低而出现热衰退现象。其原因是，制动摩擦片温度过高时，摩擦片材料中的有机物发生分解而产生一些气体和液体，在摩擦副间形成有润滑作用的薄膜，使摩擦系数降低。采用耐高温制动摩擦片可以提高抗热衰退性能。

制动效能因数指制动器单位制动轮缸推力所产生的制动器摩擦力，用制动效能因数 K_{ef} 与摩擦系数 μ 的关系曲线可说明各种类型制动器的效能及其稳定程度，如图6-11所示。双向自动增力蹄及双领蹄制动器，由于结构上的几何力学的关系产生增力作用，具有较大的制动效能因数。摩擦系数变化时，制动效能按非线性关系迅速改变。因此，摩擦系数的微小改变，能引起制动效能大幅度变化，即制动器的稳定性差。双从蹄制动器的情况与之相反。领、从蹄式制动器介于二者之间。盘式制动器的制动效能虽没有鼓式制动器大，但制动效能恒定性好。高强度制动时，摩擦材料的摩擦系数虽有下降，但对制动效能影响不大。同时盘式制动器和鼓式制动器相比，反应时间短且不会因为热膨胀而增大制动间隙。因此，盘式制动器具有较好的抗热衰退性能。

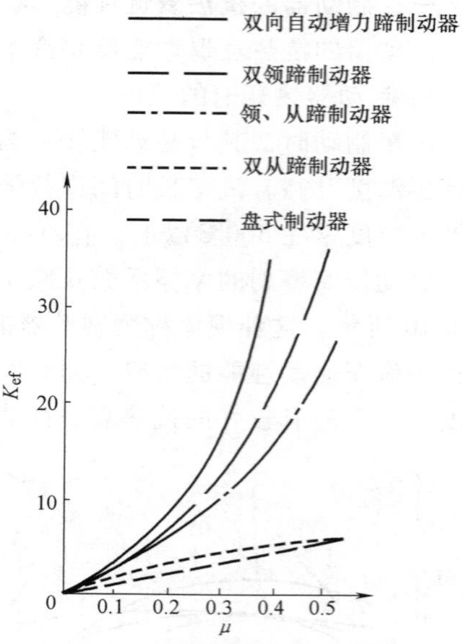

二、制动器的抗水衰退性能

制动器的抗水衰退性能反映了汽车涉水后制动效能保持的程度和恢复的快慢。

制动器涉水引起制动效能下降的现象称为制动器的水衰退现象。其产生原因是制动器摩擦表面浸水后，水的润滑作用使制动摩擦片与制动毂间的摩擦系数下降。若水衰退现象只发生在汽车一侧的制动器里，将会造成左、右车轮制动力不等，不仅汽车制动效能下降，而且会使汽车制动时的方向稳定性变差。

制动器浸水后，经过若干次（一般为 $5 \sim 15$ 次）制动后，在制动蹄与制动鼓的摩擦热作用下使水分蒸发，制动器摩擦片逐渐干燥，并逐渐恢复到浸水前的制动性能，这称为水恢复现象。盘式制动器发生水衰退现象的影响比鼓式制动器的要小，制动效能下降小，恢复也较快，如图6-12所示。

图 6-11　制动效能因数曲线

（图例）
—— 双向自动增力蹄制动器
--- 双领蹄制动器
-·-·- 领、从蹄制动器
—— 双从蹄制动器
—— 盘式制动器

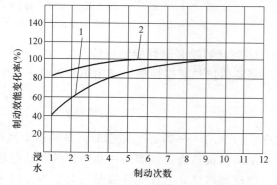

图 6-12　制动器的水衰退及恢复特性
1—鼓式制动器　2—盘式制动器

第五节　制动时汽车的方向稳定性

制动时汽车的方向稳定性指汽车在制动过程中维持直线行驶或按预定弯道行驶的能力。制动跑偏、侧滑和转向轮失去转向能力是造成制动时失去方向稳定性的重要原因。

一、汽车的制动跑偏

制动时汽车自动向左或向右偏驶称为"制动跑偏"。制动跑偏的原因主要有以下两点：

1. 左、右车轮制动器制动力不相等

设前左轮的制动器制动力大于前右轮，故地面制动力 $F_{b1l} > F_{b1r}$，如图 6-13 所示。此时，前、后轴分别受到的地面侧向反作用力为 F_{y1} 和 F_{y2}。显然，F_{b1l} 绕主销的力矩大于 F_{b1r} 绕主销的力矩。虽然转向盘不动，由于转向系各处的间隙及零部件的弹性变形，转向轮仍产生一向左转动的角度而使汽车有轻微的转弯行驶，即跑偏。同时，由于主销有后倾，也使 F_{y1} 对转向轮产生一个相同方向的偏转力矩，这样也增大了向左转动的角度。

汽车左、右车轮制动器制动力不相等通常是由于设计、调整误差造成的，转向轮可能向左偏，也可能向右偏，要根据具体情况而定。

汽车左、右车轮制动力不相等的程度 ΔF_μ 表示为

$$\Delta F_\mu = \frac{F_{\mu L} - F_{\mu s}}{F_{\mu L}}$$

式中　$\Delta F_{\mu L}(\Delta F_{\mu s})$——较大（较小）的制动器制动力。

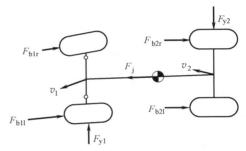

图 6-13　左、右车轮制动器制动力
不相等引起跑偏

若用制动时汽车纵轴线与原定行驶方向的夹角即航向角 α（°）表示汽车制动跑偏的程度，试验所得 α（°）随 ΔF_μ 的变化关系如图 6-14 所示，表明制动跑偏的程度随着 ΔF_μ 增加而增大。

造成左、右转向轮制动力不等的原因主要如下：

① 同轴两侧车轮的制动蹄片接触情况不同。

② 同轴两侧车轮制动蹄、鼓间隙不一致。

③ 同轴两侧车轮轮胎气压不一致或胎面磨损不均。

④ 前轮定位参数失准。

⑤ 左、右两侧车轮轴距不等。

2. 制动时悬架导向杆系与转向拉杆运动干涉

若由于悬架导向杆系与转向拉杆在运动学上不协调，因运动干涉而引起跑偏，则是设计造成的，其特点是跑偏的方向不变。

某型载货汽车悬架导向杆系和转向拉杆在制动时的相互运动如图 6-15 所示。如果转向节上节臂处的球头销至前轴中心线的距离太大，且悬架钢板弹簧的刚度又太小，则钢板弹簧在制动受力后变形太大。因此，紧急制动时，前轴会向前扭转一个角度。此时，转向节上节臂球头销本应作相应的移动，但由于球头销又连接在转向纵拉杆上，仅能克服转向拉杆的间隙，使拉杆有少许弹性变形而不允许球头销作相应的移动，致使转向节臂相对于主销向右偏

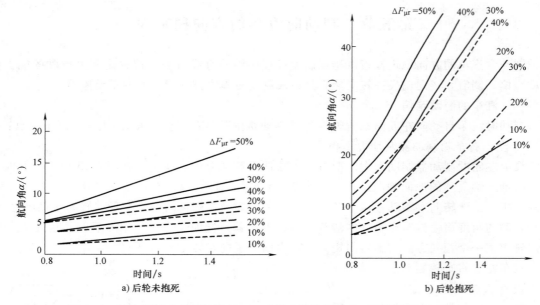

图 6-14　制动器制动力不相等度 ΔF_μ 对制动跑偏的影响（起始车速 62.7km/h）

实线—转向盘松开　虚线—转向盘锁止

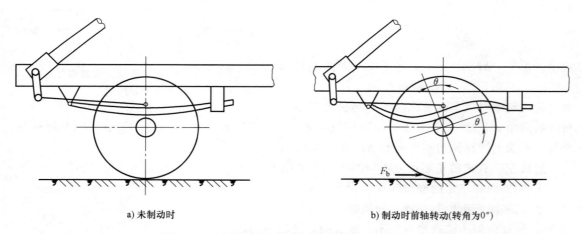

a) 未制动时　　　　　　　　　　　b) 制动时前轴转动(转角为0°)

图 6-15　悬架导向杆系与转向拉杆的运动相互干涉

转，于是引起转向轮向右转动，造成汽车跑偏。若增大前钢板弹簧的刚度，使钢板弹簧的变形量减小，同时把转向节上节臂处球头销位置下移，使之在前钢板弹簧扭转相同角度时，球头销位移量和转向节偏转减小，可使汽车的制动跑偏现象大大减轻。

二、汽车的制动侧滑

制动过程中，汽车的某一轴或两轴发生横向移动的现象称为制动侧滑。试验与分析都表明：汽车制动时，若后轴车轮比前轴车轮先抱死拖滑，就可能发生后轴侧滑。若能使前、后轴车轮同时抱死，或前轴车轮先抱死、后轴车轮后抱死或不抱死，则能防止后轴侧滑。

前轮抱死而后轮滚动时的受力和运动情况如图 6-16a 所示。设转向盘固定不动，由于前轮抱死拖滑，承受侧向力的能力下降，前轴如受侧向力作用将发生侧滑，前轴中点 A 的前

进速度 v_A 与汽车纵轴线的夹角为 α。汽车后轴因未发生侧滑，所以后轴中点 B 的速度方向 v_B 仍为汽车纵轴方向。此时，汽车将发生类似转弯的运动，其瞬时回转中心位于与速度方向 v_A 和 v_B 相垂直的两垂线的交点 O 处，所产生的惯性力 F_j 作用于质心。显然，此时 F_j 的方向与汽车侧滑的方向相反，即 F_j 能起到减小或阻止前轴侧滑的作用，汽车处于一种稳定状态。

后轮制动抱死而前轮滚动的情况如图 6-16b 所示。由于后轮抱死拖滑，承受侧向力的能力下降，因而若受到侧向力作用会使后轴发生侧滑，后轴中点 B 的前进速度 v_B 与汽车纵轴线间产生夹角，而前轴中点 A 的速度方向 v_A 仍为汽车纵轴方向。此时汽车也绕其瞬时转向中心作转弯行驶，而产生作用于质心的惯性力 F_j。由图可见，此时惯性力方向与后轴发生侧滑的方向一致。于是，惯性力加剧后轴侧滑，而后轴侧滑又使惯性力 F_j 增大，如此不良循环，汽车将急剧转动。因此，后轴侧滑是一种不稳定的、危险的工况。

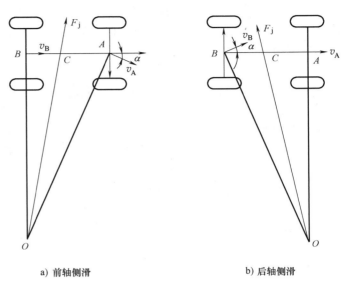

a) 前轴侧滑   b) 后轴侧滑

图 6-16　汽车侧滑时的运动情况

跑偏与侧滑是有联系的，严重跑偏有时会引起后轴侧滑，易于发生侧滑的汽车也有加剧跑偏的趋势。图 6-17 为制动跑偏和跑偏引起后轴侧滑时的轮胎印迹。比较图 6-17a 与图 6-17b 可知，当后轮抱死引起制动侧偏时，由左、右车轮制动力不相等所导致跑偏的程度增大。

三、汽车失去转向能力

汽车失去转向能力，是指弯道制动时汽车不再按原来的弯道行驶而沿弯道切线方向驶出，而直线行驶制动时，虽然转动转向盘但汽车仍按直线方向行驶的现象。

汽车失去转向能力是转向轮抱死拖滑的直接结果。如图 6-4 所示，随着制动强度增大，滑移率 s 增大，侧向附着率 φ_l 的值由大减小，表明汽车承受侧向力的能力降低。而当制动强度增大到使车轮抱死滑移后，滑移率 $s=1$ 时，φ_l 的值降至接近于零。这表明：车轮失去承受侧向力的能力，此时不能产生任何地面侧向反作用力，汽车无法按原弯道行驶而沿切线方向驶出，即失去了转向能力。

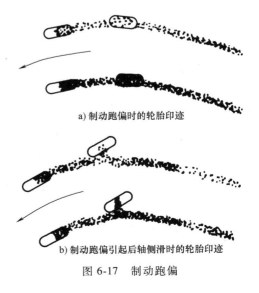

a) 制动跑偏时的轮胎印迹

b) 制动跑偏引起后轴侧滑时的轮胎印迹

图 6-17　制动跑偏

从保证汽车制动时的方向稳定性出发，首先不能出现只有后轴车轮抱死或后轴车轮比前轴车轮先抱死的情况，以防止危险的后轴侧滑；其次，尽量避免只有前轴车轮抱死或前、后车轮都抱死的情况，以维持汽车的转向能力。最理想的情况就是防止任何车轮抱死。采用防抱死制动系统（ABS），可以控制制动强度，制动过程中车轮边滚边滑，使滑移率控制在图6-4中阴影所示区域。既可利用路面较大的纵向附着系数以增大制动力，又可得到较大的侧向附着系数，使汽车具有较强的抵抗侧向力的能力；既可避免制动侧滑，又能保持汽车制动时的转向能力。

第六节　前、后轴制动器制动力的比例关系

汽车制动时，其制动器制动力在前、后轴间的分配和调节，影响着前、后轴附着能力的利用和抱死拖滑的顺序，对于制动效能和制动稳定性都有重要影响。

一、前、后轴制动力的理想分配

若在水平路面上制动，并忽略制动过程中的空气阻力的影响，则制动过程中作用于汽车前、后轴的地面垂直反力 F_{z1}、F_{z2} 的值可以用式 6-3 计算。

令 $z = -\dfrac{1}{g}\dfrac{\mathrm{d}v}{\mathrm{d}t}$，称为制动强度，则式（6-3）可以写为

$$F_{z1} = \frac{G}{L}(L_2 + h_g z)$$

$$F_{z2} = \frac{G}{L}(L_1 - h_g z)$$

若在附着系数为 ϕ 的路面上制动，前、后车轮都达到抱死（不论是同时抱死还是先后抱死）时，汽车的地面制动力等于附着力，即 $F_b = \phi G$，制动强度为 $z = \phi$。因此，作用于前、后车轮的地面法向反作用力为

$$F_{z1} = \frac{G}{L}(L_2 + h_g \phi)$$

$$F_{z2} = \frac{G}{L}(L_1 - h_g \phi)$$

上式说明，当附着系数和制动强度变化时，作用于前、后轴的法向反作用力发生相应变化。作用于前轴的载荷增大，而作用于后轴的载荷减小。此轴荷变化将对汽车的制动过程产生重要影响。

随着制动强度增长，其前、后轴附着率 φ 也增长，直至等于峰值附着系数 ϕ_p 或滑动附着系数 ϕ_s（车轮抱死拖滑）。因此，要保证汽车在制动过程的稳定性，前轮的附着率 φ_1 必须始终大于后轮的附着率 φ_2，因为这样才能使前轮的附着率 φ_1 先达到滑动附着系数 ϕ_s，使前轮先于后轮抱死拖滑。即应满足：$\dfrac{F_{b1}}{F_{z1}} > \dfrac{F_{b2}}{F_{z2}}$ 或 $\dfrac{F_{b1}}{F_{b2}} > \dfrac{F_{z1}}{F_{z2}}$。

在车轮抱死拖滑前，当 φ_1、φ_2 的值均小于峰值附着系数 ϕ_p 或滑动附着系数 ϕ_s 时，制动器制动力 F_μ 等于地面制动力 F_b，即 $F_{\mu 1} = F_{b1}$、$F_{\mu 2} = F_{b2}$。因此，制动稳定性条件可写为

$$\frac{F_{\mu 1}}{F_{\mu 2}} > \frac{F_{z1}}{F_{z2}} \tag{6-10}$$

制动稳定性的极限条件为

$$\frac{F_{\mu 1}}{F_{\mu 2}} = \frac{F_{z1}}{F_{z2}} = \frac{L_2 + h_g z}{L_1 - h_g z} \tag{6-11}$$

显然有

$$F_{\mu 1} + F_{\mu 2} = zG \tag{6-12}$$

当汽车前、后轮同时抱死拖滑时，有

$$z = \phi \tag{6-13}$$

式（6-11）和式（6-12）表达了保证制动稳定性的两个条件，消去变量 z，可得：

$$F_{\mu 2} = \frac{1}{2}\left[\frac{G}{h_g}\sqrt{L_2{}^2 + \frac{4h_g L}{G}F_{\mu 1}} - \left(\frac{GL_2}{h_g} + 2F_{\mu 1}\right)\right] \tag{6-14}$$

式（6-14）为满足制动稳定性极限条件的 $F_{\mu 1}$ 和 $F_{\mu 2}$ 的关系式。即，使前、后车轮同时抱死拖滑时，其前、后制动器制动力 $F_{\mu 1}$ 和 $F_{\mu 2}$ 所应满足的关系。该关系式决定了一条曲线，常称为理想的前、后轮制动器制动力分配曲线，简称 I 曲线。

用作图法可直接得到 I 曲线。首先，取不同 ϕ 值（$\phi = 0.1$，0.2，0.3，…）代入式（6-12）和式（6-13），将其汇入在横坐标为 $F_{\mu 1}$、竖坐标为 $F_{\mu 2}$ 的坐标系中，得到一组平行线如图 6-18 所示；然后，再把不同 ϕ 值代入式（6-11）和式（6-13），也绘于图 6-18 上，得到一组通过坐标原点、斜率不同的射线。这两组直线中，对于某一 ϕ 值，均可找到两条直线，这两条直线的交点在横、纵坐标轴上的对应值，便是满足制动稳定性极限条件的 $F_{\mu 1}$ 和 $F_{\mu 2}$ 的值。对应于若干个 ϕ 值，以同样方法可相应得到若干个点。把这些点连接起来所形成的曲线即为 I 曲线，该曲线上任意点所决定的 $F_{\mu 1}$ 值和 $F_{\mu 2}$ 值，即为在相应附着系数的道路上前、后车轮同时抱死拖滑时，其前、后轮制动器所应具有的制动器制动力。

由此可见，只要确定了汽车的总质量 m 或汽车的总重 G、汽车的质心位置（L_1、L_2、h_g），便可作出 I 曲线。

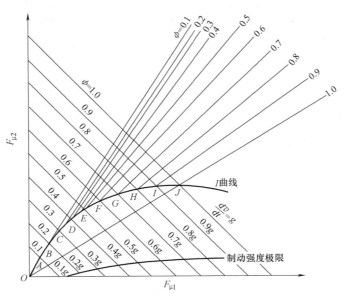

图 6-18　理想的前、后制动器制动力分配曲线

二、制动强度决定的制动力分配极限

I 曲线上各点所决定的 $F_{\mu1}$ 和 $F_{\mu2}$ 值，都能使前、后车轮在相应附着系数 ϕ 的道路上同时抱死拖滑。此时，既能保证制动稳定性，又能充分利用道路的附着能力，所达到的制动强度最大（$z=\phi$）。若前、后轮制动器制动力 $F_{\mu1}$ 和 $F_{\mu2}$ 所决定的点不在 I 曲线上时，则前、后车轮不能同时抱死拖滑。显然，如果该点位于 I 曲线上方，不能保证汽车的制动稳定性，应当避免。反之，如果该点位于 I 曲线下方，则能满足式（6-10），前轮先于后轮抱死拖滑，保证制动稳定性。但由于此时前、后车轮不能同时抱死拖滑，不能充分利用道路附着系数，汽车的制动效能将受到影响。而且，$F_{\mu1}$ 和 $F_{\mu2}$ 所决定的点距 I 曲线越远，汽车制动时所能达到的制动效能较可能得到的制动效能越小。因此，必须对汽车的制动强度提出要求，以保证汽车的制动效能。

为了保证制动时汽车的方向稳定性并有足够的制动效能，必须对双轴汽车前、后制动器制动力提出相应要求。根据 GB 12676—2014《商用车辆和挂车制动系统技术要求及试验方法》：对于在附着系数 $\phi=0.2\sim0.8$ 的道路上行驶的所有双轴车辆，所能达到的制动强度应满足：

$$z \geqslant 0.1+0.85(\phi-0.2) \tag{6-15}$$

同时，还应满足制动稳定性要求，即 $F_{\mu1}$ 和 $F_{\mu2}$ 所决定的点在 I 曲线之下。此时，必有前轮先制动到抱死拖滑。前轴的制动力为

$$F_{\mu1}=F_{z1}\phi=\frac{G}{L}(L_2+h_g z)\phi \tag{6-16}$$

由式（6-12），若使制动强度达到 z，其后轴的制动力为

$$F_{\mu2}=ZG-F_{\mu1}=G\left[z\left(1-\frac{h_g}{L}\phi\right)-\frac{L_2}{L}\phi\right] \tag{6-17}$$

这样，在道路附着系数 $\phi=0.2\sim0.8$ 范围内确定若干个 ϕ 值，据式（6-15）得在不同 ϕ 值的道路上所应达到的最小制动强度 z。然后，据式（6-16）和式（6-17）可求得在各种道路上达到最小制动强度 z 时所需的 $F_{\mu1}$ 和 $F_{\mu2}$ 值。对于若干个 ϕ，可求出若干对 $F_{\mu1}$ 和 $F_{\mu2}$ 值。每对 $F_{\mu1}$、$F_{\mu2}$ 值对应图 6-18 中的一个点。连接各点，可得由制动强度决定的制动力分配极限曲线，如图 6-18 所示。显然，若前、后制动器制动力 $F_{\mu1}$、$F_{\mu2}$ 值所决定的点在该线上方，则可以满足式（6-15）关于制动强度的要求，以保证汽车的制动效能。

同样，在确定了汽车的总质量 m 或汽车的总重 G、汽车的质心位置（L_1、L_2、h_g）后，便可作出制动强度决定的制动力分配极限曲线。

三、前、后制动器制动力的定比分配与同步附着系数

轴间制动力定比分配的汽车，前、后制动器制动力之比为一固定值。其分配的比例关系，常用前轴制动器制动力 $F_{\mu1}$ 与汽车总制动器制动力 F_{μ} 之比表示，称为制动力分配系数 β，即

$$\beta=\frac{F_{\mu1}}{F_{\mu}}$$

显然，$F_{\mu}=F_{\mu1}+F_{\mu2}$，其前、后制动器制动力之比为

$$\frac{F_{\mu1}}{F_{\mu2}}=\frac{\beta}{1-\beta} \tag{6-18}$$

在用横坐标表示 $F_{\mu1}$，纵坐标表示 $F_{\mu2}$ 的坐标系中，式（6-18）为一条直线，该直线称为实际前、后制动器制动力分配曲线，简称 β 线。其斜率 K 为

$$K = \tan\theta = \frac{1-\beta}{\beta}$$

若把 I 曲线和 β 线绘在同一坐标轴上，肯定只有一个交点。I 曲线和 β 线交点处的附着系数为同步附着系数 ϕ_0，意味着汽车在附着系数为 ϕ_0 的道路上制动时，其前、后车轮能够同时制动到抱死拖滑。在附着系数 ϕ 小于 ϕ_0 的道路上制动时，因此时 β 线低于 I 曲线，必有前轮先于后轮抱死拖滑；而在 ϕ 大于 ϕ_0 的道路上制动时，情况则反之。某型汽车的 β 线和该车空载及满载时的 I 曲线如图 6-19 所示。图中，β 线与满载时的 I 曲线交于 B 点，此时的附着系数值为 $\phi_0 = 0.786$，说明该车在附着系数为 0.786 的道路上满载行驶时，可以制动到前、后轮同时抱死拖滑。

同步附着系数 ϕ_0 是由汽车结构参数决定的、反映汽车制动性能的一个参数。其含义是，前、后制动器制动力为固定比值的汽车，只有在一种附着系数（同步附着系数）路面上制动时，才能使前、后车轮同时抱死。

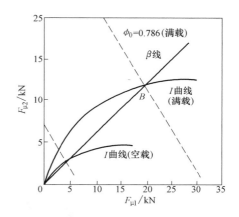

图 6-19 某载货汽车的 β 线和 I 曲线

同步附着系数也可用解析法求得。若汽车在附着系数为 ϕ_0 的道路上制动时，前、后车轮可以同时抱死，以式（6-11）代入式（6-18），注意到此时 $z = \phi_0$，得：

$$\frac{\beta}{1-\beta} = \frac{L_2 + \phi_0 h_g}{L_1 - \phi_0 h_g}$$

经整理，得：

$$\phi_0 = \frac{L\beta - L_2}{h_g} \tag{6-19}$$

式中 L——汽车轴距（m），$L = L_1 + L_2$。

为保证汽车的制动稳定性，并使汽车具有足够大的制动效能，应合理选择 β 的值，使汽车行驶在经常遇到的路面上时，β 线位于 I 曲线与由制动强度决定的制动力分配极限曲线之间，如图 6-20 所示。

如果采用折线式分配，即，在制动强度增大到一定值后，降低后轮制动力的增长速率，可以使前、后轮制动器制动力分配曲线向 I 曲线靠拢，从而可以在保证汽车的制动稳定性的前提下，尽可能提高汽车的制动效能，如图 6-21 所示。

四、装载变化对制动性的影响

除了某些载荷变化不大的特种车辆外，应当考虑汽车装载量的变化对制动性能的影响。

对于轿车，其一般布置是发动机前置，其行李箱在后部。与空载相比，乘坐乘员后其质心后移，但质心高度变化不大。即 L_1 增大、L_2 减小、h_g 基本不变。因此，根据式（6-11）不难看出，稳定性条件所要求的 $\frac{F_{\mu1}}{F_{\mu2}}$ 值减小，I 曲线将要上移。由式（6-16）和式（6-17）还可看出，L_2 减小后，$F_{\mu1}$ 减小而 $F_{\mu2}$ 增大。因此，由制动强度决定的制动力分配极限曲线也

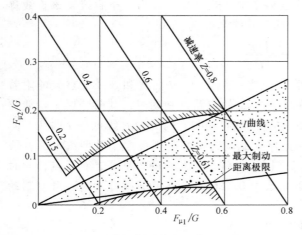

图6-20 轴间制动力定比分配的取
值范围（总重 $G=mg$）

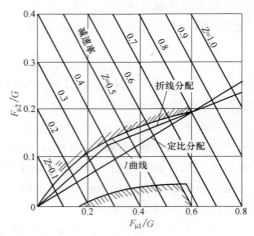

图6-21 轴间制动力的定比分配和
折线分配（总重 $G=mg$）

上升。结果是汽车的制动稳定性区域上移，如图6-22所示。

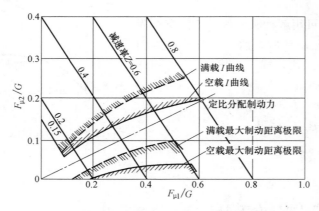

图6-22 载荷变化对制动的影响（总重 $G=mg$）

对于载货汽车而言，装载后质心后移，L_1 增大、L_2 减小，同时质心高度 h_g 增加。但对一般载货汽车来说，装载货物后 I 曲线和由制动强度决定的制动力分配极限曲线都是上升的。

为满足汽车制动稳定性的要求，应以空载时的 I 曲线来确定制动力分配系数 β 的值。但当汽车满载时，因 I 曲线上升，其制动力分配曲线距离 I 曲线较远，因此制动效能偏离最佳值太远。

现代汽车均装有比例阀或感载比例装置等制动力调节装置，可根据制动强度、载荷等因素来改变前、后制动器制动力的比值。汽车装用感载比例装置后，其前、后轴制动器制动力定比值分配和折线式分配的调节变化情况如图6-23所示。此时，对于采用定比值分配的汽车，根据感载比例装置监测到的汽车载荷变化，改变传送到前、后轮制动器的制动液压力，使前、后轮制动器制动力的比值 β 发生变化，使汽车满载时 β 线的斜率增大，以使 β 线与 I 曲线接近。采用折线式分配时，则当制动强度增大到一定程度时，使输送到后轮的制动液压力降低，减缓后轮制动器制动力的增长速率，其制动器制动力分配线形成折线形状。而且载荷越大时，其转折点所对应的制动强度越大。

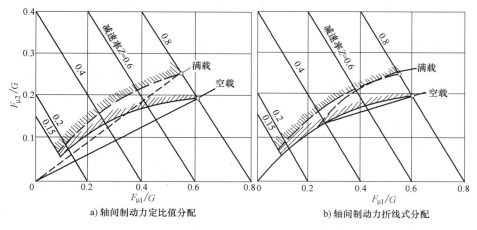

a) 轴间制动力定比值分配　　　　b) 轴间制动力折线式分配

图 6-23　感载比例装置原理（总重 $G=mg$）

第七节　防抱死制动系统的工作原理

采用防抱死制动系统（ABS），可以控制制动强度，使车轮的滑移率控制在图 6-4 中阴影所示区域，在制动过程中车轮边滚边滑。既可利用路面较大的纵向附着系数以增大制动力，又可得到较大的侧向附着系数，使汽车具有较强的抵抗侧向力的能力；既可避免制动侧滑，又能保持汽车制动时的转向能力。

除防抱死制动系统（ABS）外，还有驱动过程中防止驱动车轮发生滑转的控制系统（ASR），因其是通过牵引力控制来实现驱动车轮滑转控制，又称为牵引力控制系统（TCS）。若把 ABS 和 TCS 结合为一体，便可组成统一的防滑控制系统。

一、电子控制防抱死制动系统的构成

典型电子控制防抱死制动系统（ABS）通常由三个模块构成，如图 6-24 所示。

① 传感器：检测汽车制动过程中车轮角速度等运动参数的变化，并将其输送给电子控制单元，作为检测判断依据。

② 电子控制单元（ECU）：处理传感器信号，根据制动过程中车轮角速度等运动参数数据，计算监控车轮滑移率的变化，并给液压执行元件发出制动压力控制信号。

③ 液压执行元件：制动压力调节电磁阀根据电子控制单元（ECU）发出的控制信号调节制动强度。

二、电子控制防抱死制动系统的控制原理

尽管车轮滑移率能较好地反映车轮制动状况，但由于滑移率通常不易直接测量得到。

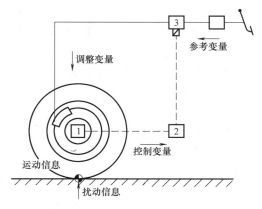

图 6-24　电子控制 ABS 的结构

1—传感器　2—电子控制单元（ECU）

3—液压执行单元

因此必须采用其他参数作为 ABS 的控制目标参数。车轮的角速度、角加速度、滑移率是表征制动过程中车轮运动状态的重要参数。防抱死制动系统的电子控制单元的作用就是根据车轮转速信息计算车轮的角加速度、参考速度和车轮滑移率。

典型逻辑门限值控制的制动过程如图 6-25 所示。制动开始后，当车轮角减速度低于门限值 $-a$（指绝对值），则取此时的车轮速度作为初始参考速度 v_{r0}。此后，参考车速 $v_r = v_{r0} - j_b t$。j_b 为由车轮减速度计算得到的汽车减速度。根据 v_r 就可以计算出车轮滑移率 s。当车轮角减速度达到 $-a$，而滑移率 s 小于门限值 s_1 时，制动压力调节阀进入保持阶段，即阶段 2。如果车轮转速进一步降低，达到了滑移率门限即 $s>s_1$ 后，制动压力调节阀切换到降压方式，使制动压力减小，即阶段 3。这时车轮角减速度开始减小，直到低于门限值 $-a$ 后，制动压力又回到保压方式，即阶段 4。由于这时保持的压力比阶段 2 的压力低，同时由于车轮的惯性，所以车轮切向加速度继续提高，越过零线，在车轮角减速度达到门限 $+A$ 后，进入升压方式，制动压力再次提高，即阶段 5。紧接着，车轮角减速度又回到门限 $+A$，再次进入保压方式，即阶段 6。这时的保持压力比较高，车轮角减速度继续降低，直到低于相对较低的门限 $+b$，说明此时是在峰值附着系数附近，车轮进入附着率-滑移率曲线的稳定区域，而且制动力也降到了最优值以下。然后，通过升压方式和保压方式的脉动切换，使制动压力进入缓慢升压阶段，即阶段 7。车轮角减速度继续降低，直到达到门限 $-a$，控制过程进入下一个循环。

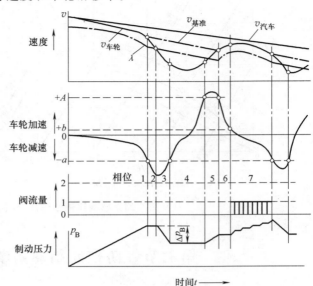

图 6-25　防抱死制动系统的控制过程

第八节　汽车制动性试验

汽车制动性试验分为道路试验和室内台架试验两类。

一、道路试验

道路试验的主要项目有冷态制动效能试验、热衰退恢复试验等。其测试参数为制动距离、制动减速度、制动时间等。另外，还要试验汽车在转弯与变更车道时制动的方向稳定性。道路试验的条件如下：

道路试验路段应为平坦、硬实、清洁、干燥的水泥或沥青路面；坡度不大于 1%；路面附着系数不宜小于 0.72~0.75。

试验时，风速应小于 5m/s，气温 0~35℃。

试验前，汽车应充分预热，并以 $0.8 \sim 0.9 v_{amax}$ 的车速行驶 1h 以上。

汽车的载荷情况按有关规定分满载和空载两种情况。

轮胎充气压力满足规定，误差不超过 10kPa；胎面花纹不低于新轮胎的 50%。

主要仪器为第五轮仪或非接触式汽车速度测量仪、制动减速度仪和压力传感器。第五轮仪或非接触式汽车速度测量仪用来测量汽车路试时的行驶距离、行驶时间、行驶速度和制动初速度、制动距离、制动时间等参数。制动减速度仪则用于测试制动过程中汽车的减速度。

1. 冷态制动效能试验

① 冷态制动效能试验时，制动器初始温度不超过 100℃。

② 汽车加速超过起始制动车速（如 30km/h）3~5km/h 后，摘档滑行。

③ 待车速降至起始制动车速时，紧急制动直至停车。

④ 记录制动初速度、踏板力或管路压力、制动减速度、制动距离、车辆是否偏出试验通道宽度等数据。

对于具有应急制动系统的车辆，按上述方法进行应急制动系统最大效能试验。

2. 制动器抗热衰退性能试验

制动器抗热衰退性能试验分三步：基准试验、热衰退试验及恢复试验。基准试验是冷态制动器效能试验；热衰退试验主要考查制动效能的衰退率；恢复试验则是考查制动器效能的恢复能力。抗热衰退性能用制动效能衰退率或恢复率评价，其计算公式为

$$\xi = \frac{F_{pi} - F_{p0}}{F_{p0}} \times 100\% \text{ 或 } \xi = \frac{p_i - p_0}{p_0} \times 100\%$$

式中　ξ——衰退率或恢复率（%）；

F_{pi}——第 i 次踏板力（N）；

F_{p0}——基准踏板力（N）；

p_i——第 i 次管路压力（kPa）；

p_0——基准管路压力（kPa）。

基准试验时的制动初速度为 65km/h，制动时变速器在最高档位（超速档除外）。制动减速度：A 类车辆（厂定最大总质量小于 4500kg）保持为 4.5m/s²；B 类车辆（厂定最大总质量大于或等于 4500kg）保持为 3.0m/s²，直至车辆完全停止；制动 3 次，记录制动踏板力或管路压力及制动减速度，并取平均值。

衰退试验的制动初速度~末速度：A 类车辆为 65~0km/h；B 类车辆为 65~30km/h；制动时变速器在最高档位（超速档除外）；制动器初始温度仅第一次不超过 90℃。

A 类车辆保持以 4.5m/s²，B 类车辆保持以 3.0m/s² 的恒定减速度进行制动，连续制动 20 次，每次间隔 60s。，记录制动踏板力或管路压力、制动减速度、制动器初始温度。

衰退试验后应立即进行恢复试验。制动初速度→末速度：A 类车辆为 65→0km/h，B 类车辆为 65→30km/h；A 类车辆保持以 4.5m/s²，B 类车辆保持以 3.0m/s² 的恒定减速度进行制动，连续制动 15 次，每次间隔 180s，要求最后 1 次制动时制动器初始温度应降至 120℃以下。记录制动踏板力或管路压力、制动减速度、制动器初始温度。

3. 转弯制动方向稳定性试验

汽车转弯制动试验在平坦干地面上进行。试验时，汽车沿一定半径作圆周行驶。转弯半径为 40m 或 50m 时，侧向加速度为（5±0.5）m/s²，相应车速为 51km/h 或 57km/h；或者转弯半径为 100m，侧向加速度为（4±0.4）m/s²，相应车速为 72km/h。保持转向盘转角不变，关节气门，迅速踩制动踏板，离合器可以分离也可以不分离，使汽车以不同的等减速度

制动。记录制动减速度、汽车横摆角速度、航向角的变动量、制动时侧向路径偏离量等参数。

湿路面附着系数降低很多，转弯制动试验也常在湿路面上进行，也可在汽车两侧车轮驶过的路面具有不同附着系数的情况下进行，如左轮驶过 $\phi=0.7$ 的路面，右轮驶过 $\phi=0.3$ 的路面。

4. 防抱死制动系统试验

对于采用防抱死制动系统（ABS）的汽车，在制动性能试验时应测量附着系数利用率 ε。即：防抱死制动系统工作时的最大制动强度与附着系数的比值，$\varepsilon=Z/\phi$。GB 13594—2003《机动车和挂车防抱制动性能和试验方法》中规定了汽车防抱死制动系统的分类、性能要求和试验方法。

二、室内台架试验

汽车制动性的室内试验在制动试验台上进行。制动试验台有多种类型，按测试原理不同，分为滚筒测力式、惯性式和平板式三类。目前，滚筒测力式制动试验台获得了广泛应用。

滚筒测力式制动试验台由框架、驱动装置、滚筒装置、测量装置、举升装置、指示与控制装置等组成，如图6-26所示。为使制动试验台能同时检测同一车轴左右两车轮的制动力，除框架、指示与控制装置外，其他装置是分别独立设置的。

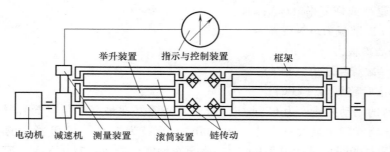

图 6-26　滚筒测力式制动试验台的结构

试验时，汽车开上制动试验台滚筒，使被测车轴的左、右车轮处于每对滚筒之间，放下举升器，起动电动机，通过减速器、链传动使主、从动滚筒带动车轮低速旋转，然后用力踩下制动踏板。此时，车轮制动器产生的摩擦力矩作用在滚筒上，与滚筒的转动方向相反，因而产生反作用力矩。减速器壳体在该反作用力矩作用下，其前端发生绕其输出轴向下的偏转，带动连接在减速器壳体上的测力杠杆偏转，测力杠杆前端接触在测力传感器上，其作用在测力传感器上的压力大小，即可反映汽车制动力矩或制动力的大小，如图6-27所示。测力传感器输出的反映制动力大小的电信号，由微机采集、处理后，指令电动机停转，并由指示装置指示或由打印机打印检测到的制动力数值。

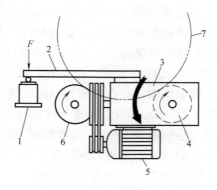

图 6-27　测力装置和驱动装置示意图
1—压力传感器　2—测力杠杆　3—减速器
4—主动滚筒　5—电动机　6—从动滚筒
7—车轮

　　滚筒测力式制动试验台的主要测试项目为制动力、制动力平衡（左、右轮制动力差）、制动协调时间、车轮阻滞力等。

复　习　题

一、问答题

1. 什么是汽车的制动性？其评价指标是什么？

2. 什么是制动效能？制动效能的评价指标有哪些？

3. 什么是制动效能的恒定性？

4. 什么是制动时的汽车的方向稳定性？

5. 什么是地面制动力和制动器制动力？

6. 什么是滑移率？滑动率与附着率有什么关系？

7. 什么是纵向附着率和侧向附着率？

8. 什么是峰值附着系数和滑动附着系数？

9. 制动距离取决于哪些因素？

10. 影响制动力大小的因素有哪些？

11. 影响附着系数的因素有哪些？

12. 什么是制动器起作用时间？

13. 什么是制动器的热衰退和水衰退？

14. 什么是制动跑偏和制动侧滑？

15. 产生制动跑偏和制动侧滑的原因是什么？

16. 什么是制动力分配系数？什么是同步附着系数？

二、综述（分析）题

1. 地面制动力和制动器制动力与附着力之间有怎样的关系？

2. 为什么防抱死制动系统（ABS）能使汽车获得较好的制动性？

3. 分析制动过程中，附着率、附着系数与滑移率的关系。

4. 分析说明汽车制动过程和整个制动过程中汽车减速度的变化。

5. 分析说明影响汽车制动距离的因素。

6. 分析说明制动器热衰退的原因和影响制动器抗热衰退性能的因素。

7. 某总重为 G 的汽车紧急制动时，车轮同时抱死拖滑，若滑动附着系数为 ϕ_s，分析此时汽车所能达到的减速度。

8. 分析说明制动跑偏的原因，怎样避免制动跑偏？

9. 产生制动侧滑的原因是什么？为什么汽车后轴侧滑比前轴侧滑有更大的危险性？

10. 怎样用作图法确定 I 曲线？

11. 怎样用作图法确定由制动强度决定的制动力分配极限曲线？

12. 分析说明前、后轴制动器制动力的比例关系所应满足的要求。

13. 分析制动稳定性的条件，若空载制动时汽车前、后轴制动力的分配刚好满足该条件，则当该车满载质心后移后，其制动稳定性可能会发生什么变化？为什么？

14. 某汽车制动时，前、后轴制动力之比大于（小于）前、后轴垂直载荷之比，分析其制动稳定性。

15. 分析说明合理确定同步附着系数的意义？

16. 如何进行汽车制动性的道路试验和室内台架试验？

第七章 汽车的操纵稳定性

汽车行驶过程中，会遇到各种复杂情况。有时沿直线行驶，有时沿曲线行驶。发生意外情况时，还要对汽车作紧急操纵，力求避免事故。此外，汽车还受到来自路面不平、坡道、大风等各种外界因素的干扰。因此，要求汽车具备如下能力：

① 根据道路和交通情况的限制，能够正确遵循驾驶人通过操纵机构所给定方向行驶的能力。即，汽车要具有良好的操纵性。

② 在行驶过程中，具有抵抗力图改变其行驶方向的各种外界干扰，并保持稳定行驶的能力。即，汽车应具有良好的稳定性。

操纵性和稳定性是相互联系的，很难截然分开，通常笼统称之为操纵稳定性。

操纵稳定性不仅影响汽车驾驶操纵的方便性，也是决定高速汽车能否安全行驶的主要性能。同时，若汽车操纵稳定性不好，其行驶速度的提高就会受到限制，动力性就不能充分发挥，运输生产率也难以提高。随着道路条件的改善，现代汽车的设计速度大大提高，汽车操纵稳定性越来越受到重视。

第一节 弹性轮胎的侧偏特性

弹性轮胎的侧偏特性是轮胎力学的重要组成部分，是研究汽车操纵稳定性的基础。

一、轮胎坐标系

为便于研究轮胎的力学特性，建立轮胎坐标系如图 7-1 所示。

垂直于车轮旋转轴线的轮胎中分平面称为车轮平面。坐标系的原点 O 为车轮平面和地平面的交线与车轮旋转轴线在地平面上投影线的交点。车轮平面与地平面的交线取为 x 轴，向前为正；z 轴与地平面垂直，指向上方为正；车轮旋转轴线在地平面上投影线为 y 轴，规定面向车轮前进方向时指向左方为正。

地面作用于轮胎的力和力矩包括：地面切向反作用力 F_x，地面侧向反作用力 F_y，地面法向反作用力 F_z；地面反作用力绕 z 轴的力矩-回正力矩 T_z，绕 y 轴的力矩-滚动阻力矩 T_y 和绕 x 轴的翻转力矩 T_x。力和力矩的方向均以轮胎坐标系规定的方向为正，反方向为负。

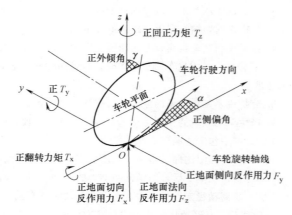

图 7-1 轮胎的坐标系与地面作用于轮胎的力和力矩

侧偏角 α 是轮胎接地印迹中心（即坐标系原点）位移方向与 x 轴的夹角，外倾角 γ 是垂直平面（xOz 平面）与车轮平面的夹角，均以图示方向为正。

二、弹性轮胎的侧偏现象

刚性轮胎受到侧向力作用时，会发生两种情况：若侧向力 F'_y（N）引起的地面侧向反作用力 F_y（N）未超过附着极限时，轮胎与地面之间无侧向滑移，车轮行驶方向与车轮平面一致，如图 7-2a 所示；但 F_y 达到附着极限后，轮胎会在地面上侧向滑移，车轮行驶方向偏离车轮平面方向，如图 7-2b 所示。

弹性轮胎受到侧向力 F'_y 时会产生侧向变形，因此即使地面侧向反作用力 F_y 未达到附着极限，车轮行驶方向也将偏离车轮平面（直线 c-c）方向。这种现象称为弹性轮胎的侧偏现象；F_y 称之为侧偏力；行驶方向偏离车轮平面的角度称之为侧偏角 α。

弹性轮胎受到侧偏力 F_y 的作用发生侧偏时，其运动情况如图 7-3 所示。当车轮静止不动时，由于轮胎的侧向变形，轮胎与地面之间接触印迹

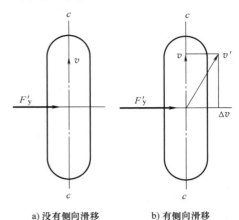

a) 没有侧向滑移　　　b) 有侧向滑移

图 7-2　有侧向力作用时刚性车轮的滚动

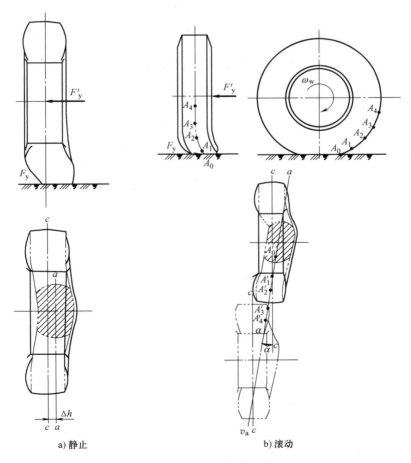

a) 静止　　　　　　b) 滚动

图 7-3　轮胎的侧偏现象

的中心线 a-a 与车轮平面 c-c 不重合，偏离 Δh，但 a-a 仍与 c-c 平行，如图 7-3a 所示。而当轮胎有侧向变形而滚动时，接触印迹的中心线 a-a 不但偏离 c-c，而且与 c-c 不平行，其夹角 α 即为侧偏角，如图 7-3b 所示。

若在轮胎胎面的中心线上标出 A_0、A_1、A_2……等各点，随着车轮的滚动，各点将依次落在地面上 A'_0、A'_1、A'_2……等各点。在图 7-3 上可以看出，轮胎发生变形以后，A'_0、A'_1、A'_2……等各点的连线是一条斜线，不平行于 c-c 线，与 c-c 形成夹角 α。显然，侧偏角 α 的大小与侧偏力 F_y 有关。

三、弹性轮胎的侧偏特性

弹性车轮受到的侧偏力 F_y（N）与侧偏角 α（rad 或°）之间的关系称之为侧偏特性，可用二者之间的关系曲线表示，称为侧偏特性曲线，如图 7-4 所示。侧偏角较小时，侧偏力 F_y 基本上与侧偏角 α 成线性关系，且 $\alpha = 0$ 时，有 $F_y = 0$，因此侧偏特性可用以下公式表示：

$$F_y = k\alpha \tag{7-1}$$

k［N/rad 或 N/(°)］称为侧偏刚度，即弹性轮胎产生 1rad 或 1°侧偏角所需施加的侧偏力。

侧偏刚度是决定操纵稳定性的重要轮胎参数。由轮胎坐标系中有关符号可知，负的侧偏力产生正的侧偏角，因此侧偏刚度为负值。小型轿车的 k 值约在 $-28000 \sim -80000\mathrm{N/rad}$ 范围内。轮胎应有较大（指绝对值，以下同）的侧偏刚度，以保证汽车具有良好的操纵稳定性。

F_y 较大时，α 快速增大，二者关系由直线变为曲线，说明轮胎与路面接触处部分侧滑。F_y 上升到附着极限时，整个轮胎侧滑，曲线又转变为接近水平线。显然，轮胎的最大侧偏力决定于附着条件，与垂直载荷、轮胎花纹、材料、结构、气压、路面材料、路面状况及车轮的外倾角等因素有关。

四、有外倾时弹性轮胎的侧偏特性

汽车两前轮有外倾角 γ 时，具有绕各自旋转轴线与地面的交点 O' 滚动的趋势，如图 7-5 所示。若不受约束，则犹如发生侧偏一样，将偏离正前方而各自向左、右侧滚动。实际上，由于前轴的约束，两个车轮只能一起向前行驶。因此，车轮中心必作用有一侧向力 $F'_{y\gamma}$，把车轮"拉"回至同一方向向前滚动。

与此同时，轮胎接地面产生与 $F'_{y\gamma}$ 方向相反的侧向反作用力，这就是外倾侧偏力 $F_{y\gamma}$。

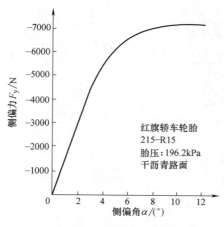

图 7-4　轮胎的侧偏特性

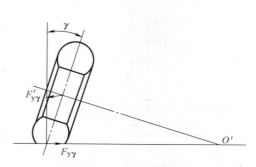

图 7-5　车轮外倾角与外倾侧偏力

外倾侧偏力 $F_{y\gamma}$ 与外倾角 γ 的关系曲线如图 7-6a 所示。$F_{y\gamma}$ 与 γ 成线性关系，其关系式为：

$$F_{y\gamma} = k_\gamma \gamma \tag{7-2}$$

按轮胎坐标系规定，k_γ 为负值，称作外倾刚度，单位为 N/rad 或 N/（°）。

不同外倾角下轮胎的侧偏特性具有平移的特点，如图 7-6b 所示。在较小侧偏角范围内，当车轮外倾角 γ 为正、为零和为负时，其侧偏特性的变化情况如图 7-6c 中 A、B 与 C 线所示。该图还表明：

① 侧偏角为零时的侧偏力 F_y 是外倾侧偏力 $F_{y\gamma}$。由式（7-2）可知，外倾刚度 k_γ 为负值，因此当外倾角为正值时（见 A 线），$F_{y\gamma}$ 为负值。

② 外倾角为正值且侧偏角为 α 时，其地面侧向反作用力即侧偏力为 $F_y = cd + de$，见 A 线，即 F_y 为外倾角等于零时的侧偏力与外倾侧偏力之和。

因此，有外倾角时的地面侧向反作用力与外倾角、侧偏角的关系为

$$F_y = F_{y\alpha} + F_{y\gamma} = k\alpha + k_\gamma \gamma$$

式中 $F_{y\alpha}$——只有侧偏角而外倾角为零时的侧偏力（N）；

　　　$F_{y\gamma}$——只有外倾角而侧偏角为零时的外倾侧偏力（N）；

　　　α——侧偏角 [rad 或（°）]；

　　　γ——外倾角 [rad 或（°）]。

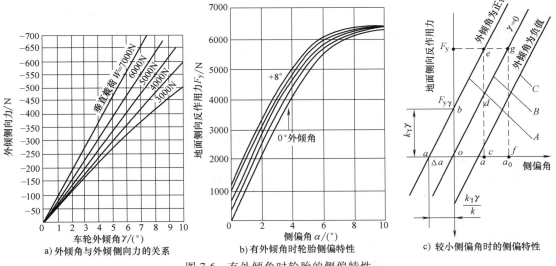

a) 外倾角与外倾侧向力的关系　　　b) 有外倾角时轮胎侧偏特性　　　c) 较小侧偏角时的侧偏特性

图 7-6　有外倾角时轮胎的侧偏特性

五、影响轮胎侧偏特性的因素

1. 轮胎结构的影响

轮胎的尺寸、形式和结构参数对轮胎的侧偏刚度有显著影响。

尺寸较大的轮胎具有较大的侧偏刚度，见表 7-1；尺寸相同的子午线轮胎接触地面宽，其侧偏刚度较大，钢丝子午线轮胎比尼龙子午线轮胎的侧偏刚度大。

表 7-1　部分轮胎的侧偏刚度

轮胎	车轮载荷/N	轮胎气压/kPa	侧偏刚度/[N/（°）]
5.20-13	2452	160	−312.27
6.00-13	2943	140	−3.8.73

（续）

轮胎	车轮载荷/N	轮胎气压/kPa	侧偏刚度/[N/(°)]
6.40-13	3924	170	−359.93
165R14	3924	190	−554.96
175RH14	3433	200	−669.84
6.50-16	5886	250	−860.56
9.00-20	19620	550	−2315.65
9.00R20	19620	550	−2935.51

轮胎的断面高度 H 与断面宽度 B 之间的比值，即轮胎的扁平率（%）较小时，轮胎侧偏刚度较大，如图 7-7 所示。现代轿车轮胎的扁平率逐渐变小，以获得较大的侧偏刚度。目前，不少轿车采用 60（扁平率 60%）系列轮胎，而追求高性能的运动型轿车采用扁平率为 50% 或 40% 的轮胎。

2. 轮胎工作条件的影响

汽车在转弯、侧坡、装载不匀状况下行驶时，轮胎垂直载荷发生变化。例如转向时，内侧车轮轮胎的垂直载荷减小，外侧车轮轮胎的垂直载荷增大。垂直载荷的变化对轮胎的侧偏特性有显著影响。垂直载荷增大后，轮胎侧偏刚度一般也随之增大；但垂直载荷过大时，轮胎与地面间的压力极不均匀，侧偏刚度反而减小，如图 7-8 所示。

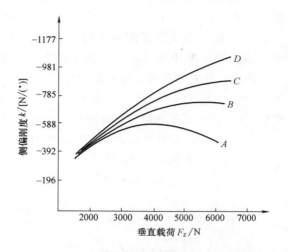

图 7-7　轮胎的扁平率对侧偏刚度的影响

A—82 系列　B—70 系列

C—高性能 70 系列　D—60 系列

充气压力对轮胎的侧偏特性也有显著影响。随着充气气压的提高，轮胎弹性下降，侧偏刚度增大。当充气压力过高后，受附着力限制，轮胎侧偏刚度不再增大，如图 7-9 所示。

侧偏特性还与轮胎受到的地面切向反作用力有关。在一定的侧偏角时，驱动力增大，所

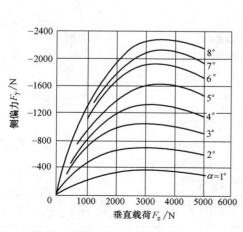

图 7-8　侧偏刚度与垂直载荷的关系

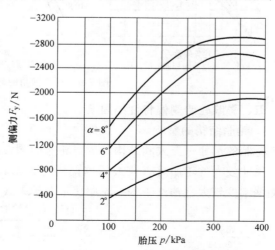

图 7-9　轮胎充气压力对侧偏刚度的影响

对应的侧偏力减小，如图 7-10 所示。这是由于驱动力增大后，轮胎侧向弹性发生了改变，侧偏刚度减小的缘故。当驱动力相当大，以至于接近附着极限时，轮胎的侧偏力将很小。因为此时接近附着极限，切向力已耗去大部分附着力，而侧向能利用的附着力很小。车辆在制动时也发生类似的变化。在切向反作用力作用下，不同侧偏角与侧偏力的关系曲线构成曲线组，其包络线确定了在一定附着条件下切向力与侧偏力的合力的极限值。由于该包络线接近于椭圆，称为附着椭圆。

另外，车轮的外倾角也会对侧偏特性产生影响。一般说来，当车轮外倾角为正时，有助于减小侧偏角；当车轮采用负外倾时，侧偏角会加大。

3. 路面状况对侧偏特性的影响

路面粗糙程度、干湿状况对轮胎的特偏特性，尤其对最大侧偏力有很大影响。试验证明，粗糙的路面使最大侧偏力增加；干路面上的最大侧偏力比湿路面大；当路面有薄水层时，行驶速度达到一定值，会出现"滑水"现象而完全丧失侧偏力。干路面和湿路面上的侧偏力系数 F_y/F_z 与侧偏角 α 的关系如图 7-11 所示。

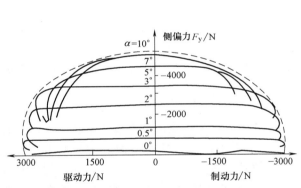

图 7-10　地面切向反作用力对侧偏特性的影响

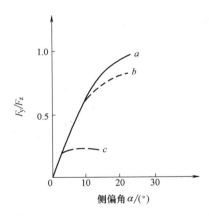

图 7-11　干路面和湿路面上的侧偏特性
a—干沥青路面　b—湿混凝土路面
c—湿沥青路面

第二节　汽车转向时的运动

一、不考虑侧偏时汽车的转向运动

汽车转向时，为减小轮胎磨损，提高行驶稳定性，所有轮胎都应保持纯滚动，都必须在同一瞬时围绕转向中心作曲线运动。转向时，内、外车轮的偏转角度是不同的。若不考虑轮胎侧偏特性，即假定汽车装用刚性轮胎，其转向运动如图 7-12 所示。图中：

$$\cot\delta_1 = \frac{R+\dfrac{d}{2}}{L}$$

$$\cot\delta_2 = \frac{R-\dfrac{d}{2}}{L}$$

因此：

$$\cot\delta_1 - \cot\delta_2 = \frac{d}{L} \approx \frac{B}{L} \qquad (7\text{-}3)$$

式中　δ_1、δ_2——左、右转向节 E、F 的转角［rad 或（°）］

　　　d——左、右转向节主销中心的距离（m）；

　　　B——轮距（m）；

　　　L——轴距（m）。

式（7-3）所表示的内、外车轮在转向时的转角关系由正确选择转向梯形机构参数来保证，如：转向梯形臂的长度、梯形臂与前轴的夹角（底角）、及前轴左右主销之间的距离。

图 7-12 中：从转向中心 O 到汽车纵向对称轴线之间的距离 R（m），称为汽车的转向半径；前轴中点速度方向与汽车纵轴线间的夹角 δ（rad）称为转向轮转角，并取：

$$\delta = \frac{1}{2}(\delta_1 + \delta_2)$$

因此，当转弯速度为 v（m/s）且不考虑轮胎侧偏特性时，汽车的转向半径 R_0（m）和转向横摆角速度 ω_{r0}（rad/s）分别为

$$R_0 = \frac{L}{\tan\delta} \approx \frac{L}{\delta} \qquad (7\text{-}4)$$

$$\omega_{r0} = \frac{v}{R} = \frac{v\delta}{L} \qquad (7\text{-}5)$$

二、考虑侧偏时汽车的转向运动

受到侧向力时，由于弹性轮胎的侧偏现象，其转向时的运动因此而发生变化，如图 7-13 所示。当以转向轮转角 δ（rad）转向行驶时，汽车产生作用于质心的离心力，使前、后车轮产生相应的侧偏角 α_1（rad）、α_2（rad）。此时前轴中点运动速度 v_1（m/s）方向与汽车纵轴线成 $\delta-\alpha_1$ 角，后轴中点运动速度 v_2（m/s）方向与纵轴线成 α_2 角，过前、后轴中点作垂直于速度的垂线，交点 O' 即为瞬时转向中心。转向半径 R（m）为

$$R = \frac{L}{\tan\alpha_2 + \tan(\delta - \alpha_1)}$$

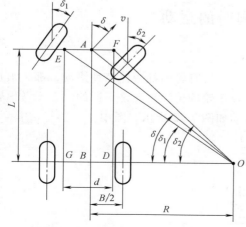

图 7-12　不考虑侧偏时汽车的转向

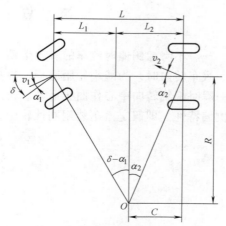

图 7-13　考虑侧偏时汽车的转向

前轮转角 δ（rad）较小时，上式可写为

$$R = \frac{L}{\delta + \alpha_2 - \alpha_1} \tag{7-6}$$

当转弯速度为 v（m/s）时，汽车的转向横摆角速度 ω_r（rad/s）为

$$\omega_r = \frac{v}{L}(\delta + \alpha_2 - \alpha_1) \tag{7-7}$$

第三节　汽车稳态转向特性分析

当转向盘转过一定角度维持前轮转角不变时，会引起汽车运动状态发生变化，称为车辆响应。车辆响应分为稳态响应和瞬态响应两种。对于处于等速直线运动的汽车，如果驾驶人突然将转向盘转过一定角度保持不变，一般汽车经过短暂的时间后即进入等速圆周行驶状态，并且不再随时间而改变，这就是稳态响应。稳态响应是评价汽车操纵稳定性的重要特性之一，称为汽车的稳态转向特性。由一种状态到另一种状态的过渡过程为瞬态过程，相应的响应称为瞬态响应。以下主要讨论汽车的稳态响应。

一、汽车的稳态转向特性

根据汽车受到侧向力时所产生的前、后车轮的侧偏角 α_1、α_2 的相对大小，可把汽车的稳态转向特性分为如下三类。

当 $\alpha_1 = \alpha_2$ 时，由式（7-6）和式（7-7）可知，汽车的转向半径 R 和转向横摆角速度 ω_r，与装用刚性轮胎汽车的转向半径 R_0 和转向横摆角速度 ω_{r0} 相等，称为中性转向。

当 $\alpha_1 > \alpha_2$ 时，有 $R > R_0$、$\omega_r < \omega_{r0}$，称为不足转向。

当 $\alpha_1 < \alpha_2$ 时，有 $R < R_0$、$\omega_r > \omega_{r0}$，称为过度转向。

不同转向特性的汽车转向行驶时（转向盘转角 δ 不变），其转向半径的变化如图 7-14 所示。

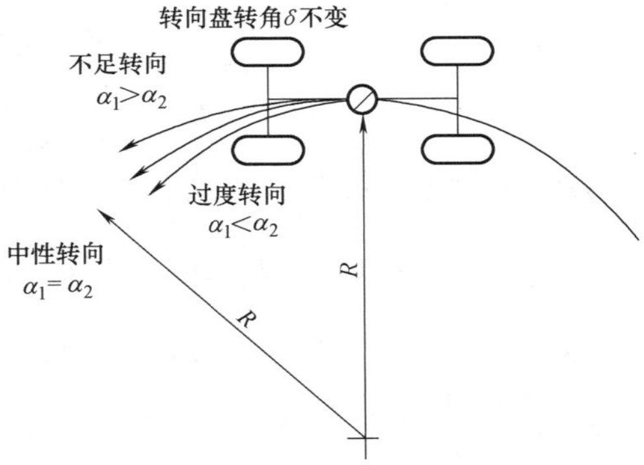

二、汽车稳态转向特性分析

若已知汽车质量 m（kg）、轴距 L（m）、质心位置（L_1、L_2 和 h_g）和前、后车轴的侧偏刚度 k_1、k_2（每轴所有轮胎侧偏刚度之和，注意：k_1、k_2 均为负值），即可判断汽车的稳态转向特性的类型，并对汽车的操纵稳定性进行分析。

图 7-14　汽车的不同转向特性

汽车等速行驶时，在转向轮角阶跃输入下进入的稳态响应是等速圆周行驶。汽车等速圆周行驶时产生的离心力是导致侧偏现象发生的侧向力，若转向半径为 R（m），汽车行驶速度为 v（m/s），则产生的离心力 F_j（N）为

$$F_j = m \frac{v^2}{R}$$

F_j 与圆周的切线垂直，作用在质心处。该作用力使前车轮和后车轮的轮轴处受到侧向力 F'_{y1} 和 F'_{y2} 的作用，其大小可由 F_j 分解得到：

$$F'_{y1} = \frac{L_2}{L}F_j = \frac{L_2}{L}m\frac{v^2}{R} = m_1\frac{v^2}{R}$$

$$F'_{y2} = \frac{L_1}{L}F_j = \frac{L_1}{L}m\frac{v^2}{R} = m_2\frac{v^2}{R}$$

侧向力 F'_{y1} 和 F'_{y2} 只能由作用在前、后车轮与地面间的侧向反作用力平衡。因此，若汽车圆周行驶时未发生侧向滑移，则前、后车轮受到的地面侧向反作用力即侧偏力 F_{y1}、F_{y2} 与 F'_{y1}、F'_{y2} 大小相等、方向相反。因此：

$$F_{y1} = -\frac{L_2}{L}F_j = -\frac{L_2}{L}m\frac{v^2}{R} = -m_1\frac{v^2}{R}$$

$$F_{y2} = -\frac{L_1}{L}F_j = -\frac{L_1}{L}m\frac{v^2}{R} = -m_2\frac{v^2}{R}$$

其中：$m_1 = \frac{L_2}{L}m$，$m_2 = \frac{L_1}{L}m$，分别称为前、后轴的悬架质量。

在前、后车轮的侧偏力 F_{y1}（N）、F_{y2}（N）的作用下，前、后车轮产生的侧偏角为

$$\alpha_1 = \frac{F_{y1}}{k_1} = -\frac{m_1 v^2}{k_1 R} = -\frac{L_2 m v^2}{k_1 L R}$$

$$\alpha_2 = \frac{F_{y2}}{k_2} = -\frac{m_2 v^2}{k_1 R} = -\frac{L_1 m v^2}{k_2 L R} \tag{7-8}$$

把式（7-8）代入式（7-6）和式（7-7），得到转向半径 R（m）和转向横摆角速度 ω_r（rad/s）为

$$R = \frac{L - m^2\left(\dfrac{m_1}{k_1} - \dfrac{m_2}{k_2}\right)}{\delta} = \frac{L - \dfrac{mv^2}{Lk_1 k_2}(k_2 L_2 - k_1 L_1)}{\delta} \tag{7-9}$$

$$\omega_r = \frac{v\delta}{L - v^2\left(\dfrac{m_1}{k_1} - \dfrac{m_2}{k_2}\right)} = \frac{v\delta}{L - \dfrac{mv^2}{Lk_1 k_2}(k_2 L_2 - k_1 L_1)} \tag{7-10}$$

分析式（7-9）和式（7-10），并与转向特性的定义比较可知：

① 当 $\frac{m_1}{k_1} = \frac{m_2}{k_2}$ 或 $k_1 L_1 = k_2 L_2$ 时，有 $R = R_0 = \frac{L}{\delta}$、$\omega_r = \omega_{r0} = \frac{v\delta}{L}$。此时，$R$ 与 v 无关；随着 v 提高，ω_r 与 v 成正比增加。此时，汽车具有中性转向特性。

② 当 $\frac{m_1}{k_1} < \frac{m_2}{k_2}$ 或 $k_2 L_2 < k_1 L_1$ 时，随着行驶速度 v 的增大，有 $R > R_0$、$\omega_r < \omega_{r0}$。此时，汽车具有不足转向特性。

③ 当 $\frac{m_1}{k_1} > \frac{m_2}{k_2}$ 或 $k_2 L_2 > k_1 L_1$ 时，随着行驶速度 v 的增大，有 $R < R_0$、$\omega_r > \omega_{r0}$。此时，汽车具有过度转向特性。

以上各式说明了具有不同转向特性的汽车所具有的一些结构特征，据此可以判断汽车的稳态转向特性的类型。

三、表征汽车稳态响应的技术参数

为了试验与分析的方便，还可以采用其他一些参数描述和评价汽车的稳态响应。

1. 稳态转向横摆角速度增益

汽车是一个复杂系统，转向时系统的输入为通过转向盘施加的转向轮转角 δ（rad）、系统的输出为汽车的转向横摆角速度 ω_r（rad/s）。

定义 $\dfrac{\omega_r}{\delta}$ 为汽车的稳态转向横摆角速度增益，表示单位转向轮转角输入使汽车产生的转向横摆角速度。显然，$\dfrac{\omega_r}{\delta}$ 反映汽车绕转向中心的旋转角速度的响应速度，可用于衡量汽车对于操纵的反应灵敏程度，因此又称为转向灵敏度。

据式（7-10），稳态转向横摆角速度增益 ω_r 等于：

$$\frac{\omega_r}{\delta}=\frac{v}{L-v^2\left(\dfrac{m_1}{k_1}-\dfrac{m_2}{k_2}\right)}=\frac{v}{L-\dfrac{mv^2}{Lk_1k_2}(k_2L_2-k_1L_1)} \tag{7-11}$$

由此可见：中性转向时，有 $\dfrac{\omega_r}{\delta}=\dfrac{v}{L}$；不足转向时，有 $\dfrac{\omega_r}{\delta}<\dfrac{v}{L}$；过度转向时，有 $\dfrac{\omega_r}{\delta}>\dfrac{v}{L}$。

2. 稳定性因数

根据式（7-11）得到：

$$\frac{\omega_r}{\delta}=\frac{v/L}{1+Kv^2} \tag{7-12}$$

式中，参数 K（$\mathrm{s^2/m^2}$）称为稳定性因数，其数值为

$$K=\frac{m}{L^2}\left(\frac{L_1}{k_2}-\frac{L_2}{k_1}\right) \tag{7-13}$$

由此可得汽车稳态转向特性的另一种表示方法，即 $K=0$ 时，则 $\dfrac{\omega_r}{\delta}=\dfrac{v}{L}$，汽车为中性转向；$K>0$ 时，则 $\dfrac{\omega_r}{\delta}<\dfrac{v}{L}$，汽车为不足转向；$K<0$ 时，则 $\dfrac{\omega_r}{\delta}>\dfrac{v}{L}$，汽车为过度转向。

稳定性因数 K 是表征汽车稳态响应的重要参数，其重要意义在于 K 值把汽车结构参数（如：m、L、L_1、L_2、k_1、k_2）与汽车的稳态转向特性定量结合了起来，据此不仅可判断汽车转向特性的类型，还可根据 K 的大小确定不足转向特性或过度转向特性的强度。同时，若已知汽车结构参数，则可确定 K 的数值，并可绘出稳态转向横摆角速度增益 $\dfrac{\omega_r}{\delta}$ 与行驶速度 v 的关系曲线，如图 7-15 所示。根据该曲线可以更清晰明了地深入分析不同转向特性汽车的运动学特征。

3. 转向半径比 R/R_0

在前轮转角 δ（rad）确定的条件下，若令行驶速度极低、侧向加速度接近于零（轮胎侧偏角可忽略不计）时的转向半径为 R_0（m），而一定行驶速度下有一定侧向加速度时的转向半径为 R（m），则这两个转向半径之比 R/R_0 可用以表征汽车的稳态响应。

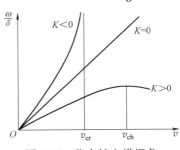

图 7-15　稳态转向横摆角速度增益曲线

由式（7-4）可知，$R_0 \approx \dfrac{L}{\delta}$，再由式（7-12）可求得：

$$R = \frac{v}{\omega_r} = \frac{(1+Kv^2)L}{\delta} = (1+Kv^2)R_0$$

$$\frac{R}{R_0} = 1+Kv^2 \tag{7-14}$$

因此，当 $K=0$ 时，$R/R_0=1$，即中性转向汽车的转向半径不随行驶速度发生变化，始终为 R_0。$K>0$ 时，$R/R_0>1$，即不足转向汽车的转向半径总大于 R_0，且由式（7-14）可知，转向半径将随行驶速度增加而增大；$K<0$ 时，$R/R_0<1$，即过度转向汽车的转向半径总小于 R_0，且转向半径将随行驶速度的增加而减小。不同转向特性汽车的转向半径的比值 R/R_0 随车速 v（m/s）的变化关系如图 7-16 所示。

4. 静态储备系数

汽车的中性转向点 C_n 指能够使汽车前、后轴产生相同侧偏角的侧向力作用点。静态储备系数 $S.M.$ 指中性转向点至前轴的距离 L_1'（m）与汽车质心至前轴的距离 L_1（m）之差 $(L_1'-L_1)$ 与轴距 L（m）之比值，即

$$S.M. = \frac{(L_1'-L_1)}{L} \tag{7-15}$$

中性转向点的位置可以由力矩平衡方程式确定，如图 7-17 所示。作用于中性转向点 C_n 的侧向力 F_y 分配到前、后轴上的侧向作用力分别为：

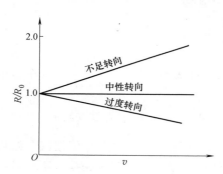

图 7-16　转向半径比值与车速的关系

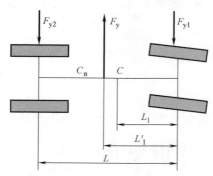

图 7-17　中性转向点位置的确定

$$F_{y1} = k_1 \alpha$$
$$F_{y2} = k_2 \alpha$$

由力矩平衡得：

$$F_y L_1' = F_{y2} L$$

显然：$F_y = F_{y1} + F_{y2}$，因此中性转向点 C_n 到前轴的距离 L_1' 为

$$L_1' = \frac{F_{y2} L}{F_{y1}+F_{y2}} = \frac{k_2 \alpha L}{k_1 \alpha + k_2 \alpha} = \frac{k_2}{k_1+k_2} L$$

因此得：

$$S.M. = \frac{k_2 L_2 - k_1 L_1}{L(k_1+k_2)} \tag{7-16}$$

因此，也可以用静态储备系数 *S. M.* 表示汽车的转向特性：

当 *S. M.* = 0 时，有 $L'_1 - L_1 = 0$，中性转向点与质心重合，作用于质心上的侧向力使 $\alpha_1 = \alpha_2$，汽车前、后轴的侧偏角相等，汽车具有中性转向特性。

当 *S. M.* > 0 时，有 $L'_1 - L_1 > 0$，中性转向点在质心之后，作用于质心上的侧向力使 $\alpha_1 > \alpha_2$，汽车前轴侧偏角大于后轴的侧偏角，汽车具有不足转向特性。

当 *S. M.* < 0 时，有 $L'_1 - L_1 < 0$，中性转向点在质心之前，作用于质心上的侧向力使 $\alpha_1 < \alpha_2$，汽车前轴侧偏角小于后轴的侧偏角，汽车具有过度转向特性。

四、转向特性对汽车操纵稳定性的影响

不同转向特性汽车的运动学特性如图 7-14、图 7-15 和图 7-18 所示。

1. 中性转向特性汽车

在半径为 *R*（m）的弯道上转弯时，若汽车具有中性转向特性，其转向轮偏转角为 $\delta = \frac{L}{R}$，与汽车行驶速度 *v*（m/s）无关；当 δ（rad）固定不变时，汽车沿给定半径的圆周行驶，*R* 与 *v* 亦无关。

直线行驶时，若侧向力 F_y 作用于汽车质心，则汽车将沿着与原直线成一定夹角的另一条直线行驶，如图 7-18a 所示。若欲维持原行驶方向，需将转向盘向侧向偏离的相反方向转动。

2. 不足转向特性汽车

同样条件下，具有不足转向特性的汽车，其转向半径 *R* 大于装用刚性轮胎车辆的转向半径。若使转向轮转角 δ 保持不变，缓慢加速或以不同行驶速度等速行驶，则随着行驶速度 *v* 的提高，转向半径 *R* 增大，汽车沿更平缓的曲线行驶。沿给定半径 *R* 的圆周加速行驶时，应随 *v* 的提高不断增大 δ。

直线行驶时，若侧向力 F_y 作用于质心，汽车将朝 F_y 的方向偏转，绕瞬时转向中心作曲线运动，所产生的离心力的分力 F_{jy} 的方向与 F_y 的方向相反，削弱侧向力的作用，如图 7-18b 所示。侧向力消失后，汽车自动恢复直线行驶。

如图 7-15 所示，当稳定性因数 *K* > 0，汽车具有不足转向时，则随着行驶速度 *v* 的提高，稳态转向横摆角速度增益 $\frac{\omega_r}{\delta}$ 起初增大，但达到最大值后，随着行驶速度 *v* 的提高，$\frac{\omega_r}{\delta}$ 反而减小。$\frac{\omega_r}{\delta}$ 达到最大值时，所对应的行驶速度 *v* 称为特征行驶速度 v_{ch}。而且，不足转向性越大，即：*K* > 0 的值越多，则 v_{ch}（m/s）越低。

对式（7-12）求对于行驶速度 *v* 的导数，并令其为零：

$$\frac{\mathrm{d}}{\mathrm{d}v}\left(\frac{\omega_r}{\delta}\right) = \frac{\mathrm{d}}{\mathrm{d}v}\left(\frac{v/L}{1+Kv^2}\right) = 0$$

因此得到：

$$v_{ch} = \sqrt{\frac{1}{K}} \qquad\qquad (7-17)$$

若 *K* 值过大，特征行驶速度 v_{ch} 过低，说明其不足转向性太大，汽车转向沉重，转向灵敏性差。现代轿车在侧向加速度为 0.3*g* 时，其平均 *K* 值为 $0.0024\mathrm{s}^2/\mathrm{m}^2$，在 0.5*g* 时的平均 *K* 值为 $0.0026\mathrm{s}^2/\mathrm{m}^2$。

GB 7258—2017《机动车运行安全技术条件》规定：汽车（三轮汽车除外）应具有适度的不足转向特性。

3. 过度转向特性汽车

若汽车具有过度转向特性，其特性与具有不足转向特性的汽车相反。当转向轮转角 δ 固定不动时，随着行驶速度 v 升高，转向半径 R 越来越小，汽车沿更弯曲的曲线行驶，行驶速度 v 过高可能导致汽车侧滑。沿给定半径 R 的圆周行驶时，其 δ 应随 v 的提高而减小，即应随行驶速度的提高不断减小转向盘转角。

直线行驶时，若遇侧向力 F_y 作用于质心，汽车将朝与侧向力相反的方向偏转，绕瞬时转向中心作曲线运动。此时，所产生的离心力的分力 F_{jy} 的方向与 F_y 方向相同，有进一步加剧侧偏的作用，如图 7-18c 所示。因此，行驶过程中，当转弯或受到干扰时，过度转向特性的汽车具有失去方向稳定性的危险。

如图 7-15 所示，当稳定性因数 $K<0$，汽车具有过度转向时，则随着行驶速度 v 的提高，汽车的稳态转向横摆角速度增益 $\dfrac{\omega_r}{\delta}$ 迅速增大，当行驶速度 v 达到 v_{cr} 后，$\dfrac{\omega_r}{\delta}$ 趋于无穷大。行驶速度 v_{cr}（m/s）称为临界行驶速度。当达到临界行驶速度时，只要有微小的前轮转角，就会产生极大的横摆角速度（汽车绕转向中心转动的角速度），即转向半径越来越小，汽车将发生急转。

由式（7-12）直接看出：

$$v_{cr} = \sqrt{-\frac{1}{K}} = \sqrt{\frac{L^2 k_1 k_2}{m(L_2 k_2 - L_1 k_1)}} \tag{7-18}$$

当稳定性因数 $K<0$，汽车具有多度转向特性。此时，若行驶速度 v 达到临界行驶速度 v_{cr}，则有 $\dfrac{\omega_r}{\delta} \to \infty$。意味着极其微小的前轮转角 δ，都会产生极大的转向横摆角速度 ω_r（汽车绕转向中心转动的角速度），即转向半径越来越小，汽车将失去稳定性。显然，K 越小，过度转向性越大，则临界行驶速度 v_{cr} 越低，汽车越易于失去稳定性。

把式（7-18）代入式（7-9）经整理得到：当 $v = v_{cr}$ 时，其稳态转向半径 $R=0$。这进一步说明，当 $K<0$，即汽车具有过度转向时，若行驶速度达到 v_{cr}，直线行驶的车辆即使受到极小的侧向力 F_y 作用，使之产生很小的 δ，也会失去控制，发生激转，直至 $R=0$。因此，具有过度转向的汽车是不稳定、不安全的。

五、影响汽车稳态转向特性的因素

汽车的稳态转向特性与汽车质量 m、质心位置（L_1、L_2、L 和 h_g）和前、后车轴的侧偏刚度 k_1、k_2 有关。凡影响弹性轮胎侧偏特性的因素都会影响汽车的稳态转向特性。以下主要用稳定性因数 K［式（7-13）］分析轮胎气压和载荷的变化对汽车稳态转向特性的影响。

1. 轮胎气压

由弹性轮胎的充气压力 p 与侧偏力 F_y 的关系图（图 7-9）可知：随着充气压力增大，某一侧偏角 α 所对应的侧偏力将增大，即弹性轮胎的侧偏刚度 k 将增大（指绝对值，以下同）；充气压力降低时，k 将减小。

若汽车前轮的充气压力增大，后轮不变，前轮侧偏刚度的绝对值将由 $|k_1|$ 增大为 $|k_1'|$，

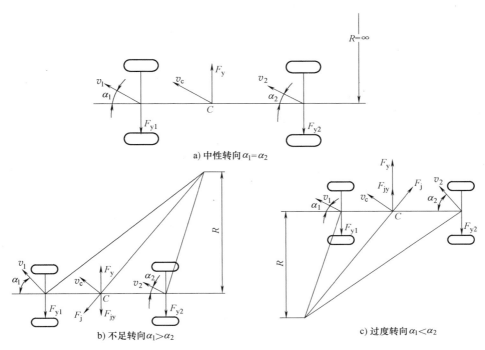

图 7-18　不同转向特性汽车的稳定性

而后轮的侧偏刚度绝对值为 $|k_2|$，则前轮充气压力变化前后稳定性因数的差为

$$K'-K=\frac{m}{L^2}\left(\frac{L_1}{-|k_2|}-\frac{L_2}{-|k_1'|}\right)-\frac{m}{L_2}\left(\frac{L_1}{-|k_2|}-\frac{L_2}{-|k_1|}\right)=\frac{m}{L_2}\left(\frac{L_2}{|k_1'|}-\frac{L_2}{|k_1|}\right)$$

若 $|k_1|<|k_1'|$，则 $K'-K$ 小于 0，即汽车前轮的充气压力增大将使汽车的稳定性因数降低，不足转向性减弱而过度转向性增强。若 K' 降低至小于 0，则汽车的稳态转向特性将变为过度转向特性，汽车的操纵稳定性变坏。

显然，前轮气压增大而使侧偏刚度 k 增大后，更易于满足不等式 $k_2L_2>k_1L_1$（k_1、k_2 为负值），也可判断汽车的不足转向性下降，过度转向性增强，严重时会转变为过度转向特性。

以同样方法，也可判断前轮气压降低或后轮气压变化对于汽车稳态转向特性的影响。

2. 装载质量

装载质量会改变汽车质心位置即 L_1、L_2 和 h_g 的值。汽车装载特别是超载后，其质心后移（一般载货汽车特性），L_2 减小而 L_1 增大，更易于满足不等式 $k_2L_2>k_1L_1$（k_1、k_2 为负值），汽车的不足转向性下降，过度转向性增强，严重时会转变为过度转向特性。

另一方面，汽车装载质量的变化还使作用在汽车前、后轴上的垂直载荷 F_{z1}、F_{z2} 发生变化。如图 7-8 所示，F_{z1}、F_{z2} 的变化会使前、后轴的侧偏刚度 k_1、k_2 发生变化。从而进一步影响汽车稳态转向特性的变化。

轮胎的结构、气压和汽车装载质量等对汽车的稳态转向特性有重要影响。所以不能随便更换轮胎，并应注意使轮胎载荷和气压符合标准规定；同时，汽车装载时不能超载并应注意装载均匀。

第四节　转向轮绕主销的摆振

汽车的行驶方向通过转向盘控制转向轮的偏转角度得以保持。因此，转向轮绕主销的摆振对于汽车的操纵稳定性有重要影响。

由于转向系统内存在间隙，转向盘的游隙可以达到 5°~10°。转向盘不动时，转向轮可以自由转动大约 20°~40°。考虑到系统内部某些部件的弹性变形，转向轮的自由转角还可能更大。

转向轮的自由转动常带有振动的性质，其频率和角振幅则与转向轮上的作用力的特性有关。引起转向轮振动的原因：转向轮不平衡；前悬架和转向系统的运动学关系不协调；车轮与不平路面之间的相互作用。由于某种偶然激发，可能引起转向轮的自激振动。

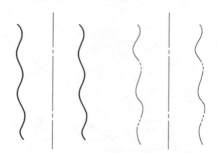

a) 车轮摆动时的轨迹　　b) 车轮跳动时的轨迹

图 7-19　转向轮振动时车轮
在道路上的轨迹

转向轮绕主销左右振动或上下跳动时，汽车的行驶轨迹不断偏摆（图7-19），驾驶人难以控制汽车的行驶方向，使行驶安全受到影响；另外，转向轮的摆振也会加剧轮胎磨损，增大滚动阻力，并使行驶系和转向系承受较大振动负荷，降低零件的使用寿命。

一、前轴角振动引起的转向轮摆振

汽车直线行驶时，若受到偶发外激力作用于前轮时（车轮遇凸起或凹坑），前轴在横向垂直平面内发生转动，引起前轴的角振动，使两前轮旋转的轴线方向发生偏转，如图 7-20a 所示。而只要旋转物体（此时为两前轮）的自转轴由于外力矩的作用改变空间方向，就会对外力矩的施力体（此时为转向节轴）产生反作用力矩，即陀螺力矩，产生陀螺效应。此时，前轮旋转平面的方向会受到陀螺效应的影响而发生变化，其陀螺力矩的方向可以根据右手定则确定。据此，如果左前轮升高（或右前轮下降），车轮将向右偏转；如果左前轮下降（或右前轮升高），车轮将向左偏转。由此激发了转向轮绕主销的角振动，如图 7-20b 所示。

行驶速度越高，则由前轴角振动引发陀螺效应所导致的转向轮摆振越强烈。现代汽车特别是轿车的设计车速越来越高，因此陀螺效应对于转向轮摆振的影响也越来越大，成为引发转向轮摆振的重要因素。要消除或减轻这种现象，应减小悬架下前轴系统的转动惯量，提高角振动的固有频率；或在采用独立悬架的汽车上，采用等长双横杆独立

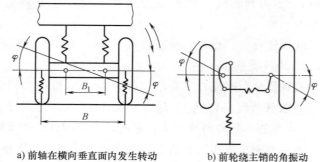

a) 前轴在横向垂直面内发生转动　　b) 前轮绕主销的角振动

图 7-20　前轮振动系统示意图

悬架。如图 7-21 所示，使用等长双横杆独立悬架后，当车轮上下跳动时其旋转平面仅发生平行移动而无偏转，因而可避免前轮绕主销的摆振。但由此带来的问题是：当车轮上下跳动时，轮距改变较大，从而加剧轮胎的磨损。所以目前仍较多采用不等长的双横杆结构，如图

7-21b 所示。另外，适当降低轮胎气压和改善路面状况都有利于减轻摆振。

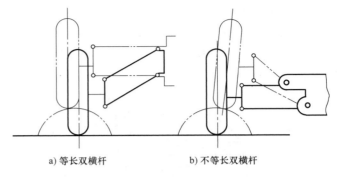

a) 等长双横杆　　　　　b) 不等长双横杆

图 7-21　双横杆式独立悬架运动简图

二、转向轮不平衡引起的转向轮摆振

车轮不平衡分为静不平衡和动不平衡两种情况。

静不平衡的车轮重心与车轮旋转中心不重合。由于不平衡质量的存在，车轮在旋转时产生离心力。转速越高，不平衡质量越大，且距旋转中心的距离越远，由静不平衡所产生的离心力 F_j 也越大。离心力 F_j 可分解为水平分力 F_{jx} 和垂直分力 F_{jy}，如图 7-22a 所示。水平分力 F_{jx} 的大小和方向周期性变化，形成车轮绕主销的振动力矩。左、右转向轮的不平衡质量相互处于 180° 位置时，转向轮摆振最为剧烈，如图 7-22b 所示。垂直分力 F_{jy} 大小和方向的周期性变化，形成使前轴在横向平面内转动的力矩，由于陀螺效应而引起转向轮绕主销的摆振。

静平衡的车轮，若质量 m 的分布相对于车轮纵向中心平面不对称，旋转时会产生方向不断变化的力偶，车轮处于动不平衡状态，如图 7-23 所示。车轮旋转时，该力偶 T 的方向反复变化，使转向轮绕主销摆振。

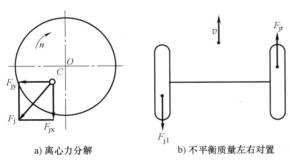

a) 离心力分解　　　　　b) 不平衡质量左右对置

图 7-22　车轮静不平衡示意图

图 7-23　车轮动不平衡示意图

三、前悬架与转向杆系运动学关系不协调引起的转向轮摆振

前悬架与转向传动机构运动关系不协调，是引起转向轮摆振的重要原因。图 7-24 是一种纵置半椭圆钢板弹簧前悬架与转向杆系布置简图。钢板弹簧前端以固定吊耳与车架相连，位于前轴前面；钢板弹簧后端以活动吊耳与车架相连，转向器与转向直拉杆也在前轴后面。当路面不平或其他原因使车轮受到冲击上下跳动时，钢板弹簧发生变形。此时，前轴和主销上各点均以 O_2 点为中心沿弧线 b-b 摆动。转向节上的球销 c 点与转向直拉杆相连。由于转向直拉杆的限制，如果车轮不发生偏转，球销 c 点将沿弧线 a-a 摆动。这样，由于弧线 a-a 与弧线 b-b 不重合，当车轮上下跳动时，转向节将相对于主销发生转动。

为减轻转向轮摆振，应将转向器与固定吊耳尽量靠近，使 a-a 与 b-b 轨迹接近（图 7-24b），从而使运动不协调引起的车轮偏转降到最小量。当外激力的变化频率与前轮系统的固有频率相等或接近时，转向轮将发生共振，严重时会呈现不稳定状态。固有频率主要取决于车轮系统的角刚度和转动惯量。由于行驶速度的不断提高，外激力的变化频率相应提高，发生共振的可能性增大。为避免这种现象，除了应合理确定前轮定位、正确设计前桥和转向传动系杆件外，还可以在转向传动系统中装设筒式减振器。以利于减轻转向车轮的摆动，提高汽车行驶的稳定性。

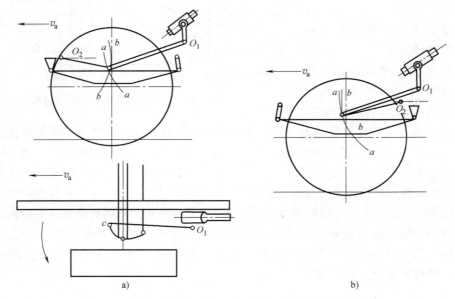

图 7-24　转向系与前悬架运动不协调引起的转向轮摆振

第五节　作用于转向轮的稳定效应

汽车行驶过程中受侧向力作用时，由于弹性轮胎侧偏和转向轮定位，产生回正力矩，形成转向轮的稳定效应，保持良好的操纵稳定性。

一、弹性轮胎侧偏引起的回正力矩

轮胎侧偏不仅导致侧偏角 α 的产生，还因此而产生了回正力矩 T_z。即：在轮胎发生侧偏时，还会产生作用于轮胎绕过轮胎接地点的垂直轴 Oz 的力矩 T_z，如图 7-1 所示。转弯行驶时，该力矩是使转向车轮恢复到直线行驶位置的主要恢复力矩之一。

回正力矩是由接地面内分布的微元侧向反力产生的。弹性车轮在静止时受到侧向力后，印迹长轴线 $a-a$ 与车轮平面平行，错开 Δh，即印迹长轴线 $a-a$ 上各点的横向变形（相对于 $c-c$ 平面）均为 Δh，故可以认为地面侧向反作用力沿 $a-a$ 线均匀分布，如图 7-25a 所示。而车轮滚动时，印迹长轴线 $a-a$ 不仅与车轮平面错开一定距离，而且转动了 α 角。因而，印迹前端离车轮平面近，侧向变形小；印迹后端离车轮平面远，侧向变形大。地面微元侧向反作用力的分布与变形成正比，故地面微元侧向反作用力的分布如图 7-25b 所示，其合力的大小与侧偏力 F_y 相等，但其作用点必然在接地印迹几何中心的后方，偏移某一距离 e，称为轮胎拖距，回正力矩 T_z 因此而产生，其数值为

$$T_z = F_y e \tag{7-19}$$

轮胎拖距 e 是随所受侧偏力 F_y 的大小而变化的。F_y 为零时，轮胎拖距 e 也为零；随 F_y

增大，轮胎拖距 e 增大，接地印迹内地面微元侧向反作用力的分布的情况如图 7-25c 所示；但当 F_y 增大至一定程度时，接地印迹后部的某些部分便达到附着极限，轮胎拖距 e 开始减小，此时反作用力的分布如图 7-25d 所示；随着 F_y 的进一步增大，将有更多部分达到附着极限，直到整个接地印迹发生侧滑后，轮胎拖距 e 又回到零。试验得到的回正力矩-侧偏角曲线如图 7-26 所示。试验结果还表明，回正力矩随垂直载荷的增大而增大。

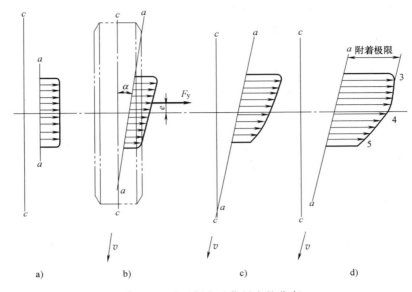

图 7-25　地面侧向反作用力的分布

　　轮胎的型式及结构参数对回正力矩-侧偏角特性有重要影响。在侧偏角相同时，尺寸大的轮胎一般回正力矩较大。子午线轮胎的回正力矩比斜交轮胎大。

　　轮胎的气压低，接地印迹长，轮胎拖距大，回正力矩也就大。

　　地面切向反作用力 F_x 对回正力矩的影响如图 7-27 所示。随着驱动力的增大，回正力矩达到最大值后再下降。在制动力作用下，回正力矩不断减小，制动力达到某值时降为零，若

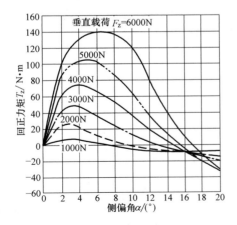

图 7-26　回正力矩-侧偏角曲线
轮胎为 8.00-14，速度 $v=8.4\mathrm{m/s}$，
胎压为 140kPa

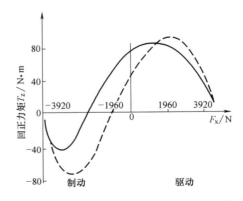

图 7-27　地面切向反作用力对回正力矩的影响
轮胎为 7.60-15，胎压为 190kPa
——侧偏角为 4°　……侧偏角为 8°

制动力再增大则回正力矩转变为负值。

二、转向轮外倾引起的回正力矩

转向轮外倾角 γ 及有外倾角时转向轮的运动情况分别如图 7-28 和图 7-5 所示。有外倾角的转向轮滚动时还产生了回正力矩 $T_{z\gamma}$。由于轮胎有一定宽度，当转向轮有外倾时，内、外侧接地点的切向速度不同，导致附加力偶，即外倾回正力矩 $T_{z\gamma}$ 是由于转向轮侧倾使轮胎在接地印迹宽度上产生不同切向滑动率而形成的。

试验表明，外倾回正力矩在外倾角较小时与外倾角成线性关系，即

$$T_{z\gamma} = k'_\gamma \gamma$$

式中　$T_{z\gamma}$——侧倾回正力矩（N·m）；

k'_γ——常数（N·m/rad），$k_\gamma = -100 \sim -30$ N·m/rad；

γ——转向轮外倾角 [rad 或（°）]。

作用在转轮上的垂直载荷使轮胎变形量和轮胎的接地印记发生变化，因而影响侧倾回正力矩的大小。载荷增大时，轮胎变形量增大，侧倾回正力矩随之增大。在不同载荷下，回正力矩与外倾角的关系如图 7-29 所示。

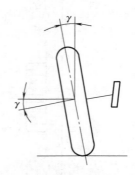

图 7-28　车轮外倾角示意图

按轮胎坐标系的规定，将各轮胎特性参数的正负关系画在图 7-30 中。可见正侧偏角对应于负的侧偏力和正的回正力矩；正外倾角对应于负的外倾侧向力和负的外倾回正力矩。

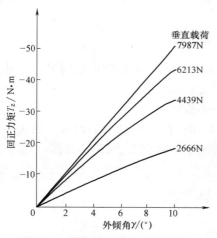

图 7-29　外倾回正力矩与外倾角
轮胎为 7.60-15，胎压为 196kPa

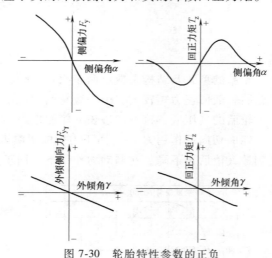

图 7-30　轮胎特性参数的正负

三、主销后倾引起的回正力矩

转向节主销轴线或假想的主销轴线（某些独立悬架的汽车无实际主销）在纵向平面内向后倾斜，与铅垂线所形成的夹角称为主销后倾角 φ。

直线行驶时，若转向轮偶遇外力作用而偏转时，汽车行驶方向发生偏转。由于汽车离心力的作用，在车轮与路面接触点处产生与之方向相反的侧向反力 F_y。当主销后倾时，反力 F_y 对车轮主销的力矩正好与外力使车轮偏转的力矩方向相反，从而使车轮克服外力影响而回到原直线行驶位置。显然，若主销后倾角过大，将使回正力矩太大而转向沉重。图 7-31 为主销后倾角及其回正作用示意图。

四、主销内倾引起的回正力矩

转向节主销轴线或假想的主销轴线在横向平面内向内倾斜，与铅垂线所形成的夹角称为主销内倾角 β。若主销有一定内倾，则车轮在外力作用下偏离直线行驶方向时，转向轮连同转向轴和汽车前部将会被轻微抬起，如图 7-32 所示（图中画成转向 180°，若无地面约束，车轮下边缘将陷入地面以下）。前轴重量对于较低位置所具有的重力势能，产生使转向轮回到原直线行驶位置的效应。此外，主销内倾还使主销轴线延长线与路面的交点到车轮中心平面的距离（称主销偏移距）减小，从而可减小转向时施加于转向盘上的力矩，使转向轻便，同时也减小了从转向轮传递到转向盘上的冲击力。

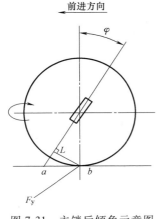

图 7-31 主销后倾角示意图

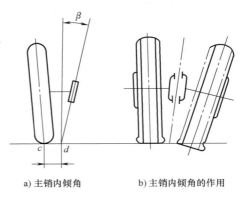

a) 主销内倾角　　　b) 主销内倾角的作用

图 7-32 主销内倾角及作用示意图

第六节　汽车的瞬态响应简介

从给予汽车转向轮转角阶跃输入 δ 开始，到进入稳态响应为止的过渡阶段，汽车转向横摆角速度 ω_r 随时间 t 而变化的这种响应称为瞬态响应。

为了分析和试验的方便，常通过分析和测定汽车在角阶跃输入下的瞬态响应来掌握汽车瞬态响应的基本特征。一辆直线行驶的汽车，驾驶人快速转动转向盘完成转角 δ_0 并保持不动，其横摆角速度 ω_r 随时间 t 变化的瞬态响应曲线如图 7-33 所示。正常汽车都具有小阻尼的瞬态响应，其横摆角速度是一条收敛于稳态响应 ω_{r0} 的减幅正弦曲线，由图可以看出瞬态响应中的几个特征评价指标：

一、反应时间和超调量

急速转动转向盘给予汽车一个角阶跃输入后，汽车的横摆角速度 ω_r 不能立刻达

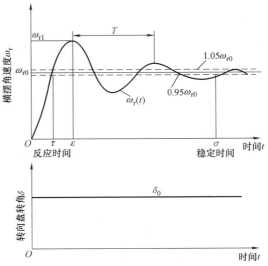

图 7-33 转向盘角阶跃输入时的汽车瞬态响应

到稳态横摆角速度 ω_{r0}，而要在 $t=\tau$ 时才能达到，即在时间上有滞后。滞后的这段时间 τ 称为反应时间。反应时间 τ 值应小些为好。反应时间太长，驾驶人会感到汽车转向反应迟钝。

汽车的横摆角速度 ω_r 到达第一峰值 ω_{r1} 的时间 ε 称为峰值反应时间，也可作为评价汽车瞬态响应反应快慢的参数。转向盘角阶跃输入试验结果表明：近代轿车的峰值反应时间 $\varepsilon = 0.23\sim0.59\text{s}$。

在 $t=\varepsilon$ 时，汽车的横摆角速度 ω_r 达到最大值 ω_{r1}。$\dfrac{\omega_{r1}}{\omega_{r0}}$ 的百分比称为超调量。超调量表明瞬态响应中执行指令上的误差。试验表明现代轿车为 $\dfrac{\omega_{r1}}{\omega_{r0}}100\% = 112\%\sim165\%$。

二、横摆角速度波动周期和稳定时间

在瞬态响应中，汽车的横摆角速度 ω_r 在稳态值 ω_{r0} 附近上下波动，其周期 T 称为横摆角速度波动周期。波动频率和波动周期与汽车动力学系统的结构参数有关。行驶速度一定时，ω_r 值的变化表明汽车的转向半径时大时小，呈现汽车横向摇晃的运动过程，这会增大驾驶上的困难。

横摆角速度 ω_r 达到稳态值 ω_{r0} 的 $95\%\sim105\%$ 之间的时间 σ 称为稳定时间。显然，稳定时间 σ 越小越好。若汽车的不足转向性越大，则收敛越快，稳定时间越短；反之，若汽车的过度转向性越大，则收敛越慢，稳定时间越长，甚至不能收敛至稳定值 ω_{r0} 而失去操纵稳定性。

由以上讨论可知，汽车的瞬态响应包括两方面问题：一个是稳定性，即汽车受到一个转向角输入后，能否达到新的稳定状态；另一个是品质问题，即在达到稳定状态以前，其瞬态响应的特性如何。

第七节　汽车操纵稳定性试验

一、试验条件

试验前，测定转向轮定位参数；检查、紧固和调整有关零、部件（特别是转向系统各零、部件，车轮定位角，悬架机构各零、部件等）；轮胎气压应符合规定值；车辆载荷满足相应要求（额定满载或空载）。

汽车操纵稳定性试验主要在汽车试验场的专用场地上进行，或在平坦、干燥、清洁的水泥或沥青路面（或场地）上进行。路面在任一方向上的坡度不大于 2%，并按试验需要放置标桩。

环境风速不大于 5m/s，大气温度为 0~40℃。

汽车操纵稳定性路上试验所需测定的参数和仪器包括：用非接触式行驶速度仪或第五轮仪和时间信号发生器测定行驶速度和时间；用转向参数测量仪或转向盘测力仪测量转向盘作用转矩及转角；用加速度计测量侧向加速度（或测出汽车横摆角速度 ω_r 和转弯半径 R 后，由 $R\omega_r^2$ 求得）；用二自由度角速度陀螺仪来测量汽车横摆角速度，用三自由度的航向陀螺仪和垂直陀螺仪来测量汽车的航向角和车厢侧倾角。

二、稳态转向特性试验

稳态转向特性试验在水平场地上进行，场地上画有半径为 15m 或 20m 的圆周。汽车以

最低稳定车速沿所画圆周行驶，此时转向盘的转角为 δ_0，测定车速 v_0 及横摆角速度 ω_{r0}。由于车速很低，离心力很小，轮胎侧偏角可忽略不计。不计轮胎侧偏时的转向半径为

$$R_0 = \frac{v_0}{\omega_{r0}}$$

保持转向盘转角 δ_0 不变，使汽车缓慢连续而均匀地加速（纵向加速度不超过 0.25m/s^2），直至汽车的侧向加速度达到 6.5m/s^2 为止。连续测量车速 v 与横摆角速度 ω_r 值，根据瞬时车速 v 与 ω_r 值，可求出不同侧向加速度 j_y 下有侧偏角时的转弯半径：

$$R = \frac{v}{\omega_r}$$

试验中汽车行驶的轨迹如图 7-34 所示。对于不足转向的汽车，随车速的增加，转弯半径越来越大；反之，过度转向汽车的转弯半径越来越小。

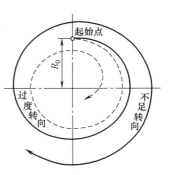

三、转向回正能力试验

转向回正能力试验在平坦的场地上进行。使汽车沿半径为 15m 的圆周行驶，调整车速使侧向加速度达 4.0m/s^2 后，突然松开转向盘，在回正力矩作用下，前轮将要回复到直线行驶。记录这个过程的时间 t、车速 v、转向盘转角 δ 和横摆角速度 ω_r，整理出 ω_r-t 曲线。

图 7-34　稳态转向特性试验中汽车运行轨迹

对于最高车速超过 100km/h 的汽车，还要进行高速回正性能试验，试验车速为最高车速的 70%。使汽车以试验车速直线行驶，随后驾驶人转动转向盘使侧向加速度达到 2.0m/s^2，然后突然松开转向盘作回正试验。

四、转向轻便性试验

转向轻便性试验时，汽车在场地上沿双纽线（图 7-35）以 10km/h 的车速行驶。双纽线轨迹的极坐标方程为 $L = d\sqrt{\cos 2\psi}$。

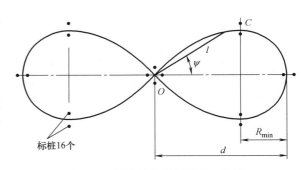

试验中，记录转向盘转角及转向盘转矩，并按双纽线路径每一周整理出转向盘转矩-转向盘转角曲线。通常以转向盘最大转矩、转向盘最大作用力及转向盘作用功来评定汽车的转向轻便性。

图 7-35　测定转向轻便性的双纽线

复　习　题

一、问答题

1. 什么是汽车的操纵稳定性？

2. 什么是侧偏现象和侧偏特性？

3. 影响轮胎侧偏刚度的主要因素有哪些？

4. 什么是汽车的稳态转向特性？

5. 什么是中性转向、不足转向和过度转向？

6. 什么是稳定性因数和稳态横摆角速度增益？

7. 什么是中性转向点？什么是静态储备系数？

8. 什么是特征车速和临界车速？

二、综述（分析）题

1. 分析装用刚性车轮的汽车转向时的转向半径和转向角速度。

2. 分析装用弹性车轮的汽车转向时的转向半径和转向角速度。

3. 影响汽车稳态转向特性的主要因素有哪些？

4. 如何判断汽车的稳态转向特性？

5. 如何用稳定性因数表示汽车的转向特性？

6. 分析具有过度转向特性的汽车为什么操纵稳定性不良。

7. 分析具有适度不足转向特性的汽车为什么具有较好的操纵稳定性。

8. 说明"特征车速"的涵义，当车速接近或达到该车速时会发生什么现象？

9. 说明"临界车速"的涵义，当车速接近或达到该车速时会发生什么现象？

10. 质心前移或后移，汽车转向特性会发生什么变化，为什么？

11. 汽车空载和满载时的操纵稳定性有什么差别？

12. 分析说明轮胎气压对汽车稳态转向特性的影响。

13. 前轴角振动如何引起转向轮摆振？

14. 车轮不平衡如何引起转向轮摆振？

15. 悬架与转向杆系的运动不协调如何引起转向轮摆振？

16. 弹性轮胎的回正力矩是如何产生的？其大小变化趋势如何？

17. 为什么转向轮主销内倾可产生回正效应？

18. 为什么转向轮主销后倾可产生回正效应？

19. 如何进行汽车操纵稳定性有关项目的试验？

20. 某轿车装用侧偏刚度为 $-33kN/rad$ 的斜交帘线轮胎时呈现中性转向特性，若前轴换装侧偏刚度为 $-46kN/rad$ 的子午线轮胎，则：

① 该车将具有何种稳态转向特性？为什么？

② 对该车的操纵稳定性进行分析。

21. 某轿车重 2kN，轴距 3m，重心距前轴 1.3m，以下三种情况下各具有什么稳态转向特性？

① 如果前轴装一对子午线轮胎，每个轮胎的侧偏刚度为 $-46kN/rad$，后轴装一对斜交帘线轮胎，每个轮胎的侧偏刚度为 $-33kN/rad$。

② 前、后轴均装子午线轮胎。

③ 前、后轴均装斜交帘线轮胎。

第八章　汽车的行驶平顺性

汽车行驶平顺性指行驶过程中，保证乘员不会因车身振动而引起不舒服和疲劳的感觉以及保持所运货物完整无损的性能。行驶平顺性主要根据乘员的舒适程度评价，因此又称为乘坐舒适性。

汽车是一个复杂的多质量振动系统，其车身通过悬架与车桥连接，而车桥又通过弹性轮胎与道路接触。发动机、驾驶室等固定于车架上时，其间也衬有橡胶垫。在激振力作用（如道路不平而引起的冲击和加速、减速时的惯性力等）下，或当发动机、传动系统等在运转中发生振动时，系统也将激发复杂的振动，从而对乘员的生理反应和所运货物的完整性产生不利影响。车身振动频率较低，其共振区通常在低频范围内。为了保证汽车具有良好的平顺性，应使车身共振所对应的行驶速度尽可能地远离汽车的常用行驶速度。

研究汽车行驶的平顺性主要涉及如下两方面问题：

① 如何避免汽车这个"振动系统"的"共振"现象。

② 使"振动系统"输出的振动频率避开人体敏感的范围，振动加速度不超过人体所能承受的强度。

汽车在不良道路上行驶时，常因振动过大而被迫降低行车速度，其实际行驶速度主要取决于行驶平顺性；其次，振动产生的动载荷，会加速零件磨损乃至引起损坏；第三，振动还会消耗能量，使燃料经济性变坏。因此，减轻汽车振动，提高汽车的平顺性，不仅关系到乘坐舒适和所运货物的完整，而且关系到汽车运输生产率、燃油经济性、使用寿命和工作可靠性等。

第一节　汽车行驶平顺性的评价

汽车行驶平顺性的评价方法，通常是根据人体对振动的生理反应及振动对保持货物完整性的影响来制订的，综合考虑振动频率、振幅、方向的影响，用振动的物理量如加权加速度均方根值 j_w 作为行驶平顺性的评价指标。

一、人体对振动的反应

人体对振动的反应既与振动频率及强度、振动作用方向和暴露时间有关，也与乘员的心理、生理状态有关。

大量试验表明，人体对不同方向的振动的感受存在差异，对上下振动忍耐性最强，其次是前后振动，对左右振动最敏感。人体上下振动的共振点大约在 $4 \sim 8Hz$，水平振动的共振点大约在 $1 \sim 2Hz$。如果在共振点上施加振动，人体的抗振能力会严重下降，氧气消耗量剧增，能量代谢加快。

暴露时间是指人体处于振动环境的时间。暴露时间越长，人体所能承受的振动强度越小。

20 世纪 70 年代初，国际标准化组织（ISO）在综合了大量有关人体全身振动的研究成果的基础上，制定了国际标准 ISO 2631《人体承受全身振动评价指南》。经过对该标准的修订和补充，于 1997 年公布了 ISO 2631-1—1997（E）《人体承受全身振动评价-第一部分：一般要求》，该标准用于评价长时间作用的随机振动和多输入点多轴向振动环境对人体的影响时，能更好地符合人的主观感觉。我国对相应标准进行了修订，公布了 GB/T 4970—2009《汽车平顺性试验方法》。

ISO 2631-1—1997（E）《人体承受全身振动评价-第一部分：一般要求》规定的人体坐姿承受振动模型如图 8-1 所示。根据该标准，在进行汽车行驶平顺性评价时，要注意以下各点：

① 应考虑三个输入点 12 个轴向的振动。即：除了考虑座椅支承面所输入的三个方向的线振动（x_s、y_s、z_s）外，还要考虑三个方向的角振动（r_x、r_y、r_z），以及座椅靠背和脚支承面两个输入点各三个方向的线振动。

② 根据人体对不同频率振动的敏感程度不同，各轴向 0.5～80Hz 的频率加权函数 $w(f)$（渐进线）如图 8-2 所示。$w(f)$（渐进线）也可用式（8-1）表示（式中频率 f 的单位为 Hz）：

$$
\begin{aligned}
w_k(f) &= \begin{cases} 0.5 & (0.5 < f < 2) \\ f/4 & (2 < f < 4) \\ 1 & (4 < f < 12.5) \\ 12.5/f & (12.5 < f < 80) \end{cases} \\[4pt]
w_d(f) &= \begin{cases} 1 & (0.5 < f < 2) \\ 2/f & (2 < f < 80) \end{cases} \\[4pt]
w_c(f) &= \begin{cases} 1 & (0.5 < f < 8) \\ 8/f & (8 < f < 80) \end{cases} \\[4pt]
w_e(f) &= \begin{cases} 1 & (0.5 < f < 1) \\ 1/f & (1 < f < 80) \end{cases}
\end{aligned} \tag{8-1}
$$

③ 考虑到不同输入点和轴向的振动对人体影响的差异，各轴向振动的轴加权系数 k 见表 8-1。对于三个输入点 12 个轴向，分别选用相应频率加权函数 $w(f)$ 和相应的轴加权系数 k。

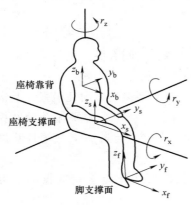

图 8-1　人体坐姿承受振动模型图

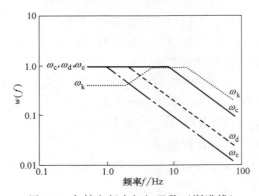

图 8-2　各轴向频率加权函数（渐进线）

表 8-1 频率加权函数、轴加权系数

位置	坐标轴	频率加权函数 w	轴加权系数 k
座椅支撑面	x_s	w_d	1.00
	y_s	w_d	1.00
	z_s	w_k	1.00
	r_x	w_e	0.63
	r_y	w_e	0.40
	r_z	w_e	0.20
靠背	x_b	w_c	0.80
	y_b	w_d	0.50
	z_b	w_d	0.40
脚	x_f	w_k	0.25
	y_f	w_k	0.25
	z_f	w_k	0.40

由表 8-1 可知，座椅面输入点的三个线振动 x_s、y_s、z_s 的轴加权系数为 $k=1$，大于其余各轴向的轴加权系数，因而是 12 个轴向中人体最敏感的。ISO 2631-1：1997（E）《人体承受全身振动评价-第一部分：一般要求》还规定，当评价振动对人体健康的影响时，应该考虑 x_s、y_s、z_s 这三个轴向，并规定靠背水平轴向 x_b、y_b 可以由座椅面水平轴向 x_s、y_s 代替，取该两轴向的轴加权系数 $k=1.4$ 表明水平轴比垂直轴 z_s 向更敏感。我国的相应标准 GB/T 4970—2009《汽车平顺性试验方法》规定，评价汽车平顺性时一般考虑 x_s、y_s、z_s 这三个轴向。

由图 8-2 可见，座椅面垂直轴向 z_s 的频率加权函数 w_k 的最敏感频率范围为 4~12.55Hz。试验表明，在 4~8 Hz 这个频率范围，人的内脏器官产生共振，而 8~12.5Hz 频率范围的振动对人的脊椎系统影响很大。座椅面水平轴向 x_s、y_s 的频率加权系数 w_d 的最敏感频率范围为 0.5~2 Hz。振动频率大约在 3Hz 以下时，水平振动比垂直振动更敏感，且汽车车身部分系统在此频率范围产生共振，故应对水平振动给予充分重视。

二、汽车平顺性的评价方法

根据 ISO 2631-1：1997（E）《人体承受全身振动评价-第一部分：一般要求》的规定，当振动波形峰值系数小于 9（峰值系数是加权加速度时间历程 $j_w(t)$ 的峰值与加权加速度均方根值 j_w 的比值）时，用基本的评价方法——加权加速度均方根值 j_w 来评价振动对人体舒适和健康的影响。汽车平顺性评价的基本步骤是，先求出各个单轴向加权加速度均方根，而后得到总加权加速度均方根值，然后根据其与人的主观感觉的关系，评价汽车的平顺性。根据测量，这一方法对各种汽车在正常行驶工况下均适用。

1. 单轴向加权加速度均方根值

用基本的评价方法来评价时，先计算各轴向加权加速度均方根值 j_{wi}。计算方法如下：

对记录的加速度时间历程 $j(t)$，通过相应频率加权函数 $w(f)$［式（8-1）］滤波网络，得到加权加速度时间历程 $j_w(t)$，按下式计算 i 轴向的加权加速度均方根值 $j_{wi}(m/s^2)$：

$$j_{wi} = \left[\frac{1}{T} \int_0^T j_w{}^2(t)\,\mathrm{d}t \right]^{\frac{1}{2}} \qquad (8-2)$$

式中　T——振动的分析时间（s），一般取 $T = 120\mathrm{s}$。

2. 总加权加速度均方根值

当同时考虑椅面 x_s、y_s、z_s 这三个轴向振动时，三个轴向的总加权加速度均方根 j_w（m/s²）按下式计算：

$$j_w = \left[(1.4 j_{wx})^2 + (1.4 j_{wy})^2 + j_{wz}^2 \right]^{\frac{1}{2}} \qquad (8-3)$$

式中　j_{wx}——前后方向（x 轴方向）加权加速度均方根值（m/s²）；

　　　j_{wy}——左右方向（y 轴方向）加权加速度均方根值（m/s²）；

　　　j_{wz}——垂直方向（z 轴方向）加权加速度均方根值（m/s²）。

3. 加权振级

有些"人体振动测量仪"采用加权振级 L_{aw}（dB）作为测量指标。加权振级表明振动的量级，可以理解为用分贝值表示的加权加速度均方根值，与加权加速度均方根值 j_w 有如下关系：

$$L_{aw} = 20 \mathrm{Lg} \frac{j_w}{j_0} \qquad (8-4)$$

式中　j_0——参考加速度均方根值（m/s²），$j_0 = 10^{-6} \mathrm{m/s^2}$。

　　　L_{aw}——加权振级（dB）。

ISO 2631-1：1997（E）《人体承受全身振动评价-第一部分：一般要求》给出了在 $1 \sim 80\mathrm{Hz}$ 振动频率范围内的加权振级 L_{aw} 和加权加速度均方根值 j_w 与人的主观感觉之间的对应关系，见表 8-2。把经计算得到的加权加速度均方根值 j_w 与之比较，便可评价汽车的平顺性。

表 8-2　j_w 和 L_{aw} 与人的主观感觉之间的关系

$j_w/(\mathrm{m/s^2})$	L_{aw}/dB	人的主观感觉
<0.315	110	没有不舒适
0.315 ~ 0.63	110 ~ 116	有一些不舒适
1.5 ~ 1.0	114 ~ 120	相当不舒适
0.8 ~ 1.6	118 ~ 124	不舒适
1.25 ~ 2.5	112 ~ 128	很不舒服
>2.0	126	极不舒服

第二节　汽车振动系统的简化和振动特性分析

汽车是一个复杂的振动系统，为便于分析，应根据问题对其进行简化。

一、汽车振动系统的简化

对汽车振动系统简化时，常将其用当量系统来代替。一般情况下，汽车可视为由彼此相联系的悬架质量和非悬架质量所组成。悬架质量 m 主要由悬架弹簧之上的车身、车架及其上的总成所组成；非悬架质量 m' 主要由悬架弹簧之下的车轮和车轴组成。而汽车的弹性元件、导向杆件、减振器和传动轴等因一端和弹簧之上部分连接，另一端和弹簧以下部分连接，故一般将其一半计入悬架质量，另一半计入非悬架质量。

假设汽车对称于纵向轴线（x 轴）并没有横向角振动，而只有垂直振动 z 和绕 y 轴的俯仰角振动 φ，由此汽车振动系统可简化为平面模型，如图 8-3 所示。将悬架质量 m 按动力等效的条件分解为前轴上的质量 m_1 和后轴上的质量 m_2 以及质心 c 上的质量 m_c 三个集中质量，并由无质量的刚性杆连接，其大小由下述三个条件决定：

① 总质量不变：

$$m = m_1 + m_2 + m_c$$

② 质心位置不变：

$$m_1 L_1 - m_2 L_2 = 0$$

③ 转动惯量 I_y 的值保持不变：

$$I_y = m\rho_y^2 = m_1 L_1^2 + m_2 L_2^2$$

式中　ρ_y——绕横轴 y 的回转半径（m）。

　　L_1——质心至前轴距离（m）；

　　L_2——质心至后轴距离（m）。

由以上各式解得：

$$m_1 = \frac{m\rho_y^2}{L_1 L}$$

$$m_2 = \frac{m\rho_y^2}{L_2 L}$$

$$m_c = m\left(1 - \frac{\rho_y^2}{L_1 L_2}\right)$$

式中　L——轴距（m），$L = L_1 + L_2$。

当悬架质量分配系数 $\varepsilon = \dfrac{\rho_y^2}{L_1 L_2} = 1$ 时，质心 c 上的质量 $m_c = 0$。此时有

$$m_1 = \frac{m L_2}{L}$$

$$m_2 = \frac{m L_1}{L}$$

在 $\varepsilon = 1$ 情况下，前、后轴上集中质量 m_1、m_2 在垂直方向的运动是相互独立的，亦即当前轮遇到路面不平度而引起振动时，质量 m_1 振动而质量 m_2 不振动，反之亦然。

目前，大部分汽车 $\varepsilon = 0.8 \sim 1.2$，即接近 1。在这种情况下，可以分别讨论悬架质量 m_1 与前轮轴以及悬架质量 m_2 与后轮轴所构成的两个双质量系统的振动。双质量系统（两自由度）振动模型如图 8-3 所示。在分析车身振动时，如进一步忽略车轮部分质量与轮胎刚度的影响，可把双质量系统（两自由度）振动模型进一步简化为两自由度车身振动模型，如图 8-4 所示。在远离车轮固有频率 f_0（$10 \sim 16\text{Hz}$）的较低激振频率范围（如 5Hz 以下），轮胎的动力变形很小，若进一步忽略其弹性和车轮质量，可得到分析车身垂直振动的单质量系统，如图 8-5 所示。

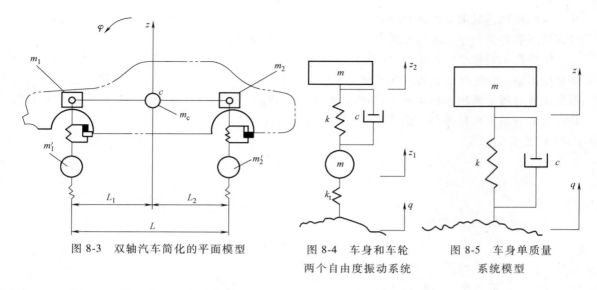

图 8-3　双轴汽车简化的平面模型　　　图 8-4　车身和车轮　　图 8-5　车身单质量
　　　　　　　　　　　　　　　　　　　两个自由度振动系统　　　　　系统模型

二、单质量系统及其振动特性分析

通常情况下，非悬架质量比悬架质量小得多，而轮胎的刚度比悬架的刚度大得多，所以以车轮振动的固有频率（6~15Hz）比车身的固有频率（1~2Hz）大得多，远离较低的激振频率（5Hz 以下）。为便于分析，可以忽略车轮的弹性和质量，便形成了两个集中质量 m_1、m_2 分别支承在悬架弹簧上的单质量系统。

车身振动单质量系统由悬架质量 m_1（或 m_2）和弹簧刚度为 k、减振器阻尼系数为 c 的悬架组成，如图 8-4 所示。q 是输入的路面不平度函数；z 是车身垂直方向的振动输出，其原点在静力平衡位置。

以车身质量为研究对象进行受力分析，根据牛顿第二定律，得到描述系统运动的微分方程为

$$m_1\ddot{z} + c(\dot{z} - \dot{q}) + k(z - q) = 0$$

整理得：

$$m_1\ddot{z} + c\dot{z} + kz = c\dot{q} + kq$$

上式是二阶常系数非齐次线性微分方程。由其齐次微分方程的通解和频响特性的分析，可得有关悬架系统的以下结论：

① 悬架系统的阻尼系数 c（或阻尼比 $\xi = \dfrac{c}{2\sqrt{mk}}$）对系统衰减振动的固有频率有一定的影响，并直接决定振幅的衰减程度。

② 系统减振在频率比 λ（路面输入频率即激振频率 f 与系统固有频率 f_0 之比）不同的路面输入下，对阻尼比 ξ 的要求不同。

③ 降低系统的固有频率 f_0（$f_0 = \dfrac{1}{2\pi}\sqrt{\dfrac{k}{m}}$）可以明显减小车身振动加速度，从而改善汽车的平顺性，但 f_0 的降低又受到动挠度 f_d 的限制。目前大多数汽车悬架系统的固有频率 f_0、静挠度 f_s、动挠度 f_d 和阻尼比 ξ 的实用范围见表 8-3。

表 8-3　悬架系统固有频率 f_0、静挠度 f_s、动挠度 f_d、阻尼比 ξ

车型	f_0/Hz	f_s/cm	f_d/cm	ξ
轿车	1.2~1.1	15~30	7~9	
货车	2~1.5	6~11	6~9	0.2~0.4
公共汽车	1.8~1.2	7~15	5~8	
越野汽车	2~1.3	6~13	7~13	

综上所述，轿车舒适性要求高，而所行驶的路面相对货车和越野车比较好，悬架动挠度 f_d 引起的撞击限位概率很小，故其车身部分固有频率 f_0 选择得比较低，以减小车身加速度，一般为 1~1.5Hz。反之，货车和越野车行驶的路面较差，为减小撞击限位的概率，车身固有频率 f_0 较高，一般为 1.5~2Hz。在固有频率 f_0 比较低、行驶路面又比较差的情况（例如某些越野车）下，动挠度 f_d 会相当大，为了减少冲击限位的概率，此时阻尼比 ξ 应取偏大值。

第三节　影响汽车行驶平顺性的结构因素

影响汽车行驶平顺性的结构因素可分成四个方面，即悬架结构、轮胎、悬架质量和"人体-座椅"系统参数。

一、悬架结构

汽车悬架系统参数的范围见表 8-3。影响汽车行驶平顺性的悬架结构特性有三个，悬架弹簧刚度、悬架弹性特性、减振器阻尼。

1. 悬架弹簧刚度

悬架弹簧刚度 k 决定的悬架系统固有频率 f_0 对平顺性影响最大，降低 f_0 可以明显减小车身振动加速度，这是改善平顺性的一个基本措施。但随着 f_0 降低，动挠度 f_d 增大，限位行程 $[f_d]$ 必须相应增大；但受结构布置限制，$[f_d]$ 不能太大，所以降低 f_0 是有限度的。

前、后悬架系统刚度的匹配对汽车平顺性也有较大影响。为了减小车身纵向角振动，一般将前悬架的固有频率选得略低于后悬架的固有频率。

2. 悬架弹性特性

悬架系统的弹性特性指悬架变形与所受载荷之间的对应关系，分为线性与非线性两种。具有线性弹性特性的悬架刚度 k 为常数。其车身振动固有频率 f_0 将随装载质量多少而改变，尤其是后悬架载质量变化较大的货车和大客车。这种变化使汽车空载或部分载荷时前、后悬架振动的固有频率过高或失配，导致车身猛烈颠簸，平顺性变差。为此，可采用具有非线性弹性特性的悬架，即悬架的刚度 k 可随载荷的改变而变化，以保持汽车各种载荷情况下，f_0 基本不变或变化不大，从而达到改善平顺性的目的。这种悬架也称为变刚度悬架。

悬架的非线性弹性特性可以通过下述办法来实现：

① 在线性弹性特性悬架中加入辅助弹簧、复合弹簧，采用适当的导向机构以及与车架的支承方式等。

② 选用具有非线性弹性特性的弹簧，如空气弹簧、油气弹簧、橡胶弹簧和硅油弹簧。

3. 减振器阻尼

为衰减车身的自由振动和抑制车身的共振，以减小车身的振动加速度，汽车悬架系统中应有适当的阻尼。悬架系统的阻尼主要来自减振器、钢板弹簧叶片之间的摩擦以及轮胎变形时橡胶分子间的摩擦。正确选择阻尼比 ξ 对汽车的平顺性至关重要，若 ξ 取值大，能使振动迅速衰减，但会将较大的路面冲击传递到车身。反之，若 ξ 取值小，振动衰减缓慢，受一次冲击后振动持续时间长，使乘客感到不舒适。为使减振的阻尼效果好，又不传递较大的冲击力，压缩行程的阻尼和伸张行程的阻尼应取不同值。压缩行程中，为减少传递的路面冲击力，应选择较小 ξ；而伸张行程中，为迅速衰减振动，应选择较大 ξ。

对于不同的悬架固有频率 f_0 和不同的使用条件，满足平顺性要求的阻尼比 ξ 值的大小应有所不同。当 f_0 较低，路面又较差时，动挠度 f_d 会相当大，为减少悬架撞击限位块的概率，应取偏大的 ξ 值。

二、轮胎

弹性轮胎可以吸收因路面不平所产生的振动，可以起缓冲作用，与悬架一起共同保证汽车的平顺性。随着车速提高，希望轮胎的缓冲性能越来越好。提高轮胎缓冲性能的方法如下：

① 增大轮胎断面、轮辋宽度和空气容量，并相应降低轮胎气压。

② 改变轮胎结构形式，如采用子午线轮胎，它因胎体的径向弹性大，可以缓和不平路面的冲击并吸收大部分冲击能量使平顺性得到改善。

③ 提高帘线和橡胶的弹性，采用较柔软的胎冠。

车轮旋转质量的不平衡会引起汽车振动，影响平顺性和行驶稳定性。汽车高速行驶时车轮不平衡的影响尤为突出。所以必须对每一车轮进行静平衡和动平衡，以保证高速行驶时的平顺性。

三、非悬架质量及悬架质量的分配

减小非悬架质量可降低车身的振动频率，提高车轮的振动频率，从而使高频共振移向更高的行驶速度。同时，非悬架质量的大小直接影响到传递至车身上的冲击力。非悬架质量越小，则冲击力越小；反之，将加大。因此，非悬架质量对汽车的平顺性有较大影响。

非悬架质量对行驶平顺性的影响，常用非悬架质量与悬架质量之比 m'/m 来评价，此比值越小，行驶平顺性越好。但随着非悬架质量 m' 减小，非悬架质量对平顺性的影响也变小，而非悬架质量过小时，还会影响车轮与地面的附着效果。现代轿车的 m'/m 一般在 10.5% ~ 14.5% 之间。

悬架质量 m 的布置应尽可能使悬架质量分配系数 $\varepsilon = \dfrac{\rho_y^2}{L_1 L_2}$ 接近于 1，以减小前、后悬架质量 m_1、m_2 的振动之间的联系，使前、后悬架质量的振动相互独立。为此，应通过改变悬架质量质心位置，保证汽车质量 m 绕横轴 y 的回转半径 $\rho_y(\mathrm{m})$ 具有相应数值，如把汽车质量分配到两端（发动机前移、行李箱后移等）。

四、座椅

座椅的布置对平顺性有较大的影响。接近车身中部的座位振幅较小，前、后两端的座位振幅较大。在相同频率下，在不同座位上的乘员感受到的振动加速度就不一致。因此，轿车的座位均布置在前、后轴轴距之内。载货汽车和公共汽车，为了减小前后方向的振幅，应尽量缩小座位在高度方向上与质心间的距离。

座垫具有一定减振作用，座椅垫的弹性要适当。应适当选择座垫的刚度和阻尼，若汽车的悬架较硬，可采用较软的座垫；若汽车悬架较软，则采用较硬的座垫，以使人-座椅系统的固有频率避开人体最敏感的频率范围（4~8Hz），并防止因乘客在座位上的振动频率与车身的振动频率重合而发生共振。同时，座垫也需要一定的阻尼，应使阻尼系数达到0.2以上，以衰减振动。

五、其他

① 底盘旋转件不平衡的影响。底盘旋转件（如传动轴、车轮等）的不平衡，在汽车行驶过程中极易产生周期性的激振力，而后通过悬架传至车身，影响汽车的平顺性。提高传动系统旋转件动平衡度，对改善汽车的平顺性有显著作用。

② 轴距的影响。汽车行驶过程中，当受到路面不平的冲击时，车身俯仰角加速度随汽车轴距的增大而减小；除前、后轴上方位置外，车身垂直振动加速度也随轴距的增大而减小。所以，增大轴距，有利于改善汽车的平顺性。

第四节　汽车行驶平顺性试验

汽车平顺性试验要采集各种振动和冲击信号，特别是大量随机振动信号，然后以计算机为主体，配以采样、模-数转换以及各种软硬件的数据处理系统，进行平顺性评价指标、频谱及频率响应函数的处理。

试验时，车辆按要求装备齐全，并在相应位置设置加速度传感器，轮胎气压符合技术要求；试验道路应平直，纵坡不大于0.1%，路面不平度应均匀无突变，相当等级为二级（沥青）和三级（砂石）两种；风速不大于5m/s；测试仪器系统包括加速度传感器、前置放大器、磁带记录仪或数据采集器、人体振级测量仪。

1. 汽车悬架系统的刚度、阻尼和惯性参数的测定

通过测定轮胎、悬架、座垫的弹性特性（载荷与变形的关系曲线），可以求出在规定载荷下轮胎、悬架、座垫的刚度。由加、卸载曲线包围的面积，可以确定这些元件的阻尼。另外，还要测量悬架（车身）质量、非悬架（车轮）质量、车身质量分配系数等。

2. 悬架系统部分固有频率（偏频）和阻尼比的测定

将汽车前轮、后轮分别从一定高度抛下，记录车身和车轮质量的衰减振动曲线，分别求得车身质量振动周期 T 和车轮质量振动周期 T'，如图8-6所示。然后，按下式算出各部分固有频率。

车身部分固有频率 f_0：

$$f_0 = \frac{\omega}{2\pi} = \frac{1}{T}$$

车轮部分固有频率 f_1：

$$f_1 = \frac{\omega_1}{2\pi} = \frac{1}{T'}$$

根据车身和车轮质量的衰减振动曲线，求得

车身和车轮部分的衰减率 τ 和 τ' 分别为 $\tau = \dfrac{A_1}{A_2}$ 和

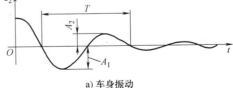

a) 车身振动

b) 车轮振动

图8-6　悬架系统衰减振动曲线

$\tau' = \dfrac{A_1'}{A_2'}$。然后，按下式求出车身和车轮部分阻尼比 ξ 和 ξ'：

$$\xi = \frac{1}{\sqrt{1 + \dfrac{4\pi^2}{\ln^2 \tau}}}$$

$$\xi' = \frac{1}{\sqrt{1 + \dfrac{4\pi^2}{\ln^2 \tau'}}}$$

用同样方法可以求出"人体-座椅"系统之间的部分固有频率和阻尼比。

3. 汽车振动系统的频率响应函数的测定

在实际随机输入的路面上或在电液振动试验台上，给车轮以 0.5~30Hz 范围的振动输入，记录车轴、车身、座垫上各测点的振动响应；然后由数据统计分析仪处理，按车轴/输入、车身/车轴、座垫/车身可相应得到车轮、悬架、座垫各环节的频率响应函数。其幅频特性的峰值所在频率即为各环节的固有频率，根据共振时的振幅 A 近似求出各环节的阻尼比 ξ：

$$\xi = \frac{1}{2\sqrt{A^2 - 1}}$$

4. 实际路面随机输入行驶试验

此项试验是评定汽车平顺性的最主要试验。按照 GB/T 4970—2009《汽车平顺性试验方法》进行。

各种车辆因工作条件不相同，其试验要求的路况、车速、传感器安装位置等也有所不同。

平顺性随机输入试验主要以总加权加速度均方根值 j_w 来评价。根据试验中记录的振动加速度时间历程，通过数据处理可求得 j_w。这些评价指标随车速的变化曲线称为"车速特性"，可用于在整个使用车速范围内全面地评价汽车平顺性。

5. 脉冲输入行驶试验

汽车行驶时，偶尔会遇到凸块或凹坑，其冲击会影响汽车的平顺性，严重时会影响人体健康，破坏运载的货物。此项试验按 GB/T 4970—2009《汽车平顺性试验方法》进行。汽车以一定车速驶过规定尺寸的三角形凸块得到脉冲输入。用座垫上和地板上的加速度最大值或加权加速度最大值作为评价指标。

复 习 题

一、问答题

1. 什么是汽车的行驶平顺性？

2. 汽车行驶平顺性的评价指标是什么？

3. 影响汽车行驶平顺性的结构因素有哪些？

二、综述（分析）题

1. 人体坐姿受振模型是如何规定的？

2. 利用振动加速度均方根值评价汽车平顺性时，对不同轴向和不同频率的振动是如何进行频率加权的？

3. 如何评价汽车的平顺性？

4. 汽车振动系统如何进行简化？

5. 悬架刚度和悬架阻尼怎样影响汽车的行驶平顺性？

6. 为什么主动悬架和半主动悬架能改善汽车的平顺性？

7. 从改善平顺性考虑，轮胎刚度应满足什么要求？

8. 为提高汽车的平顺性，汽车质量分配应满足什么要求？为什么？

9. 为提高汽车的平顺性，客车座椅刚度及其在车厢内的布置应满足什么要求？

第九章　汽车的通过性

在一定装载质量下，汽车能以足够高的平均车速通过各种坏路及无路地带（如松软地面、凹凸不平地面等）和克服各种障碍（如陡坡、侧坡、台阶、壕沟等）的能力，称为汽车的通过性。

汽车的通过性可分为轮廓通过性和牵引支承通过性。前者是表征车辆通过坎坷不平路段和障碍的能力；后者是指车辆能顺利通过松软土壤、沙漠、雪地、冰面、沼泽等地面的能力。

汽车的通过性主要取决于地面的物理性质及汽车的结构参数和几何参数，还与汽车的其他性能如动力性、机动性、稳定性等密切相关。

农林区、矿区、建设工地等使用的车辆和军用车辆，经常行驶在坏路和无路地带。因此，这些汽车应该具有良好的通过性。

第一节　汽车通过性的评价指标

一、轮廓通过性的评价指标

当通过坎坷不平路段和障碍时，由于汽车与不规则地面的间隙不足，可能出现汽车被托住而无法通过的现象，称为间隙失效。中间底部的零件碰到地面而被顶住的间隙失效，称为顶起失效；前端或车尾触及地面而不能通过的间隙失效称为触头失效或托尾失效。

与间隙失效有关的整车几何尺寸，决定汽车的轮廓通过性，称为汽车通过性的几何参数，如图9-1所示。主要包括最小离地间隙、接近角、离去角、纵向通过角、最小转弯半径等，其数值范围见表9-1。

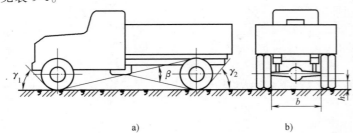

图 9-1　汽车通过性的几何参数

h—最小离地间隙　b—两侧轮胎内缘间距　γ_1—接近角　γ_2—离去角　β—纵向通过角

表 9-1　汽车通过性的几何参数

汽车类型	驱动形式	最小离地间隙 h/mm	接近角 γ_1/(°)	离去角 γ_2/(°)	最小转弯直径 d_m/m
乘用车	4×2	120~200	20~30	15~22	7~13
	4×4	210~370	45~50	35~40	10~16
货车	4×2	250~300	25~60	25~45	8~14
	4×4、6×6	260~350	45~60	35~45	11~21
越野车（乘用）	4×4	210~370	45~50	35~40	10~16
客车	6×4、4×2	220~370	10~40	6~20	14~22

最小离地间隙 h（mm）：指满载、静止时，汽车除车轮之外的最低点与支承平面之间的距离，用于表征汽车无碰撞地越过石块、树桩等障碍物的能力。前桥的离地间隙一般比飞轮壳的离地间隙小，以便利用前桥保护较弱的飞轮壳免受冲碰；后桥内装有直径较大的主传动齿轮，一般离地间隙最小。

接近角 γ_1（°）：指满载、静止时，自车身前端凸出点向前车轮所引切线与路面之间的夹角，表征汽车接近障碍物（如小丘、沟洼地等）时，不发生碰撞的能力。接近角 γ_1 越大，越不易发生触头失效。

离去角 γ_2（°）：指满载、静止时，自车身后端凸出点向后车轮所引切线与路面之间的夹角，表征汽车离开障碍物（如小丘、沟洼地等）时，不发生碰撞的能力。离去角 γ_2 越大，越不易发生托尾失效。

纵向通过角 β（°）：指满载、静止时，在汽车侧视图上通过前、后车轮外缘作切线交于车体下部较低部位所形成的最小锐角，表征汽车可无碰撞地通过小丘、拱桥等障碍物的轮廓尺寸。纵向通过角 β 越大，汽车顶起失效的可能性越小。

最小转弯直径 d_m（m）：指转向盘向左或向右转到极限位置，汽车以最低稳定车速转向行驶时，车辆外转向轮印迹中心在其支承面上的轨迹圆直径中的较大者，表征汽车在最小面积内的回转能力和通过狭窄弯曲地带或绕过障碍物的能力。最小转弯半径 $r_m = d_m/2$，如图 9-2 所示。

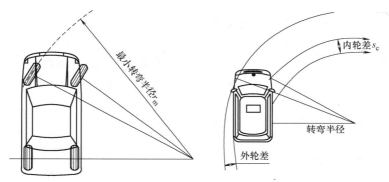

图 9-2　最小转弯半径和内轮差

内轮差 s_c（m）：指转向轴和末轴的内轮印迹中心在车辆支承平面上轨迹圆的半径之差，如图 9-2 所示。

转弯通道圆：指转弯通道外圆与转弯通道内圆之间的通道，如图 9-3 所示。

转向盘转至极限位置，汽车以最低稳定车速转向行驶时，车辆所有点在车辆支承平面上的投影均位于圆外的最大内圆，称为转弯通道内圆；包含车辆所有点在车辆支承平面上的投影均位于圆内的最小外圆，称为转弯通道外圆。车辆的向左和向右转弯通道圆通常并不相等。转弯通道圆的最大内圆直径越大，最小外圆直径越小，车辆所需的通道宽度越窄，且当车辆由直线行驶过渡到圆周运动时，其任何部分超出直线行驶时的汽车外侧面垂直面的外摆值 T 越小，通过性越好，如图 9-3 所示。

二、牵引支承通过性的评价指标

牵引支承通过性的主要评价指标包括最大单位驱动力、附着质量、附着质量系数及车轮接地比压等。

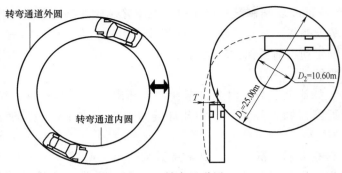

图 9-3 转弯通道圆

为了充分利用地面的附着能力，保证汽车的通过性，除了减小行驶阻力外，还必须增大汽车的最大单位驱动力，即单位总重的最大驱动力 F_{tmax}（N）。

$$F_{tmax} = \left(\frac{T_{emax} i_g i_0 i_R \eta_t}{Gr} \right)_{max}$$

式中　i_g——变速器传动比；

　　　i_0——主减速器传动比；

　　　i_R——分动器传动比；

　　　η_t——传动系统的机械效率。

低速行驶时，若忽略空气阻力，最大单位驱动力等于最大动力因数。为了获得足够大的单位驱动力，要求越野汽车有较大的比功率以及较大的传动比。因此，必须提高发动机功率，并在传动系中增加副变速器或分动器，以增大传动系统的总传动比。

附着质量 m_ϕ 指汽车驱动轴的轴载质量，附着质量系数 k_ϕ 即汽车附着质量 m_ϕ 与总质量 m 之比。

汽车在松软地面上行驶时，首先应满足附着条件的要求，即

$$m_\phi g \phi_s \geqslant mg\psi$$

式中　ψ——道路阻力系数；

　　　ϕ_s——滑动附着系数。

要满足附着条件，汽车的附着质量系数 k_ϕ 应满足：

$$k_\phi = \frac{m_\phi}{m} \geqslant \frac{\psi}{\phi_s}$$

附着质量 m_ϕ 大时，有利于汽车在坏路面上行驶，通过性得以提高。为了提高汽车的牵引支承通过性，应对其提出明确的要求，保证汽车具有足够大的附着质量和附着质量系数。

车轮接地比压 p_t（kPa）指车轮对地面的单位压力。汽车在松软地面上行驶时，其滚动阻力系数和附着系数都与车轮接地比压直接相关。车轮接地比压小，轮辙深度小，车轮的行驶阻力和车轮沉陷失效的概率就小。同样，当汽车行驶在黏性土壤和松软雪地上时，降低车轮接地比压可使得车轮接地面积增大，使车轮不易打滑。

车轮接地比压 p_t 与轮胎气压 p 有关，车轮在硬路面上承受额定载荷时，其关系式为

$$p_\tau = k_w p$$

系数 $k_w = 1.05 \sim 1.20$，其大小取决于轮胎刚度。轮胎的帘布层多时，k_w 值较大。

车轮的接地比压与轮胎气压成正比，当汽车在松软地面上行驶时，降低车轮接地比压，可减小轮辙深度，从而减小滚动阻力系数。

第二节　汽车的倾覆失效

越野汽车在通过过大的纵坡或侧坡障碍时会导致汽车倾覆失效，即翻车。汽车高速曲线行驶时，侧向惯性力的作用也可能导致侧向倾覆。

一、汽车的纵向倾覆

汽车在纵向坡道上等速行驶时的受力情况如图9-4所示。随着坡度角纵向 α（°）增大，前轮的地面法向反作用力 F_{z1} 逐渐减小，当 $F_{z1}=0$ 时，汽车将绕后轴纵向倾覆。当坡度较大时，车速较低，若忽略空气阻力，则有

$$L_2 G\cos\alpha - h_g\sin\alpha = 0$$

整理得，汽车纵向倾覆时的坡度角 α_f 满足

$$\tan\alpha_f = \frac{L_2}{h_g}$$

图9-4　汽车在纵坡上等速行驶时的受力图

质心高度 h_g（m）较小，质心距后轴的距离 L_2（m）较大时，汽车不易发生纵向倾覆。

另一方面，汽车上陡坡时也可能发生车轮滑转。越野汽车大多是全轮驱动，当以较低速度等速上坡时，若道路的滑动附着系数为 ϕ_s，有

$$G\sin\alpha_h = G\cos\alpha_h \phi_s$$

车轮发生滑转所对应的坡度角 α_h 满足

$$\tan\alpha_h = \phi_s$$

为避免汽车纵向倾覆，汽车纵向滑移应发生在纵向倾覆之前，即应满足 $\alpha_h < \alpha_f$。此时，应满足如下条件：

$$\frac{L_2}{h_g} > \phi_s$$

二、汽车的侧向倾覆

与纵向倾覆比较，汽车侧向倾覆更为常见。侧向倾覆分为由于侧坡引起的侧向倾覆和由于侧向惯性力引起的侧向倾覆两种情况。

1. 侧坡引起的侧向倾覆

汽车在侧坡上直线行驶时，当侧向坡度角 α（°）大到汽车一侧车轮的地面法向反作用力（F_{zl} 或 F_{zr}）等于零时，汽车将发生侧向倾覆，如图9-5所示。此时有

$$Gh_g\sin\alpha = G\frac{B}{2}\cos\alpha$$

侧向倾覆时，侧向坡度角 α_f 满足

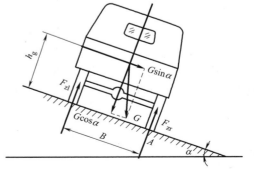

图9-5　汽车的侧向倾覆

$$\tan\alpha_f = \frac{B}{2h_g}$$

在侧向力作用下汽车也可能发生沿侧向坡的侧滑，此时有

$$G\sin\alpha_h = G\phi_s\cos\alpha_h$$

侧滑对应的侧向坡度角 α_h 满足：

$$\tan\alpha_h = \phi_s$$

若使侧滑发生在侧向倾覆之前，α_h 应小于 α_f，此时所应满足的条件是

$$\frac{B}{2h_g} > \phi_s$$

2. 高速曲线行驶引起的侧向倾覆

汽车高速曲线行驶时，由于侧向惯性力的作用也可能导致侧向倾覆。汽车等速圆周运动时的受力情况如图9-6所示。若车速为 v_a（km/h），圆周半径为 R（m），汽车总重为 G（N），则所产生的惯性力 F_j（N）为

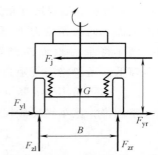

图9-6 汽车圆周行驶受力情况

$$F_j = \frac{G}{g}\frac{v_a^2}{12.96R}$$

侧向倾覆时，有 $F_j h_g = G\frac{B}{2}$，因此，侧向倾覆时所对应的车速 v_{af}（km/h）为

$$v_{af} = \sqrt{\frac{6.48gBR}{h_g}}$$

在惯性力 F_j（N）作用下，汽车也可能发生侧滑，此时有

$$F_j = \frac{G}{g}\frac{v_a^2}{12.96R} = G\phi_s$$

所对应的车速 v_{ah}（km/h）为

$$v_{ah} = \sqrt{12.96Rg\phi_s} = 3.6\sqrt{Rg\phi_s}$$

若使侧滑发生在侧向倾覆之前，v_{ah} 应小于 v_{af}，此时须满足的条件也是

$$\frac{B}{2h_g} > \phi_s$$

$\frac{B}{2h_g}$ 称为侧向稳定性系数。为了保证汽车高速行驶的横向稳定性，汽车应力求保持一定轮距，并尽量降低质心高度，以增大汽车的侧向稳定性系数。

由此可见，汽车在侧向坡道行驶或在水平弯道转弯行驶时，其侧滑先于侧向倾覆发生的条件相同。在结构上，通过合理增大轮距 B 并降低质心高度 h_g，可以使上述条件得以满足，使侧滑先于侧向倾覆发生。但实际使用中，若大量装运轻泡物品或物品偏置于车厢一侧，当转向盘转动过急且车速太高时，汽车仍可能发生侧向倾覆。

尽管汽车侧滑可能没有侧向倾覆导致的后果严重，但也易导致交通事故。因此为保障交通安全，汽车转弯时应降低车速。若公路弯道处的外侧高于内侧，则可以使重力的侧向分力与离心力得以平衡，可以避免侧滑或侧向倾覆。

为避免侧向倾覆的发生，车辆的侧倾稳定角应满足 GB 7258—2017《机动车运行安全技术条件》关于侧倾稳定角的规定。

需要说明的是，以上分析过程中均假定前、后轴同时发生侧滑。在汽车实际运行中，往往某一车轴先发生侧滑。单轴发生侧滑，特别是汽车后轴发生侧滑时，对稳定性有非常不利的影响。显然，单轴侧滑通常发生在双轴侧滑之前。因而，汽车应尽量避免在大的侧向坡上行驶，转弯时车速不能太高。

另外，以上分析过程均未考虑离心力作用所引起的汽车侧倾。实际上，在离心力作用下产生的车厢侧倾角和由重力而产生的翻倾力矩，会减小车辆在侧向坡道上行驶时翻倾所对应的坡度角，也会降低汽车在弯道上转弯行驶时翻倾所对应的车速。

为防止汽车在急转弯时出现打滑甚至失控等危险情况，有些轿车上装有电子稳定系统（ESP）。该系统通过主动调控发动机的转速，并调整每个车轮的驱动力和制动力，来防止汽车前轴和后轴侧滑，提高汽车行驶的稳定性，缩短汽车在弯道或湿滑路面上紧急制动时的制动距离，使车辆在各种状况下保持最佳的稳定性。

第三节　影响汽车通过性的因素

影响汽车通过性的因素很多。首先，汽车通过性的几何参数决定着汽车的轮廓通过性，因此是影响汽车通过性的重要因素；其次，汽车在不良道路上行驶时的行驶阻力大，要求汽车发动机能够输出足够大的有效功率 P_e 和有效转矩 T_e；最后，汽车底盘的结构因素和使用因素对汽车的通过性也有很大影响，是提高汽车通过性的重要措施。

一、影响汽车通过性的底盘结构因素

1. 行驶系统结构因素

轮胎花纹、直径、宽度和车轮、车桥、悬架的结构设计参数等对汽车越野行驶时的滚动阻力和附着能力有较大影响。

（1）轮胎花纹　轮胎花纹对附着系数有很大影响。轮胎花纹可分为三类：通用花纹、越野花纹及混合型花纹。通用花纹有纵向肋，花纹细而浅，在较好路面上行驶时，其附着性较好且滚动阻力较小。越野花纹宽而深，在松软地面上行驶时，嵌入土壤的花纹增大了土壤的剪切面积，提高了附着系数。当路面潮湿时，由于只有凸起部分与地面接触，压强增大，可以挤出水层保持足够的附着系数。在矿山、建筑工地以及一些松软路面上使用的越野汽车均选用越野花纹轮胎。混合型花纹介于通用花纹与越野花纹之间，适用于在城市乡村之间路面上行驶的汽车轮胎。现代重型货车驱动轮的轮胎也采用这种花纹。

（2）轮胎直径和宽度　增大轮胎直径和宽度都能降低轮胎的接地比压。但增大轮胎直径会使惯性增大，汽车重心升高，还需增大传动系统传动比。增大轮胎宽度不仅能降低轮胎接地面比压，还允许胎体有较大变形，因此可降低轮胎气压。若将后轮的双胎换为一个断面比普通轮胎大 2~2.5 倍的低气压拱形轮胎，接地面积将增大 1.5~3 倍，接地比压大幅减小，使汽车在沙漠、雪地、沼泽地面上行驶的通过性得以提高。但这种特种轮胎，由于花纹较大，气压过低，不宜在硬路面上行驶，否则轮胎将过早损坏和迅速磨损。

（3）驱动轮及其数目　在越野行驶中，经常以很低的车速去越过某些垂直障碍物（如台阶）和水平壕沟等。后轮驱动的 4×2 汽车的越障能力比 4×4 汽车约降低一半。汽车越过障碍物的能力与车轮半径 r 和驱动轴数目有关，如图9-7所示。对于后轮驱动的汽车，所能克服的垂直障碍物的最大高度为 $h \approx \frac{2}{3}r$；对于双轴驱动的汽车为 $h \approx r$。如果壕沟边沿足够结实，单轴驱动的双轴汽车所能越过的壕沟宽度为 $b \approx r$；双轴驱动的汽车则为 $b \approx 1.2r$。增加驱动桥数，不但增大了附着质量及驱动轮接地面积，而且可以发挥更大的驱动力并减少滑转，有利于提高通过垂直台阶和壕沟的能力；驱动轮及其数目对汽车的爬坡能力有很大影响，前驱动汽车上坡时的通过性最差，全轮驱动车辆爬坡能力最大。因此，越野汽车都采用全轮驱动。

a) 后轮驱动能克服垂 b) 双轴驱动能克服垂 c) 越过壕沟宽度
直障碍物最大高度   直障碍物的最大高度

图 9-7　车轮半径与汽车越过障碍物壕沟能力的关系

（4）前、后轮距　在松软的路面上，采用双轮胎车轮的滚动阻力比采用单轮胎车轮的滚动阻力大。因此，采用单轮胎可减小行驶阻力。

在松软地面上行驶时，各车轮都要克服形成轮辙的阻力。如果前、后轮距相等，且轮胎宽度相同，则前、后轮辙重合，后轮可以沿着被前轮压实的轮辙行驶，滚动阻力减小，可以提高汽车通过性。因此，多数越野车的前轮距与后轮距相等。

（5）前、后轮接地比压　前、后轮距相等的汽车行驶在松软地面时，当前轮接地比压比后轮的接地比压小20%～30%时，汽车滚动阻力最小。为此，设计汽车时，可将负荷合理分配于前、后轴或改变前、后轮胎的充气压力，以产生不同接地比压。

（6）悬架　装用非独立悬架多轴驱动的越野汽车通过坎坷不平的地面时，常会引起某个驱动车轮的垂直载荷大幅度减小，乃至离开地面而悬空，使驱动车轮失去与地面的附着而影响通过性。独立悬架和平衡式悬架允许车轮与车架间有较大的相对位移，能使驱动车轮与地面经常保持接触，可以保证有较好的附着性能。同时独立悬架可显著地增大汽车的最小离地间隙，提高汽车的通过性。

2. 传动系统结构因素

汽车传动系统采用副变速器、液压传动、高摩擦式差速器和驱动防滑系统（ASR）等，可以改善汽车的通过性。

（1）副变速器和分动器　为了提高汽车的牵引支承通过性，汽车传动系统应采用多档位大传动比变速器。若进一步增设副变速器，则可以增大总传动比，获得足够大的驱动力；同时，可使汽车在极低的速度下稳定行驶，减轻对土壤的剪切破坏，提高附着力。

（2）液压传动　装有普通机械传动系统的汽车在起动或负荷变化时，各部件刚性结合传递转矩，因此驱动轮转矩急剧上升，对土壤产生振动和剪切，土壤结构被破坏，使轮辙加深，起步及行驶困难。

传动系统装有液压变矩器或液压偶合器时，能提高发动机工作稳定性，能使驱动轮转矩逐渐而平顺增长，使汽车长时间低速稳定行驶；液压传动还能消除机械式传动系统经常发生的扭转振动现象，避免驱动力的周期性冲击，可减轻对土壤结构的破坏和车轮滑转，减小轮辙深度，减小滚动阻力并提高附着力。

（3）差速器类型　普通齿轮差速器的内摩擦力矩很小，可以忽略不计，故左、右半轴的转矩近似相等。这样，如果一侧驱动轮与路面的附着较差（例如陷入泥泞路面或在冰面上），其驱动力受附着力限制等于 F_ϕ 时，在另一侧驱动轮的驱动力与之相等。因此，汽车驱动力最大值 F_{tmax} 为

$$F_{tmax} = 2F_\phi$$

由于受到附着力的限制，会因最大驱动力 F_{tmax} 过小而失去通过性。

高摩擦式差速器的内摩擦力矩 T_r 较大，因而传动轴输入的转矩不是平均分配到各驱动轮上。如果一侧驱动轮由于附着力不足而滑转，因其转速增大，传给它的转矩就会减小 $\dfrac{T_r}{2}$，而另一侧车轮的转矩就增大 $\dfrac{T_r}{2}$。因而，汽车驱动力最大值 F_{tmax} 为

$$F_{tmax} = 2F_\phi + \frac{T_r}{r}$$

式中　r——轮胎半径（m）。

可见，采用高摩擦式差速器后，汽车驱动力的最大值增大 $\dfrac{T_r}{r}$。越野汽车常采用高摩擦式差速器，例如凸轮式、蜗杆式等。这时总驱动力可增加 $10\% \sim 15\%$，因而提高了汽车的通过性。

为避免一侧驱动轮受到附着力限制出现滑转而使整车驱动力受到限制，某些汽车装有差速锁，以便必要时锁止差速器。

3. 驱动防滑系统

汽车行驶时，如路面的附着系数小，则经常出现驱动轮滑转现象。此时，汽车动力性的发挥受到限制，产生的驱动力很小，不足以克服行驶阻力，使汽车的通过性下降；驱动轮胎滑转还加重了轮胎磨损，降低了轮胎的使用寿命；并使汽车抗侧向力的能力下降，易于发生侧滑，影响汽车行驶的横向稳定性。

装用驱动防滑（ASR）系统可以有效避免驱动轮滑转。ASR 系统的主要作用是，自动调节发动机输送到驱动轮的转矩。汽车行驶中，若一侧车轮滑转超过规定值时，控制系统发出控制指令，对滑转车轮施加制动，使之减速。当减速至规定值后，停止制动。若又开始滑转，则重复上述循环过程。

随着电子技术的发展，汽车防抱死制动系统（ABS）在汽车上的应用逐渐增大，ASR系统是 ABS 的延伸，前者用于保证汽车在制动过程中的稳定性和转向性能，而后者用于在驱动过程中保证驱动附着条件，充分发挥驱动力，保护汽车驱动稳定性。

二、影响汽车通过性的使用因素

汽车越野行驶时，汽车行驶车速度、轮胎气压、防滑设施和汽车驾驶技术都对汽车的通过性有很大影响。

1. 行驶速度

汽车低速行驶时，土壤剪切和车轮滑转的倾向减小。因此，在困难路段低速行驶，可改善汽车通过性。越野汽车所要求的最低稳定行驶速度见表 9-2。为此，越野汽车传动系统的传动比一般较大，其最低稳定行驶速度 v_{amax}（km/h）为

$$v_{amax} = 0.377 \frac{n_{min}r}{i_g i_0 i_R}$$

式中　n_{min}——发动机的最低稳定转速（r/min）。

表 9-2　越野汽车的最低稳定行驶速度

汽车质量/t	<19.6	<63.7	<78.4	>78.4
最低稳定行驶速度/(km/h)	≤5	≤2~3	≤1.5~2.5	≤0.5~1

2. 轮胎气压

轮胎气压较低时，可以增大轮胎与地面的接触面积，降低单位压力，使轮辙深度减小，降低滚动阻力。降低轮胎气压增大接地面积后，胎面凸起部分嵌入土壤的数目增多，因而可显著提高附着系数。但当汽车在硬路面上行驶时，降低轮胎气压可使轮胎变形过大而导致滚动阻力显著上升，并缩短轮胎使用寿命。

为了提高越野汽车通过松软地面的能力，同时减小在硬路面上行驶时的滚动阻力，可装用轮胎中央充气系统，使驾驶人能够根据道路情况，随时调节轮胎气压。通常，越野汽车的超低压轮胎的气压可以在 49~343kPa 范围内变化。

3. 驾驶技术

驾驶技术对汽车通过性的影响很大，为提高汽车通过性，应注意以下几点：

① 通过沙地、泥泞地、雪地等松软地面时，应该用低速档，以保证车辆有较大的驱动力和较低的行驶速度。行驶中应避免换档和加速，并保持直线行驶。

② 后轮双胎的汽车，两胎间常会夹杂泥石，或车轮表面黏附泥土，使附着系数降低，滑转趋势增强。此时，可以适当提高车速，将车轮上的泥甩掉。

③ 传动系统装有差速锁时，应在到达可能使车轮滑转的地段前将差速器锁住。因为车轮滑转后，土壤表面就会被破坏，滑动附着系数下降，再锁住差速锁时就不会起显著作用。当离开不良路段后，应脱开差速锁。

④ 使用防滑链。汽车在表面泥泞而下层坚硬（如雨后的泥路）的道路上行驶时，提高通过性的最简单办法是在轮胎上套装防滑链条。链条能挤开表面水层而直接与地面坚实部分接触，可以提高附着力。

⑤ 为了提高越野汽车的涉水能力，应注意发动机的分电器总成、火花塞、曲轴箱通气口等处的密封，并提高空气滤清器的位置，不得使其浸入水中。

第四节　汽车通过性试验

一、汽车通过性参数测试

1. 测试条件

① 测试场地应是具有水平坚硬覆盖层的支承表面，其面积应允许汽车做全圆周行驶。

② 汽车转向轮应以直线前进状态置于测试场地上。

③ 汽车轮胎气压应符合设计要求。

④ 汽车前轮最大转角应符合该车的技术条件规定。

2. 测试仪具

① 高度尺：量程 0~1000mm，最小分度值 0.5mm。

② 离地间隙仪：量程 0~500mm，最小分度值 0.5mm。

③ 角度尺：量程 0°~18°，最小分度值 1°。

④ 钢卷尺：量程 0~20m，最小分度值 1mm。

⑤ 行驶轨迹显示装置。

⑥ 水平仪。

3. 测试部位及载荷状况

接近角、离去角、纵向通过角的测试部位如图 9-1a 所示，以空载和满载两种状况分别测试。

测试最小离地间隙时，应测试支承平面与车辆中间部分最低点的距离且指明最低点部件（图 9-1b），测试的载荷状况为满载。

汽车转弯直径（图 9-2）的测定步骤如下：

在前外轮和后轮胎面中心的上方，在车体离转向中心最远点和最近点垂直地面方向，分别装置行驶轨迹显示装置。

汽车以低速行速，转向盘转到极限位置，保持不动，待车速稳定后起动显示装置，使各测点分别在地面上显示出封闭的运动轨迹之后，将车开出轨迹外。

用钢卷尺测试各测点在地面上形成的轨迹圆直径，应在互相垂直的两个方向测试，取算术平均值作为测试结果。

汽车向左转和向右转各测定一次。

二、汽车侧倾稳定参数的测试

汽车横向侧向倾覆的临界角度 α_f 与汽车的轮距 B 和质心高度 h_g 有关。汽车左侧和右侧倾斜最大侧倾稳定角应满足 GB 7258—2017《机动车运行安全技术条件》的规定。

在汽车倾斜试验台上检验汽车静态横向稳定性时（图 3-3），应使汽车的纵向中心线平行于倾斜试验台转轴的中心线，将汽车制动后，用绳索在汽车将出现滑移或翻倒的反方向上拉住，但绳索上不应预先施加拉力。此后，将试验台缓慢而稳定地倾斜，当倾斜角达到规定的值时，车辆不翻倾为合格。如若测取某车辆的最大横向稳定角，则将倾斜试验台继续缓慢而稳定地倾斜，当汽车出现侧滑或翻转时，即刻从试验倾斜角度指示盘上记下读数值。以同样的方法，左、右倾斜各 2~3 次，而后取其平均值作为车辆的最大横向稳定角。

三、牵引试验

汽车牵引性能试验主要用于确定汽车牵引挂车的动力性能，包括牵引力性能试验和最大拖钩牵引力性能试验。其试验方法按国家标准 GB/T 12537—1990《汽车牵引性能试验方法》进行。

复 习 题

一、问答题

1. 什么是汽车的通过性？

2. 什么是间隙失效？什么是触头失效？什么是托尾失效？

3. 什么是汽车的轮廓通过性？什么是汽车的牵引支承通过性？

4. 通过性的几何参数有哪些？

5. 什么是接近角？什么是离去角？什么是纵向通过角？

6. 什么是最小转弯直径？什么是转弯通道圆？

7. 通过性的支承和牵引参数有哪些？

二、综述（分析）题

1. 分析说明汽车在纵向坡上避免失稳的条件。

2. 分析说明汽车在侧向坡上避免失稳的条件。

3. 分析说明汽车转弯行驶时，汽车车速满足什么要求才能在转弯行驶时避免侧翻。

4. 影响汽车通过性的行驶系统结构因素有哪些？它们各是如何影响通过性的？

5. 影响汽车通过性的传动系统结构因素有哪些？它们各是如何影响通过性的？

6. 影响汽车通过性的使用因素有哪些？这些因素各是如何影响通过性的？

7. 汽车轮距为 1.8m，正常装载时质心高为 1.3m，若该车行驶在转弯半径为 50m 的弯道上，车速多大可能会引起侧翻？

8. 某汽车正常装载时，质心到前轴的水平距离 $L_1 = 3m$，轴距 $L = 4m$，若该车的最大爬坡度 $i = 30\%$，问质心高度 h_g 为多大时存在纵翻的可能性？

第十章 汽车的环保性

汽车环保性或清洁性指汽车在使用过程中对环境的危害程度最小的能力。

汽车的发展对促进社会进步，促进精神文明和物质文明建设产生巨大作用的同时，其使用过程中产生的排放污染物、噪声、电波干扰等公害直接危害人们的健康或生存环境，破坏着自然界的生态平衡，应该引起高度重视。因此，汽车环保性或清洁性也可解释为在汽车使用过程中产生公害最少的能力。

第一节 汽车的排放性能

汽车排放性能用工作过程中所排放污染物的浓度作为评价指标，反映汽车排放性能的排放污染物种类、排放限值和排放试验方法则由国家颁布的有关标准来规定。

一、汽车的排放污染源

汽车排放的气体通过发动机排气管排气、曲轴箱窜气、燃油蒸发和渗漏等途径进入大气。

排气管排气是汽车最主要的污染源。若燃油与空气的混合气燃烧充分，则燃烧废气的基本成分是二氧化碳（CO_2）、水蒸气（H_2O）、过剩的氧（O_2）及残余的氮（N_2）等。但发动机实际工作时的排气成分与之不同，除上述外还包括一氧化碳（CO）、碳氢化合物（HC）、氮氧化物（NO_x）、微粒（炭烟、油雾等）、二氧化硫（SO_2），以及甲醛、丙稀醛等有害气体。

在压缩行程和做功行程，发动机燃烧室中的气体通过活塞与气缸间的间隙窜入曲轴箱。若曲轴箱窜气从加机油管口盖处逸出，就会造成污染。其主要污染物是 HC，也有部分 CO、NO_x 等。

温度变化使油箱中燃油的蒸发量发生变化，导致内部压力变化。温度升高时，蒸发量增大，油箱压力大，使油箱中的燃油蒸气向大气排放。另外，油管接头处的渗漏蒸发也向大气排放。其污染物主要是 HC。

二、汽车的排放污染物

汽车发动机排出的废气并不都有害，如 N_2、CO_2、O_2、H_2 和水蒸气等没有直接危害。有害成分指 CO、HC、NO_x、SO_2、铅化合物、炭烟和油雾等，其中 CO、HC、NO_x 和微粒（炭烟和油雾等）是主要污染物。这些有害物质散发到空气中达到一定浓度后，将对人和生物的生存环境造成危害。

直接排出的有害物称为一次有害排放物，主要包括 CO、HC、NO_x 和微粒。汽油机排放的主要有害污染物是 CO、HC 和 NO_x；柴油机的 CO 和 HC 排放量要比汽油机少得多，但炭烟排放量高，同时 NO_x 排放量较多。

NO_x 与 HC 在紫外线作用下，经一系列光化学反应可形成一种毒性较大的浅蓝色烟雾，诱发二次有害排放污染物——光化学烟雾的产生。其主要成分是臭氧、醛等烟雾状物质。

发动机排出的 CO_2 虽然不会对环境造成直接污染，但 CO_2 的大量积聚会对地球环境造成所谓"温室效应"的不良影响，将导致气候变暖，极地冰层融化，海平面上升，土地盐碱化、沙漠化等现象。

三、汽车排放污染物的危害

汽车排放的有害物质通过呼吸进入人体后，将使人的神经系统、消化系统和呼吸系统受到损害。

CO 进入人体后，人会因缺氧而出现各种中毒症状，如头晕、恶心、四肢无力，严重时甚至昏迷不醒，直至死亡。

高浓度的 HC 对人体有一定麻醉作用，但在一般情况下，对人体的危害不大。HC 对大气的严重污染，主要在于其与 NO_x 在阳光下形成的光化学烟雾。

发动机排出的 NO_x 主要是 NO 和 NO_2。NO 毒性不大，但浓度过高时会引起中枢神经障碍；NO_2 有刺激性气味，吸入肺部后与肺部的水可形成可溶性硝酸，严重时会引起肺气肿。

光化学烟雾滞留在大气中时，会使人感到呼吸困难、头昏目眩、眼红咽痛，甚至引起中枢神经的瘫痪、痉挛。

在使用加有四乙基铅抗爆剂的汽油时，燃烧产物内有铅化物排入大气，如吸入人的肺部会影响造血功能此外对消化系统和神经系统也有影响。

炭烟是柴油机排放的主要有害成分。炭烟本身对人体健康的直接影响不大，对人体危害大的是炭烟颗粒夹附着的 SO_2 和多环芳香烃、苯并芘等有害物质。它们不仅对人的呼吸系统有害，还会致癌。

四、汽车排放污染物的形成

汽车所排放废气中的有害气体成分和浓度取决于发动机混合气形成条件、燃烧室的燃烧条件和排气系统的反应条件。CO、HC 和 NO_x 的生成条件各不相同，CO 和 HC 是燃油不完全燃烧的产物，而 NO_x 则在燃烧温度高且氧气充足的条件下形成较多。

1. 一氧化碳的形成

一氧化碳（CO）是碳氢燃料在燃烧过程中的中间产物，燃料的不完全燃烧导致 CO 的产生。

对于汽油机来说，如果空气量充分（过量空气系数 λ 不小于 1），理论上不会产生 CO；但在实际工作过程中，汽油机排气中都存在 0.01% ~ 0.5% 的 CO。其原因如下：在汽油机燃烧室内的局部区域存在 λ 小于 1 的过浓区，部分未燃碳氢化合物在排气过程中发生不完全燃烧；气温低或者滞留时间短暂等，燃烧不能完全进行，产生 CO；若燃烧后的温度很高，也会使在正常燃烧情况下形成的 CO_2 分解成 CO 和 O_2。

2. 碳氢化合物的形成

碳氢化合物（HC）是未燃燃料、未完全燃烧的中间产物和部分被分解的产物的混合物。不论在任何工况下运转，发动机排气中总含有一定量的 HC，并且汽油机的 HC 排放量远大于柴油机。

一切妨碍燃料燃烧的因素都是 HC 形成的原因。发动机燃用的混合气过浓、过稀或雾化不良，点火能量不足或点火过迟，火焰难以传播到的低温缸壁的激冷作用，都是影响 HC 形成的重要因素。

发动机气缸内的混合气通过火焰传播而燃烧，但是因低温缸壁的冷却作用，火焰传播不到紧靠缸壁的气体层，使这层混合气中的 HC 随废气排出。

为了提高最大功率，发动机常在过量空气系数小于 1 的情况下工作；在低负荷时，气缸内残余气体较多，为了不使燃烧速度过低，也要供给浓混合气。这些都会因空气不足以致不能完全燃烧。此外，混合气过浓或过稀、燃料雾化不良或混入废气过多时，可能产生灭火或半灭火状态而使部分未燃燃料（HC）排出。

燃料的氧化燃烧过程要经过一连串的化学反应才能生成最终产物 CO_2 和 H_2O，在反应过程的不同阶段存在着不同的中间产物。若这些中间产物进一步氧化的条件不适宜，就可能因氧化不彻底而使 HC 的排放量增加。

3. 氮氧化物的形成

氮氧化物（NO_x）是 NO、NO_2、N_2O、N_2O_3、N_2O_4、N_2O_5 等氮氧化物的总称。在发动机排出的废气中，NO 占绝大部分（约占 99%），而 NO_2 的含量较少（约占 1%）。NO 排入大气后，进一步氧化成 NO_2。

NO_x 是在高温条件下，N_2 和 O_2 反应生成的，其形成机理比较复杂。目前普遍认为，燃烧气体的温度和氧的浓度是影响 NO_x 浓度的重要原因。温度越高，氧越富足，则 NO_x 浓度越大。此外，燃烧气体停留在高温、高压下的时间是 NO_x 生成的重要影响因素。

4. 微粒的形成

微粒一般由三部分组成，即炭烟、可溶性有机成分和硫酸盐。其中炭烟是微粒的主要组成部分。

炭烟是碳氢化合物燃料在高温缺氧的情况下燃烧的产物。碳氢化合物燃料由于热分解生成甲烷和乙烯等低分子碳氢化合物。当燃烧气体温度较高且氧气过剩时，这些产物就会进行氧化反应；而当氧气不足时，甲烷和乙烯会进一步进行脱氢反应并聚合成直径为 $20\sim30\mu m$ 的炭烟粒子，小粒子进一步聚合成长成直径为 $50\sim200\mu m$ 的大粒子。

汽油机与柴油机所排放的微粒不同，汽油机排出的微粒主要是铅化物、硫酸盐以及一些低分子物质，只有技术状况变坏，机油窜入燃烧室燃烧时，才有大量炭烟排出。柴油机排出的微粒是类似石墨形式的含碳物质（炭烟），并凝聚和吸附了相当数量的高分子可溶性有机物和 SO_2 等。这些有机物包括未燃的燃油、润滑油及其不同程度的氧化和裂解产物。柴油机排出的微粒浓度要比汽油机排出的高 30~80 倍。

五、汽车排放标准

目前，我国汽车排放标准有 GB 18285—2005《点燃式发动机汽车排气污染物排放限值及测量方法（双怠速法及简易工况法）》、GB 3847—2005《车用压燃式发动机和压燃式发动机汽车排气烟度排放限值及测量方法》、GB 14763—2005《装用点燃式发动机重型汽车　燃油蒸发污染物排放限值及测量方法（收集法）》、GB 11340—2005《装用点燃式发动机重型汽车　曲轴箱污染物排放限值及测量方法》、GB 18352.5—2013《轻型汽车污染物排放限值及测量方法（中国第五阶段）》和 GB 17691—2005《车用压燃式、气体燃料点燃式发动机与汽车排气污染物排放限值及测量方法（中国Ⅲ、Ⅳ、Ⅴ阶段）》等。

汽车排放检测或试验分为型式核准检查试验、生产一致性检查试验、在用车符合性检查试验和在用汽车的检测。其中：型式核准试验适用于新设计的车型；生产一致性检查试验适用于对成批生产的车辆所进行的抽样试验；在用车符合性检查试验指在新车投入使用一定时期内或行驶一定里程后对污染控制装置的功能所进行的检查试验；在用汽车检测指按有关规定的要求对在用汽车的技术状况所进行的年检及抽样检测。不同排放检测试验应采用相应检测标准。

在上述国家标准中，GB 18285—2005《点燃式发动机汽车排气污染物排放限值及测量方法（双怠速法及简易工况法）》和 GB 3847—2005《车用压燃式发动机和压燃式发动机汽车排气烟度排放限值及测量方法》，规定了在用汽油汽车和柴油汽车的排放污染物限值和测量所应满足的要求。

1. 点燃式发动机汽车排气污染限值

（1）点燃式发动机汽车双怠速法排气污染物限值　根据 GB 18285—2005《点燃式发动机汽车排气污染物排放限值及测量方法（双怠速法及简易工况法）》，装用点燃式发动机的应用汽车的排放，采用双怠速法对 CO 和 HC 进行检测，其排气污染物排放限值见表10-1。

表 10-1　在用汽车排气污染物排放限值（体积分数）

车　型	类别			
	怠速		高怠速	
	CO（%）	HC（$\times 10^{-6}$）	CO（%）	HC（$\times 10^{-6}$）
1995 年 7 月 1 日前生产的轻型汽车	4.5	1200	3.0	900
1995 年 7 月 1 日起生产的轻型汽车	4.5	900	3.0	900
2000 年 7 月 1 日起生产的第一类轻型汽车	0.8	150	0.3	100
2001 年 10 月 1 日起生产的第二类轻型汽车	1.0	200	0.6	150
1995 年 7 月 1 日前生产的重型汽车	5.0	2000	3.5	1200
1995 年 7 月 1 日起生产的重型汽车	4.5	1200	3.0	900
2004 年 9 月 1 日起生产的重型汽车	1.5	250	0.7	200

注：1. 对于 2001 年 5 月 1 日以后生产的 5 座以下（含 5 座）微型面包车，执行此类在用车排气标准。
    2. 轻型汽车指最大总质量不超过 3500kg 的 M_1 类、M_2 类和 N_1 类车辆。
    3. 第一类轻型汽车指设计乘员数不超过 6 人（包括驾驶人），且最大总质量不大于 2500kg 的 M_1 类汽车。
    4. 第二类轻型汽车指除第一类轻型汽车之外的轻型汽车。
    5. 重型汽车指最大总质量超过 3500kg 的车辆。

对于使用闭环控制电子燃油喷射系统和三元催化转化器技术的汽车进行过量空气系数 λ 的测定。发动机转速为高怠速转速时，λ 应在 1.00 ± 0.03 或制造厂规定的范围内。进行测试前，应按照制造厂使用说明书的规定预热发动机。

（2）点燃式发动机汽车工况法排气污染物限值　GB 18285—2005 规定，在机动车保有量大、污染严重的地区，也可按规定采用该标准附录所列的简易工况法。

采用简易工况法的地区，应制定地方排气污染物排放限值，经省级人民政府批准，报国务院环境保护行政主管部门备案后实施。

陕西省于 2008 年 6 月 5 日发布了 DB 61/439—2008《在用点燃式发动机轻型汽车稳态工况法排气污染物排放限值》，要求对于 2000 年 7 月 1 日后生产的第一类轻型汽车和 2001 年 10 月 1 日后生产的第二类轻型汽车，其排放性能应满足表 10-2 的规定。

表 10-2　稳态工况法排气污染物排放限值（体积分数）

车辆基准质量 RM/kg	ASM5025			ASM2540		
	HC（$\times 10^{-6}$）	CO（%）	NO（$\times 10^{-6}$）	HC（$\times 10^{-6}$）	CO（%）	NO（$\times 10^{-6}$）
$RM \leqslant 1020$	230	1.3	1850	230	1.5	1700
$1020 < RM \leqslant 1250$	190	1.1	1500	190	1.2	1350

（续）

车辆基准质量 RM/kg	ASM5025			ASM2540		
	HC($\times 10^{-6}$)	CO（%）	NO($\times 10^{-6}$)	HC($\times 10^{-6}$)	CO（%）	NO($\times 10^{-6}$)
1250<RM≤1470	170	1.0	1300	170	1.1	1200
1470<RM≤1700	160	0.9	1200	160	1.0	1100
1700<RM≤1930	130	0.8	1000	130	0.8	900
1930<RM≤2150	120	0.7	900	120	0.8	800
2150<RM≤2500	110	0.6	750	110	0.7	700

2. 压燃式发动机汽车排气烟度限值

在用压燃式发动机汽车应对排气烟度进行检测。根据 GB 3847—2005《车用压燃式发动机和压燃式发动机汽车排气烟度排放限值及测量方法》，在用压燃式发动机汽车在自由加速工况下的排气烟度检测方法和限值见表10-3。在机动车保有量大、污染严重的地区可采用加载减速工况法。

表 10-3　在用压燃式发动机汽车排气烟度检测方法和限值

车型		检测方法	排气光吸收系数/m^{-1}	烟度值 Rb
2005 年 7 月 1 日起 GB 3847—2005 实施后经形式核准批准生产的在用汽车		自由加速试验（不透光烟度法）	不大于车型核准批准的自由加速排气烟度排放限值，再加 0.5m^{-1}	
2001 年 10 月 1 日起至 2005 年 6 月 30 日生产的汽车	自然吸气式	自由加速试验（不透光烟度法）	≤2.5	—
	涡轮增压式	自由加速试验（不透光烟度法）	≤3.0	—
1995 年 7 月 1 日起至 2001 年 9 月 30 日期间生产的在用汽车		自由加速试验（滤纸烟度法）	—	≤4.5
1995 年 6 月 30 日以前生产的在用汽车		自由加速试验（滤纸烟度法）	—	≤5.0

六、汽车排放试验方法

1. 双怠速工况法

双怠速工况是怠速工况和高怠速工况的合称。双怠速工况法排气污染物试验指在怠速和高怠速两个工况下，对汽车的排气污染物所进行的试验。

怠速工况指离合器接合、变速器挂空档、加速踏板处于松开位置时的发动机运转工况；而高怠速工况指在怠速工况条件下，通过加大节气门开度，使发动机转速稳定控制在50%额定转速，或制造厂技术文件中规定的高怠速转速时的工况。

在双怠速工况下试验点燃式发动机汽车排放废气中的 CO、HC 浓度时，所使用的仪器为采用不分光红外线分析法的汽车排气分析仪。其试验方法如下：

① 保证被试验车辆处于制造厂规定的正常状态，发动机进气系统应装有空气滤清器，排气系统应装有排气消声器，并不得泄漏。

② 在发动机上安装转速计、点火正时仪、冷却液和机油测温计等测量仪器。测量时，发动机冷却液和机油温度应不低于80℃。

③ 发动机从怠速状态加速至 70% 额定转速，运转 30s 后降至高怠速状态。将取样探头插入排气管中，深度不少于400mm，并固定在排气管上。维持15s后，由具有平均取值功能的仪器读取30s内的平均值，或者人工读取30s内的最高值和最低值，其平均值即为高怠速污染物测量结果。对于使用闭环控制电子燃油喷射系统和三元催化转化器技术的汽车，还应同时读取过量空气系数 λ 的数值。

④ 发动机从高怠速降至怠速状态 15s 后，由具有平均取值功能的仪器读取 30s 内的平均值，或者人工读取 30s 内的最高值和最低值，其平均值即为怠速污染物测量结果。

⑤ 若为多排气管时，取各排气管测量结果的算术平均值作为测量结果。

⑥ 若车辆排气管长度小于测量深度时，应使用排气加长管。

2. 工况法

工况法是将汽车若干常用工况和排气污染较重的工况结合在一起试验排气污染物的方法。工况法的循环试验模式应根据汽车的排放性能、行驶特点、交通状况、道路条件、车流密度和气候地形等因素，对大量统计数据进行科学分析而制定。与怠速法相比，工况法检测结果能全面评价车辆的排放水平，但比怠速法复杂得多。用工况法试验时，要采用汽车底盘测功机及惯性模拟装置、气体分析仪等设备和控制发动机按试验程序运转的自动控制系统。

（1）稳态工况法　GB 18285—2005《点燃式发动机汽车排气污染物排放限值及测量方法（双怠速法及简易工况法）》规定了 ASM（稳态工况法）的测量方法。

1）试验设备。利用稳态工况法试验汽车排气污染物时，所需要的主要仪器设备有汽车底盘测功机（配有惯量模拟装置等）、排气体分析仪、自动检测控制系统、辅助装置，以及转速计、湿度计、温度计、计时器等。

① 底盘测功机用来承载测试车辆。由于需模拟一定的车速，必须施加对应于该车速的负荷，底盘测功机要配置功率吸收装置，还应按规定配备机械飞轮（或惯量模拟装置），以模拟加速工况。

② 排气分析仪测量车辆排气管中排出的 CO、HC、CO_2、NO 的浓度。CO、HC 和 CO_2 采用不分光红外吸收型分析仪，NO 采用电化学传感器分析仪。

③ 自动检测控制系统由主控柜、工业控制计算机、打印机、电气控制系统、计算机软件系统组成，用于 ASM 测量过程的控制、数据测量处理与评价。

④ 其他辅助设备。包括显示屏、车辆散热风扇、挡车器和地锚、安全带等。

2）试验工况和试验方法。稳态工况法仅适用于最大总质量小于 3500kg 的汽车，其模拟试验工况为两种稳态工况，如图 10-1 所示：

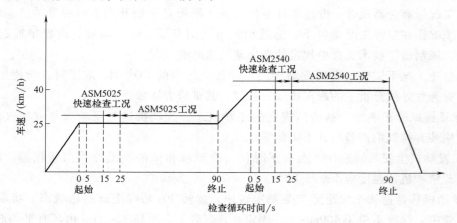

图 10-1　稳态工况法（ASM）实验运转循环

试验时，汽车驱动轮置于测功机滚筒上，将分析仪取样探头插入排气管中，深度为 400mm，并固定于排气管上，对独立工作的多排气管应同时取样。

将车速控制稳定到规定工况速度（25km/h 及 40km/h），由电气控制系统控制调节功率吸收装置，使得加载到滚筒表面的总吸收功率为测试工况下的给定加载值，使车辆在规定载荷下稳定运行。五气体分析仪测量车辆所排出的废气中各成分的含量，通过分析仪自带的环境测试单元测取温度、湿度气压参数，计算出稀释系数，然后计算出校正后的 CO、HC、NO 排气浓度值。

测试过程中，控制系统发出操作指令，由显示仪显示，引导检验员操作。发动机冷却风机对发动机吹风散热。安全装置则用于保障测试时的车辆运行安全。

汽车在测功机上试验车速的允许误差为±1.5km/h，加载转矩应随车速的变化做相应的调整，保证加载功率不随车速改变。转矩允许误差为该工况设定转矩的±5%。

（2）简易瞬态工况法　GB 18285—2005《点燃式发动机汽车排气污染物排放限值及测量方法（双怠速法及简易工况法）》规定了 VMAS 简易瞬态工况测量方法。

轻型点燃式发动机汽车简易瞬态工况污染物排气检测系统（简称 VMAS），是基于轻型车污染物质量排气的测试系统。检测时，汽车在底盘测功机上行驶以模拟真实运行工况，在加载情况下测定汽车发动机排出的各种废气成分的瞬态浓度值，可以较真实地反映汽车实际运行时的排放性能。简易瞬态工况法能检测排气污染物每千米的排气量，并以 g/km 表示，有利于归纳排放因子，估算和统计城市机动车污染物的排气总量。

（3）多工况循环汽车排放检测　多用作定型车鉴定、科研和生产车抽检，本书从略。

3. 自由加速烟度法

柴油机烟度试验工况有稳态和非稳态两种。

稳态烟度试验通常在柴油机全负荷稳定运转时进行。试验过程必须对柴油机加载，因此必须在试验台架上进行。同时，许多强化的增压柴油机，由于在加速过程中排放的废气烟度很高，稳态烟度检测不能反映其排放特性的全貌。

柴油机在非稳态下的排气烟度受多种不稳定因素影响，为了客观公正地反映柴油车的烟度排放特性，对非稳态烟度测定应有严格控制的试验程序。目前，非稳态烟度测试有自由加速法和控制加速法两种规范。自由加速法指柴油机从怠速状态突然加速至高速空载转速过程中进行排气烟度测试的一种方法。自由加速法不需对柴油机加载，因此适用于检测站对在用柴油车的年检以及环保部门对柴油车排放烟度的监测。

（1）自由加速工况　指在发动机怠速工况时迅速但不猛烈地踏下加速踏板，使喷油泵供给最大油量，并在发动机达到调速器允许的最大转速前保持此位置，一旦达到最大转速，则立即松开加速踏板，使发动机恢复至怠速工况。应于 20s 内完成规定循环。自由加速试验循环如图 10-2 所示。其中：前三次自由加速过程清除排气系统中的积存物；后四次用于测量取样，并以最后三次读数的算术平均值作为所测烟度值。

对于在用压燃式发动机汽车应在自由加速工况下试验所排放废气的烟度，并应视不同情况采用滤纸烟度法或不透光烟度法试验所排出的废气的烟度值或光吸收系数。

（2）试验程序　自由加速烟度试验所用仪器为滤纸式烟度计或不透光烟度计。其步骤如下：

① 安装取样探头。将取样探头固定于排气管内，其插入深度不小于 300mm，并使中心线与排气管轴线平行。

② 吹除积存物。按试验循环进行二次（或二次以上）自由加速，以清除排气系统中的

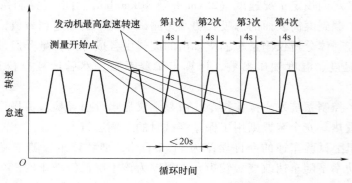

图 10-2　自由加速烟度测试规范

积存物。

③ 测量。用不透光烟度计或滤纸式烟度计按规定的循环时间连续测量最后四次自由加速工况下的光吸收系数或烟度值，检测结果取后三次读数的算术平均值。

根据 GB 3847—2005《车用压燃式发动机和压燃式发动机汽车排气烟度排放限值及测量方法》，在机动车保有量大、污染严重的地区可采用加载减速工况法。

第二节　汽车噪声排放性能

汽车噪声排放性能用经过听觉修正的反映噪声强弱的声压级-分贝数作为评价指标。经 A 计权网络（接近人耳听觉特性）修正的声压级分贝值称为 A 计权声级，用 dB（A）表示。汽车噪声排放限值和试验方法则由国家颁布的有关标准来规范。

一、汽车的噪声源

汽车的噪声源包括与发动机工作有关的噪声源和与汽车行驶有关的噪声源两类，如图 10-3 所示。前者主要包括进排气噪声、风扇噪声、燃烧噪声、机械噪声等发动机噪声；后者主要包括传动噪声、轮胎噪声、车体振动及干扰空气噪声等。国产中型载货汽车车外加速行驶噪声声源分解比例如图 10-4 所示。噪声的强弱不但与汽车和发动机的类型及技术状况好坏密切相关，还与车速、发动机转速、载荷以及道路状况有关。

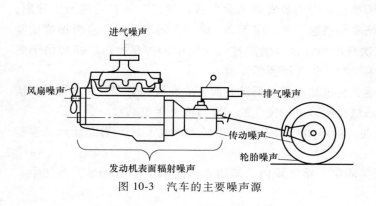

图 10-3　汽车的主要噪声源

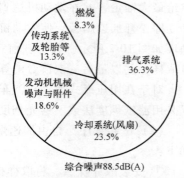

图 10-4　国产中型载货汽车车外加速
行驶噪声声源分解比例图

1. 发动机噪声

直接从发动机本体及附件向空间传播的噪声称为发动机噪声。发动机噪声是由各种不同性质的噪声构成的综合噪声，主要包括燃烧噪声、机械噪声、进气噪声、排气噪声和风扇噪声等。

燃烧噪声是可燃混合气在气缸内燃烧时，压力急剧上升，冲击活塞、连杆、曲轴、缸体及气缸盖等，引起壳体表面振动辐射出的噪声。燃烧噪声是发动机的主要噪声源，而柴油机的燃烧噪声一般高于汽油机的燃烧噪声。

发动机运转过程中，活塞与气缸壁的敲击、气门开闭的冲击、正时齿轮运转、喷油泵泵油及其他运动部件工作所发出的声响称为机械噪声。机械噪声是汽油机噪声的主要来源。

进、排气噪声指在进、排气过程中，由于气体流动和气体压力波动引起振动而产生的噪声。进、排气噪声属于空气动力性噪声。

风扇噪声主要是空气动力性噪声，由旋转噪声、涡流噪声及机械振动引起的噪声组成。

2. 传动系统噪声

传动系统噪声包括变速器噪声、传动轴噪声和驱动桥主传动器噪声。其中变速器是主要噪声源，齿轮传动机械噪声是变速器噪声的主要组成部分。

3. 轮胎噪声

汽车行驶过程中，轮胎直接发出的噪声包括轮胎花纹噪声、道路噪声、弹性振动噪声以及轮胎旋转时的空气噪声。

汽车行驶时，因轮胎胎面花纹槽内的空气在接地时被挤压并有规则地排出，致使周围空气压力变化所产生的噪声称为花纹噪声。花纹噪声在轮胎噪声中占主要地位。

轮胎驶过凹凸不平路面时，凹坑内的空气受挤压和排放而产生的噪声称为道路噪声。其产生机理与花纹噪声相同，均是由轮胎和路面相互作用而产生的。

弹性振动噪声是由于轮胎不平衡、胎面花纹刚度变化或路而凹凸不平等原因激发轮胎振动而产生的噪声。

空气噪声是轮胎旋转时搅动周围空气而产生的空气振动声。在一般行驶条件下，由于车速较低，空气噪声可以忽略。

此外，汽车噪声还包括高速行驶时车身干扰空气噪声、制动噪声、储气筒放气声、喇叭声以及各种专用车辆上的动力装置噪声等。

二、汽车噪声的危害

城市环境噪声通常包括交通运输噪声、工厂生产噪声、建筑施工噪声和生活噪声。其中交通运输噪声是城市环境噪声的主要部分，可高达城市噪声75%左右。交通运输噪声的主要声源是机动车辆，其中汽车噪声影响最大。因此，控制汽车的噪声污染越来越受到人们的重视。

机动车噪声一般是声压级为60~90dB的中强度噪声。虽然通常不会对人的身体健康立即产生直接影响，但声压级高于70dB的噪声会使人心情不安、烦躁、疲倦、工作效率下降发生语言通信困难等，从而影响人们的正常学习、工作、休息和生活。长期处于噪声环境，还会引发心脏病、胃病以及神经官能症，出现听力下降或听力损伤。

试验表明：声压级88dB时，驾驶人的注意力下降10%；90dB时，则下降20%。因此，汽车噪声不仅影响环境，还会使驾驶人工作效率下降，反应时间增长，易导致交通事故。

三、汽车噪声排放限值

汽车噪声是汽车的重要环保性能，汽车噪声试验项目分为驾驶人耳旁噪声试验、客车车内噪声试验、汽车加速行驶车外噪声试验等，其试验方法和所测结果应符合 GB 7258—2017

《机动车运行安全技术条件》、GB/T 25982—2010《客车车内噪声限值及测量方法》、GB 1495—2002《汽车加速行驶车外噪声限值及测量方法》、GB 18565—2016《道路运输车辆综合性能要求和检验方法》等有关标准的规定。

1. 驾驶人耳旁噪声限值

根据 GB 7258—2017《机动车运行安全技术条件》，汽车（纯电动汽车、燃料电池汽车和低速汽车除外）驾驶人耳旁噪声声级应不大于 90dB（A）。

2. 客车车内噪声限值

根据 GB/T 25982—2010《客车车内噪声限值及测量方法》，各类客车车内噪声声压级限值见表 10-4。

表 10-4　各类客车车内噪声声压级限值

车辆种类		车内噪声声压级限值/dB（A）	
城市客车	前置发动机	驾驶区	86
		乘客区	86
	后(中)置发动机	驾驶区	78
		乘客区	84
其他客车	前置发动机	驾驶区	82
		乘客区	82
	后(中)置发动机	驾驶区	72
		乘客区	76

3. 汽车加速行驶车外噪声限值

根据 GB 1495—2002《汽车加速行驶车外噪声限值及测量方法》，车外最大允许噪声级不应超过表 10-5 规定的限值。

表 10-5　汽车加速行驶车外噪声限值

汽车分类	噪声限值/dB（A）	
	第一阶段（2002 年 10 月 1 日~2004 年 12 月 30 日期间生产的汽车）	第二阶段（2005 年 1 月 1 日以后生产的汽车）
M_1	77	74
M_2($G \leqslant 3.5t$) 或 N_2($G \leqslant 3.5t$)：		
$G \leqslant 2t$	78	76
$G \leqslant 3.5t$	79	77
M_2($3.5t < G \leqslant 5t$) 或 M_3($G > 5t$)：		
$P < 150kW$	82	80
$P \geqslant 150kW$	85	83
N_2($3.5t < G \leqslant 12t$)，或 N_3($G > 12t$)：		
$P < 75kW$	83	81
$75kW \leqslant P < 150kW$	86	83
$P \geqslant 150kW$	88	84

说明：a）M_1、M_2 或 N_1 类汽车装用直喷式柴油机时，其限值增加 1dB（A）。

b）对于越野汽车，其 $G > 2t$ 时：如果 $P < 150kW$，其限值增加 1dB（A）；如果 $P \geqslant 150kW$，其限值增加 2dB（A）。

c）M_1 类汽车，若其变速器前进档多于四个，$P > 140kW$，P/G 之比大于 75kW/t，并且用第三档测试时其尾端出线的速度大于 61km/h，则其限值增加 1dB（A）。

注：1. M_1 类：除驾驶人外，乘客座位数不超过 8 个的客车。

M_2 类：除驾驶人外，乘客座位数超过 8 个，厂定最大总质量 G 不超过 5t 的客车。

M_3 类：除驾驶人外，乘客座位数超过 8 个，厂定最大总质量 G 超过 5t 的客车。

2. N_1 类：厂定最大总质量 G 不超过 3.5t 的载货汽车。

N_2 类：厂定最大总质量 G 超过 3.5t，但不超过 12t 的载货汽车。

N_3 类：厂定最大总质量 G 超过 12t 的载货汽车。

四、汽车噪声试验方法

噪声试验时，所采用的仪器为声级计、发动机转速表、车速测量仪器，其仪器测试精度和测试条件应符合有关标准规定。若需进行频谱分析，则应采用频率分析仪。

1. 驾驶人耳旁噪声试验

根据 GB 7258—2017《机动车运行安全技术条件》，测量驾驶人耳旁噪声时，汽车应空载，处于静止状态且置变速器于空档，发动机应处于额定转速状态，门窗紧闭；环境噪声应低于被测噪声值至少 10dB（A）；声级计置于"A"计权、"快"档；驾驶人耳旁噪声测量点位置应符合 GB/T 18697—2002《声学 汽车车内噪声测量方法》，如图 10-5 所示。

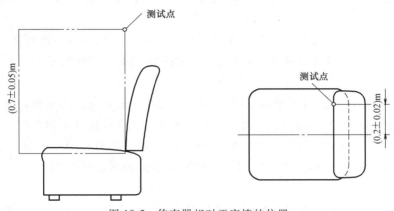

图 10-5 传声器相对于座椅的位置

2. 客车车内噪声试验

客车车内噪声试验方法应符合 GB/T 25982—2010《客车车内噪声限值及测量方法》的规定。

（1）试验条件 试验路段应为清洁干燥平坦无冻结的硬路面，且不应有接缝、凹凸不平或类似的表面结构；试验区间路线应平直；测量时应避免通过隧道、桥梁、道岔、车站及会车。

沿着测量路线在约 1.2m 高度的风速不应超过 5m/s，其他气象条件不应影响测量结果。

对所有 A 声级测量，由背景噪声和仪器内部电噪声而确定的测量动态范围下限应至少低于所测声级 15dB（A）。

试验时，发动机所有运行条件，如燃料、机油、点火正时或喷油时间应符合制造厂规定，其工作温度应稳定在正常工作范围。如果发动机冷却散热器装有挡风门，则应在两种条件（打开和关闭）下进行测试，发动机冷却风扇应正常运转。

轮胎规格和充气压力应符合规定，轮胎任何部分花纹深度应不小于 1.6mm。

在测试噪声时，车辆应空载，除驾驶人、测量人员和测量装备外，不应有其他载荷。

测试噪声时，车辆门窗应关闭；辅助装置如刮水器、暖风装置、风扇以及空调等在测试过程中不应工作。

（2）测试位置 车内噪声级明显与测试位置有关，应该选择能够代表驾驶人和乘客耳旁的车内噪声分布的足够的测量点。

一个测量点应选在驾驶人耳旁，如图 10-5 所示。

对于城市客车，每节车厢分别取中心线上的前、中、后三个测试点。

对于其他客车，沿着汽车的纵向轴线附近（不算轴线上的），前排、中间排和最后排左侧的第一个座位位置作为测量点。传声器在座椅处的位置如图 10-5 所示。

传声器应指向客车行驶方向。

（3）试验方法　城市客车分别在 2 档 15km/h 和 3 档 35km/h 时全开节气门加速两种运行工况下进行测试。当达到稳定的上述测试车速时，启动记录装置开始记录，同时尽可能快地使节气门全开，直到发动机转速达到制造厂规定额定转速的 90%，记录停止。变速器档位在噪声测试过程中不应改动。对于自动变速器的客车，测试工况为 10~50km/h 全开节气门加速过程。

每个测量点进行往、返各一次测量并记录在所规定的加速范围内出现的 A 计权声级最大值。分别计算驾驶人耳旁和乘客区各测点在 2 档和 3 档时的四次测量的算术平均值作为中间结果。

其他客车以 90km/h 或设计最高车速的 80%（两者取较小值）的车速匀速行驶，机械式变速器客车的档位应处于最高档，自动变速器的客车应使变速杆处于制造厂为正常行驶而推荐的位置。每个测量点进行往、返各一次测量，每次测量时间至少 5s，读取稳态噪声测量读数，并记录 A 计权等效声压值。分别计算驾驶人耳旁和乘客区各测点两次测量的算术平均值作为中间结果。

分别取驾驶人耳旁和乘客区各中间结果的最大值，作为驾驶区和乘客区噪声的最终测量结果。

3. 汽车加速行驶车外噪声试验

汽车加速行驶车外噪声试验方法应符合 GB 1495—2002《汽车加速行驶车外噪声限值及测量方法》的规定。

（1）试验条件　测量场地应平坦空旷，以测量场地中心为基点半径为 50m 的范围内不应有大的声反射物，如图 10-6 所示。

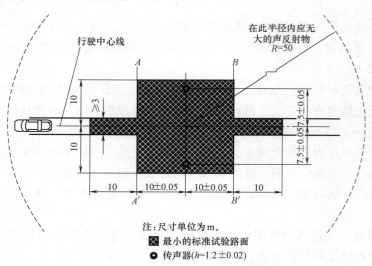

注：尺寸单位为 m。

▨ 最小的标准试验路面

● 传声器（$h=1.2\pm0.02$）

图 10-6　汽车车外噪声试验场地

传声器置于跑道中心点的两侧，各距行驶中心线（7.5±0.05）m、距地面高度（1.2±0.02）m 处，传声器平行于地面，其轴线垂直于车辆行驶方向。

测量应在良好天气中进行，测量时传声器高度的风速不应超过 5m/s，必须注意测量结果不受阵风的影响。

背景噪声至少比被测汽车噪声低 10dB（A）。

被测汽车应空载；装用规定轮胎，轮胎气压达到厂定空载状态气压；技术状况应符合该车型的技术条件；有两个或更多驱动轴时，测量时应为常用的驱动方式；如果装有带自动驱动机构的风扇，应保持其自动工作状态。

（2）试验方法

1）档位选择和试验车速。按规定选择汽车档位和试验车速。

对于装用手动变速器的 M_1 和 N_1 类汽车，不多于四个前进档时，应用第 2 档进行测量；多于四个前进档的变速器时，应分别用第 2 档和第 3 档进行测量。

装用自动变速器的汽车，且自动变速器装用手动变速杆，则应使变速杆处于制造厂为正常行驶而推荐的位置来进行测量。

汽车以规定档位和稳定速度接近 AA' 线，其接近速度一般取 50km/h，速度变化应控制在 ±1km/h 之内。

当汽车前端到达 AA' 线时，必须尽可能地迅速将加速踏板踩到底加速行驶，汽车沿测量区中心线直线加速行驶，并保持不变，直到汽车尾端通过 BB' 线时再尽快地松开踏板。

2）声级测量。试验车外噪声时，声级计用 A 计权网络、"快"档进行测量。

在汽车每一侧至少应测量四次。

应测量汽车加速驶过测量区时的最大声级。每一次测得的读数值应减去 1dB（A）作为测量结果。

若在汽车同侧连续四次，测量结果相差不大于 2dB（A），则认为测量结果有效。

将每一档位条件下每一侧的四次测量结果进行算术平均，然后取两侧平均值中较大者作为中间结果。

3）最大噪声级的确定。对于只用一个档位测量的汽车，直接取中间结果作为最大噪声级。

对于采用二个档位测量的汽车，取两档中间结果的算术平均值作为最大噪声级。

最大噪声级的值应按有关规定修约到一位小数。

第三节　汽车电磁波干扰

任何一个具有电感和电容的闭合回路都会形成振荡，对外发射电磁波。汽车的电气系统中装有很多具有不同电感和电容的电气装置，如发电机、调节器、点火线圈、火花塞、电喇叭和各种继电器等。因此，汽车在工作时成为电磁波的发射源，所产生的电磁波向车内外辐射，切割无线电、电视广播等通信设备的天线，从而形成电磁波干扰。在汽车电气系统中，以点火系统所造成的干扰最为严重，其次是发电机、调节器以及各种开关和继电器。电磁波干扰的成因如下：

1. 发动机起动时的电磁波干扰

发动机起动时，在起动机开关和起动继电器触点导通、断开的瞬间，以及起动机通电过程中电刷与整流子换向的瞬间，由于电流很大且瞬间通断，造成蓄电池端电压剧烈波动，引起起动开关、起动继电器触点和起动机电刷与整流子间产生强烈电火花。电火花本身是断续的脉冲放电电流，因此不仅会激起电磁波辐射干扰，而且会加剧汽车电气系统的电压波动和电流的断续，在电感性电器（包括起动机和继电器）中由电磁感应产生瞬间过电压（包括负向脉冲电压）。其峰值约为$-30 \sim +125V$，持续时间约为$200ms$。

2. 发电机发电时的电磁波干扰

在发电机励磁回路中，如果引线接触不良、电刷与集电环接触不良、电压调节器触点接触不良，不仅会引起发电机励磁电流的通断突变，而且会使电枢绕组激起异常电压及瞬间过电压。与此同时，还会导致导线连接点、电刷与集电环间、电压调节器触点间产生电火花而形成电磁波辐射干扰。

3. 火花塞点火时的电磁波干扰

在点火系统的高压线路中，火花塞点火时由于电极间火花放电所产生的电磁波被金属机件所屏蔽。但外部线路中，若高压线与点火线圈、分电器盖的高压线插孔之间，高压线与火花塞连接处，以及分火头与分电器盖高压线插孔之间有间隙时，也会产生电火花，所产生的电磁波辐射对无线电通信等造成电磁波干扰而形成电磁波公害。

4. 电路网络干扰

电路网络干扰产生于流过各种电气设备的连接导线中的电流之间的电磁感应。汽车电气设备的电路导线通常被包扎成线束，当电压高低不同、电流强度和方向不同的各种线路捆扎在一起，以及敏感电气元器件安装位置不良、质量不佳等时，都会因电磁感应而产生电磁干扰信号。这些信号在网络周围以电磁波的形式传播，干扰附近和车内收放机的正常接收。

5. 车载通信设备干扰

车载通信设备工作时也能对外界产生干扰，如附近的飞机、加油站、笔记本式计算机等。

6. 其他因素造成的电磁波干扰

汽车电气系统中有很多电感性器件和接触开关。在工作过程中，由于开关触点、继电器触点和电动机电刷接触不良，以及供电导线连接或搭铁不良造成的时通时断，都会激起瞬间过电压。瞬间过电压引起电源电压波动，极易在电路连接点或接触面间产生电火花，并加剧瞬间过电压，而瞬间过电压又会加剧电火花。如此反复，不仅冲击工作中的汽车电气设备，而且还会对周围环境造成电磁波干扰。

复 习 题

一、问答题

1. 汽车的排放污染源有哪些？
2. 汽车的主要排放污染物有哪些？
3. 汽车的噪声源包括哪些？
4. 发动机噪声包括哪些部分？
5. 传动系统噪声包括哪些部分？
6. 轮胎噪声包括哪些部分？
7. 产生电磁波干扰的汽车电气设备主要有哪些？

二、综述（分析）题

1. 说明汽车排放污染物中 CO 的形成机理。

2. 说明汽车排放污染物中 HC 的形成机理。

3. 说明汽车排放污染物中 NO_x 的形成机理。

4. 说明在用汽车排放污染物试验采用的国家标准。

5. 说明汽车双怠速排放试验方法。

6. 说明汽车工况法排放试验方法。

7. 说明发动机燃烧噪声的产生机理。

8. 说明轮胎噪声的产生机理。

9. 汽车噪声试验项目主要有哪些？所采用的标准有哪些。

10. 说明驾驶人耳旁噪声试验方法。

11. 说明车内噪声试验方法。

12. 说明汽车加速行驶车外噪声试验方法。

13. 汽车电磁波公害是怎样产生的？

第三篇 汽车运用技术

所谓"运用"就是根据事物的特点加以利用。"汽车运用"就是根据汽车的使用性能和外界条件，合理使用汽车。

汽车是效率高、速度快、机动灵活的道路运输工具，其使用性能为汽车运用效果和运输效益的提高提供了可能性。

汽车运用和运输过程是在众多而且复杂的条件下进行的，并且这些条件随着时间和空间而变化。道路基础设施和运输站场基础设施的完善程度，以及气候条件、运输条件、汽车运输组织和技术条件、社会经济条件等，都直接或间接影响着汽车的运用效果和运输效率，制约着汽车运输服务水平的提高。在分析汽车运用工程学问题时，应将其置于所处运用条件之中，才能得到符合客观实际的分析结果。

因此，科学合理地运用汽车，使汽车性能与外界条件相适应，最大限度地使汽车性能得以充分发挥，对于保证汽车运用和运输过程正常进行，对于提高汽车运用效果和运输效率，降低运行材料消耗和劳动消耗，具有重要意义。

第十一章 汽车运输组织与效益

汽车运输组织的目的是通过控制汽车在运输网络上的流动，实现人和物迅速、安全、经济、方便、准时的位移，创造空间价值和时间价值。合理组织运输对于提高汽车运输效益和运输质量有决定性影响；提高车辆的运输生产率，降低运输成本，是运输企业生存和发展的关键。因此，分析汽车运输过程，科学组织运输生产活动，控制影响汽车运输生产率和成本的各个因素，对于合理使用车辆，提高运输效率，降低运输成本，为社会生产和人民生活提供高质量的运输服务具有重要意义。

第一节 运输需求

一、运输需求的概念

运输是完成旅客或货物位移的过程，运输需求是在一定时期内，社会经济生活对人或货物的空间位移所提出的有支付能力的需要。一般包含以下要素：

① 运输需求量，也称流量，通常用货运量或客运量来表示，用来说明货运需求和客运需求的数量与规模。

② 流向，指货物或旅客发生空间位移的空间走向，表明客货流的产生地和消费地。

③ 运输距离，也叫流程，指货物或旅客所发生的空间位移的起始地至到达地之间的距离。

④ 运价，指运输单位质量或体积的货物和运送单位旅客所需的运输费用。

⑤ 流时和流速。流时指货物或旅客发生空间位移时从起始地至到达地之间的时间；流速指货物或旅客发生空间位移时从起始地至到达地之间单位时间内的位移。

⑥ 运输需求结构，指按不同货物种类、不同旅客出行目的或不同运输距离等对运输需求的分类。

二、运输需求的基本特征

1. 普遍性和广泛性

经济活动的空间独立性及其相互关联性的存在，以及生产与消费、供给与需求的普遍存在与相互分离，决定了运输需求的普遍性和广泛性。运输业作为现代社会独立的物质生产部门，是任何经济社会活动赖以存在的基础，任何经济社会活动都不可能脱离运输业而存在。

2. 复杂多样性

运输业面对的是品类日益繁多的货物或各种不同身份和出行目的的旅客，运输需求不仅表现在数量上，而且包含安全、速度、方便、舒适等质量的要求。

3. 运输需求的派生性

运输需求是社会经济活动的需求派生出来的。货主或旅客位移的目的并不是位移本身，而是为实现生产或生活中的某个目的，空间位移只是实现其目的的一个必不可少的环节。因此，相对运输需求而言，社会经济活动是本源需求，运输需求是派生需求。研究运输需求要以研究社会经济活动为基础。

4. 空间特定性

运输需求的空间特定性指货物或旅客的空间位移是在运输消费者指定的两点之间的带有一定方向性的需求。这主要是资源分布、生产力布局、地区经济发展水平、运输网络布局等不平衡而造成的。

5. 时间特定性

运输需求在时间上也呈现一定的规律性，客运需求的产生时间主要受人们的工作和生活节律的支配，货运需求的产生时间一般受各种社会生产活动规律的制约。

6. 部分可替代性

一般来说，不同的运输需求之间是不能替代的。如人与物的位移需求不能相互替代。但是在某些情况下，可以对客货位移需求做出替代性的安排。例如，对发电用煤的运输可用长距离高压输电来替代；对参加会议的旅客运输可用现代通信手段，如电视会议来替代。

第二节　汽车运输过程和统计指标

一、汽车运输的功能

汽车运输分为直达运输、干线运输和短距离集散运输，如图 11-1 所示。因此，汽车运输有"通过"和"送达"或"集散"的功能。其"送达"或"集散"功能作为其他运输方式的终端运输手段，在综合交通运输体系中发挥着重要作用。随着高速公路网络的不断完善，汽车通过高速公路可以完成干线运输，汽车运输成为功能齐全的运输体系。

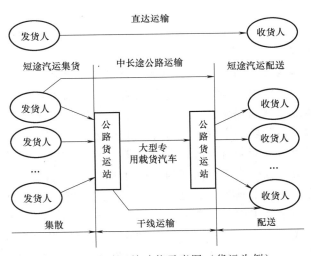

图 11-1　公路运输功能示意图（货运为例）

二、汽车运输生产过程的构成

汽车运输生产过程，泛指客货运输对象通过公路运输实现其空间场所移动的过程。汽车运输生产过程需要经过许多作业环节才能完成，主要包括运输准备、运输过程（生产）和运输生产辅助三个工作环节。

1. 运输准备

汽车运输准备工作指客货运输前所需进行的全部准备工作。主要包括：运输经济调查与运输工作量预测、开辟汽车营运线路、设置营运作业站点、组织客货运输对象和运力配置、安排运输生产作业计划以及制定有关运输组织管理制度和规章等。其中，一些准备工作需要在运输生产作业前进行较长时间准备，如运输经济调查等；有些准备工作则贯穿于日常汽车运输工作中，如客货运输对象的组织等。

2. 运输过程

汽车运输过程指直接实现客货空间场所位移的车辆运输工作。主要包括乘客上下车及货物装卸车作业、车辆运送作业（即车辆在营运线路上运送旅客或货物）以及必需的车辆调空作业等。

3. 运输生产辅助工作

汽车运输生产辅助工作是为运输生产及其准备工作提供后勤保障服务的各项工作的总称。主要包括运输车辆的选择、运输技术的确定、运输生产消耗材料的供应与保管、运输劳动组织工作等。

上述各项工作环节，是构成汽车运输生产过程所必需的主要工作环节。其中汽车运输过程为基本运输工作环节，是在运输生产经营中可获营运收入的有效运输工作环节。其余工作环节应围绕汽车运输工作的需要，科学、及时地进行组织，以保证运输过程的顺利进行。

三、汽车运输过程

汽车运输过程指利用汽车使货物或旅客的位置发生转移的过程，如图 11-2 所示。其主要环节包括：

① 准备工作：向起运地点提供运输车辆。

② 装载工作：在起运地点进行货物装车或旅客上车。

③ 运送工作：在路线上由运输车辆运送货物或旅客。

④ 卸载工作：在到达地点卸载或下客。

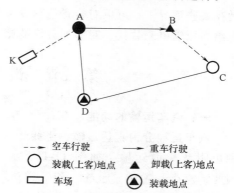

图 11-2 汽车运输过程示意图

汽车由停车场（库）K 空驶一段距离 L_v 到达起运地点 A 准备装货或上客，称为准备工作阶段；在 A 点完成货物装载或上客的过程称为装载工作阶段；把货物或旅客由 A 点运输一段距离 L_1 到达目的地 B 称为运送工作阶段；在目的地 B 将货物卸下或使旅客下车，称为卸载工作阶段。准备、装载、运送、卸载四个工作阶段构成一个完整循环的运输过程，称为运次。当车辆自 B 点卸载或下客完毕后又空车开往 C 点装载或上客，之后再将货物或旅客运送至 D 后卸载或下客，车辆也同样完成一个运次的运输工作。若车辆在 D 点卸载完毕后，又在原地装载或上客，而后运送至目的地 A，也构成一个运次，但由于从 D 到 A 的运输过程中缺少了准备工作阶段，称为不完整循环过程的运次。如果车辆在完成运输工作过程中，又周期性地返回到第一个运次的起点 A，该过程称为周转。一个周转可由一个或几个运次组成。周转的行车路线，称为循环回路。在完成运输工作的过程中，车辆自始点行驶到终点，中途为了部分货物的装卸和部分旅客上、下车而停歇，则这一运输过程称为单程或车次。单程（车次）由两个或两个以上的运次构成。

四、汽车运输统计指标

作好汽车运输统计工作，可以据此分析汽车利用的单项评价指标和运输生产率及运输成本等综合性评价指标，对于研究确定提高汽车运输效率的有效措施具有重要意义。其主要统计指标如下：

① 车辆运行距离和货物（旅客）运输距离，单位为 km。

② 运量。汽车在每一运输过程中，所运送的货物质量称为货运量，单位为 t；所运送的旅客人数称为客运量，单位为人。客运量和货运量统称为运量。

③ 周转量。指货运量或客运量与移动的距离之积，单位为 t·km 或人·km。

④ 运输量（或产量）。即汽车运输所完成的运量及周转量的统称。运输量（或产量）包括运量和周转量两种指标。

⑤ 单车产量。指运输企业在统计期内平均每辆车所完成的周转量，单位为 t·km 或人·km。

⑥ 车吨（客）位产量。指运输企业在统计期内平均每吨（客）位所完成的周转量，单位为 t·km 或人·km。

⑦ 车日。指运输企业的营运车辆在企业内的保有日数。在统计期内，企业所有营运车辆的车日总数，称为总车日（记为 D）；根据车辆的技术状况和工作状况，总车日 D 分为完好车日 D_a 和非完好车日 D_n；完好车日 D_a 包括工作车日 D_d 和待运车日 D_w；非完好车日 D_n 则包括维修车日 D_m 和待废车日 D_b。由于待运车日、维修车日和待废车日中，车辆均处于非运输工作状态，因而称为停驶车日（记为 D_p）。其营运车日构成见表 11-1。

表 11-1　营运车日构成表

营运总车日(D)	完好车日(D_a)	待运车日(D_w)
		工作车日(D_d)
	非完好车日(D_n)	维修车日(D_m)
		待废车日(D_b)

⑧ 车时。指营运车辆在企业内的保有小时数。企业所有营运车辆的车时总数，等于营运车辆数与其在企业内保有小时数的乘积。按照车辆的技术状况和工作状况，总车时（T）可分为工作车时 T_d 和停驶车时 T_p。车辆在运输工作中具有行驶和停歇两种状态，所对应的车时分为行驶车时 T_t 和停歇车时 T_s。行驶车时 T_t 包括重车行驶车时 T_{tl} 和空车行驶车时 T_{tv}。根据引起车辆停歇的原因，停歇车时 T_s 包括装载车时 T_l、卸载车时 T_u、技术故障车时 T_{st} 及组织故障车时 T_{so}。依据导致车辆停驶的具体原因，停驶车时 T_p 可分为维修车时 T_m、待运车时 T_w 和待废车时 T_b。营运总车时的构成见表 11-2。

表 11-2　营运总车时构成表

营运总车时(T)	工作车时(T_d)	行驶车时(T_t)	重车行驶车时(T_{tl})
			空车行驶车时(T_{tv})
		停歇车时(T_s)	装载车时(T_l)
			卸载车时(T_u)
			技术故障车时(T_{st})
			组织故障车时(T_{so})
	停驶车时(T_p)		维修车时(T_m)
			待运车时(T_w)
			待废车时(T_b)

第三节　汽车货物运输组织

使用汽车沿道路载运货物的运输业务称为汽车货物运输。汽车货物运输具有面广、点多、分散的特点，可实现两地之间的"门到门"直达运输，可节约中转装卸费用，减少货损货差，缩短货物在途时间。汽车货物运输还可为铁路运输、水路运输、航空运输等集散货物。

充分挖掘运输潜力，以既有的车辆设备完成更多运输量，是提高运输生产效率的重要途径。为此，必须合理组织汽车货物运输，包括采用先进的货运组织形式、选择最优行驶路线及合理选用载运车辆等。

一、汽车货物运输作业程序

汽车货物运输作业流程如图 11-3 所示，其基本程序包括货物托运、派车装货、运送与交货、运输统计与结算等。

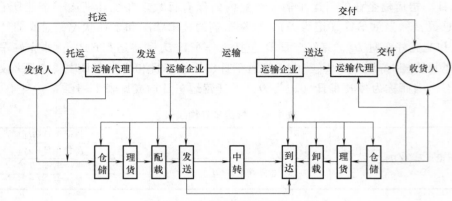

图 11-3　汽车货运生产作业流程

1. 货物托运

货物托运是货主委托运输企业为其运送货物并办理相关手续的统称。具体包括托运、承运及验货等项工作环节。办理托运，即由货主填写托运单。根据托运单，货主负责将货物按时提交给运输单位，并按规定的方式支付运费；运输单位则负责将货物安全运送到托运方指定的卸货地点，交给收货人。货物承运，即由承运方对托运的货物进行审核、检查、登记等受理运输业务的工作过程。

2. 派车装货

运输调度人员根据所承运的货物和运输车辆的情况编制车辆的运行作业计划，据此填发行车路单，派车到装货地点装货。车辆装货后，业务人员应根据货物托运单及发货单位的发货清单填制运输货票。运输货票是货物承运的主要凭证。在起运站点，运输货票是向托运人核收运费、缴纳税款的依据；在运达站点则是与收货人办理货物交付的凭证；而在运输单位内部又是清算运输费用、统计有关运输指标的依据。

3. 运送与交货

在运送货物过程中，调度人员应做好运输线路上的车辆运行管理工作，掌握运输车辆的工作进度，及时处理运输过程中的各类问题；同时，驾驶人应做好运货途中的行车检查，保持货物完好无损、无漏失。

在货物运达收货地点后，应正确办理交付手续和交付货物。整车货物运达时，收货人应及时组织卸车；同时，驾驶人应对所卸货物计点清楚。货物交接完毕后，收货人应在运输货票上签收，再由驾驶人带回交调度室或业务室。

4. 运输统计与结算

运输统计指依据行车路单及运输货票对已完成的运输任务进行有关指标的统计，生成有关统计报表，供运输管理与决策使用。运输结算包括驾驶人的工资定期结算和货主的运、杂费结算。

二、货物运输车辆的运行组织方式

货物运输车辆的运行组织方式有多班运输组织、直达运输组织、分段运输组织、汽车列车运输组织等。

1. 多班运输组织

多班运输指一辆车在一天之内工作两个或三个班次，其出发点是"人休车不休"。其基本组织方法是每车配备两名以上驾驶人，分班轮流运输。

组织多班运输时，要重视解决好劳动组织和行车调度。劳动组织的首要任务是安排好驾驶人的工作、休息和学习时间，同时也应考虑到定车、定人和车辆维修的安排；另外，组织多班运输时，应把较困难的货物运输任务尽量安排在白班。

2. 直达运输组织

直达运输指每辆车装运货物后由起点经过全线直达终点，卸货后再装货或空车返回，如图 11-4a 所示。采用直达运输时，因途中无需换装，从而可以减少货物装卸作业劳动量。直达运输适用于货流稳定但运量不大的货运任务，如零担货物的长途运输等。

直达运输时，因车辆运行时间较长，为保证休息和行车安全，驾驶人每天的工作时间不应超过 8h，在工作日内每经过 4h 要休息一次。驾驶人的工作制度可根据具体情况采取以下方式：

① 单人驾驶制。即车辆在整个周转时间内，由一个驾驶人负责全程运输。当整个周转结束后，驾驶人在路线起点换班。

② 双人驾驶制。即车辆在周转时间内，由两个驾驶人轮流驾驶，以缩短周转时间，提高车辆的有效利用程度和货物运送速度。

③ 换班驾驶制。即车辆由一组驾驶人轮流驾驶，每个驾驶人负责固定路段的驾驶任务，换班后再休息。

3. 分段运输组织

将货物全程的运输路线分成若干段，称为区段。分段运输组织指货物在区段间由不同车辆接力运输的运行组织方式，如图 11-4b 所示。

采用半挂汽车列车进行分段运输时，由于在路段衔接处只需换牵引车，可以避免货物多次倒装，缩短停歇时间，因此可以提高运输效率，并减少货损货差。但需要在路段衔接处设置相应的站点、场地和装卸设备。

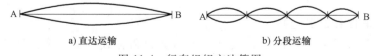

a) 直达运输　　　　　　　　　　b) 分段运输

图 11-4　行车组织方法简图

4. 定挂汽车列车运输组织

在运行和装卸作业时，汽车或牵引车与挂车不分离，这种定车、定挂的组织形式称为定挂运输组织方式。采用定挂运输组织方式时，需注意以下问题：

① 装卸作业面应有足够长度。汽车列车停放位置与装卸作业面平行时，有利于汽车和挂车同时进行货物装卸。因此，应保证有足够长度的装卸作业面。另外，装卸现场的场地和出入口应便于调车作业。

② 合理调度装卸作业。由于汽车列车的货物装卸工作量大，如不提高装卸作业效率，就会使装卸停歇时间延长，影响运输生产率。

③ 装载和运行应满足有关标准要求。汽车列车的行驶稳定性较差，货物装载高度和重量应进行限制，确保行驶安全。另外，汽车列车的行驶速度、安全性和通过性较易受到道路几何条件限制。

5. 甩挂汽车列车运输组织

甩挂运输指按照预定计划，汽车列车在各装卸作业点甩下已到达目的地的挂车，而后挂上另一挂车继续运行的运输组织方式。甩挂运输使装卸停歇时间缩短到最低限度，从而可充分发挥汽车列车的运输效能，提高运输生产效率。其运输组织有以下方式：

① 一线两点甩挂运输。汽车列车往复于两装卸作业点之间，在线路两端根据具体条件做甩挂作业，如图 11-5a 所示。根据货流情况或装卸能力不同，可组织"一线两点，一端甩挂"（装甩卸不甩、卸甩装不甩）或"一线两点，两端甩挂"。该组织形式适用装卸点固定、运量大的运输条件。例如在散货码头、矿山、煤矿等生产基地，集装箱堆场与码头、机场车站间的短途运输。

② 循环甩挂运输。在闭合循环回路的各装卸点上，配备一定数量的周转集装箱或挂车，汽车列车每到达一个装卸点，甩下所带集装箱或挂车，装卸人员迅速完成主车的装卸作业，并为车辆挂上事先准备好的集装箱或挂车，继

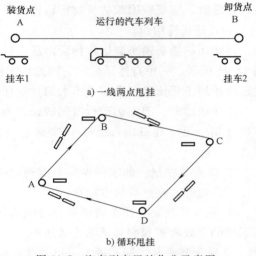

图 11-5 汽车列车甩挂作业示意图

续向下一个目的地行驶，随后装卸人员开始装卸甩下的挂车或集装箱，如图 11-5b 所示。

组织循环甩挂作业时，一方面要满足循环调度的基本要求；另一方面应选择运量较大、稳定且适宜于组织甩挂作业的运输条件。

③ 驮背运输。在多式联运各运输工具的连接点，由牵引车将载有集装箱的挂车或普通挂车直接开上铁路平板车或船舶，而后摘挂离去。集装箱挂车或普通挂车由铁路车辆或船舶载运至前方换装点，再由该点的牵引车开上车船挂上集装箱挂车或普通挂车，直接运往目的地。

三、车辆行驶路线及其选择

行驶路线指完成运输工作的运行线路，包括空驶和有载行程。选择运输时间短、费用省、运输效益高的运行线路，是组织汽车货运的重要工作。车辆行驶路线有往复式行驶路线、环形行驶路线和汇集式行驶路线三类。

1. 往复式行驶路线

往复式行驶路线指在两个装卸作业点之间的线路上，作一次或多次重复运行的行驶路线。根据载运情况，可分为单程有载往复式、回程部分有载往复式和双程有载往复式三种。单程有载往复运输生产率最低；回程部分有载指回程途中，有一段路径承运货物或全程有载但实载率低的往复运输；双程有载往复的里程利用和实载率最高，因而运输效率最高，如图

11-6 所示。

2. 环形行驶路线

连接不同运输任务的装卸点的道路构成的封闭路线称为环形行驶路线。由于各装卸点的位置分布不同，环形路线有不同形状，如图 11-7 所示。选择环形线路，应以完成同样货运任务时，里程利用率最高，即空驶行程最短为原则。

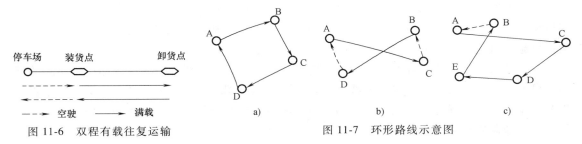

图 11-6　双程有载往复运输　　　　　　图 11-7　环形路线示意图

3. 汇集式行驶路线

汇集式路线指由起点发车，在各货运点依次进行装卸货，并且每运次装卸货量都小于一整车，完成各货运点运输任务以后，最终返回原出发点的行驶路线。汇集式运输有三种形式：

① 分送式。车辆沿运行路线上各货运点依次进行卸货。

② 收集式。车辆沿运行路线上各货运点依次进行装货。

③ 分送-收集式。车辆沿运行路线上各货运点分别或同时进行分送及收集货物。

四、货运车辆的选择

运输车辆的选择主要指车辆类型和载重量的选择，基本要求是有利于保证货物完好，运输效率高且运输费用少。其主要影响因素包括：货物类型、特性与批量；装卸方法；道路与气候条件；货物运送速度以及材料消耗量等。

1. 车辆类型的选择

车辆类型选择主要指对通用车辆或专用车辆的选择。专用车辆指具有专用设备装置，适应专门运输任务或特种物资运输的车辆。货运汽车专用化的特点之一是减少或不进行运输包装而采用散装运输，从而节约大量包装材料，减少运输成本；同时，货运车辆专用化还能避免环境污染和货物污染或腐败，减少货损货差，避免运输事故。但专用车辆上增加了若干附属设备，与总重相同的通用车辆相比，有效载重量有所降低。

根据货物的特性、包装物的类型和形状采用相应的专用车辆，如拦板式货车、集装箱运输车辆、罐式汽车、厢式车、冷藏冷冻车、平板车、散装水泥车及挂车等，可以保证货物完好，减少劳动消耗量，改善劳动条件，提高行车安全及运输经济效果。例如：采用具有气动式卸货机构的散装水泥车与通用汽车相比，可以减少水泥损失和运输费用30%左右。

2. 装载质量的选择

装载质量选择的首要考虑因素是货物批量。大批量货物运输时，在道路法规允许的范围内采用较大装载质量的汽车较为合理；货物批量有限时，应选用与货物批量相适应的较小装载质量汽车，装载质量过大时，将增加材料与动力消耗量，提高运输成本；在特殊情况下，对于在往复式路线上以汇集式的方式运输小批量货物时，也可选择装载质量较大的车辆。

第四节 公路旅客运输组织

公路旅客运输指利用旅客运输车辆在公路上实现旅客在城市间空间位移的过程。公路旅客运输在综合运输体系中占据重要地位，不仅承担铁路、水路和航空客运的集散任务，还直接担负旅客直达运输任务。

客运站通常是公路旅客运输的起点和终点，因此客运站的作业组织是公路旅客运输的核心。根据旅客的出行需求和客流的特点，科学合理地组织车辆进行公路旅客运输，对于提高旅客运输生产率、降低运输成本，提高公路旅客运输的服务质量，具有重要作用。

一、公路旅客运输作业程序

公路旅客运输的生产作业流程如图 11-8 所示，其基本程序包括发售客票、行包受理、候车服务、客车准备、组织乘车与发车、客车运送、客车到达、交付行包及其他服务作业等。

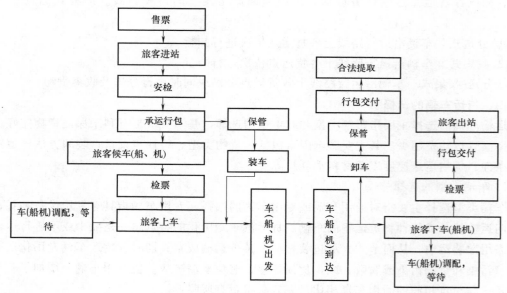

图 11-8 公路客运生产作业流程

1. 发售客票和行包受理

车票是旅客支付票价和乘车的凭证，其发售方式通常有固定窗口售票、车上售票、电话或信函订票及候车室内流动售票等。

行包是行李、包裹的总称，是旅客运输的组成部分。确保行包安全无损和准确及时地运至目的地，是行包运输工作组织的基本要求。

2. 候车服务

候车服务主要包括：保持候车室清洁卫生；必需的饮水供应；提供候车座椅；方便旅客获得旅行信息和资料，如客运班次表、客运线路分布图、票价表、转换乘时刻表及交通常识等。客流量较大的客运站还应设置问讯处和小件物品寄存处。此外，还应对候车旅客提出的各种合理要求提供相应服务。

3. 组织乘车与发车

组织乘车与发车作业过程中，首先应由站务人员和行车人员清理客车车厢，防止无票人员或携带违禁品人员上车；之后由站务人员按售出车票组织旅客排队、顺序检票、排队上车、对号入座；旅客上车入座后，由站务人员或乘务人员通报本次班车的终点站、中途停靠站、途中用餐与住宿站点以及预计到达时间等，检查是否有误乘旅客并及时予以纠正；然后正确填写行车路单中的有关事项，交客车驾驶人。发车准备工作就绪后，即由车站发出发车指令。客运班车应努力做到正点发车。

4. 客车到达

班车到站后，站务人员与行车人员办理接车手续，指引车辆停放，向旅客通报站名，检验车票，引导、照顾旅客下车，准确清点并向旅客交付行包，同时处理其他临时遇到的问题。

若客车到站为中途站，则需组织该站旅客上车后继续运行；若是终点站，则客运车辆经清扫或检查后入库停放，或继续执行下一车次的客运任务。

二、公路旅客运输的营运方式

公路旅客运输的营运方式有长途直达客运、城乡短途客运、普通客运、旅游客运、旅客联运、包（租）车客运等。

长途直达旅客运输指在较长客运线路上，在起点站与终点站之间不停靠，或仅在大站停靠的班车运输方式，主要用于跨省区长途干线旅客运输。当直达客流量大于客车定员60%时，可考虑开行直达客车。

城乡短途旅客运输指在城乡线路上，沿途各站频繁停靠的班车运输方式。短途客运客车上通常配有乘务员。其客车除有一定数量的座椅外，还应保留一定站位和放置物品的空间。

普通旅客运输指在较长客运线路沿线的主要站点都停靠的班车运输方式。当直达客流不多，区间客流占班线客流的80%以上时，一般采用这种运输方式。普通客运班车可以配乘务员。

旅游客运是在游客较多的旅游线路上运行的旅客运输方式。旅游客车应配有导游人员，在风景点停靠，可以采用定线、定班或根据游客要求安排诸如包车等。

旅客联运指组织多种运输方式联合完成旅客运输。参与旅客联运的有关企业，应开展客票联售业务，并代办联运行包托运、保管、接送、旅行咨询等服务项目。

包（租）车客运指为有关单位或个人、集体提供的旅客出行服务，根据具体情况可分为计时和计程两种。

三、公路旅客运输车辆的选择

在选用公路旅客运输车辆时，应考虑客运类型、客流量、公路条件、舒适性、运输成本等方面。

旅客联运和旅游客运的客车应满足速度高、舒适性好的要求；长途直达客车，应具有较高行驶速度和较大行李箱；城郊短途客运车辆要适应道路条件，并选用速度较低和载客量较大的车辆，如大型铰接式汽车；对旅客较少的边远山区，应配备小型客车；农村短途运输客车，应有较多站位及方便旅客携带物品。

在运输旺季，平均日客流量较大（多于500人）且比较集中的线路，宜选用大型客车，如果客流量分散，可视情况选用中型或小型客车；日客流量较小（少于200人）时，视客流集散程度，选用中型或小型客车。

在等级较高、客流量大的干线公路，可配大型或中型客车；对等级较低的干线或支线公路，可根据客流量大小选用中型或小型客车

对于旅游和长途旅行，以及经济发展水平较高地区的旅客运输，可选用舒适性较高的高档客车；但一般短途旅客对舒适性要求较低，可选用中、低档客车。

选用车型时，应选用运输成本较低、利润较高、投资回收期较短的客车。但选用车型应综合考虑，要在分析客流构成的基础上确定所选车型，以满足不同旅客的出行需求，更好地吸引客流，提高运输效益。

四、公路旅客运输班次

班次安排是车站提供客运服务的依据，主要包括行车路线、发车时间、起讫站点名称、途经站及停靠站点等。合理安排客运班次，可以方便旅客乘车，营运经济，客源大。客运班次一经公布，不应频繁变更。安排客运班次时应考虑以下因素：

① 班次起讫点和停靠站点要适应旅客流向及变化规律，兼顾始发站及各中途站旅客乘车需要。

② 班次数量应满足旅客出行需要。

③ 班次时刻应适应旅客出行规律。还应考虑车辆运行时间、旅客中途膳食地点、驾驶人作息时间以及行包装卸等站务作业安排。

④ 各线路班次安排要与其他交通工具到发时间相衔接。

⑤ 客流量增大时，应采取增加班车、组织专车、提供包车服务等措施。

五、客车运行周期循环

客车运行周期循环的方式主要有大循环、小循环与定车定线等。

大循环运行指全部车辆按确定的顺序循环始终的运行方式，适用于各条线路道路条件相近、车辆基本相同的情况。优点是每辆客车的任务安排基本相同；缺点是循环周期长，运行线路频繁更换，且一旦局部计划被打乱，会影响整个计划的进行。

小循环运行指车辆划分为几个小组分别循环。其优点是有利于掌握运行线路和客流变化情况，有利于安全运行和提高服务质量；缺点是客车运输效率比大循环低。

定车定线运行指将某一车型固定于某条线路运行的方式，一般当道路条件复杂或拥有较多车型时采用，或在多班次或多班线时采用。其优点是有利于驾乘人员较详细地了解、掌握运行线路客流变化等情况，有利于搞好优质服务；缺点是客车不能套班使用，对提高车辆运输效率有一定影响。

编制客车运行周期时应保证全部客运班次均有车辆参运，并充分发挥每辆车的运输效率，同时考虑车辆维修及驾驶人、乘务员的食宿和休息。

六、客车运行循环序号

客运班次和客车运行周期循环确定后，应安排车辆如何运行，即编制客车运行循环序号。一个循环序号指一辆客车在一天内的具体运输任务，即运行指定的一个或几个班次，而全部循环序号包括了运输公司所有参与运营车辆的全部班次。客运班次有长有短，长途班次每辆车每天行驶一个或两个班次，甚至几天才一个班次。通过合理编配，确定需要多少辆客运班车，即编出多少个循环序号（俗称行车路牌）。循环序号的内容一般包括代号名称、班次的起讫站名，开到时间、距离里程、车日行程等相关内容。由于班车运行是连续的，编排

循环代号要合理分配运行任务，各个代号的车日行程要基本相当，首尾相连，便于循环，使各单车均衡地完成生产任务，见表11-3。

表 11-3　客车运行周期循环表

路牌号	车次	起点	终点	开车时间	到达时间	距离/km	车日行程/km
2086	1962	南京	上海	7:00	10:05	310	620
………							

七、客车运行作业计划

编制客车运行作业计划的步骤如下：

1. 确定相关数据资料

相关数据资料包括营运线路图、线路客运量（范围）、车日行程、车站作业时间、营运车辆类型、车辆数及定额载客量、车辆工作率、实载率、营运速度、维修计划等。

2. 计算开行的客运班次数目

公路旅客运输班次的计算公式为

$$n = \frac{\overline{q_i}}{q_0 \varepsilon}$$

式中　$\overline{q_i}$——该月份 i 线路日均客流量（人/天）；

　　　q_0——每车额定载客量（人）；

　　　ε——实载率（%）；

　　　n——客运班次数（次）。

3. 确定班次时刻和路牌

公路旅客运输班次的时刻和路牌见表11-4。

表 11-4　客运班次时刻表及路牌

路牌	班次	起点	终点	发车时间	到达时间
1	101	A	B	6:30	12:20
2	102	B	A	13:30	19:20
……	……	……	……	……	……
10	201	D	A	7:00	12:00
11	202	A	D	13:00	18:00
……	……	……	……	……	……
20	506	C	A	8:00	13:20
21	507	A	C	12:00	17:20

4. 编制月度客车运行作业计划表

月度客车运行作业计划见表11-5。

表 11-5　月度客车运行作业计划表

日期	1	2	3	……	19	20	21	22
车号（已行程）	路牌							
301（4000）	1	2	3	……	3	4	5	机动
……	……	……	……	……	……	……	……	……
304（8000）	15	16	17	……	18	19	20	21
……	……	……	……	……	……	……	……	……

客运调度是保证客运正常高效运行的关键环节，其核心是车辆调度。客运调度室要根据循环序号，综合考虑企业客运车辆的实际情况，如车辆型号、技术性能、额定座位、完好率、工作率、平均车日行程、实载率，预留一定量的机动运力，同时考虑与车辆维修计划协调一致等，然后统筹安排，编制客车运行计划，并组织执行。客车运行作业计划一般按月编制。客运调度的工作内容一般包括：

① 做好运量与运力的平衡。

② 监督客车运行作业计划的执行情况，合理调配车辆。

③ 根据客流量、流向、流时及其变化规律，及时调整运力，保证车辆运用效率得以充分发挥，并能满足客运需要。

④ 参与班次时刻表和客车运行作业计划的编制，组织客车按计划运行。

⑤ 建立健全客运调度值班制度，作好日常调度工作。

⑥ 作好资料统计工作。

第五节　城市公共汽车客运组织

公共交通系统具有运载量大、运送效率高、能源消耗低、相对污染少、运输成本低等优点。因此，要解决大、中城市目前普遍存在的交通拥挤、交通事故频繁和环境污染等问题，应特别重视优先发展城市公共交通。城市公共汽车客运是城市客运系统的重要组成部分。

合理组织城市公共汽车运输对于提高营运效率，提高服务质量，方便居民出行具有重要作用。

一、城市公共汽车交通系统

城市公共汽车交通系统包括车辆、车道、场站、运行四个组成因素。

公共汽车分为小型公共汽车、标准公共汽车、铰接公共汽车、双层公共汽车等类型。

在市区街道或快速道路上，公共汽车可以与一般车辆共同使用运行车道。还可以采用"公交优先"的观念规划公共汽车专用车道，以提高运营服务水平。

公交场站分为公交车场和公交车站两类。其功能是组织车辆运行、车辆停放保管、执行技术保养、车辆故障修理等。

公交车场可划分为综合车场（包括停车场和维护场）、维护场和中心停车场。

公交车站分为首末站、中途停靠站和枢纽站。首末站是综合车辆掉头、停放、上下客和候车等多种设施的小型服务性车站，也是调度人员组织车辆运行和司售人员休息的场所；中途停靠站供线路营运车辆中途停靠，为乘客上下车服务；枢纽站为多条公交线路的交汇处和集散点。

公共汽车的运行一般由起点开始，依路线行进，并按车站位置停靠、上下乘客，至终点为止。

二、城市公共交通车辆调度形式

城市公共交通车辆的调度形式可以按照工作时间、行程范围、车辆停靠方式分类。

按车辆的工作时间分为正班车、加班车和夜班车。正班车是每条营运线路上必须安排的一种车辆运行方式，要求车辆在全部营运时间内连续行驶；加班车是辅助运行方式，往往在客流高峰时，在某一段或某几段时间内上线营运；夜班车指在夜间上线营运的调度形式。

按行程范围可分为全程车和区间车。全程车是基本运行方式，要求在线路始末站之间按规定时间往返行驶。区间车则是辅助运行方式，在高客流区段往复行驶，以满足交通需求。

按车辆停靠方式分为全站车和快车。全站车是基本运行方式，在路线的各固定停靠站点，依次停靠供乘客上下。快车是为加快车辆周转，采取越站运行的调度形式，包括大站车与直达车两种。

营运线路上应以全程、正班车作为基本调度形式，应该具备全程、全站、双向的特点，同时根据客流的分布特征辅以其他辅助形式。车辆调度形式根据客流沿路段分布的不均匀系数 k_i 确定，其计算方法为

$$k_i = \frac{Q_i}{Q}$$

式中　Q_i——统计期内营运线路某路段客流量，$i = 1，2，\cdots，n$（人/天）；

Q——各路段平均客流量（人/天）；

n——营运线路的路段数。

当 k_i 大于界限值 k_0 时，所推荐的调度形式见表 11-6。k_0 可根据客运服务要求及客运供需条件确定。

表 11-6　车辆调度形式选定的路段不均匀系数界限值

调度行式	区间车	快车	高峰加班车
界限值 k_0	1.2~1.5	1.2~1.4	1.4~2.0

三、城市公共交通车辆的行车作业计划

行车作业计划即行车时刻表，指在已有线网基础上，根据企业运输生产计划和客流变化规律而编制的生产作业计划。

编制城市公共交通车辆的行车作业计划时，应区分不同车辆调度形式，以线路客流调查为基础。主要包括确定车辆运行定额、计算车辆运行参数及编制行车作业计划图表等。

1. 城市公共交通车辆运行定额的确定

公共交通车辆运行定额主要包括单程时间、周转时间、计划车容量等。

单程时间指车辆完成一个单程运输工作所耗费的时间，包括单程行驶时间和中间站停站时间，通常分路段与时间段，采取观测统计方法确定。

始末站停站时间包括为车辆调度、办理行车手续、车辆清洁、行车人员休息与交接班、乘客上下车以及停站调节等必需的停歇时间。在客流高峰期间，为加速车辆周转，车辆在始末站的停站时间原则上不应大于行车间隔的 2~3 倍。在平峰期间，确定始末站停站时间时，需要考虑车辆清洁、行车人员休息、调整行车间隔以及车辆日常维护等因素。

周转时间 T 等于单程时间与平均始末站停站时间之和的 2 倍。车辆的沿线周转时间应按不同的客流量确定。周转系数 η 指单位时间内（如 1h）车辆完成的周转次数，与周转时间成反比。

计划车容量 q 指行车作业计划限定的车辆载容量。可按下列公式确定：

$$q = q_0 \gamma$$

式中　q——计划车容量（人）；

q_0——额定载客量（人）；

γ——满载率定额。

一般高峰期满载率系数 $\gamma' \leqslant 1.1$；平峰期间满载率系数 $\gamma'' \geqslant 0.5~0.6$。

2. 城市公共交通车辆的线路运行参数

（1）线路车辆数　即组织公共交通车辆线路营运所需的车辆数。包括组织线路营运所需车辆总数 A 与营业时间内各时间段所需车辆数 A_i。

实际工作中，确定线路总车辆数 A 时，以高峰小时所需车辆数为基础；确定营业时间内各时间段所需车辆数 A_i 时，则根据该段时间内最高路段客流量及计划车容量确定。当有多种调度形式时，线路车辆数为各种调度形式所有车辆数之和。即：

$$A = A_z + A_w = A_a + A_b + A_c$$

式中　　　A——线路车辆总数（辆）；

A_z——正班车数（辆）；

A_w——加班车数（辆）；

A_a、A_b、A_c——全程车、区间车、快车数（辆）。

线路车辆总数 A 依据客流高峰时间段最高路段客流量 Q_{max}（人）确定：

$$A = \frac{Q_{max}}{q_0 \gamma' \eta_0}$$

式中　q_0——高峰时间段车辆额定载客量（人）；

γ'——高峰时间段满载率系数；

η_0——高峰时间段的周转系数。

正班车数 A_z 和加班车数 A_w 可按下式计算：

$$A_z = \omega \frac{A\gamma'}{K_t \gamma''}$$

$$A_w = A - A_z$$

式中　K_t——客流时间不均匀系数；

γ''——平峰时间段满载率系数；

ω——车辆系数，$\omega = 1.0 \sim 1.2$。

确定路线车辆数时，除考虑客流量大小、车辆调度形式外，还要充分考虑服务质量要求。其最低线路车辆数的确定值为

$$A_{min} = \frac{T}{t_{max}}$$

式中　A_{min}——最低线路车辆数（辆）；

t_{max}——最大允许行车间隔（min）；

t——车辆周转时间（min）。

在正点行车情况下，当已知某时间段内通过线路上同一停车站的车辆数 A_{fi} 和每辆车在同一时间段内沿线行驶的周转系数 η_{0i}，则该时间段内的所需车辆数为

$$A_i = \frac{A_{fi}}{\eta_{0i}}$$

（2）行车间隔　正点行车时，前后两辆车到达同一停车站的时间间隔称为行车间隔。可按下式确定：

$$t_i = \frac{T_i}{A_i} = \frac{60}{f_i} = \frac{60 q_0 \gamma}{q_i}$$

式中 t_i——第 i 时间段内的行车间隔（min）；

　　A_i——第 i 时间段内的线路车辆数（辆）；

　　T_i——第 i 时间的车辆周转时间（min）；

　　f_i——第 i 时间段行车频率；

　　q_i——第 i 时间段内营运线路高峰路段客流量（人）。

不同时间段投入的车辆数以及周转时间会有不同，因此行车间隔应分别确定。

3. 城市公共交通车辆的行车作业计划

编制公共交通车辆行车作业计划的步骤：调查、预测线路客流；确定车辆运行定额与车辆调度形式；计算车辆运行参数，并编制公共交通车辆行车时刻表。

车辆行车时刻表指按行车班次制定的车辆沿路线运行的时刻表，列有该班次车辆出场（库）时间，每周转时间内到达沿线各站时间与开出时间，在一个车班内需完成的周转次数以及回场时间等。通常按各行车班次（路牌）制定，即同一营运线路每天出车序号相同的车辆按同一时刻表运行，见表 11-7。

表 11-7　××路公共交通车辆行车时刻表

始末站：A 站—F 站　　　　　　　　　　　　　　　　　　　出场时间：5 时 00 分

行车班次：2　　　　　　　　　　　　　　　　　　　　　　回场时间：20 时 30 分

周转	方向	停靠站	A	B	C	D	E	F
1	上行	到	5:00	5:08	5:12	5:16	5:20	5:24
		开	5:05	5:09	5:13	5:17	5:21	5:29
	下行	到	5:48	5:45	5:41	5:37	5:33	5:24
		开	5:52	5:46	5:42	5:38	5:34	5:29
2	上行	到	…	…	…	…	…	…
		开	…	…	…	…	…	…
	下行	到	…	…	…	…	…	…
		开	…	…	…	…	…	…

第六节　汽车利用效率单项评价指标

汽车结构和性能、道路交通、自然气候、运输条件和运输组织等汽车运输工作条件，影响着汽车在时间、速度、行程和运载能力等方面的利用效率，因而影响着运输效率。

一、时间利用指标

提高汽车的时间利用率，是提高运输效率的重要方面。评价时间利用程度的常用指标有：完好率、工作率和车时利用率等。

汽车的完好率 a_a 指统计期内企业营运车辆的完好车日 D_a 与总车日 D 之比。反映了运输过程中对营运汽车总车日利用的最大可能性。

$$a_a = \frac{D_a}{D} 100\%$$

影响汽车完好率的因素有：汽车的技术性能、汽车的使用合理性、汽车的维修组织和维修质量、处理报废车辆的及时性等。

汽车的工作率 a_d 指统计期内企业营运汽车的工作车日 D_d 与总车日 D 之比,反映了运输过程中对营运汽车总车日的实际利用程度。

$$a_d = \frac{D_d}{D} 100\%$$

影响汽车工作率的因素除汽车完好率及天气、道路交通等以外,还与运输工作的组织及管理水平有关。

汽车的总车时利用率 ρ 指统计期内,营运汽车的工作车日内的工作车时 T_d 与总车时之比。它反映了汽车工作车日中出车时间所占的比例。

$$\rho = \frac{T_d}{24D_d} 100\%$$

每辆汽车在一个工作车日内的总车时利用率为

$$\rho = \frac{T_d}{24} 100\%$$

影响汽车总车时利用率的主要因素是运输工作的组织管理水平。例如:合理组织、合理调度货源和采用多班制等均可提高汽车的总车时利用率。

汽车的工作车时利用率 δ 指统计期内营运汽车在运输过程中的行驶车时 T_t 与工作车时 T_d 之比。反映了汽车行驶所用时间占工作时间的比例。

$$\delta = \frac{T_t}{T_d} 100\% = \frac{T_d - T_s}{T_d} 100\%$$

影响汽车工作车时利用率的主要因素是运输工作的组织水平及装卸机械化水平。

二、速度利用指标

发挥汽车的速度性能,提高运输速度,是提高运用效率的重要方面。速度利用指标主要包括:技术速度、营运速度、运送速度、平均车日行程等。

技术速度 v_t (km/h) 指汽车在行驶车时内的平均速度,数值上等于汽车驶过的距离 L (km) 与汽车行驶车时 T_t (h) 之比。

$$v_t = \frac{L}{T_t}$$

影响技术速度的主要因素包括汽车结构和性能、道路交通状况、驾驶人驾驶技术、气候条件及运输组织等。

营运速度 v_d (km/h) 指汽车在工作车时内的平均速度,数值上等于汽车驶过的距离 L (km) 与汽车的工作车时 T_d (h) 之比。

$$v_d = \frac{L}{T_d} = \frac{L}{T_t + T_s}$$

营运速度的主要影响因素有技术速度、运输距离、运输组织、装卸机械化水平等。

运送速度 v_c (km/h) 指汽车运送货物或旅客的平均行驶速度,用以表示客、货运送的快慢,数值上等于客、货运输距离 L (km) 与运送时间 T_c (h) 之比。

$$v_c = \frac{L}{T_c}$$

运送时间也称为在途时间,包括汽车在途中的行驶时间及途中乘客上下车的停歇时间。

影响运送速度的主要因素有汽车技术速度、运输组织、途中旅客乘车秩序和货物紧固及包装状况等。

平均车日行程 $\overline{L}_d$（km/天）指统计期内平均每一工作车日汽车所行驶的里程，数值上等于汽车在统计期工作车日内的总行程 $\sum L$（km）与工作车日 D_d（天）之比。

$$\overline{L}_d = \frac{\sum L}{D_d}$$

影响平均车日行程的主要因素为汽车的技术速度以及汽车的时间利用程度。

三、行程利用指标

行程利用指标也称行程利用率（β），指统计期内汽车的载重行程 L_1（km）与总行程 L（km）的比值，反映了汽车总行程的有效利用程度

$$\beta = \frac{L_1}{L} 100\%$$

总行程等于载重行程与空车行程之和，空车行程包括空载行程和调空行程。

提高汽车的行程利用指标是提高运输工作生产率和降低运输成本的有效措施。影响行程利用指标的主要因素有：客、货源及运送目的地分布，运输组织，汽车对不同运输对象的适应能力等。

四、载质（客）量利用指标

汽车载质（客）量利用指标用于反映汽车载重（客）能力的有效利用程度。常用的指标有载质（客）量利用率和实载率。

1. 载质（客）量利用率

载质（客）量利用率 γ 指：实际完成的运输周转量之和与当载重行程额定载质（客）量得以充分利用时所能完成的运输周转量之和之比，表示汽车在载重行程中的额定载质（客）量的利用程度。其中：载质量利用率又称为动载质量利用率；载客量利用率又称满载率。

$$\gamma = \frac{\sum P}{\sum P_0} 100\% = \frac{\sum(qL_1)}{\sum(q_0 L_1) 100\%}$$

式中　$\sum P$——统计期内实际完成的运输周转量之和（t·km 或人·km）；

$\sum P_0$——统计期内，当额定载质（客）量充分利用时各载重行程所能完成的运输周转量之和（t·km 或人·km）；

q——汽车的实际载质（客）量（t 或人）；

q_0——汽车的额定载质（客）量（t 或人）。

一个运次中，载重行程 L_1 为固定值。因此：

$$\gamma = \frac{q}{q_0} 100\%$$

影响载质（客）量利用率的主要因素有货（客）流特性，运距，汽车容量及对运输任务的适应性、运输组织等。

2. 实载率

实载率 ε（%）指汽车实际完成的运输周转量与汽车在总行程中额定载质（客）量得以充分利用时所能完成的运输周转量之比，表示汽车在总行程中额定载质（客）量的利用

程度。

$$\varepsilon = \frac{\sum(qL_1)}{\sum(q_0L)}100\%$$

注意到 $L = \frac{L_1}{\beta}$，则：

$$\varepsilon = \frac{\beta \cdot \sum(qL_1)}{\sum(q_0L_1)}100\% = \gamma\beta(\%)$$

因此，实载率综合反映了行程利用率 β 和载质（客）量利用率 γ 对运输过程的影响。在运输过程中，汽车利用单项指标见表 11-8。

表 11-8　汽车利用程度单项指标

分类	单项指标	符号
时间利用指标	完好率	a_a
	工作率	a_d
	总车时利用率	ρ
	工作车时利用率	δ
速度利用指标	技术速度	v_t
	营运速度	v_d
	运送速度	v_c
	平均车日行程	$\overline{L}_d$
行程利用指标	行程利用率	β
载质（客）量利用指标	载质（客）量利用率	γ
	实载率	ε

第七节　汽车运输综合评价指标

汽车运输综合评价指标主要包括运输生产率、运输成本、运输质量等。

一、汽车运输生产率

汽车的结构及性能、自然气候、道路交通、运输条件和运输组织等因素对于汽车的时间、速度、行程、载质量的利用程度产生直接影响，决定着汽车运输生产效率的高低。评价运输生产效率的指标是运输生产率，按运输方式的不同，运输生产率可分为货物运输生产率、旅客运输生产率等。提高运输生产率是汽车运输企业的基本任务之一。

1. 货物运输生产率的计算

载货汽车的运输工作是以运次为基本运输过程进行组织的。一个运次内的货运量 Q_c（t）和周转量 P_c（t·km）分别为

$$Q_c = q_0\gamma$$
$$P_c = Q_cL_1 = q_0\gamma L_1$$

式中　L_1——平均到一个运次的载重行程（km）。

完成一个运次的工作车时 T_c（h）为完成该运次的行驶时间 T_t（h）和停歇时间 T_s（h）

之和。其中，汽车在一个运次中的停歇时间主要为装卸货物而停歇的时间，即

$$T_c = T_t + T_s = \frac{L_1}{\beta v_t} + T_s$$

单位工作车时完成的货运量 W_q（t/h）和周转量 W_P（t·km/h）分别为

$$W_q = \frac{Q_c}{T_c} = \frac{q_0 \gamma}{\dfrac{L_1}{\beta v_t} + T_s}$$

$$W_p = \frac{P_c}{T_c} = \frac{q_0 \gamma L_1}{\dfrac{L_1}{\beta v_t} + T_s}$$

利用汽车在某一时间段的工作车时和所完成的货运量、货物周转量，不难得到平均单位工作车时完成的货运量和货物周转量。

在统计期内，汽车平均在册车时内，汽车在线路上的实际工作车时 T'_d（h）为

$$T'_d = \frac{D_d T_d}{24D} = \left(\frac{D_d}{D}\right)\left(\frac{T_d}{24}\right) = a_d \rho$$

因此，载货汽车平均在册车时完成的货运量 W'_q（t/h）和周转量 W'_p（t·km/h）分别为

$$W'_q = a_d \rho W_q$$

$$W'_p = a_d \rho W_p$$

2. 旅客运输生产率的计算

汽车旅客运输含公路旅客运输和市内公共汽车旅客运输两类，一般以单程为基本运输过程进行组织。

一个单程内，由于乘客在沿途各停车站上下车，因此汽车在各路段的实际载客人数有所不同。汽车实际完成的客运量 Q_n（人）和周转量 P_n（人·km）分别为

$$Q_n = q_0 \gamma \eta_a$$

$$P_n = Q_n \overline{L}_p$$

式中　　γ——满载率；

q_0——额定载客人数（人）；

η_a——乘客交替系数；

$\overline{L}_p$——平均运距（km）。

平均运距 $\overline{L}_p$ 指统计期内所有乘客的平均乘车距离；乘客交替系数 η_a 指在一个单程内，各路段平均载客客位中每客位实际运送的乘客人数，以单程的路线长度 L_n 与平均运距 L_p 之比表示：

$$\eta_a = \frac{L_n}{L_p}$$

客运汽车完成一个单程的工作车时 T_n（h）包括行驶时间 T_t（h）和在沿途各站的停歇时间 T_{ns}（h）：

$$T_n = T_t + T_{ns} = \frac{L_n}{\beta v_t} + T_{ns}$$

这样，客运汽车平均每工作小时完成的客运量 W_q（人/h）和周转量 W_P（人·km/h）分别为

$$W_q = \frac{Q_n}{T_n} = \frac{q_0 \gamma \eta_a}{\frac{L_n}{\beta v_t} + T_{ns}}$$

$$W_P = \frac{P_n}{T_n} = \frac{q_0 \gamma \eta_a \overline{L_P}}{\frac{L_n}{\beta v_t} + T_{ns}} = \frac{q_0 \gamma L_n}{\frac{L_n}{\beta v_t} + T_{ns}}$$

比较客、货运生产率计算公式，客运生产率公式中多了一项乘客交替系数 η_a，这是由客运以单程为基本运输过程，乘客在沿途时有上、下车这一特点决定的。以每小时周转量为单位的客运生产率公式与货运生产率公式在形式上一致，但各影响因素的含义因运送对象的不同而有差异。

与计算汽车平均在册车时的货物运输生产率的方法类似，可以得到统计期内汽车平均在册车时内的旅客运输生产率。

3. 提高汽车运输生产率的措施

通过对各使用因素及单项指标对生产率的影响特性和影响程度的分析研究，并据此优化各使用因素及单项指标的状态，可以确定提高汽车运输生产率的有效途径。

绘制生产率特性图是分析各单项指标对生产率的影响特性，确定提高汽车运输生产率的措施的有效方法。其绘制过程如下：

首先根据汽车运输生产率计算公式，逐一分析各单项指标与生产率之间的关系。当分析某一单项指标对生产率的影响时，把它看作变量，而把其他单项指标看成常量。若作为常量的单项指标的当前数值已知，就可在坐标图上绘出所分析的单项指标与生产率之间的关系曲线。重复以上过程，可逐一绘出各单项指标与生产率之间关系的一组曲线。绘制汽车运输生产率特性图时，通常以纵坐标表示生产率，横坐标分别表示各单项指标，把一组曲线叠加绘制在一张坐标图上。

以运量为单位的汽车货运生产率特性如图11-9所示。利用特性图分析各单项指标对生产率的影响程度时，先画一条表示当前生产率水平的直线（A-A），然后画一条表示希望实现的生产率目标的直线（B-B）。直线 A-A 与各曲线的交点所对应的横坐标数值，为相应单项指标的当前值；直线 B-B 与某曲线的交点所对应的

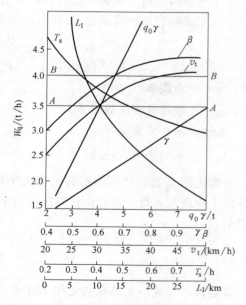

图 11-9　汽车货运工作生产率特性图

横坐标数值，表示在其他单项指标的当前值不变的前提下，为实现生产率目标所研究的某单项指标应达到的数值。这就为确定提高汽车运输生产率的措施提供了依据。

二、汽车运输成本

运输成本是评价汽车运输经营效果的综合性指标。在汽车运输生产过程中，人力和物力的节约或浪费、运输生产率的高低、运输服务质量的好坏、运输组织水平的高低和汽车维修质量的好坏等最终都以货币形式反映到成本指标上来，影响着汽车运输成本的大小，决定着汽车运输经济效益的好坏。

因此，在保证运输服务质量的前提下，不断降低运输成本，对于运输企业的生存和发展至关重要。

1. 汽车运输费用

汽车运输的全部费用，按照与汽车运行的关系可分为变动费用和固定费用。

变动费用 C_c 指与汽车行驶有直接关系的费用，又称汽车运行费用，通常按每公里行程消耗的费用计算，单位为元/km。包括运行材料（燃油、润滑油、轮胎）费、汽车折旧费、汽车维修费、养路费及其他与汽车行驶有关的费用。

固定费用 C_f 指与汽车行驶无直接关系但为组织运输所产生的费用，又称企业管理费，常按汽车每在册车时或车日所消耗的费用计算，单位为元/h。包括职工工资和奖金、行政办公费、水电费、房屋维修费、牌照费、职工培训费及固定设施折旧费等。

2. 汽车运输成本的计算

汽车运输成本指完成单位运输工作量所支付的费用。由于汽车运输费用 C 包括变动费用 C_c 和固定费用 C_f 两项，与之相对应，汽车运输成本 S 为变动成本 S_c 与固定成本 S_f 之和。即

$$S = S_c + S_f$$

式中　S_c——变动成本，指统计期内单位运输量的变动费用（元/t·km）；

　　　S_f——固定成本，指统计期内单位运输量的固定费用（元/t·km）。

（1）货物运输成本的计算　货物运输成本 S_g（元/t·km）表示为每吨公里货物周转量的变动费用 S_c（元/t·km）与固定费用 S_f（元/t·km）之和。

$$S_c = \frac{v_d C_c}{W_p}$$

$$S_f = \frac{C_f}{W_p}$$

式中　v_d——汽车的营运速度（km/h）；

　　　C_c——折算到汽车每公里行程的变动费用（元/km）；

　　　W_p——汽车单位工作车时生产率（t·km/h）；

　　　C_f——折算到汽车每工作车时的固定费用（元/h）。

汽车营运速度 v_d（km/h）可表示为

$$v_d = \frac{L}{T_d} = \frac{\dfrac{L_l}{\beta}}{\dfrac{L_l}{\beta v_t} + T_s} = \frac{L_l v_t}{L_l + \beta v_t T_s}$$

利用营运速度 v_d 和单位工作车时的货物运输生产率 W_p 的计算公式，得到汽车货运成本 S_g（元/t·km）的表达式为

$$S_g = \frac{1}{q_0 \gamma \beta} \left\{ C_c + \frac{C_f(L_1 + \beta v_t T_s)}{v_t L_1} \right\}$$

（2）旅客运输成本的计算　用类似方法，可得汽车旅客运输成本 S_b［元/（人·km）］的计算公式为

$$S_b = \frac{1}{q_0 \gamma \beta} \left\{ C_c + \frac{C_f(L_n + \beta v_t T_s)}{v_t L_n} \right\}$$

3. 降低汽车运输成本的措施

通过对各单项指标对运输成本的影响特性和影响程度的分析研究，可以确定降低汽车运输成本的有效方法。

绘制汽车运输成本特性图是分析各单项指标对运输成本的影响特性，确定降低汽车运输成本的措施的有效方法。绘制汽车运输成本特性图的基本方法与绘制汽车运输生产率特性图的方法相同。汽车货运成本特性如图11-10所示。

分析方法：先在运输成本特性图上画一条表示当前运输成本大小的直线（A-A），直线 A-A 与各曲线的交点所对应的横坐标数值，为相应单项指标的当前值；然后画一条表示希望运输成本降低到某个值的直线（B-B），直线 B-B 与某曲线的交点所对应的横坐标数值，表示在其他单项指标的当前值保持不变的前提下，为把运输成本降低至目标值，所研究的某单项指标应达到的数值，从而为确定降低汽车运输成本的措施提供了依据。

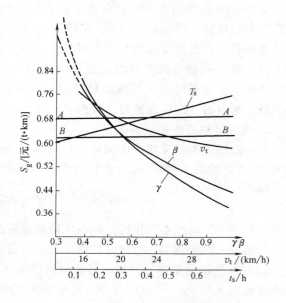

图 11-10　汽车货运成本特性图

三、汽车运输质量

在汽车运输过程中，其运输质量体现在安全、准确、迅速、经济、便利、舒适、清洁、文明服务等方面。

汽车运输安全包括运输对象安全和运输工具安全。运输对象安全指在运输过程中，在发生位置变化的同时，除了由于不可抗拒的天灾及旅客本身的机能或货物本身的性质而无法防止外，不能使旅客造成心理和生理的损伤，也不能改变货物的物理性质和化学性质。运输工具安全指汽车在运行过程中，应保证自身及有关行人、其他交通工具及沿线交通设施的安全。

准确包括时间上、空间上和信息活动准确三个方面。时间上准确指按时刻表规定正点运送旅客，以及按照货物运输规程中对运到期限的规定，及时送达货物；空间上准确指按照旅客和货主指定的目的地进行运输，不发生旅客的误乘、货物的误交付等。旅客和货物的移

动，伴随着相关信息的传递活动，信息准确对货主和运输企业组织运输，对旅客出行起着越来越重要的作用。

迅速指旅客和货物的送达速度要快。在旅客运输中，运送速度越快，旅客在旅途中消耗的时间就越少，还能改变人们的生活和工作方式。货物运输的运送速度越快，物资在运输过程中的时间就越短，资金周转就越快，还可以减轻货物的自然损耗，增强企业发展的活力。

促进运输企业的技术进步，降低运输成本，可以降低运价，减轻旅客和货主的负担，更好地促进工农业生产的发展和人民生活水平的提高。

便利是衡量运输产品质量的重要方面。狭义的便利指旅客和货主在办理旅行和运输时方便、简易；广义的便利包括运输网的四通八达、畅通无阻，旅客乘车方便或货主办理货运手续便利，在汽车客运站或货运站内旅客和货主的各种需求能够得到充分满足。

对旅客运输而言，舒适是一种重要的服务质量要求。在旅行中，由于汽车振动、加减速、噪声及活动场所限制等等，而对于旅客的心理和生理产生影响。当客运需求大于供给时，还会出现车内拥挤的情况。这不仅恶化了旅行条件，降低了旅客舒适性，还可能影响旅客安全。

清洁运输指在运输生产过程中尽可能减小对环境的影响。实现清洁运输的主要途径包括：推广使用清洁能源，减少运输活动产生的有害污染物，降低交通噪声污染；控制或减少散堆装货物在装卸和运输过程的飞扬、飘逸、扩散；发展无公害、可降解包装材料；妥善处理旅客在旅行过程中产生的各种废弃物。

文明服务是精神文明在运输工作中的体现。运输过程是提供运输服务的过程，文明服务是满足服务对象的需求并使其获得满意感所不可或缺的内容。因此，提高运输过程中的文明服务水平，可以提高运输企业的形象和在运输市场上的竞争力。

复　习　题

一、问答题

1. 汽车运输过程包括哪些主要环节？

2. 汽车货运作业基本程序包括哪些环节？

3. 货运车辆运行组织方式有哪几种？

4. 车辆行驶路线有哪几种？

5. 公路旅客运输作业基本程序包括哪些环节？

6. 公路旅客运输营运方式有哪几类？

7. 选用公路旅客运输车辆时应考虑哪些方面？

8. 城市公共汽车交通系统包括哪些组成因素？

9. 公共交通车辆调度形式有哪几种？

10. 汽车运输主要统计指标有哪些？

11. 评价时间利用程度的常用指标有哪些？

12. 速度利用指标主要包括哪些？

13. 什么是行程利用指标？

14. 车辆载质（客）量利用常用指标有哪些？

15. 评价运输生产效率的指标是什么？

16. 什么是汽车运输成本？

二、综述（分析）题

1. 阐述汽车货运作业的全过程。

2. 各种货运车辆运行组织方式有什么优缺点和适用场合？

3. 甩挂运输有几种组织形式？甩挂运输为什么能提高运输效率？

4. 如何进行组织乘车与发车作业？

5. 如何编制客车运行循环序号？

6. 如何编制客车运行作业计划？

7. 如何编制公共汽车行车作业计划？

8. 影响汽车时间利用指标的因素有哪些？

9. 影响汽车速度利用指标的因素有哪些？

10. 影响汽车行程利用指标的因素有哪些？

11. 影响汽车载质（客）量利用指标的因素有哪些？

12. 如何分析汽车的运输生产率？怎样确定提高汽车运输生产率的措施？

13. 如何分析汽车的运输成本？怎样确定降低汽车运输成本的措施？

14. 说明汽车的单项利用指标与汽车运输生产率和运输成本的关系。

第十二章　汽车运行材料及合理使用

汽车运行材料指燃料、润滑材料、汽车工作液（液力传动油、冷却液、制动液等）、轮胎等。汽车运行材料使用是否合理，对于维持汽车正常工作和良好技术状况，保证汽车的使用可靠性，延长汽车的使用寿命，均有直接影响。

第一节　汽车燃料及合理使用

目前，绝大部分汽车仍以汽油或柴油作为燃料。燃油对发动机的使用性能有很大影响，若所选用的燃油不符合要求，发动机就不能正常工作，动力性下降，燃油消耗增大。

一、汽油及合理使用

车用汽油的性能应满足点燃式内燃机的工作需要，即在短时间内由液体状态蒸发成气体状态，并与空气均匀混合，形成良好的可燃混合气，平稳快速地燃烧，对外做功。同时，不发生气阻、爆燃、腐蚀机件等现象。汽油使用是否合理，对于发动机的正常工作和燃油消耗量都有很大影响。

1. 汽油的性能指标

汽油的主要性能指标包括蒸发性、抗爆性、安定性、防腐性和清洁性等。

（1）蒸发性　蒸发性指汽油由液态转化为气态的性能。蒸发性越好就越易汽化，易于形成均匀混合气，发动机易于起动，汽车加速性能好。若蒸发性差，则汽油难以完全汽化，起动、加速性能变差，油耗增多，还会因液体燃油对缸壁润滑油膜的冲刷及对润滑油的稀释，加剧发动机磨损。但汽油蒸发性过强，储运中的损耗增多，温度较高时还易于产生供油系气阻。

蒸发性可以用汽油馏出（10%、50%、90%）温度评价。10%馏出温度过高时，轻质馏分含量少，蒸发性差，冬季不易起动；反之，则蒸发性强，易产生气阻。50%馏出温度低时，加速性能好且工作稳定。90%馏出温度反映重质馏分的量，90%馏出温度低，则燃烧较完全；反之，汽油难以完全蒸发和燃烧，从而油耗增大、排放增加、发动机磨损严重。

（2）抗爆性　抗爆性指汽油在发动机中燃烧时，不发生爆燃的能力。高压缩比发动机的经济性好，但爆燃倾向大。因此，爆燃限制了压缩比的提高，使发动机经济性的提高受到限制。长时间爆燃还会使发动机过热，甚至使零部件损坏。汽油的抗爆性越好，发动机的动力性和经济性就越能得以体现。

抗爆性可用汽油的辛烷值评价。辛烷值是代表点燃式发动机燃料抗爆性的一个约定数值，采用在规定条件下的标准发动机试验中，与标准燃料进行比较的方法测定。测定的方法有马达法（MON）和研究法（RON）两种。试验方法不同时，测得的辛烷值也不同。汽油的辛烷值越高，其抗爆性越好。

（3）安定性　安定性指在正常储存与使用过程中保持其性质不发生永久性变化的能力。安定性差的汽油易发生氧化反应，生成胶状与酸性物质，使辛烷值降低，酸值增加，且油路易被阻塞，燃烧室积炭增多，易于爆燃和早燃。

汽油安定性的评价指标有实际胶质和诱导期。实际胶质指在规定条件下测得的汽油蒸发残渣中的正庚烷不溶部分；诱导期指在规定的加速氧化条件下，汽油处于稳定状态所经历的时间周期。

（4）防腐性　防腐性指汽油不对储油容器及发动机有关零件产生腐蚀的性能。汽油的防腐性指标包括硫含量、铜片腐蚀试验、水溶性酸或碱、酸度等。硫含量指汽油中的硫及其衍生物的含量；铜片腐蚀试验指在规定条件下测试汽油对于铜的腐蚀倾向的试验；水溶性酸指无机酸和低分子有机酸，水溶性碱指氢氧化钠等；酸度则指中和 100mL 汽油所需氢氧化钾的毫克数。

（5）清洁性　清洁性指汽油中是否含有机械杂质及水分。机械杂质可堵塞燃油供给系统量孔及汽油滤清器，同时会加剧气缸活塞组件的磨损；水分在寒冷季节可能冻结，严重时会堵塞滤清器或油路。

2. 车用汽油的规格

车用汽油的牌号是以汽油的抗爆性（辛烷值）表示的。牌号越大，则辛烷值越高，抗爆性越好。根据 GB 17930—2016《车用汽油》的规定，车用汽油（Ⅳ）按研究法辛烷值（RON）分为 90 号、93 号、和 97 号三个牌号；车用汽油（Ⅴ）、车用汽油（ⅥA）、车用汽油（ⅥB）按研究法辛烷值（RON）划分为 89 号、92 号、95 号和 98 号四个牌号。前者适用于第四阶段国家机动车大气污染物排放标准的地区；而后者适用于执行第五阶段和第六阶段国家机动车大气污染物排放标准的地区。自 2017 年 1 月 1 日起，车用汽油（Ⅳ）技术要求废止，车用汽油（Ⅴ）技术要求开始实施；自 2019 年 1 月 1 日起，车用汽油（Ⅴ）技术要求废止，车用汽油（ⅥA）技术要求开始实施；自 2023 年 1 月 1 日起，车用汽油（ⅥA）技术要求废止，车用汽油（ⅥB）技术要求开始实施。

3. 汽油选用的原则

根据使用说明书推荐的牌号，结合使用条件，选用汽油时应以发动机不发生爆燃为原则。一般情况下，发动机压缩比是选择汽油牌号的主要依据，二者的关系见表 12-1。在不发生爆燃的条件下，应尽量选用低牌号汽油。若辛烷值过低，发动机易于爆燃。而高辛烷值汽油着火慢，排放废气温度高，不仅热功转换不充分，还易于烧坏气门及气门座。部分汽油机的技术特性和所用汽油牌号见表 12-2。

表 12-1　发动机压缩比与汽油牌号

发动机压缩比	车用无铅汽油		
	RON89 或 RON90	RON92 或 RON93	RON95 或 RON97
9.0~9.5	√	√	
9.5~10.5		√	
10.5~11			√

表 12-2　部分汽车汽油机主要技术特性和要求的汽油牌号

汽车型号	发动机型号和结构特征	功率/转速 kW/(r/min)	排量 /L	压缩比	汽油牌号
解放 CA1046L	CA488	65/4500	2.2	8.1	89、90
北京 BJ2020SG	BY492QS	62.5/3800	2.45	9.2	89、90
上海桑塔纳 2000	AYJ，闭环电控多点喷射	74/5200	1.8	9.5	92、93

（续）

汽车型号	发动机型号和结构特征	$\dfrac{功率}{kW} \Big/ \dfrac{转速}{r/min}$	排量/L	压缩比	汽油牌号
奥迪 200	AAH，电控多点喷射	103/5500	2.6	10.0	92、93
捷达 GT	EA211 电控多点喷射	81/6000	1.6	10.3	92、93
奥迪 A6L	CYY，三元催化转化器，电控多点喷射	140/5800	1.8	10.5	95、97
红旗 H7	CA4GC20T，涡轮增压，电控多点喷射	150/5500	2.0	10.3	95、97

4. 汽油选用注意事项

① 电控燃油喷射发动机应选用无铅汽油，以免影响氧传感器和三元催化转化器的正常工作。

② 国产汽油实测辛烷值一般比标定值高一个多单位。随着发动机结构的完善，很多压缩比较高的汽油发动机，仍能使用较低辛烷值的汽油。

③ 在高海拔地区使用时，发动机压缩终了的气缸压力和温度较低，不易爆燃，汽油的辛烷值可相应降低。

④ 经常在大负荷、低速下工作的汽油机，所用汽油的辛烷值应稍高。

⑤ 汽油蒸发与季节及气温有关，冬季应选择蒸气压大的汽油，夏季应选择蒸气压较小的汽油。

⑥ 同牌号普通汽油与乙醇汽油可以混合使用，但燃油消耗量会轻微升高。但汽油中不可掺入煤油和柴油，因其蒸发性差，加入后会使汽油品质变差。

二、柴油及合理使用

1. 柴油的性能指标

柴油的主要性能指标包括燃烧性能、蒸发性、低温流动性、黏度、防腐性和清洁性等。

（1）燃烧性能　燃烧性能表示柴油自燃的能力，评价指标是发火性。发火性好的柴油，着火延迟期短，着火燃烧后气缸内压力上升平缓，柴油机工作柔和。柴油的十六烷值是代表柴油发火性能的一个约定量值。在规定条件下的标准发动机试验中，通过与标准燃料比较来测定，采用与被测定燃料具有相同着火延迟期的标准燃料中十六烷值的体积分数来表示。十六烷值高，燃烧性能好，适宜于在高转速柴油机上使用，在较低气温条件下易于起动；但十六烷值太高时，对缩短着火延迟期的作用不明显，同时柴油低温流动性、雾化和蒸发性能均会变差。因此通常要求柴油的十六烷值在 40~60 之间。

（2）蒸发性　蒸发性指柴油由液态转化为气态的性能，决定柴油-空气混合气形成的速度和质量。高速柴油机混合气形成时间短，对柴油的蒸发性有较高要求。柴油的蒸发性主要用馏程（50%、90%、95%馏出温度）和闪点评价。50%馏出温度低，则轻质馏分多，易于起动，但 50%馏出温度过低时，则蒸发和燃烧太快，缸内压力升高剧烈，发动机工作粗暴；90%和 95%馏出温度越低，重质馏分含量越低，柴油燃烧更加充分，可提高柴油机的动力性，降低油耗，减小机械磨损。闪点指柴油在一定试验条件下加热时，当油料蒸气与周围空气形成的混合气接近火焰时，开始发出闪火时的温度。闪点低的柴油蒸发性好，但太低时会使柴油机工作粗暴，同时储运及使用中的安全性下降。

（3）低温流动性　低温流动性指柴油在低温条件下具有一定流动状态的性能，决定其能否可靠地喷入气缸。在低温地区使用时，若柴油的低温流动性差，则不能可靠地供油，甚至车辆无法行驶。评价柴油低温流动性的指标有凝点、浊点、冷滤点。凝点指柴油在规定条件下冷却至失去流动能力的最高温度。柴油的凝点直接决定其使用温度条件。浊点指在规定条件下，柴油冷却至由于蜡晶体出现而呈雾状或浑浊时的温度，此时柴油虽仍可流动，但易造成油路堵塞而出现供油故障。冷滤点指在规定条件下，20mL 柴油开始不能通过过滤器时的最高温度。

（4）黏度　黏度是液体流动时内摩擦力的量度，黏度随温度升高而降低。黏度低时，柴油流动性好，易于雾化，但在喷油泵柱塞供油行程中，泄漏量大，有效供油量减少，同时柱塞偶件磨损加剧；黏度高时，流动阻力大，雾化变差，但润滑性能较好。因此，要产生好的使用效果，柴油的黏度应适当。

（5）安定性　安定性指柴油在储存、运输和使用过程中保持其外观颜色、组成和使用性能不变的能力。柴油应有较好的热安定性和氧化安定性，以保证柴油机的正常工作。

（6）防腐性　防腐性可用柴油硫含量、硫醇硫的含量、水分、酸度、铜片腐蚀、水溶性酸或碱等指标评价。

（7）清洁性　清洁性可用柴油中灰分、水分和机械杂质等指标评定。其中：灰分指在规定条件下，柴油被炭化后的残留物经锻烧所得的无机物，以质量分数表示。

2. 车用柴油的规格

柴油分为轻柴油和重柴油。轻柴油适用于高速柴油机；而重柴油适用于中、低速柴油机。汽车上装用的柴油发动机均是高速柴油机，以轻柴油为燃料。

轻柴油的牌号是按凝点划分的，GB 19147—2016《车用柴油（Ⅴ）》根据凝点将其分为 5 号、0 号、-10 号、-20 号、-35 号和-50 号 6 个牌号。0 号柴油表示其凝点不高于0℃，其余类推。

3. 柴油的选用

选用柴油的主要依据是使用地区月风险率为 10% 的最低气温，见表 12-3。所选柴油的凝点应比该最低气温低 4~6℃。

在气温条件允许的条件下应尽量选用高牌号柴油。这是因为：低凝点柴油炼制工艺复杂，生产成本高，因此售价也高；柴油中凝点越低的成分燃烧性越差，其着火滞后期越长，因此发动机工作越粗暴。

表 12-3　部分地区风险率为 10% 的最低气温　　　　　　　（单位：℃）

	1 月	2 月	3 月	4 月	5 月	6 月	7 月	8 月	9 月	10 月	11 月	12 月
河北省	-14	-13	-5	1	8	14	19	17	9	1	-6	-12
山西省	-17	-16	-8	-1	5	11	15	13	6	-2	-9	-16
内蒙古自治区	-43	-42	-35	-21	-7	-1	1	1	-8	-19	-32	-41
黑龙江省	-44	-42	-35	-20	-6	1	7	1	-6	-20	-35	-43
吉林省	-29	-27	-17	-6	1	8	14	12	2	-6	-17	-26
辽宁省	-23	-21	-12	-1	6	12	18	14	6	2	-12	-20
山东省	-12	-12	-5	2	8	14	19	18	11	4	-4	-10
江苏省	-10	-9	-3	2	11	15	20	20	12	5	2	-8
安徽省	-7	-7	-1	5	12	18	20	20	12	5	2	-8
浙江省	-4	-3	1	6	13	17	22	21	15	8	2	-3
江西省	-2	-2	3	9	15	20	23	23	18	12	4	0
福建省	-1	-2	2	8	14	18	21	20	15	8	1	-3
台湾省	3	0	2	6	10	16	19	19	13	10	7	2
广东省	1	2	7	12	18	21	23	23	20	13	7	2

（续）

	1月	2月	3月	4月	5月	6月	7月	8月	9月	10月	11月	12月
广西壮族自治区	3	3	8	12	18	21	23	23	19	15	9	4
湖南省	-2	-2	3	9	14	18	22	21	16	10	4	-1
湖北省	-6	-4	0	6	12	17	21	20	14	8	1	-4
四川省	-21	-17	-11	-7	-2	1	2	1	0	-7	-14	-19
贵州省	-6	-6	-1	3	7	9	12	11	8	4	-1	-4
云南省	-9	-8	-6	-3	1	5	7	7	5	1	-5	-8
西藏自治区	-29	-25	-21	-15	-9	-3	-1	0	-6	-14	-22	-29
新疆维吾尔自治区	-40	-38	-28	-12	-5	-2	0	-2	-6	-14	-25	-34
青海省	-33	-30	-25	-18	-10	-6	-3	-4	0	-16	-28	-33
甘肃省	-23	-23	-16	-9	-1	3	5	5	0	-8	-16	-22
陕西省	-17	-15	-6	-1	5	10	15	12	6	-1	-9	-15
宁夏回族自治区	-21	-20	-10	-4	2	6	9	8	3	-4	-12	-19

三、车用新型燃料简介

1. 车用天然气

天然气是地表下岩石中自然存在的以轻质碳氢化合物为主体的气体混合物的统称，主要成分是甲烷（CH_4），随产地不同，甲烷的含量也不同，一般为 85% ~95%。GB 18047—2000《车用压缩天然气》规定了车用压缩天然气的热值、含硫、含水、含氧等技术要求。

（1）天然气的特点

1）天然气的优点

① 资源丰富。

② 排放污染小。以燃烧产生相同热量计算，燃用天然气产生的 CO 比燃用汽油、柴油降低 15% 以上。天然气易于与空气混合，燃烧完全，因此 HC 的排放量降低。天然气火焰温度相对较低，因而 NO_x 排放量也会减少。

③ 辛烷值高，只能点燃而不能压燃，具有很强的抗爆性能。

④ 经济性好。天然气价格低廉。由于抗爆性高，燃用天然气时的许用压缩比较燃用汽油可提高 2~4 个单位，有利于提高发动机的热效率，提高天然气汽车的燃料经济性。天然气与空气混合后具有很宽的着火界限（5% ~15%），便于采用发动机稀薄混合气燃绕技术，从而进一步提高燃料经济性，降低排放。

⑤ 安全性好。天然气自燃温度高达 650~680℃，远高于汽油、柴油；天然气与空气混合气的发火界限高于汽油，同时天然气比空气轻，因此形成天然气点燃的浓度比汽油难得多。

⑥ 技术成熟。

2）天然气的缺点

① 属非再生能源，不能作为根本性的替代能源。

② 储运不便。甲烷的沸点为 -161.5℃，与常温下处于液态的汽油、柴油的搬运和储存方法有很大差异。

③ 新建加气站网络要求投资大。

④ 能量密度较小。天然气的理论混合气热值比汽油、柴油低。因此天然气汽车的动力性有所下降。

⑤ 单独以天然气为燃料时，需要设计专门的发动机。

（2）天然气汽车的类型

1）按燃料状态分类

① 压缩天然气汽车（CNGV）：气瓶内的天然气以高压（通常是 20MPa）气态储存，工作时经降压、计量和混合后进入气缸，也可以直接喷入气缸或进气管。

② 液化天然气汽车（LNGV）：气瓶内的天然气以液态储存，工作时液化天然气经升温、计量和混合后进入气缸，也可以直接喷入气缸或进气管。

③ 吸附天然气汽车（ANGV）：气瓶内的天然气以吸附方式（压力通常为 3.5~6MPa）储存，工作时经降压、计量和混合后进入气缸，也可以直接喷入气缸或进气管。

2）按燃料供给系统特征分类

① 天然气单燃料（CNG）汽车：仅使用 CNG 作为发动机的燃料。此类车辆的发动机在燃料供给系统、工作循环参数、配气机构参数等方面进行了专门设计，因此燃烧热效率较高、经济性好。

② 天然气（CNG）-汽油双燃料汽车：指具有两套燃料供给系统，可以在两种燃料之间进行灵活切换。

③ 天然气（CNG）-柴油双燃料汽车：指具有两套燃料供给系统，按预定的配比向气缸供给燃料，可以在单纯燃烧柴油和 CNG 与柴油同时混合燃烧两种工况灵活切换。

2. 醇类燃料

醇类燃料主要是指甲醇（CH_3OH）和乙醇（C_2H_5OH）。醇类燃料汽车是指以甲醇汽油、乙醇汽油、甲醇、乙醇为燃料的汽车。醇类燃料可以与汽油或柴油按一定比例配制而成混合燃料，也可以直接采用醇类燃料作为发动机的燃料。

（1）醇类燃料的使用特点　甲醇和乙醇的性质有很多是类似的，与汽油相比，热值低、汽化潜热大、抗爆性好、含氧量高等。

① 辛烷值比汽油高。甲醇的研究法辛烷值为 106~112，可采用高压缩比来提高热效率。

② 可燃界限宽，燃烧速度快，可以实现稀薄混合气燃烧。

③ 汽化潜热大。如按质量计算，甲醇的汽化潜热为汽油的 3.52 倍，乙醇的汽化潜热为汽油的 3 倍。由于汽化潜热高，使用醇类燃料低温起动和低温运行性能较差。

④ 热值低。甲醇的热值只有汽油的 48%，乙醇的热值只有汽油的 64%，但理论混合气热值与汽油基本相当。

⑤ 沸点低，蒸气压高容易产生气阻。

⑥ 腐蚀性大。醇具有较强的化学活性，能腐蚀锌、铝等金属；醇与汽油的混合燃料对橡胶、塑料具有溶涨作用。

⑦ 醇混合燃料容易发生分层。醇的吸水性强，混合燃料吸收水分后易分离成两相。

（2）醇类燃料在汽车上的应用方式　醇类燃料在汽车上的应用方式主要有掺烧和纯烧。

掺烧主要是指醇类燃料（甲醇或乙醇）以不同的体积比例掺入汽油或柴油中，是醇类燃料在汽车上的主要应用方式。最常用的掺烧方法是混合燃料法，甲醇或乙醇与汽油的混合燃料称为甲醇汽油或乙醇汽油，甲醇、乙醇与汽油的混合燃料分别用 MX 和 EX 表示，X 表示醇类燃料在燃料中所占的体积混合百分率。例如甲醇汽油混合燃料 M15（指含甲醇 15%）、M85（含甲醇 85%）、E10（含乙醇 10%）。

纯烧指单纯燃烧甲醇或乙醇燃料，优点是发动机可以根据燃料的特点进行改造。

（3）醇类燃料的选用　GB/T 23510—2009《车用燃料甲醇》规定了车用燃料甲醇的要求、试验方法、检验规则及标志等。GB/T 23799—2009《车用甲醇汽油（M85）》标准，规定了由84%～86%（体积分数）的甲醇与14%～16%（体积分数）的车用汽油及改善使用性能的添加剂调合而成的车用甲醇汽油（M85）的术语和定义、缩略语、要求和试验方法等。

GB 18351—2017《车用乙醇汽油（E10）》规定，车用乙醇汽油（E10）按研究法辛烷值分为89号、92号、95号和98号四个牌号。数值越大，表示车用乙醇汽油的抗爆燃性越好。

与车用汽油一样，选用车用乙醇汽油的主要依据是发动机的压缩比。压缩比越高，选用的汽油牌号就越高。基本选用原则：压缩比在8.0以下的发动机，应选用89号或90号车用乙醇汽油；压缩比为8.0～9.5的发动机，应选用92或93号车用乙醇汽油；压缩比为9.5～10.5的发动机，应选用95或97号车用乙醇汽油。

3. 生物柴油

生物柴油是由动、植物油脂与醇（例如甲醇或乙醇）经酯交换反应制得的脂肪酸单烷基酯。是一种用可再生动、植物油加工制取的新型燃料。

（1）生物柴油的特点

① 优良的环保特性。生物柴油中硫含量低，因而氧化硫和硫化物的排放低；生物柴油中不含芳香族烷烃，因而废气对人体的危害低于柴油；生物柴油含氧量高，与普通柴油相比，燃烧时排放炭烟少，CO的排放减少约10%；生物柴油的生物降解性高。

② 具有较好的发动机低温起动性能。

③ 具有较好的润滑性能，可延长喷油泵柱塞套筒的寿命。

④ 具有较好的安全性能。由于闪点高，因此便于运输、储存、使用。

（2）生物柴油的选用　生物柴油按凝点分为5号、0号、-10号三个牌号，可参考各地区风险率为10%的最低温度，使用不同牌号的生物柴油调和油。

生物柴油调和燃料按用途分为B5轻柴油和B5车用柴油两个类别。B5车用柴油是2%～5%（体积百分比）生物柴油（BD100）与95%～98%（体积百分比）石油柴油的调和燃料。

四、汽车使用中的节油措施

影响燃油消耗量的因素较多且较复杂，在汽车使用过程中节油的途径和措施如下：

1. 合理使用燃油

汽车的燃油经济性与燃油的雾化和燃烧性密切相关。

燃油的蒸发性对可燃混合气的燃烧有重要影响。充分利用轻质汽油组分，能改善其燃烧性能，提高热能利用率。

要使燃油在发动机中形成均匀、经济的可燃混合气，不仅要求燃油雾化良好，还必须保持最佳的空气-燃油混合比。发动机燃用较稀混合气，既有利于改善燃烧，还可充分利用发动机后备功率，提高燃油经济性。燃油消耗量随过量空气系数 a 的变化而变化。当 $a=1$ 时，燃油消耗量比过量空气系数 $a=1.11$ 时约大4%；而当 $a=0.88$ 时，燃油消耗量比过量空气系数 $a=1.11$ 时增加18%。

2. 合理使用润滑油（脂）

合理使用润滑油（脂），提供良好的润滑，降低摩擦磨损，可以提高汽车的动力性、经济性、可靠性。

齿轮油的低黏度化和多级油化，可以减小齿轮运转时的搅油阻力，提高传递效率，减少燃油消耗。在满足润滑的条件下，降低机油和齿轮油的黏度，可以减小摩擦力，降低汽车燃油消耗。多级油有良好黏温性能。低温时，多级油黏度小，发动机的起动阻力矩小；高温时，多级油还能保持一定黏度，形成足够厚度的油膜。所以，使用多级油既能保证良好润滑，又可改善燃油经济性。

使用加有减磨剂的机油，可减小摩擦，节约燃油。

提高润滑油的热氧化安定性和清净分散性，可以提高润滑油在高温下抵抗氧化变质的能力，并抑制胶膜、沉淀的形成，因此可以延长润滑油使用期，减少燃烧室中积炭的生成，从而避免不正常燃烧，降低燃油消耗量。

3. 发动机的正确维护和调整

发动机气缸活塞组技术状况不良、燃油喷射系统故障、点火正时和配气相位失调、点火能力不足，发动机润滑系统、冷却系统技术状况不良，都会影响汽车发动机的可燃混合气的形成和燃烧过程，使汽车的燃油消耗增大。

曲轴、连杆机构及配气机构的技术状况对汽车燃油消耗有较大影响。气缸、活塞环及气门、气门座圈等零件的磨损，会使气缸压缩压力降低，曲轴箱窜气量增加，导致油耗增大。

正确调整发动机燃油喷射系统，使其能够根据运行工况，提供适当浓度的可燃混合气。发动机点火系统应保证适时产生足够能量的电火花。火花弱或点火正时失准，混合气则不能燃烧或燃烧速度降低，热量损失增多，耗油量增加。因此，应保证发动机点火提前角正确，保持火花塞电极间隙合乎规定。

气门间隙过大或过小，都能使发动机耗油量增加并影响动力输出。气门间隙过小时，气门关闭不严，压缩和燃烧时缸内气体泄漏多，耗油量增大，功率下降；气门间隙过大，气门开启高度减小且开启时间缩短，发动机进气量减少，而废气在气缸中残留量增多，同样使耗油量增加，功率随之降低。

减少机械摩擦损失对降低发动机的燃油消耗有重要意义。在满足润滑效果的前提下，应选黏度较小的润滑油；应按时更换润滑油滤清器滤芯；要经常保持润滑油面稍低于油尺的上标线，添加润滑油时，应掌握"勤加少加"的原则。

摩擦副间隙过大或过小，都使摩擦阻力增大，耗油量增加。在维护修理时，必须保证曲轴主轴承、连杆轴承松紧适度。

冷却系技术状况对于保证发动机正常工作温度极其重要，因而影响汽车的燃油经济性。

4. 汽车底盘的正确维护和调整

汽车底盘的调整与维护影响汽车行驶阻力的大小，因而影响汽车的百公里燃油消耗量。

轮毂轴承间隙过小，会使滚动阻力增大，耗油量增加。间隙过大时，车轮歪斜，增大行驶阻力，因而增大了耗油量。车轮定位不准确，滚动阻力增加，燃油消耗量也会增加。

制动间隙过小，不能可靠分离，阻滞力增大，增大燃油消耗量；若间隙过大，则制动不灵，影响行车安全。因此，应适时检查和调整制动间隙。

离合器踏板自由行程太小，则离合器易打滑，产生摩擦而消耗功率，使耗油量增大，并加速零件磨损。如自由行程太大，则分离不良，换档困难，变速器内有撞击声。

轮胎类型和气压是影响滚动阻力大小的主要因素。据试验，轮胎气压比正常值降低 50~

100kPa，油耗增大 5%~10%；子午线轮胎的滚动阻力比一般轮胎低 30%，用子午线轮胎代替斜交帘线轮胎可节油 3%~8%。

经常检查变速器、差速器及其他部位是否漏油，油面高度是否合乎规定，差速器通气塞是否良好。季节更替时，应及时更换油料牌号。若冬季使用夏用齿轮油，燃油消耗增加 8%~10%。

此外，在高原、严寒等特殊条件下使用时，还要根据汽车使用条件的特点，对汽车进行正确维护和合理调整。

5. 合理驾驶

汽车行驶中要保持发动机的正常工作温度（80~90℃），温度过高或过低都会使油耗增加。低温条件下起动时，要进行预热；发动机起动后，应低速运转升温，待冷却液温度升至 50~60℃后再挂档起步；注意经常检查冷却液量、保温罩和百叶窗的状况及冷却系统的工作情况。

汽车行驶中，空气阻力与速度的平方成正比，因而车速增高时功率消耗大幅增加，燃油消耗量增大；反之，若车速过低，虽然空气阻力减小，但发动机节气门开度减小，负荷率降低，而有效燃油消耗率增大，因而汽车耗油量增大。

要减少燃油消耗，必须计划行车。行驶中避免走走停停；停车时选择便于起步的地点，同时尽量一次就位；行驶时正确判断道路情况，避开不利的时机和路段，保持相应车速，减少制动次数，减轻制动强度。

汽车起步后及时换至高档，并应尽可能采用高档行驶，避免长时间高档低速行驶或低档高速行驶。显然，在同一道路条件与车速下，虽然发动机发出的功率相同，但档位越低，后备功率越大，发动机的负荷率越低，燃油消耗率越高，百公里燃油消耗量就越大，而使用高档时的情况则相反。

6. 拖挂运输

采用拖挂运输是提高运输生产率、降低成本的有效措施，也是降低燃油消耗量的有效措施。拖带挂车后，虽然汽车列车总的燃油消耗量增加了，但以 $100t \cdot km$ 计的燃油消耗量却下降了，即分摊到单位运输工作量上的油耗下降了。拖带挂车后节省燃油的原因有两个：第一个原因是带挂车后阻力增加，发动机的负荷率增加，使燃油消耗率 g_e 下降；另一个原因是汽车列车的质量利用系数（即装载质量与整车整备质量之比）较大。

第二节　汽车润滑材料及合理使用

汽车所使用的润滑材料分为机油、齿轮油和润滑脂三类。合理使用润滑材料，不仅可以降低润滑材料所消耗的费用，还可以提高润滑效果，减少摩擦和磨损，从而降低功率损耗和燃料消耗，延长汽车使用寿命。

一、机油及合理使用

机油指发动机润滑油，车用机油分为汽油机油和柴油机油两个系列。

1. 机油的作用

机油有润滑、冷却、洗涤、密封、防锈防腐等作用。

发动机工作时，其润滑系统通过油泵强制循环或通过飞溅的方法将润滑油送到各个润滑点，保证机件良好润滑和正常运转。

机油循环流动时，不断从气缸、活塞、曲轴等摩擦表面上吸取热量，并传导到其他温度较低的零件上，或把热量消散在油底壳中，进而散发到大气。

机油循环流过摩擦表面时，可以带走其上的脏物，送到油底壳。尔后再经过机油滤清器滤清，把这些脏、杂物截留在滤清器中。

机油到达气缸润滑表面后，填满了活塞、活塞环与气缸间的间隙，形成油封面，起到密封作用。

机油吸附在金属表面，可以防止酸性气体和水对金属的腐蚀或锈蚀。

轴承间隙里的机油可以防止金属与金属间的直接接触，承受冲击负荷，起到缓冲作用。

2. 机油的性能指标

机油的性能指标包括润滑性、低温操作性、黏温性、清净分散性、抗氧化性和抗腐蚀性、抗泡沫性等。

（1）润滑性　润滑性指机油降低摩擦、减缓磨损和防止金属烧结的能力。润滑油的黏度性能和化学性能对发动机零件的润滑作用有重要影响。使用润滑性能良好、黏度适宜的机油，可以使发动机零件磨损较小，并对气缸起到冷却与密封作用。

（2）低温操作性　低温操作性指保证发动机在低温下容易起动和可靠供油的性能，其评定指标主要有低温动力黏度、边界泵送温度和倾点等。

（3）黏温性　黏温性指润滑油由于温度升降而改变黏度的性质。良好的黏温性指润滑油的黏度随温度的变化程度小。

（4）清净分散性　清净分散性指机油抑制积炭、漆膜和油泥生成或将这些沉积物清除的性能。良好的清净分散性能，能及时将气缸、活塞和活塞环等发动机零件上的胶状物与沉淀物清洗下来，悬浮在机油中，使之通过机油滤清器除去，以保持活塞环等零件的清洁。

（5）抗氧化性　抗氧化性指机油阻止或延缓氧化过程，抑制有机酸的生成的能力。

（6）抗腐蚀性　抗腐蚀性指机油抵抗腐蚀性物质对金属腐蚀的能力。

（7）抗泡沫性　抗泡沫性指机油消除泡沫的性质。当机油受到激烈搅动，将空气混入油中时，就会产生泡沫。泡沫如果不及时消除，会产生气阻、供油不足等故障。

评价机油的指标很多，其中最重要的是机油的黏度。机油黏度不仅是机油分类的依据之一，而且对发动机的工作有重要影响，见表 12-4。

表 12-4　机油黏度对发动机工作的影响

黏度过小	黏度过大
1. 在高温高压条件下，润滑油容易自摩擦表面流失，不能形成有效油膜，使机件的摩擦与磨损加剧 2. 密封效果不好，气缸易漏气，有效功率下降，机油易被稀释与污染 3. 蒸发性较大，机油易上窜，增大机油耗量	1. 低温起动困难，油的泵送性差，易出现干摩擦与半液体摩擦 2. 机油循环阻力增大，致使功率损失与燃料消耗增加 3. 油的循环速度慢，循环频率降低，冷却与洗涤作用变差

3. 机油的工作条件

发动机通常采用自流润滑、飞溅润滑和压力润滑三种方式。机油的工作条件十分苛刻。

润滑油在飞溅和循环润滑中，不断与各种金属部件及空气接触，在金属的催化下与氧反应，促使机油不断老化变质。

在工作过程中，机油与各高温机件接触。如气缸中上部温度为 180~270℃ 之间，曲轴箱平均油温为 85~95℃。在高温下，机油氧化变质剧烈。

发动机工作时，若气缸密封不良，燃烧废气和未燃气体窜入曲轴箱，会导致机油严重变质。此外，灰尘、金属磨屑、积炭等都会污染机油。

4. 机油的质量要求

机油的工作条件苛刻，因而对质量有较高要求：

① 较好的黏温性能。即机油的黏度要兼顾到有较好的高温和低温性能，黏度受温度变化的影响较小。

② 良好的清净分散性能。能及时将气缸、活塞和活塞环等发动机零件上的胶状物与沉淀物清洗下来，悬浮在机油中，使之通过机油滤清器除去，以保持活塞环等零件的清洁。

③ 良好的抗氧化、抗腐蚀和抗磨性能。阻止或延缓氧化过程，抑制有机酸的生成，并能在金属表面形成保护膜。

④ 润滑性能良好，黏度适宜。使发动机零件磨损较小，并对气缸起到冷却与密封作用。

5. 机油的分类

美国石油学会（API）使用性能分类法和美国汽车工程师协会（SAE）黏度分类法是使用最广泛的机油分类方法。

（1）使用性能分类　API 使用性能分类也称性能分类或用途分类。该分类法把机油分为汽油机油系列（S 系列）和柴油机油系列（C 系列），并用英文字母顺序表示机油的等级和强化程度，表示所能适应的工作条件的苛刻程度。

机油的性能等级，是根据在台架试验中机油所表现出的润滑性、清净分散性、抗氧抗腐性等确定的。汽油机油和柴油机油的 API 使用性能分类见表 12-5 和表 12-6。

GB/T 28772—2012《内燃机油分类》在制定过程中参考了 API 使用性能分类。

表 12-5　API 汽油机油使用性能分类

规格代号	特性和使用场合
SE	用于 1972 年出厂的汽油机，具有高温抗氧化性、低温抗油泥和防锈性能
SF	用于 1980 年出厂的以无铅汽油作燃料的汽油机，与 SE 级油比，提高了抗氧化稳定性，改进了抗磨性能，还具有抗沉积、防锈蚀和腐蚀的性能
SG	用于 1989 年出厂的汽油机，改进了抗沉积、抗氧化和抗磨损性能，还具有很高的防锈性能、清静分散性能
SH	用于 1994 年出厂的汽油机，具有比 SG 更好的抗磨损、抗腐蚀、清静分散性能和高温抗氧化性。含磷量为 0.12%
SJ	用于 1997 年出厂的汽油机，具有更好的清静分散性能和高温抗氧化性，适应严格的排放要求，并具有更长的使用寿命。含磷量为 0.10%
SL	用于 2001 年出厂的汽油机，具有比 SJ 更好的抗磨性、抗氧化性、清静分散性、节油性，适应更严格的排放要求，可用于增压发动机，并具有更长的使用寿命。含磷量为 0.10%
SM	用于 2004 年出厂的汽油缸内直喷发动机，比 SJ 级油抗磨性提高 20%。具有更强的抗氧化性、清静分散性、节油性，适应更严格的排放要求，可用于增压发动机，并具有更长的使用寿命。含磷量为 0.08%
SN	用于 2010 年出厂的汽油缸内直喷和增压发动机，具有比 SM 级油更好的抗磨性、抗氧化性、清静分散性、节油性。适应更严格的排放要求，具有保护车辆排放控制系统的性能，含磷量更低，并具有超长的使用寿命

（2）黏度等级分类　SAE 黏度分类法根据机油黏度将其分为 11 个级别，见表 12-7。其中：冬用机油分为 0W、5W、10W、15W、20W、25W 六个级别；夏用机油分为 20、30、40、50、60 五个级别。

表 12-6　API 柴油机油使用性能分类

规格代号	特性和使用场合
CD	用于 1965 年后生产的高速高功率增压柴油机,具有高效率的控制磨损和抑制沉积物形成的能力,以及抑制轴承磨损的性能
CE	用于 1983 年后生产的增压重负荷柴油机,具有优良的抑制高、低温沉积物形成的能力和抗腐蚀性、抗磨损性
CF-4	用于 1991 年后生产的增压重负荷柴油机,符合相关的排放标准,具有优良的抑制高、低温沉积物形成的能力和抗腐蚀性、抗磨损性
CF	用于 1994 年后生产的柴油机,尤其是间接喷射柴油发动机,适用于轻型柴油货车或柴油轿车,具有优良的抑制高、低温沉积物形成的能力和抗腐蚀性、抗磨损性
CG-4	用于 1995 年后生产的使用低硫燃料的增压或电控柴油机,符合相关的排放标准,具有优良的抑制高、低温沉积物形成的能力和抗腐蚀性、抗磨损性
CH-4	用于 1998 年后生产的使用低硫燃料的重负荷、高速、四冲程柴油机,满足 1998 年后相应的排放法规,具有优良的抑制高、低温沉积物形成的能力和抗腐蚀性、抗磨损性
CI-4	用于 2002 年后生产的使用低硫燃料的重负荷、高速、四冲程柴油机和使用电控高压共轨的柴油机,满足 2002 年后相应的排放法规,具有优良的抑制高、低温沉积物形成的能力和抗腐蚀性,并具有优异的抗磨损保护性能
CJ-4	用于 2007 年后生产的使用低硫燃料的车用柴油机,满足 2007 年后相应的排放法规,具有优良的抑制高、低温沉积物形成的能力和抗腐蚀性,并具有优异的抗磨损保护性能

GB/T 14906—1995《内燃机油黏度分类》在制定过程中参照了 SAE 机油黏度分类。

表 12-7　SAE 黏度分类

黏度等级	最大低温黏度		最大边界泵送温度/℃	运动黏度(100℃)/(mm²/s)	
	黏度/Pa·s	温度/℃		最小	最大
0W	3250	−30	−35	3.8	—
5W	3500	−25	−30	3.8	—
10W	3500	−20	−25	4.1	—
15W	3500	−15	−20	5.6	—
20W	4500	−10	−15	5.6	—
25W	6000	−5	−10	9.3	—
20	—	—	—	5.6	小于9.3
30	—	—	—	9.3	小于12.5
40	—	—	—	12.5	小于16.3
50	—	—	—	16.3	小于21.9
60	—	—	—	21.9	小于26.1

机油还有单黏度级和多黏度级(稠化机油)之分。只能满足低温或高温一种黏度级别要求的机油称为单黏度级机油;既能满足低温工作时黏度级别要求,又能满足高温工作时黏度级别要求的机油称为多黏度级机油。多级油用冬用和夏用双重黏度级表示,如 5W/30 表示高温时该机油具有与 30 号机油相同的黏度,而在低温时其黏度不超过冬用机油 5W 的黏度值。多级油的品种主要有 0W/40、0W/50、5W/20、5W/305W/40、10W/30、10W/40、15W/40、15W/50、20W/60 等。

机油的命名和标记,应包括使用性能级别代号和黏度级别代号两部分。例如,一个特定的汽油机油产品可命名为 SE 30;一个特定的柴油机油产品可命名为 CC 10W/30;一个特定的汽油机/柴油机通用油可命名为 SE/CC 15W/50。

6. 机油的选用

选用机油的原则:按照发动机结构特点和使用工况选用使用性能等级;按照使用地区的

气温选用适当的黏度等级。

（1）选择机油的使用性能等级 选择机油的使用性能等级时，可参考下述方法：

1）查阅汽车使用说明书或维修手册选择机油的使用性能等级。

2）按照机油使用性能分类方法中的特性和适用场合选择使用性能等级。

3）选择汽油机油的使用性能等级，一般要考虑以下因素：

① 发动机的压缩比、排量、最大功率、最大转矩。

② 机油的负荷，即发动机功率与曲轴箱机油容量之比。

③ 曲轴箱强制通风、废气再循环等排气净化装置对机油的影响。

④ 城市汽车时开时停等运行工况对生成沉积物和机油氧化的影响。

4）选择柴油机油使用性能等级时，主要考虑因素如下：

① 发动机的平均有效压力、活塞平均速度。

② 机油负荷、使用条件。

③ 轻柴油的硫含量。

④ 现代车用柴油机广泛采用高强度的电控高压共轨柴油机，必须使用含硫量低的柴油，其强化程度大大提高，同时发动机排放法规日趋严格，因此所使用的机油的标准也相应提高。

5）根据发动机结构确定机油使用性能等级后，在下列苛刻使用条件下，应酌情提高一级。

① 汽车长期处于停停开开使用状态，如邮递车和出租车等。

② 长时期低温、低速行驶。

③ 长时期在高温、高速下工作，尤其是满载或超载长距离条件下工作。

④ 牵引车或中型以上载货车，满载或长时间拖挂车行驶。

⑤ 使用场所灰尘大。

部分汽油发动机的技术特性和要求的汽油机油规格见表 12-8；部分柴油发动机的技术特性和要求的柴油机油规格见表 12-9。

表 12-8 部分汽油发动机的技术特性和要求的汽油机油规格

汽车型号	发动机型号结构特征	功率/转速 $\dfrac{kW}{(r/min)}$	转矩/转速 $\dfrac{N \cdot m}{(r/min)}$	排量 /L	压缩比	机油级别
捷达	EA113 多点喷射	70/5600	132/3750	1.6	9.6	SJ、SL
高尔夫 6	EA111 缸内直喷，废气涡轮增压	96/5000	220/1750～3500	1.4	9.8	SL、SM
丰田卡罗拉	2ZR-FE 多点电喷发动机	103/6400	173/4000	1.8	10	SL、SM
一汽迈腾	EA888 缸内直喷、废气涡轮增压	147/5000～6000	280/1800～5000	2.0	9.6	SM、SN
本田雅阁	K24Z2 多点电喷发动机	132/6500	225/4500	2.4	10.5	SL、SM
奥迪 A6L	VAJ 缸内直喷，机械式增压器	213/4850～6800	420/2500～4850	3.0	10.5	SM、SN

表 12-9 部分柴油发动机的技术特性和要求的柴油机油规格

汽车型号	发动机型号结构特征	最大功率 /kW	最大转矩 /N·m	排量/L	压缩比	机油级别
捷达 SDI	电控 VE 分配泵	47	125	1.9	19	CG-4
日产皮卡	4D22 电控直喷 VE 泵，废气涡轮增压	52	173	2.2	18	CF-4、CF
依维柯面包车	8140.43N 直喷高压共轨，废气涡轮增压	107	320	2.8	18.5	CG-4、CH-4
解放 J6P 重卡	电控高压共轨直喷，废气涡轮增压，中冷	324	1900	11.04	17.5	CI-4、CJ-4

（2）选择机油的黏度等级 主要依据是使用地区环境温度。根据季节、气温情况及使用地区选择机油牌号的参考表见表12-10。为避免冬、夏季换油，可选用多级油。

选用机油的黏度等级时，还必须考虑发动机的负荷、转速和磨损情况。发动机负荷大、转速低或磨损严重时，应选用黏度较大的机油，反之则应选择黏度较小的机油。

表 12-10　机油黏度等级选用

黏度等级	使用温度范围/℃	黏度等级	使用温度范围/℃
0W	−45~−15	5W/20	−45~20
5W	−40~−10	5W/30	−40~30
10W	−30~−5	10W/30	−30~30
15W	−25~0	15W/30	−25~30
20W	−20~5	20W/30	−20~30
25W	−15~10	10W/40	−30~40 以上
20	−10~30	15W/40	−25~40 以上
30	0~30	20W/40	−20~40 以上
40	15~50		

7. 机油的劣化与更换

机油在使用过程中，由于添加剂的消耗，高温氧化，燃烧产物的影响，外部尘埃、水分等的混入，使机油劣化变质。

机油劣化变质后，沉积物增多、润滑性能下降，使零件腐蚀和磨损增大。因此，应适时更换机油。机油的更换方式有定期换油、按质换油和监测下的定期换油三类。

定期换油即按照行驶里程或使用时间与机油使用性能变化之间的规律，确定换油时期。换油期与机油的使用性能级别、发动机技术状况和运行条件有关。

按质换油即对能反映机油质量的代表性指标规定限值，据此更换机油。GB/T 8028—2010《汽油机油换油指标》和 GB/T 7607—2010《柴油机油换油指标》规定了机油的换油指标。

监测下的定期换油指在规定换油周期的同时监测在用机油的综合指标，必要时可提前更换机油。

二、齿轮油及合理使用

齿轮油也称齿轮润滑油，用于机械式变速器、主传动器、转向器的润滑。

1. 齿轮油的作用

齿轮油的作用：降低齿轮及其他运动部件的磨损，延长使用寿命；降低摩擦，减小功率损失；分散热量，起冷却作用；防止腐蚀和生锈；降低工作噪声，减小振动及齿轮间的冲击；冲洗污物，特别是冲去齿面间污物，减轻磨损。

2. 齿轮油的性能指标

齿轮油的性能指标包括润滑性、极压抗磨性、热氧化安定性、低温操作性、黏温性、抗腐蚀性和防锈性等。

（1）润滑性 润滑性指在摩擦表面间形成油膜降低摩擦的性能。

（2）极压抗磨性 极压抗磨性指在接触压力非常高、油膜容易产生破裂的极高压力的润滑条件下，防止摩擦面烧结、熔焊等损伤的性能。

（3）热氧化安定性 热氧化安定性即抵抗热和氧化作用的能力。热氧化安定性好，防止因氧化生成有机酸和沉淀等氧化产物，可以延长润滑油的使用期。

（4）低温操作性　低温操作性主要指润滑油在低温下的流动性。

（5）黏温性　黏温性指黏度随温度升降而改变的性质。齿轮油的工作温度范围较宽，不但要求低温性能好，以便于汽车起动，而且要求高温时黏度不能太小。

（6）抗腐蚀性和防锈性　这是齿轮油防止齿轮、轴承腐蚀和生锈的能力。

齿轮油除上述要求的使用性能外，还有一些与机油相同的使用性能。例如抗泡沫性、清洁性等。

3. 齿轮油的工作条件和质量要求

传动齿轮工作时，由于齿轮工作面不断变换，温度升高不剧烈，齿轮油工作温度一般为 $10 \sim 80℃$；其次，齿轮传动时，齿之间啮合部分的单位压力高达 $196 \times 10^4 \sim 245 \times 10^4 kPa$，而准双曲面齿轮单位压力可达 $294 \times 10^4 \sim 392 \times 10^4 kPa$，齿轮油膜承受很高的压力作用。此外，齿轮油在速度变化大、回转次数多的条件下工作，因而易于从齿间间隙中挤出，产生半液体摩擦。

4. 齿轮油的质量要求

齿轮油应当满足以下要求：

① 在齿与齿接触面上，能形成连续坚韧的油膜，降低传动机件磨损并预防其损伤。

② 齿轮油还应具有良好黏温特性，当工作温度降低时黏度变化小，使动力传动机构的摩擦损耗较小，传动效率高，汽车易于起步。

5. 齿轮油的分类

美国石油学会（API）使用性能分类法和美国汽车工程师协会（SAE）黏度分类法是使用最广泛的齿轮油分类方法。

按齿轮油承载能力和使用场合不同，根据其特性和使用要求等，API 使用性能分类法将齿轮油分为 GL-1～GL-6 六个级别，见表 12-11。

表 12-11　API 车辆齿轮油使用分类

分类	使用说明	用途
GL-1	低齿面压力、低滑动速度下运行的汽车弧齿锥齿轮、蜗轮后桥以及各种手动变速器规定用 GL-1 齿轮油。直馏矿油能满足这类情况的要求。可以加入抗氧剂、防锈剂和消泡剂改善其性能，但不加摩擦改进剂和极压剂	汽车手动变速器，包括拖拉机和载货汽车手动变速器
GL-2	汽车蜗轮后桥齿轮，由于其负荷、温度和滑动速度的状况，使得 GL-1 齿轮油不能满足要求的蜗轮蜗杆规定用 GL-2 类的齿轮油。通常都加有脂肪类物质	涡轮蜗杆传动装置
GL-3	速度和负荷比较苛刻的汽车手动变速器和弧齿锥齿轮的后桥规定用 GL-3 类油。这种使用条件要求润滑剂的负荷能力比 GL-1 和 GL-2 高，但比 GL-4 要低	苛刻条件下的手动变速器和弧齿锥齿轮后桥
GL-4	在低速高转矩、高速低转矩下操作的各种齿轮，特别是客车和其他各种车用的准双曲面齿轮，规定用 GL-4 齿轮油。适用于其抗擦伤性能应等于或优于 CRCRGO-105 参考油。该油已做过各种试验，证明具有 1972 年 4 月 ASTM STP 说明的性能水平	手动变速器、弧齿锥齿轮和使用条件不太苛刻的准双曲面齿轮
GL-5	在高速冲击负荷、高速低转矩、低速高转矩条件下操作的各种齿轮，特别是客车和其他车辆的准双曲面齿轮，规定用 GL-5 齿轮油。适用于其抗擦伤性能应等于或优于 CRCRGO-110 参考油。该油已做过各种试验，证明具有 1972 年 4 月 ASTMSTP 所说明的性能水平	适用于操作条件缓和或苛刻的准双曲面齿轮及其他各种齿轮，也可用于手动变速器
GL-6	高速冲击负荷条件下运转的小客车和其他车辆的各种齿轮，特别是高偏置准双曲面齿轮，偏置大于 5cm 或接近大齿圈直径的 25%，规定用 GL-6 齿轮油。符合这种使用条件的润滑剂，其抗擦伤性能应等于或优于参考油 L-1000。该油已经试验，证明具有 1972 年 4 月 ASTM STP 所说明的性能水平	—

按黏度不同，SAE 黏度分类法将齿轮油分为七个级别，见表 12-12。其中：字母 W 表示冬季用齿轮油；不含字母 W 表示夏季用齿轮油。

表 12-12 车辆齿轮油的黏度分类

SAE 黏度级号	黏度达到150Pa·s时的最高温度/℃	100时的运动黏度/(mm²/s)	
		最 低	最 高
70W	-55	4.1	—
75W	-40	4.1	—
80W	-26	7.0	—
85W	-12	11.0	—
90	—	13.5	<24.0
140	—	24.0	<41.0
250	—	41.0	—

齿轮油的黏度等级也有单黏度等级和多黏度等级之分，例如 SAE80W/90 表示一个多黏度等级的车辆齿轮油。

GB/T 28767—2012《车辆齿轮油分类》按质量和使用性能的差异把齿轮油分成 GL-3、GL-4、GL-5 和 MT-1 四个级别。其中：等级为 MT-1 的齿轮油适用于在大型客车和重型货车上使用的手动变速器。其黏度等级分类则等效采用 SAE 齿轮油黏度分类。

6. 齿轮油的选择

车辆齿轮油的选择也包括使用性能级别的选择和黏度级别的选择两个方面。

（1）使用性能级别的选择 选择齿轮油的使用性能等级时，要严格遵循汽车使用说明书中的规定，或根据传动机构工作条件的苛刻程度选择。工作条件主要指传动齿轮的接触压力、滑动速度和工作温度，主要取决于传动装置的齿轮类型。因此，可按齿轮类型、传动装置的功能来选择齿轮油的使用性能级别。一般来说，驱动桥主传动器工作条件苛刻，而准双曲面齿轮主传动器更为苛刻，对齿轮油使用性能要求更高。

工作条件苛刻（轮齿间接触压力达 3000MPa 以上，滑动速度超过 10m/s）的主传动器准双曲面齿轮，必须使用 GL-5 级齿轮油；工作条件不太苛刻（接触压力在 3000 MPa 以下，滑动速度在 1.5~8 m/s 之间）的主传动器准双曲面齿轮，可选用 GL-4 级齿轮油；有些载货汽车的后桥主传动装置虽然采用普通弧齿锥齿轮，但负荷较重，工作条件苛刻，也要求使用 GL-4 级或 GL-5 级齿轮油。部分汽车要求的车辆齿轮油的使用性能级别见表 12-13。

表 12-13 部分汽车要求的车辆齿轮油使用性能级别

汽车型号	变速器结构特点	驱动桥结构特点	使用性能级别
解放 CA1092	手动 6 档	弧齿锥齿轮和圆柱齿轮，双级主减速器	GL-3
北京切诺基	手动 4 档，带分动器	准双曲面齿轮，单级主减速器	GL-5
上海桑塔纳	手动 4 档或 5 档，两轴式	准双曲面齿轮，单级主减速器	GL-5
富康	手动 4 档或 5 档，两轴式	斜齿圆柱齿轮，单级主减速器	GL-5
红旗 CA7200	手动 5 档，两轴式	准双曲面齿轮，单级主减速器	GL-4 或 GL-5
捷达 CL	手动 4 档，两轴式	斜齿圆柱齿轮，单级主减速器	GL-4 或 GL-5
上海帕萨特 B5	手动 4 档或 5 档，两轴式	准双曲面齿轮，单级主减速器	GL-5

变速器及转向器一般负荷较轻，一般采用与主传动器相同的齿轮油。

应注意的是，不能将使用级较低的齿轮油用在要求较高的车辆上，否则会使磨损加剧；使用级高的齿轮油用在要求较低的车辆上，会造成浪费；各使用级的齿轮油不能混用。

（2）黏度级别的选择 齿轮油黏度级别的选择，主要根据最低气温和最高工作油温。

其黏度应保证低温下车辆易于起步，又能满足油温升高后的润滑要求。在 SAE 黏度分类中表观黏度为 150Pa·s 时的最高温度，就是保证低温操作性能的最低温度；选择黏度级别时还要考虑高温时的润滑要求，车辆齿轮油允许的承载最小黏度一般为 $86.3 \sim 215.8 mm^2/s$。因此，润滑油黏度应适宜，应尽可能使用适当的多级润滑油。根据环境温度选择齿轮油黏度时，可参照表 12-14。

表 12-14　根据当地季节气温选择牌号

黏度牌号	70W	75W	80W	85W	90	140	250
黏度为 150Pa·s 时的适用最低温度/℃	-55	-40	-26	-12	-10	10	—

7. 齿轮油的更换

车辆齿轮油在使用中，也有质量变化、质量监控问题。使用条件不同，车辆齿轮油换油标准也有差异。

采用定期换油时，准双曲面齿轮油换油周期为 $2 \times 10^4 \sim 2.5 \times 10^4 km$。

采用按质换油时，应遵循有关标准规定的齿轮油的换油指标。普通车辆齿轮油（GL-3）的换油质量指标见表 12-15。有任何一项指标达到上述标准时，则应该更换齿轮油。

表 12-15　普通车辆齿轮油的换油指标

项　目	换油质量指标	试验方法
100℃ 运动黏度变化率(%)	≥ +20 ~ -10	GB/T265
水分(质量分数)(%)	≥1.0	GB/T 260
酸值增加量(mg KOH/g)	≥0.5	GB/T 8030
戊烷不溶物(质量分数)(%)	≥2.0	GB/T 8926
铁含量(质量分数)(%)	≥0.5	SH/T 0197

三、润滑脂及合理使用

润滑脂是以液体润滑油作为基础油，加入稠化剂和添加剂所形成的一种稳定的固体或半固体润滑材料。车辆上不宜施加液体润滑油的部位，如轮毂轴承，各拉杆球节，发电机、水泵、离合器轴承和传动轴花键等，均使用润滑脂。

1. 润滑脂的使用性能

（1）稠度　稠度指润滑脂在受力作用时抵抗变形的程度，一般用锥入计测定稠度。适当的稠度可使润滑脂易于加注并保持在摩擦表面，以保持持久的润滑作用。

（2）低温性能　低温性能指润滑脂在低温条件下仍保持其良好润滑性能的能力，取决于在低温条件下的相似黏度及黏温性。

（3）高温性能　高温性能指润滑脂的耐热性能，高温性能好可以保持其在较高使用温度下的附着性能，保持润滑作用，其变质失效过程也较缓慢。润滑脂的高温性能可用滴点、蒸发量和轴承漏失量等指标进行评定。

（4）抗水性　抗水性表示润滑脂在大气湿度条件下的吸水性能。抗水性差的润滑脂遇水后稠度会下降，甚至乳化而流失。

（5）防腐性　防腐性指润滑脂阻止与其相接触金属被腐蚀的能力。润滑脂产生腐蚀性主要是由于氧化产生酸性物质所致。

（6）机械安定性　机械安定性指润滑脂在机械工作条件下抵抗稠度变化的能力。机械安定性差的润滑脂，使用中容易变稀甚至流失，影响脂的寿命。

（7）胶体安定性　胶体安定性指润滑脂在储存和使用时避免胶体分解，防止液体润滑油析出的能力。即润滑油与稠化剂结合的稳定性。

（8）氧化安定性　氧化安定性指在储存与使用时，润滑脂抵抗大气的作用，保持其性质不发生永久变化的能力。

（9）极压性与抗磨性　极压性与抗磨性涂在相互接触的金属表面间的润滑脂所形成的脂膜，具有承受负荷的特性称为润滑脂的极压性；润滑脂膜防止金属表面直接接触而磨损的能力称为润滑脂的抗磨性。在苛刻条件下使用的润滑脂，需要添加极压添加剂，以增强其极压性。

2. 润滑脂的分类

根据 GB 7631.8—1990《润滑剂和有关产品（L类）的分类　第8部分：X组（润滑脂）》，可以按使用时的操作条件（温度、水污染及负荷等）要求对润滑脂进行分类。润滑脂属于 L 类（润滑脂和有关产品）的 X 组，每种润滑脂用 LX+四个大写字母组成的代号+稠度等级所构成的符号表示。

表示润滑脂使用操作条件的四个大写字母的含义见表12-16。

表 12-16　润滑脂操作条件代号

操作温度				水污染				负荷条件	
				环境条件		防锈性			
字母 1	最低温度 /℃	字母 2	最高温度 /℃	字母 3	字母	备注	字母	备注	字母 4	备注
A	0	A	60	A	L		L		A	
B	−20	B	90	B	L		M		B	
C	−30	C	120	C	L		H			
D	−40	D	140	D	M	L-干燥	L	L-不防锈		A-非极压型
E	−50	E	160	E	M	M-静态潮湿	M	M-淡水存在下防锈		B-极压型
		F	180	F	M	H-水洗	H	H-盐水存在下防锈		
		G	>180	G	H		L			
				H	H		M			
				I	H		H			

润滑脂的稠度分为九个等级：000、00、0、1、2、3、4、5、6，数字越大则表示稠度等级越高，润滑脂的牌号是用稠度表示的。

例如，某种润滑脂的使用条件为：最低操作温度−30℃，最高操作温度120℃；环境条件：水洗；防锈性：淡水存在下防锈；负荷条件：低负荷；稠度等级：2。则该种润滑脂的代号应标记为：L-XCCHA2。

3. 润滑脂的规格

按稠化剂的类型，润滑脂可以分为不同的规格或品种。相应的标准有 GB/T 491—2008《钙基润滑脂》、GB/T 7324—2010《通用锂基润滑脂》等。

（1）钙基润滑脂、合成钙基润滑脂　它具有良好的抗水性，适用于潮湿环境或与水接触的各种机械部位的润滑；滴点在 75～100℃ 之间，使用温度不超过 60℃，否则就会变软流失。

（2）石墨钙基润滑脂　它具有较好的极压性能和抗磨性能，并具有较好的抗水性，能适应重负荷、粗糙摩擦面的润滑，并能用于与水或潮气接触摩擦表面，如汽车钢板弹簧、吊车、起重机齿轮转盘等粗糙、低速、重负荷的摩擦部位。但石墨钙基脂不适用于滚动轴承及精密机件的润滑。

（3）钠基润滑脂　它的耐热性好，滴点高达 160℃，可在 120℃ 条件下较长时间工作并保持润滑性；附着性强，可用于振动大、温度高的滚动轴承上，并有较好的承压性能，适应负荷范围较大。但耐水性差，遇水易乳化，因此不能用于与潮湿空气或水接触的润滑部位。钠基润滑脂可用于汽车、拖拉机轮毂轴承润滑。

（4）钙钠基润滑脂　它具有较好的抗水和耐热性。抗水性优于钠基脂，耐热性优于钙基脂。可以适应湿度不大、温度较高的工作条件，但不适于低温工作条件。常用于各种类型的电动机、汽车、拖拉机和其他机械设备滚动轴承的润滑，使用温度不高于 90~100℃。

（5）通用锂基润滑脂　它具有良好的高、低温性能和良好的防水性、防锈性，可在潮湿和与水接触的机械部件上使用。同时有良好的机械安定性和胶体安定性、氧化安定性、抗水性和润滑性，在高速运转的机械剪切作用下，润滑脂不会变稀流失，保证良好润滑。汽车通用锂基润滑脂适用于 −30~120℃ 温度范围内汽车轮毂轴承、底盘、水泵等摩擦副的润滑。

4. 汽车润滑脂的选择

汽车润滑脂的选用包括润滑脂的类型和稠度级号的选用。应根据车辆使用说明书的规定，选用与润滑部位的操作条件相适应的润滑脂类型和稠度。

（1）操作温度　低温界限应低于被润滑部位的最低操作温度，否则会使运转阻力加大；而高温界限应高于被润滑部位的最高操作温度，否则会因润滑脂流失而失去润滑作用，加剧磨损。

（2）水污染　它包括环境条件和防锈性，根据使用要求综合确定润滑脂的级别（字母 4）。

（3）负荷　它指单位面积所承受的压力，根据负荷高低，选择非极压润滑脂（A）或极压型润滑脂（B）。

（4）稠度牌号　根据环境温度、转速、负荷等因素选用，汽车上一般多用 2 号润滑脂。

汽车上的主要润滑部位多用锂基润滑脂；对受冲击载荷及极压条件下工作的钢板弹簧则用石墨钙基脂；对工作温度过高或过低的地区应选特殊润滑脂（如低温润滑脂、高温润滑脂等）。

对于一定的车型，在一般情况下使用确定品种和牌号的润滑脂，并且相对稳定，只有在特殊情况下才进行更换。

第三节　汽车工作液及合理使用

车型不同，汽车上采用的工作液也有差别。对于普通汽车而言，常用工作液有冷却液、制动液和液力传动油等。

一、汽车冷却液及合理使用

现代发动机广泛采用强制循环冷却系统，冷却液是冷却系统的工作介质。

1. 冷却液的使用性能

发动机工作时，可燃混合气在气缸内燃烧，气缸内气体温度可达 1700~2500℃。为保证发动机正常工作，应对其进行冷却；同时，为防止发动机在严寒季节发生缸体、散热器和冷却系统管道的冻裂，还应对发动机冷却系统防冻；另外，还要求冷却系统用冷却介质防腐蚀、防水垢等。因此，现代发动机（水冷）都应使用冷却液。

为保证汽车发动机正常工作并延长使用寿命，冷却液应具备以下性能。

① 低温黏度小。低温黏度越小，说明冷却液流动性越好，其散热效果好。

② 冰点低。冰点达不到所要求的低温时，发动机冷却系统就可能被冻裂。

③ 沸点高。在较高温度下不沸腾，可保证汽车满载、高负荷工作时正常运行。

④ 防腐性好。即不腐蚀金属材料。

⑤ 不产生水垢，不起泡沫，以保证发动机冷却系统的散热效果。

另外，还要求冷却液传热效果好；不损坏橡胶制品；热化学安定性好；蒸发损失少；热容量大；价廉、无毒。

2. 冷却液的规格

GB 29743—2013《机动车发动机冷却液》规定了轻负荷和重负荷发动机冷却系统用乙二醇型和丙二醇型冷却液及其浓缩液的分类和技术要求。按照冰点，冷却液分为-15号、-20号、-25号、-30号、-35号、-40号、-45号和-50号八个牌号，见表12-17。目前广泛采用乙二醇水基型发动机冷却液。

表 12-17　冷却液分类代号及型号

轻负荷冷却液		型　号	重负荷冷却液		型　号
乙二醇型	浓缩液 LEC-Ⅰ		乙二醇型	浓缩液 HEC-Ⅰ	
	稀释液 LEC-Ⅱ	LEC-Ⅱ-15、 LEC-Ⅱ-20、LEC-Ⅱ-25、LEC-Ⅱ-30、LEC-Ⅱ-35、LEC-Ⅱ-40、LEC-Ⅱ-45、LEC-Ⅱ-50		稀释液 HEC-Ⅱ	HEC-Ⅱ-15、HEC-Ⅱ-20、HEC-Ⅱ-25、HEC-Ⅱ-30、HEC-Ⅱ-35、HEC-Ⅱ-40、HEC-Ⅱ-45、HEC-Ⅱ-50
丙二醇型	浓缩液 LPC-Ⅰ		丙二醇型 HPC-Ⅱ	浓缩液 HPC-Ⅰ	
	LPC-Ⅱ	LPC-Ⅱ-15、 LPC-Ⅱ-20、LPC-Ⅱ-25、LPC-Ⅱ-30、LPC-Ⅱ-35、LPC-Ⅱ-40、LPC-Ⅱ-45、LPC-Ⅱ-50		稀释液	HPC-Ⅱ-15、HPC-Ⅱ-20、HPC-Ⅱ-25、HPC-Ⅱ-30、HPC-Ⅱ-35、HPC-Ⅱ-40、HPC-Ⅱ-45、HPC-Ⅱ-50
其他类型	LOC	依据冰点标注值			

3. 冷却液的选用

选用冷却液时，其冰点要比车辆运行地区的最低气温低10℃左右。

冷却液的浓缩液，可以由用户加清洁水稀释后使用。乙二醇所含比例与冷却液冰点的关系见表12-18。

表 12-18　乙二醇—水型冷却液浓度（体积分数）、密度和冰点

冷却液浓度（%）	冷却液不同温度下的密度/(g/mm³)					冻结温度 /℃	安全使用温度 /℃
	10℃	20℃	30℃	40℃	50℃		
30	1.054	1.050	1.046	1.042	1.036	-16	-11
35	1.063	1.058	1.054	1.049	1.044	-20	-15
40	1.071	1.067	1.062	1.057	1.052	-25	-20
45	1.079	1.074	1.069	1.064	1.058	-30	-25
50	1.087	1.083	1.076	1.070	1.064	-36	-31
55	1.095	1.090	1.084	1.077	1.070	-42	-37
60	1.103	1.098	1.092	1.076	1.076	-50	-45

乙二醇冷却液的最低使用浓度为33.3%（体积分数），此时冰点不高于-18℃，低于此浓度时则冷却液的防腐蚀性不够；而最高使用浓度为69%，此时冰点为-68℃，高于此浓度

时冰点反而会上升。全年使用冷却液的车辆，其最低使用浓度为 50%（体积分数）左右为宜。

4. 注意事项

① 加注冷却液前，应对发动机冷却系进行清洗并检查密封性。然后加注冷却液，并检查冷却液的密度。

② 在使用过程中，乙二醇-水型冷却液中的水较易蒸发，应及时添加适量的水。应定期检查冷却液的密度，如密度变小，就说明乙二醇含量不足，冰点高，应及时加充冷却液（或浓缩型冷却液）；反之，则应加入适量的清洁水。

③ 在使用过程中，注意检查冷却液液面高度。

④ 不同厂家、不同牌号的发动机冷却液不能混用。

⑤ 乙二醇有毒，在使用乙二醇型冷却液时切勿用口吸。

⑥ 按冷却液品质进行定期更换。

二、汽车制动液及其合理使用

制动液是汽车液压制动系统中传递压力的工作介质，其合理使用对于汽车的制动性能和交通安全有重要影响。

1. 制动液的使用性能

（1）高温抗气阻性　制动液高温抗气阻性的评定指标是平衡回流沸点、湿平衡回流沸点和蒸发性。如果制动液沸点过低，在高温时会蒸发成蒸气，使液压制动系管路中产生气阻，导致制动失灵。

（2）低温流动性和润滑性　气温降低时，制动液的黏度会增大，流动性变差，从而影响制动压力的传递。因此，制动液在低温下应具有较好的低温流动性，使系统内压力能随制动踏板的动作迅速上升和下降。同时，为保证橡胶皮碗能在制动缸中顺利滑动，制动液应具有润滑性，并具有良好的黏温特性。

（3）与橡胶的配伍性　制动液不应对制动系统中的橡胶零件造成显著的溶胀、软化或硬化等不良影响。

（4）金属腐蚀性　液压制动系统的主缸、轮缸、活塞、回位弹簧、导管和阀等零件，主要采用金属材料制成，制动液应具有不腐蚀金属的能力。

（5）稳定性　制动液的稳定性包括高温稳定性和化学稳定性，即制动液在高温时与相溶液体混合后其平衡回流沸点较为稳定。

（6）容水性　制动液吸水后应能与水互溶，不产生分离和沉淀。

（7）抗氧化性　制动液在使用和储存过程中氧化变质的快慢取决于抗氧化性；同时，制动液氧化会导致零件腐蚀。因此，制动液在高温条件下应具有良好的抗氧化性。

2. 汽车制动液的分类

美国联邦政府运输安全部（DOT）制定的联邦机动车辆安全标准（FMVSS）把制动液划分为 FMVSS No. 116　DOT-3、DOT-4 和 DOT-5 三类。

现代汽车主要采用合成型制动液，GB 12981—2012《机动车辆制动液》把制动液划分为 HZY3、HZY4、HZY5、HZY6 四个质量等级，制动液系列代号中 H、Z、Y 分别为合成、制动和液体的汉语拼音首字母，阿拉伯数字为区别本系列各标准的标记。各类制动液规格分类对照、主要特性和使用范围见表 12-19。

表 12-19　汽车制动液分类对照和主要特性

GB 12981	FMVSS NO. 116	ISO 4925:2005	主要特性	推荐使用范围
HZY3	DOT-3	Class3	具有良好的高温抗气阻性能和优良的低温性能	我国广大地区均可使用
HZY4	DOT-4	Class4	具有优良的高温抗气阻性能和良好的低温性能	我国广大地区均可使用
HZY5	DOT-5	Class5	具有优异的高温抗气阻性能和低温性能	供特殊要求车辆使用
HZY6		Class6	具有优良的高温抗气阻性能和优异的低温性能	配备 ESP/EBD+ABS 的商用车

3. 汽车制动液的选用

① 优先选用合成制动液。

② 按照使用说明书中规定的制动液的类型选用。部分乘用车所用制动液规格见表 12-20。

③ 所选制动液的产品质量等级应等于或高于汽车制造厂规定的制动液质量等级。

表 12-20　部分乘用车制动液规格

汽车制造公司	车型	制动液规格	制动液更换期
一汽-大众汽车有限公司	捷达、高尔夫、宝来	DOT-3 或 DOT-4	每 24 个月或行驶 6 万 km
上海大众汽车有限公司	桑塔纳 2000/3000	DOT-3	每 24 个月或行驶 6 万 km
神龙汽车有限公司	雪铁龙、富康、爱丽舍	DOT-3 或 DOT-4	每 24 个月或行驶 3 万 km
北京现代汽车有限公司	索纳塔、伊兰特、途胜	DOT-3 或 DOT-4	每 24 个月或行驶 4 万 km

4. 注意事项

① 不同规格的制动液不能混用。

② 加注制动液时应注意清洁，防止杂质进入制动系统。

③ 制动液中含有机溶剂，易燃、易挥发，因此要注意防火，远离火源。

④ 防止日晒雨淋，避免水分或矿物油混入使其变质而影响使用性能。

⑤ 下坡连续制动或频繁制动时，应注意制动液温度，防止气阻。

⑥ 汽车制动液的更换期一般是两年。

三、液力传动油及合理使用

1. 液力传动油的作用

液力传动油是用于液力传动的多功能工作液。其主要功能是液力传递、热能传递和润滑。

液力传动油在转矩变换中作为流体动力能的传动介质，作为伺服机构和压力环路静压能的传递介质，在离合器中作为滑动摩擦能的传递介质；由于自动变速器摩擦片表面接触瞬间温度可达 600℃，液力传动油作为热传递介质，可以控制摩擦副表面温度，防止烧结；液力传动油作为齿轮、轴承等的润滑液体。

2. 液力传动油的使用性能

（1）黏度　液力传动油的使用温度范围一般为 -25 ~ 170℃，因此必须有适当的黏度、良好的低温流动性和黏温性能。

（2）热氧化安定性　若热氧化安定性差，则液力传动油易于氧化，产生油泥、漆膜和腐蚀性酸，黏度变化，引起摩擦特性变化，从而使离合器打滑，腐蚀零件，并堵塞液压控制系统和排油管路等。

（3）抗磨性能　为满足自动变速器中的行星齿轮机构、轴承的润滑要求，液力传动油应对多种不同材料的摩擦副都具有良好的抗磨性能。

（4）摩擦特性　液力传动油要有适当的油性，即要求有相匹配的静摩擦系数和动摩擦系数，且在全部操作温度范围内摩擦特性不变。

（5）与密封材料的适应性　液力传动油须与自动变速器中各部分的密封材料相适应，不会使密封材料发生膨胀、收缩、硬化等不良现象。

（6）剪切稳定性　在传递动力时，液力传动油所受剪切力很大。若剪切稳定性差，易使油品的黏度降低，油压降低，离合器打滑。

（7）防腐性能　液力传动油要有较好的防腐性能，以避免氧化腐蚀液力传动装置中的铜接头，铜管道、有色金属轴瓦、止推轴承等。

（8）抗泡沫性　液力传动油在工作中产生泡沫，不仅影响自动变速器控制的准确性，还影响变矩器的性能，破坏正常润滑，易导致离合器烧蚀、打滑等故障。

3. 液力传动油的分类

美国材料试验学会（ASTM）和美国石油学会（API）采用使用性能分类法（PTF）把液力传动油划分为 PTF-1、PTF-2 和 PTF-3 三类，见表 12-21。其中：PTF-1 类液力传动油对低温黏度要求较高，有较好的低温起动性，主要用于轿车、轻型货车的自动变速器；PTF-2 类油的主要特点是负荷高，对极压、抗磨性要求较高；PTF-3 类油具有更突出的耐负荷性和抗磨性，主要用于低速运转的变速器。

表 12-21　美国液力传动油的使用分类

分类	适用范围	规格举例	国内常用油名
PTF-1	适用于轿车、轻型载货汽车的自动传动装置。特点是低温起动性好，对油的低温黏度和黏温性有很高要求	通用汽车公司：Dexron Ⅱ D、Dexron Ⅱ E、Dexron Ⅲ 福特汽车公司：Mercon，Newmercon	8 号液力传动油，自动变速器油
PTF-2	适用于重型载货汽车、履带车、越野车的功率转换器和液力耦合器等。有良好的极压抗磨性	通用汽车公司：Truck 和 Coach 阿里森公司：AllisonC-3、AllisonC-4	6 号液力传动油，功率转换器油
PTF-3	主要功能是作传动、差速器和驱动齿轮的润滑，以及液压转向、制动、分动箱和悬架装置。适用于在中、低速下运转的拖拉机、工程机械的液压传动系统和齿轮箱油	约翰·狄尔公司：JDT-303 或 J-14B 或 J-20B 福特汽车公司：M2C41A	拖拉机液压/齿轮两用油

注：PIF-Power Transmission Fluid。

液力传动油的企业规格指由制造商制定的为适应所生产车型使用要求的液力传动油，其主要规格系列为通用汽车公司的 Dexron 系列、福特汽车公司的 Mercon 系列、阿里森公司的 Allison 系列。如：通用汽车公司根据使用性能把 Dexron 系列液力传动油分为 Dexron、Dexron Ⅱ、Dexron Ⅱ E、Dexron Ⅲ、Dexron Ⅲ H、Dexron Ⅳ 等规格；阿里森公司生产的 Allison 系列重负荷液力传动液分为 Allison C、Allison C-2、Allison C-3、Allison C-4 等规格。各类企业规格与 PTF 使用性能分类的对应关系见表 12-21。

国产液力传动油根据 100℃ 运动黏度分为 6 号和 8 号两个牌号。其中：8 号液力传动油相当于 PTF-Ⅰ类油中的 Dexron Ⅱ 规格，主要用于轿车的自动变速器；6 号液力油相当于

PTF-Ⅱ类油中的 Allison C-3 规格，主要用于内燃机车或载重汽车的液力变矩器。另外还有拖拉机液压、传动两用油。

4. 液力传动油的选用

液力传动油的规格不同，其摩擦系数也不同。因此，既不能错用，也不能混用。其选用原则是遵循原厂推荐，不得随意更改。

① 按照液力传动油使用分类中的适用范围选择。

② 按照车辆使用说明书的规定选择。

③ 一般轿车和轻型货车自动变速器可选用符合通用公司 Dexron 规格的液力传动油。

④ 重负荷车辆的自动变速器可选用埃里森的 Allison C-3 或 C-4 规格的液力传动油。

⑤ 国产 8 号液力传动油可用于轿车和轻型货车的自动变速器，国产 6 号液力传动油可用于重型货车、工程机械的液力传动系统。

常见车型所用自动变速器油的规格见表 12-22。

表 12-22　常见车型自动变速器油规格

汽车制造公司	车型	变速器型号	油品规格
一汽-大众汽车有限公司	捷达、高尔夫、宝来	01M	Dexron Ⅲ
上海大众汽车有限公司	桑塔纳 2000/3000、帕萨特 B5	01N（AG4）	Dexron Ⅱ E，Dexron Ⅲ
神龙汽车有限公司	雪铁龙、富康、爱丽舍	AL4	Dexron Ⅲ，Dexron Ⅲ H
北京现代汽车有限公司	索纳塔、伊兰特、途胜	F4A42-2	Dexron Ⅲ，Dexron Ⅲ H

5. 液力传动油的更换

液力传动油有一定的使用期限，应定期更换。一般乘用车行驶 50000~80000km，商用车行驶 40000~80000km，就必须更换液力传动液。若不及时更换液力传动油，则会在过滤器内形成沉积杂质，引起齿轮和其他有关零件的磨损，如堵塞换档油阀和输油管道，引起自动变速器故障。

6. 注意事项

① 注意保持油温正常（80~85℃）。

② 经常检查油位。自动变速器油位不能过高或过低，否则易出故障。

③ 按规定更换液力传动油和过滤器（或清洗滤网），拆洗自动变速器油底壳。

④ 检查油面和换油时，应注意油液的状况。

⑤ 换油时应将油底壳和油路清洗干净，按需要量加入新油。

⑥ 不同牌号的液力传动油不能混用。

第四节　汽车轮胎及合理使用

合理使用轮胎，提高轮胎使用寿命，对降低运输成本有重要作用；同时，保持轮胎良好的技术状况，对于确保行车安全，降低行驶阻力，减少油耗也有重要意义。

一、汽车轮胎的规格

1. 基本术语

（1）主要尺寸　轮胎断面宽度（B）、轮辋名义直径（d）、轮胎断面高度（H）、轮胎外直径（D）等，如图 12-1 所示。

（2）高宽比　指轮胎的断面高度（H）与断面宽度（B）的百分比，表示为 H/B（%）。高宽比又称为扁平率。

（3）轮胎系列　通常用轮胎的扁平率划分系列，用高宽比的名义值大小（不带%）表示，例如"80"系列、"70"系列和"60"系列等。

（4）层级　表示轮胎承载能力的相对指数，用于区别尺寸相同但结构和承载能力不同的轮胎。轮胎层级用 PR 表示。

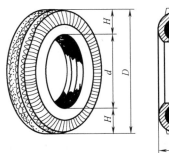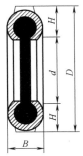

图 12-1　轮胎主要尺寸

（5）轮胎最高速度　指在规定条件（路面级别、轮辋名义直径）下，在规定的持续行驶时间（持续行驶最长时间为 1h）内，允许使用的最高速度。

将轮胎最高速度（km/h）分为若干级，用字母表示，称为速度级别符号，见表 12-23。不同轮辋名义直径的轿车轮胎最高速度见表 12-24。

表 12-23　轮胎速度级别符号与最高行驶速度（摘录）

轮胎速度级别符号	轮胎最高行驶速度/(km/h)	轮胎速度级别符号	轮胎最高行驶速度/(km/h)
L	120	R	170
M	130	S	180
N	140	T	190
P	150	U	200
Q	160	H	210

表 12-24　不同轮辋名义直径的轿车轮胎最高速度（摘录）

轮胎速度级别符号	轮胎最高行驶速度/(km/h)		
	轮辋名义直径 10in	轮辋名义直径 12in	轮辋名义直径 ≥13in
Q	135	145	160
S	150	165	180
T	165	175	190
H		195	210

（6）负荷指数　指在规定条件（轮胎最高速度、最大充气压等）下，轮胎负荷能力的数字符号。轮胎负荷指数用 LI 表示。负荷指数与轮胎负荷能力的对应关系见表 12-25。

表 12-25　轮胎负荷指数和轮胎负荷能力

轮胎负荷指数(LI)	轮胎负荷能力(TLCC)/N	轮胎负荷指数(LI)	轮胎负荷能力(TLCC)/N
79	4370	84	5000
80	4500	85	5150
81	4620	86	5300
82	4750	87	5450
83	4870	88	5600

2. 轮胎规格表示方法

根据 GB/T 2978—2014《轿车轮胎规格、尺寸、气压与负荷》和 GB/T 2977—2016《载重汽车轮胎规格、尺寸、气压与负荷》，汽车轮胎是用轮胎规格标志、使用说明来表示。

轿车轮胎规格表示方法示例：

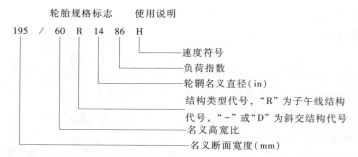

微型、轻型载重汽车轮胎规格表示方法示例：

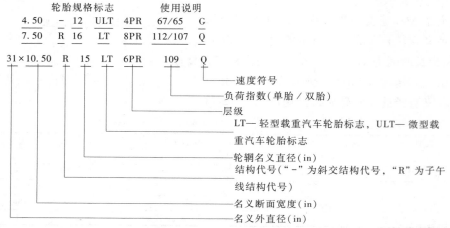

轮胎规格可用外胎直径 D、轮辋直径 d、断面宽 B 和断面高 H 的名义尺寸代号表示，并在轮胎侧面用符号表明轮胎的速度级别和负荷能力等使用性能特点。

普通斜交轮胎相邻帘布层的帘线交错排列，其规格用 $B\text{-}d$ 表示。载货汽车斜交轮胎和轿车斜交轮胎的尺寸 B 和 d 均用英寸（in）为单位。

子午线轮胎的结构特点是帘线呈子午向排列。国产子午线轮胎规格用 BRd 表示，其中 R 代表子午线轮胎。国产轿车子午线轮胎断面宽 B 用 mm 为单位；载货汽车轮胎断面宽 B 有英制单位（in）和米制单位（mm）两种；而轮辋直径 d 的单位则多用英寸（in）。

扁平轮胎按扁平率-高宽比划分系列。国产轿车子午线轮胎有 80、75、70、65 和 60 五个系列。数字越小，则轮胎越扁平。

轻型载重汽车轮胎采用在规格中加"LT"标志表示；微型载重汽车轮胎则采用在规格中加"ULT"标志的方法表示；子午线无内胎轮胎，在规格中加"TL"标志。

同时，用层级、负荷指数和速度级别符号表明轮胎的负荷能力和轮胎的最高行驶速度等性能特点。

二、汽车轮胎的选择

选用汽车轮胎时，应针对汽车的性能要求和使用特点综合考虑。

1. 轮胎类别

轮胎类别反映轮胎的基本特性，选择轮胎类别的依据是汽车类型和使用区域。乘用轮胎主要适于乘用车类；商用轮胎主要适用于商用车类；非公路用轮胎主要适用于松软路面上行驶的越野车辆等；特种轮胎仅用于特种车辆或特殊环境。

2. 轮胎胎面花纹

轮胎胎面花纹对轮胎的滚动阻力、附着阻力及行驶噪声等都有显著的影响。胎面花纹主要根据道路条件、车辆类型、行车速度选择，同一辆车上，轮胎花纹要尽量一致。

常用胎面花纹有直沟花纹、横沟花纹、越野花纹和综合花纹等。直沟花纹既适用于轿车轮胎，也适用于轻型货车轮胎。横沟花纹仅适用于货车轮胎。越野花纹凹部深而粗，附着性好，越野能力强，适用于矿山、建筑工地以及一些松软路面，但不适用于较好的硬路面或者高速公路。综合花纹介于越野花纹和直沟、横沟花纹之间，适用于经常在城市和乡村之间行驶的汽车。

3. 轮胎速度级别

经常在高速公路行驶的汽车，应该选择速度级别较高的轮胎（T，U，H），如果轮胎速度级别选得较低，车速长时间超过或接近轮胎的最高限速，容易使得轮胎性能下降以致爆胎；国际标准化组织（ISO）制定了轮胎的速度代号（表11-23）。其中，对于轿车轮胎（P-S），是指不允许超过的最高车速；对于货车轮胎（F-N），是指在额定负荷下允许用的最高速度，也作为负荷降低时可以超过的参考车速。选用轮胎时一定要注意轮胎的速度等级，根据汽车的使用要求和性能进行选配。

4. 轮胎负荷能力

轮胎的负荷能力要与汽车总质量相适应。改装、改造后的汽车，应经车辆管理部门重新核定质量，并经过重新计算负荷后再确定轮胎规格。

5. 胎体结构

轮胎的胎体结构决定其基本性能，子午线结构比普通斜交结构具有较多的优良特性，受到普遍推荐。但斜交轮胎由于技术成熟、造价低廉，仍是商用车轮胎结构中的主要形式。子午线轮胎的发展趋势是低断面化和无内胎化，尤其适合重载和高速行驶。轿车和高速汽车，应该尽量选用无内胎的子午线轮胎。

三、汽车轮胎的损坏

1. 轮胎损坏的基本原因

轮胎损坏是力和热综合作用的结果。

轮胎在静负荷作用下，会产生径向变形。即轮胎两侧弯曲，胎侧外层伸张，内层压缩，断面高度缩小，宽度增大，胎面展平。

汽车行驶时，轮胎除承受静负荷外，还传递转矩及受路面的冲击，承受动载荷。动载荷大小，取决于汽车质量、行驶速度、道路状况和轮胎类型。

车轮转动时产生沿车轮径向的离心力。转速越高，轮胎质量越大，所产生的离心力也越大。离心力有使轮胎脱离轮辋、胎面胶脱离帘布层的趋势，在帘布层中产生附加应力。

汽车转弯时产生垂直于汽车纵轴线的侧向离心力。质量越大，车速越高，转弯半径越小，所产生的离心力就越大。离心力使外胎下部弯曲，并增大弯道外侧轮胎上的负荷，使其变形增大。

轮胎在载荷作用下产生变形，轮胎与道路接触面产生滑移，导致轮胎胎面的剧烈磨损。

汽车行驶时，轮胎在负荷作用下连续产生压缩与伸张变形，使轮胎内部橡胶与帘线之间、帘线与帘线之间、帘布层与帘布层之间，以及胎面与路面之间发生摩擦，产生热量，使轮胎内部温度升高。

2. 轮胎的损坏形式

轮胎损坏的主要形式：胎面磨损、帘布脱层；帘线松散或折断；胎面与胎体脱胶以及由上述结果引起的胎体破裂。

（1）轮胎胎面磨损　汽车行驶过程中，轮胎直接与路面接触，且受多种力的作用，如驱动力、制动力、侧向力、摩擦力等。轮胎在载荷作用下，使轮胎产生变形，轮胎与道路接触面产生滑移，导致轮胎胎面的剧烈磨损。一般情况下，胎面磨损均匀、缓慢，但轮胎使用不当或车辆技术状况不良，将使轮胎胎面产生不正常磨损。常见的不正常磨损有胎面中间磨损、胎面两边磨损、胎面单边磨损、胎面块状磨损、胎面局部磨损等，如图12-2所示。

a) 胎面中间磨损　　b) 胎面两边磨损　　c) 胎面单边磨损　　d) 胎面块状磨损　　e) 胎面局部磨损

图 12-2　常见轮胎胎面磨损形式

轮胎气压过高时，胎冠中间部分突出，轮胎与路面的接触面积减小，单位面积作用力增大，使轮胎胎面中间磨损严重。

轮胎气压低于规定值时，轮胎与路面的接触面积增大，且接触面上的压力不均匀，轮胎胎面边缘增大，使胎面两边缘磨损严重。轮胎超载时引起的早期损坏与气压过低相似。

车轮定位参数中外倾角不正确是导致轮胎单边磨损的主要原因。当外倾角过大时，易使轮胎的外侧胎肩早期磨损；外倾角过小时，易使轮胎的内侧胎肩早期磨损。

胎面块状磨损主要是由车轮不平衡所致。车轮不平衡时，高速运转产生的离心力使轮胎胎面受力不均，个别部位受力过大，磨损加快。

局部胎面磨损主要是紧急制动和快速起步所致。

（2）轮胎侧面损伤　胎侧损伤主要包括胎侧擦伤和胎侧起泡。

胎侧擦伤主要因为汽车轮胎斜行擦刮马路缘石，胎侧擦伤严重时会折断胎侧帘布层帘线，使胎侧起泡。

胎侧起泡的主要原因是帘线断裂使轮胎侧面的强度降低。除了擦伤会挤断胎侧帘线外，如轮胎制造时没有衔接好胎侧帘布层等，也会出现帘线断裂，另外，在使用过程中，胎体帘线会出现自然断纹，随着断纹的不断扩大，最后内层会完全断裂。

（3）胎体损坏　其主要形式有帘线断裂、松散和帘布脱层，以及胎体扎伤、刮伤等。

引起胎体帘线断裂的原因很多，大部分胎体帘线的断裂是由于轮胎变形而引起的疲劳断裂。轮胎工作时，其挤压变形使胎体内部产生拉伸、压缩应力，在多次拉、压应力的作用下引起材料疲劳，强度降低，当应力超过帘线强度时，帘线就会断裂。另外，轮胎的变形还使帘布层之间产生剪切应力，当此剪切应力超过帘布层与橡胶之间的黏附力时，就会出现帘布松散或帘布层脱离。高温将使轮胎材料的力学性能下降，从而使轮胎磨损加剧、帘布脱层、帘线松散、断裂，甚至而引起胎体爆裂等。

胎体扎伤、刮伤主要是由行驶路面凹凸不平或路面上锋利的异物引起。

（4）轮胎爆破　引起轮胎爆破的原因是轮胎气压和温度升高、轮胎强度下降。轮胎温度和气压升高的主要原因有轮胎充气压力过高、轮胎负荷大、轮胎行驶速度快、驾驶方法不当等。使轮胎强度下降的原因有轮胎橡胶磨损、轮胎的胎体帘线断裂、胎体扎伤、轮胎工作温度高、轮胎气压过高等。

四、轮胎的合理使用

轮胎合理使用的目的在于防止不正常磨损和损坏，延长使用寿命，同时保持良好的技术状况，以利于行车安全并降低燃油消耗。

1. 保持轮胎气压正常

轮胎气压是根据轮胎负荷条件规定的，轮胎气压偏离标准是轮胎早期损坏的主要原因。因此，轮胎应按规定的气压标准充气。轮胎气压对轮胎使用寿命的影响如图 12-3 中曲线 a 所示。

轮胎气压越低，胎侧变形越大，使胎体帘线产生较大的应力；还因摩擦加剧使轮胎温度升高，降低橡胶和帘线的抗拉强度，使帘线折断、脱层并加速橡胶老化；同时；胎面接地面积增大，磨损加剧，滚动阻力增大，燃料消耗增加。

气压过高时，轮胎接地面积小，单位面积上的负荷大；同时轮胎弹性小，胎体帘线过于伸张，应力增大。因此，胎冠磨损增大，胎面易于剥离或爆胎。

2. 防止超载

超载行驶时，胎侧弯曲变形大，胎体帘线承受更大的交变应力，易造成帘线折断、松散和帘线脱层，当受到冲击载荷时，会引起爆胎；同时因接地面积增大，加剧胎肩的磨损。因此，必须按标定的载质（客）量装货或载客，以防超载。轮胎负荷对轮胎使用寿命的影响如图 12-3 中曲线 b 所示。

3. 控制车速

高速行驶时，胎面与路面作用力和滑移量都增大，胎体温度升高；同时，轮胎的变形频率、胎体振动以及轮胎的圆周和侧向扭曲变形随之增大，使轮胎的工作温度和气压升高，加速老化。此外，车速过高，轮胎所受动载荷增大，容易产生帘布层破裂和胎面剥落现象，甚至爆裂。因此，合理控制车速是非常必要的。行驶车速对轮胎使用寿命的影响如图 12-3 中曲线 c 所示。

4. 控制轮胎工作温度

汽车行驶时，其轮胎断面发生变形，产生内部摩擦，引起轮胎发热。胎温升高后，胎内气体受热膨胀，致使胎压升高。行驶速度对胎体工作温度和轮胎气压的影响如图 12-4 所示。

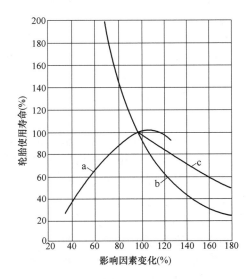

图 12-3　轮胎气压、负荷和行驶
车速对轮胎使用寿命的影响

轮胎温度升高会使轮胎气压急剧升高，且橡胶和帘线的强度大大下降，当胎温超过

95℃，就有爆破危险。在负荷和胎压正常时，轮胎温度升高的主要原因是气温和车速均较高。轮胎的工作温度升高，会使轮胎使用寿命明显缩短，如图 12-5 所示。

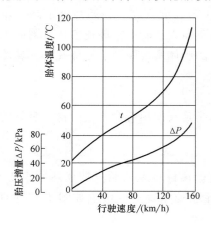

图 12-4　汽车行驶速度对胎体
温度和轮胎气压的影响

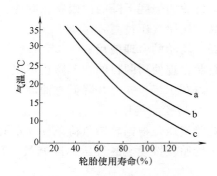

图 12-5　行驶速度和气温对轮胎使用寿命的影响

a—车速 35km/h　b—车速 75km/h　c—车速 90km/h

5. 保持汽车技术状况良好

保持汽车技术状况良好，尤其是底盘技术状况良好，是防止轮胎早期损坏的有效措施。汽车底盘的技术状况（尤其是行驶系统）不良，底盘机件装配不当或出现故障时，轮胎不能平稳滚动，产生滑移、拖曳摆振，使轮胎遭到损坏。如：前束和外倾角不符合标准、轮辋变形或偏心、轮毂轴承间隙失调、轮毂与转向节轴偏心或转向节轴弯曲、车轮不平衡、制动器拖滞、钢板弹簧挠度不一致、前后轴不平行等，都会导致轮胎异常磨损。若汽车漏油，油类滴落到轮胎上浸蚀橡胶，也会造成轮胎早期损坏。

6. 正确驾驶

为了合理使用轮胎、延长轮胎使用寿命，驾驶操作应起步平稳，加速均匀，避免轮胎在路面上滑移；控制车速，行驶中应尽量避免紧急制动；防止持续高速行驶而使轮胎温度过高；在汽车行驶过程中，应尽量选择较好的路面，以减轻冲击。

7. 合理搭配

轮胎规格应与规定型号规格的轮辋相配套。

同一车轴应装配相同规格、花纹、层级和相同磨损程度的轮胎，尤其是子午线轮胎和斜交轮胎不得混用在同一车或同一轴上。同一车上的轮胎花纹应尽量一致。为确保行车安全，翻新轮胎不能装在转向轮上。

8. 及时翻新

轮胎花纹磨至极限后，应及时送厂翻新。

轮胎翻新是将胎面花纹磨损严重而胎体尚好的轮胎进行翻修的轮胎再造技术。轮胎翻新，既恢复了轮胎使用性能，又充分利用了旧轮胎的价值，是节约橡胶原料和降低汽车使用成本的重要措施。

9. 轮胎换位

轮胎换位指在汽车行驶一定里程后（通常与二级维护行驶里程相同），按照一定的顺序调换轮胎的位置，以使全车轮胎合理承载和均匀磨损。

　　轮胎换位主要采用交叉换位法和循环换位法两种方法，如图 12-6 所示。可根据具体情况选择一种换位方法，但一经选定，应始终按选定的方法换位。对有方向性的轮胎，其旋转方向应始终不变，若逆向旋转，会因钢丝帘线反向变形而导致脱落，所以推荐使用单边换位法。

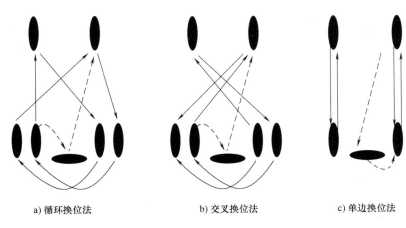

a) 循环换位法　　　　　b) 交叉换位法　　　　　c) 单边换位法

图 12-6　轮胎换位方法

复　习　题

一、问答题

1. 汽油的主要性能指标有哪些?

2. 汽油的牌号用什么指标表示?

3. 汽油选用的原则是什么?

4. 柴油的主要性能指标有哪些?

5. 轻柴油的牌号用什么指标划分?

6. 柴油选用的主要依据是什么?

7. 机油的作用有哪些?

8. 机油的性能指标包括哪些?

9. 齿轮油的作用有哪些?

10. 齿轮油的性能指标包括哪些?

11. 润滑脂的性能指标包括哪些?

12. 液力传动油的作用有哪些?

13. 液力传动油的性能指标有哪些?

14. 制动液的作用有哪些?

15. 制动液的性能指标有哪些?

16. 冷却液的作用有哪些?

17. 冷却液的性能指标有哪些?

18. 轮胎的速度级别是什么含义?

19. 轮胎的负荷指数是什么含义?

二、综述（分析）题

1. 简述汽车使用中的节油措施。

2. 为什么发动机的正确维护和调整能够节油？

3. 为什么汽车底盘的正确维护和调整能够节油？

4. 怎样合理驾驶能够节油？

5. 机油如何分类？如何选用？

6. 齿轮油如何分类？如何选用？

7. 润滑脂如何分类？如何选用？

8. 液力传动油如何分类？如何选用？

9. 制动液如何分类？如何选用？

10. 冷却液如何分类？如何选用？

11. 轮胎的合理使用应注意哪些方面？

第十三章 汽车运用安全技术

随着汽车保有量的日益增大，由于汽车使用而引起的交通事故对人类及其生存环境造成了很大威胁。因此，安全地使用车辆，避免道路交通事故造成的人员伤亡和物质损失，是值得研究和解决的重要问题。

第一节 道路交通事故及其分类

根据《中华人民共和国道路交通安全法》，道路交通事故是指车辆在道路上因过错或者意外造成的人身伤亡或者财产损失的事件。

一、交通事故现象

交通事故现象指交通参与者之间发生冲突或自身失控肇事所表现出来的具体形态，可分为碰撞、碾压、刮擦、翻车、坠车、爆炸和失火等七种现象。

（1）碰撞　指交通强者（相对而言，下同）的正面部分与他方接触，或同类车的正面部分相互接触。碰撞可以发生在机动车之间、机动车与非机动车之间、机动车与行人之间、非机动车之间、非机动车与行人之间，以及车辆与其他物体之间。

（2）碾压　指作为交通强者的机动车，对交通弱者如自行车、行人等的推碾或压过。尽管在碾压之前，大部分均有碰撞现象，但在习惯上一般都称为碾压。

（3）刮擦　指侧面部分与他方接触，造成自身或他方损坏。刮擦主要表现为车刮车、车刮物和车刮人。机动车之间的刮擦可分为会车刮擦和超车刮擦。

（4）翻车　指在没有发生其他事态的前提下，车辆部分或全部车轮悬空、车身着地的现象。翻车一般可分为侧翻和滚翻两种，车辆的一侧轮胎离开地面称为侧翻，所有的车轮都离开地面称为滚翻。

（5）坠车　即车辆坠落离开地面的落体过程。常见的坠落形态是车辆跌落到与路面有一定高差的路外。如坠落桥下、坠入山涧等。

（6）爆炸　指将爆炸物品带入车内，在行驶过程中由于振动等原因引起突爆造成事故。若无违章行为，则不算是交通事故。

（7）失火　指车辆在行驶过程中，由于人为或技术上的原因引起的火灾。常见的失火原因包括：乘员使用明火，违章直流供油，发动机回火，电路系统短路、漏电等。

交通事故发生的现象有的是单一的，有的是两种以上并存的。对两种以上并存的现象，一般按交通事故现象的先后顺序加以认定，也可按主要现象认定。

二、道路交通事故的构成要素

（1）车辆要素　道路交通事故必须有车辆参与，应限于车辆造成的人身伤亡和财产损失的事件。凡没有车辆参与的道路事故就不是道路交通事故。道路交通事故包括机动车与机动车、机动车与非机动车、机动车与行人之间发生的交通事故。

（2）道路要素　交通事故是在公用道路上发生的。依据《中华人民共和国道路交通安全法》，公用道路指"公路、城市道路和虽在单位管辖范围但允许社会机动车通行的地方，包括广场、公共停车场等用于公众通行的场所"。

（3）运动要素　指道路交通事故应发生在行驶或停放过程中。停放过程应理解为交通单元的停车过程，而交通单元处于静止状态停放时所发生的事故（如停车后装卸货物时发生的伤亡事故）不属于交通事故。关键在于交通事故各当事方中是否至少有一方车辆处于运动状态。

（4）事态要素　事态要素指交通事故是与道路交通有关的事态或现象，即发生碰撞、碾压、刮擦、翻车、坠落、失火等其中的一种或几种。若没有交通事态，则不属于交通事故。

（5）后果要素　道路交通事故应是造成人身伤亡或者财产损失的直接损害后果的事件。如果没有造成人身伤亡和财产损失的损害后果的发生，或后果轻微，没有达到道路交通管理部门规定的标准，就不能形成交通事故。

（6）过错或者意外要素　即指事故是出于人的意料之外而偶然发生的事件，当事人的心理状态是过错或者意外。若事故发生时，当事人心理状态出于故意，则不属于交通事故。

三、道路交通事故的特点

（1）随机性　交通运输系统本身是一个复杂系统。道路交通事故往往是多种因素共同作用或互相引发的结果，其中许多因素是随机的，而多种因素共同作用或互相引发则具有更大的随机性。因此，道路交通事故的发生必定带有极大随机性。

（2）突发性　道路交通事故的发生通常没有任何先兆，即具有突发性。从驾驶人感知到危险至交通事故发生的时间间隔极为短暂，以至于驾驶人来不及反应，或即使作出反应，也可能会因反应不准确而操作失误，导致交通事故。

（3）频发性　随着汽车拥有量的增大，交通量急剧增加，使车辆与道路的比例严重失调，道路交通事故频繁，伤亡人数增多，道路交通事故已成为世界性的一大公害。

（4）社会性　道路交通事故是伴随着道路交通的发展而产生的一种现象，而道路交通是随着社会和经济的发展而发展的客观社会现象，这决定了道路交通事故的社会性。

（5）不可逆性　道路交通事故的不可逆性是指不可重现性。尽管交通事故是人类行为的结果，但却不是人类行为的期望结果。因此，没有哪种行为与事故发生时的行为相类似，无论如何研究事故发生的机理和防治措施，也不能预测何时何地何人发生何种事故。因此，道路交通事故是不可重现的，其过程具有不可逆性。

四、道路交通事故的分类

对道路交通事故进行分类，目的在于对道路交通事故以不同的角度和方法进行分析研究和处理。常用分类方法如下：

1. 按后果分类

道路交通事故等级划分标准，是事故处理和统计工作中都要涉及到的一个重要问题。根据所造成的人身伤亡或者财产损失的程度和数额，道路交通事故分为轻微事故、一般事故、重大事故和特大事故四类：

（1）轻微事故　指一次造成轻伤1~2人，或者机动车事故造成的财产损失不足1000元，非机动车事故不足200元的事故。

（2）一般事故　指一次造成重伤1~2人，或者轻伤3人以上，或者财产损失不足3万

辆事故方面发挥重要作用。

车辆检测制度不完善或执行不力，检测方法落后，缺乏对汽车技术状况特别是汽车安全性能的有效监控；车辆维修制度不完善或执行不力，维修质量差，均会使车辆带故障行驶，也是因技术状况不良而导致交通事故的重要原因。

三、道路和交通环境因素

道路与交通环境构成道路交通的基本要素，对交通安全的影响不容忽视。

1. 道路

影响道路交通事故发生的道路因素包括：线形设计要素（包括平面、纵断面、横断面及平纵线形组合）、视距、交叉口（包括平面交叉和立体交叉）等。

道路线形几何要素的不合理以及不良的线性组合，是导致交通事故的重要原因。若线形要素组合不当，不能适应驾驶人的运动视觉和心理效应的要求，将会降低公路的安全性，严重时将增加交通事故。

路面状况不良（如潮湿、结冰等）使轮胎与路面间附着系数下降，严重影响汽车的行驶稳定性和制动性能，易于导致交通事故。

不同类型和等级的道路，由于车道宽度、车道数、路肩、中央分隔带等设置的不同，对交通安全也有极大影响。

足够的视距是保证道路行车安全的重要因素。在平曲线与竖曲线上超车时发生的道路交通事故，经常是由于视距不足而引起。

2. 道路交通设施

道路交通设施主要包括交通信号和交通安全设施，其完善程度对道路交通安全有重要影响。交通信号是指挥车辆、行人前进、停止或者转弯的特定信号。包括：交通信号灯、交通标志、交通标线和交通警察的指挥；道路交通安全设施是道路交通系统不可缺少的重要组成部分，主要包括：安全护栏、隔离设施、防眩设施和诱导设施等。

3. 交通环境

交通流量和构成是对交通安全影响最大的交通环境因素。

交通流量大小直接影响驾驶人的心理紧张程度，影响着道路交通事故率。交通流量大时，因车辆相互干扰、互成障碍，常导致交通事故的发生；交通流量小时，往往由于行驶车速过高而导致交通事故。

在混合交通环境下，行人、骑自行车人、各种车辆相互干扰，交通条件复杂，易于导致交通事故。

四、交通管理因素

交通管理是有关部门依据具体交通情况所采取的一系列针对性措施，其目的在于协调人、车、路诸要素在交通过程中的相互关系，保障交通畅通和安全。交通管理范围包括：机动车驾驶人考核、发证、审验；交通安全宣传教育；机动车登记，发放牌证，及对机动车的安全检验；交通指挥疏导，维护交通秩序，处理交通事故；清除路障，设置与管理交通标志、标线等设施。交通管理的完善与有效程度对交通事故的影响十分重大。

综上所述，对交通事故的影响因素可归结到人、车、路、环境和交通管理诸方面。然而，如果从宏观的角度讨论问题，影响交通事故的因素还有许多，例如气候、地理条件、人口和文化因素、社会经济环境等。

第三节　道路交通安全系统分析

道路交通安全系统是由相互联系、相互作用的人、车、路等因素组成的，能够实现人和物的位移并达到一定安全水平的有机整体。由于其内部结构复杂，涉及因素众多，且各因素相互依赖、相互作用，从而影响整个系统的安全水平。

道路交通安全系统分析通过对道路交通事故的发生原因、概率及各种隐患的定性或定量分析，以充分识别道路交通系统的安全性和危险性。目的在于：找出引发事故的因素及其不同组合形式，把握道路交通系统的安全薄弱环节，寻求预防道路事故发生的各种途径，并为安全评价和安全控制提供依据。

一、道路交通事故分析指标

道路交通事故分析指标用于反映道路交通事故总体各方面的数量特征，揭示事故总体的内在规律。分为绝对指标、相对指标、平均指标和动态指标等。

1. 道路交通事故绝对指标

绝对指标指用来反映道路交通事故总体规模和水平的绝对数量的指标。绝对指标分为时点指标和时期指标。前者反映某一时刻的规模和水平，如某一年的汽车拥有量、人口总数等；后者反映某一时间间隔的累积数量，如某一年内或某一月份内的事故次数等。

道路交通事故绝对指标是认识交通事故总体和计算其他相对指标的基础。常用的道路交通事故绝对指标有交通事故次数、受伤人数、死亡人数和直接经济损失。

2. 道路交通事故相对指标

相对指标是通过对道路交通事故总体中的有关指标进行对比而得到的，用于揭示总体内部特征的指标。利用相对指标可深入地认识道路交通事故的发展变化程度、内部构成、对比情况、事故强度等。

（1）道路交通事故结构相对数　事故结构即事故总体的组成状况，为部分数与总数的比。在道路交通事故类别分析时，用以表明各类事故的构成占总数量的比值比例。

例如，道路交通事故的总数为 208 起，其中机动车事故 131 起、非机动车 52 起、行人 25 起，则其结构相对数分别为 63%、25% 和 12%。

（2）道路交通事故比较相对数　比较相对数有两种类型：一种是将同一总体中有联系的两个指标相对比，如道路交通事故负伤人数与死亡人数相对比；另一种是同类现象在同一时期内的指标数在不同地区间进行对比，如两地区在同一时期内汽车正面相撞事故数的对比。

（3）道路交通事故强度相对数　强度相对数是两个性质不同但有密切联系的绝对指标相互对比，用以表现道路交通事故总体中某一方面的严重程度，如道路交通事故死亡人数与机动车保有量之比等。道路交通事故统计分析中所用的事故率（次/万车）、伤人率（人/万车）、死亡率（人/万车）、经济损失率（千元/万车）即为强度相对数指标。

3. 道路交通事故平均指标

平均指标是道路交通事故总体的一般水平的统计指标，其数值表现为平均数，可用于反映道路交通事故总体的一般水平。

（1）简单算术平均数

$$\overline{x}_j = \frac{\sum\limits_{i=1}^{n} x_i}{n}$$

式中　$\overline{x}_j$——简单算术平均数；

　　　x_i——总体中第 i 个单位的某种指标数；

　　　n——总体数。

（2）加权算术平均数

$$\overline{x}_w = \frac{\sum\limits_{i=1}^{n} x_i w_i}{\sum\limits_{i=1}^{n} w_i}$$

式中　$\overline{x}_w$——加权算术平均数；

　　　w_i——总体中第 i 个单位的权数；

　　　x_i——总体中第 i 个单位的某种指标数。

（3）几何平均数

$$\overline{x}_g = n\sqrt{\prod\limits_{i=1}^{n} x_i}$$

式中　$\overline{x}_g$——几何平均数；

　　　x_i——总体中第 i 个单位的某种指标数。

4. 道路交通事故动态指标

动态分析指标用于揭示道路交通事故现象在时间上的发展变化规律。常用动态指标有动态绝对数、动态相对数和动态平均数。

（1）道路交通事故动态绝对数　动态绝对数包括动态绝对数列和增减量。

动态绝对数列就是将反映道路交通事故现象的某一绝对指标在不同时间上的不同数值，按时间先后顺序排列起来形成的数列。

增减量指道路交通事故指标在一定时期内增加或减少的绝对数量。由于使用的基准期不同，增减量可分为定基增减量和环比增减量。前者以计算期前的某一特定时期为固定的基准期，用以表明一段时间内累积增减的数量；后者以计算期的前一期为基准期，用以表明单位时间内的增减量。

（2）道路交通事故动态相对数　指同一道路交通事故现象在不同时期的两个数值之比，动态相对数指标主要有道路交通事故发展率和事故增长率。

道路交通事故发展率是本期数值与基期数值之比值，用以表明同类型道路交通事故统计数在不同时期发展变化的程度，分为定基发展率和环比发展率。

定基发展率 K_g 即本期的统计数 F_c 与基期统计数 F_g 的比率，即

$$K_g = \frac{F_c}{F_g}100\%$$

环比发展率 K_b 即本期统计数 F_c 与前期统计数 F_b 的比率，即

$$K_b = \frac{F_c}{F_b} 100\%$$

道路交通事故增长率是表明事故统计数以基期或前期为基础净增长的比率，分为定基增长率和环比增长率。

定基增长率 j_g 即定基增减量与基期统计数的比率，即

$$j_g = \frac{F_c - F_g}{F_g}$$

环比增长率 j_b 即环比增减量与前期统计数的比率，即

$$j_b = \frac{F_c - F_b}{F_b}$$

（3）道路交通事故动态平均数　包括平均增减量、平均发展率和平均增长率。

① 平均增减量是环比增减量时间序列的序时平均数，可用简单算术平均数计算。

② 平均发展率是环比发展率时间序列的序时平均数，采用几何平均算法。

③ 平均增长率可视作环比增长率的序时平均数，但它是根据平均发展率计算的，而不是直接根据环比增长率计算。

上述各项道路交通事故分析指标中，绝对指标是基础，相对指标、平均指标和动态指标都要通过绝对指标来确定；而相对指标、平均指标和动态指标更确切地反映了绝对指标难以反映的道路交通事故发生的规律。

二、道路交通系统安全分析方法

道路交通系统安全分析方法是基于事故致因理论基础之上的分析技术，是用于对道路交通事故发生进行预测和分析的方法。常用分析方法如下。

1. 统计分析法

统计分析法是依据能够客观反映道路交通事故发生情况的数据资料（例如交通事故次数、死伤人数、地点、时间、道路、车辆、驾驶人、行人等），运用数理统计方法进行科学的推理、判断，从而将包含在数据中的道路交通事故发生规律揭示出来的一种分析方法。

对道路交通事故发生模型的研究多采用统计分析方法。如著名的 Smeed 模型就是根据欧洲 20 个国家 10 余年的道路交通事故调查结果，利用统计分析法得到的道路交通事故统计模型，建立了汽车保有量 N、人口数 P 与道路交通事故死亡人数 D 间的关系。即

$$D = 0.0003 (NP^2)^{\frac{1}{3}}。$$

但这些模型缺乏对道路交通事故安全系统结构和道路交通事故发生机理的描述。同时，统计分析方法要求大样本量并要求样本有很好的分布规律。

2. 因果分析图法

用于表述道路交通事故原因与结果间错综复杂因果关系的图形称为因果分析图，也叫鱼刺图。绘制因果分析图的步骤如下：

① 确定要分析的某个特定问题或事故，写在图的右边，画出主干，箭头指向右端。

② 确定造成道路交通事故的因素分类项目，如安全管理、操作者、材料、方法、环境

等，画大枝。

③ 将上述项目深入发展，中枝表示对应的项目造成道路交通事故的原因，一个原因画出一个枝，文字记在中枝线的上下。

④ 将上述原因层层展开，一直到不能再分为止。

⑤ 确定因果鱼刺图中的主要原因，并标上符号，作为重点控制对象。

⑥ 注明鱼刺图的名称。

翻车是常见的道路交通事故形态，翻车事故的因果分析图如图 13-2 所示。

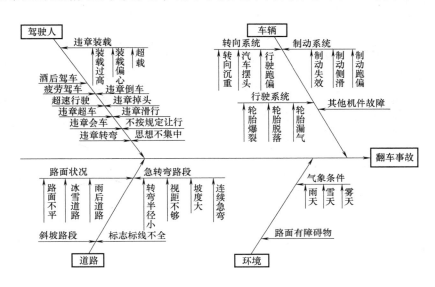

图 13-2　翻车事故因果分析图

3. 事故树分析法

事故树分析（FTA）法是对某一特定的道路交通事件进行演绎分析，寻找所有导致道路交通事故发生的原因事件及其相互间的逻辑关系，进而找出可能导致道路交通事件发生的各基本事件的组合，为道路交通事故预测和预防提供依据的方法。

事故树是一种表示可能导致事故的各种因素之间的逻辑关系的图，是通过对可能造成系统事故或导致灾害后果的各种因素进行分析，根据先后次序和因果关系绘制出的逻辑图即事故树。据此可确定事故原因的各种可能组合方式，判明灾害或功能故障的发生途径及其发生的概率，进而计算系统的故障概率，以采取相应的措施提高系统的安全性和可靠性。事故树分析法有以下特点：

① 事故树分析可以就某些特定的道路交通事故状态，逐层次深入分析其各层次之间各因素的相互联系和相互制约关系，并用专门的符号标示出来。

② 事故树分析能对导致道路交通事故的各种因素及其逻辑关系作出完全、简洁和形象的描述，为改进设计、制定安全技术措施提供依据。

③ 事故树分析可以对道路交通事故发生的原因作定性评价，也可以定量计算道路交通系统发生某种道路交通事故的概率。

碰撞是常见的道路交通事故形态，其事故树分析图如图 13-3 所示。

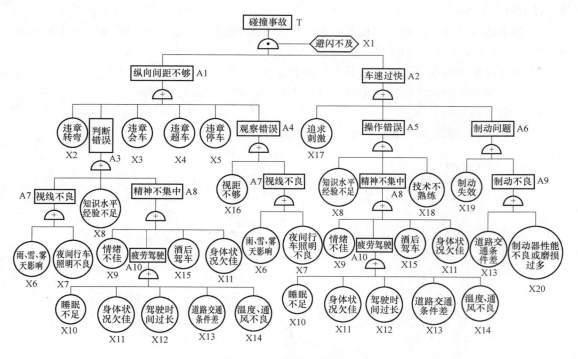

图 13-3　碰撞事故分析树

4. 统计图表分析法

统计图表分析法就是利用资料和数据进行统计，推断未来，并用图表表示的分析方法。

把统计调查所得的数字资料进行汇总整理，按一定顺序填列在一定的表格内，形成统计表；统计图是指用来表达统计结果的图形。统计图表可以形象、直观地研究道路交通事故现象的规模、发展速度、结构和相互关系。常用的统计图表有比重图、趋势图、直方图等。

（1）比重图　是表示道路交通事故构成情况的平面图形，可以形象反映各种事故要素（或原因）构成的百分比。图 13-4 为各类道路事故死亡人数构成比重图。

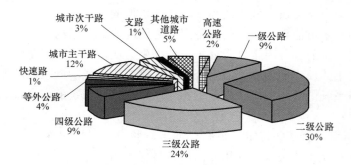

图 13-4　各种道路类型的事故死亡人数构成情况示意图

（2）趋势图　指利用某时期的统计数据绘出的反映事物动态变化的曲线，用于反映事物发生的历史过程，预测其未来的变化趋势。

趋势图通常用直角坐标系表示。横坐标表示时间间隔，纵坐标表示事物数量尺度，根据事物动态数列资料，在直角坐标系上确定各图示点，然后将各点连接起来，即为趋势图。某市近年来道路交通事故数、死亡人数、受伤人数、直接经济损失四项指标的变化趋势如图13-5 所示。

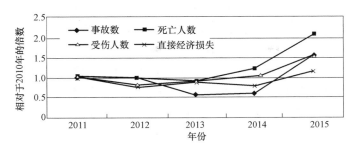

图 13-5　某市道路交通事故四项指标变化趋势

（3）直方图　由建立在直角坐标系上的一系列高度不等的柱状图形组成。其横坐标表示需要分析的各种因素，而柱状图形的高度则对应于横坐标的某一指标的数值，以直观、形象地表示出各种因素对道路交通事故的影响程度。某市近年来交通事故致死率的直方图如图13-6 所示。

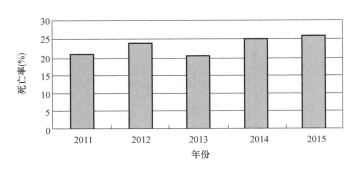

图 13-6　某市道路交通事故致死率变化趋势

三、道路交通事故多发点鉴别分析

按其空间分布特性，道路交通事故可分为分散型分布和密集型分布两类。统计表明，分散型分布的道路交通事故成因多与驾驶人的行为有关，如超速行驶、强行超车、车距过小、酒后驾车、疲劳驾驶等。而密集型分布的道路交通事故则多与道路线形、交通设施和交通环境等因素有关，如急弯陡坡、视距不良、傍山险道、交通设施欠缺的路段和交叉口等。

在统计周期内，道路交通事故密集分布的路段和交叉口称为道路交通事故多发点或路段。鉴别事故多发地点，分析事故多发的原因，并据此实施切实可行的对策是改善道路交通安全状况的有效方法。鉴别道路交通事故多发点的常用方法如下：

1. 事故频数法

以某一临界的道路交通事故频数作为鉴别标准，如果某路段的道路交通事故频数大于临界值，则被认为是道路交通事故多发点。由于事故数据的原始记录都包括了时间与地点，因此可以使用所研究路段上某时间段内发生的道路交通事故的统计数据，即事故频数来鉴定危险路段。

260

该方法的优点是计算与选择方便、一目了然，缺点是没有考虑不同地点的道路环境条件及交通条件差异。

2. 事故率法

按道路交通事故率的大小鉴别道路交通事故多发点。当道路交通事故率大于某个临界值时，即认为属于多发点。对于道路路段，常以每年亿车公里或百万车公里的事故次数作为事故率单位；对于交叉口，则常以百万辆车的事故次数作为事故率单位。

由于同时考虑了交通量与路段长度，这种方法优于事故频率法；但可能导致以下四种情况：具有较低交通量的短路段具有高事故率，而具有高事故次数、高交通量的路段拥有低事故率；具有低交通量、低事故次数的交叉口拥有高事故率，而具有高交通量、高事故数的交叉口拥有低事故率。

3. 矩阵法

矩阵法也称事故频数和事故率综合法，即把事故次数和事故率结合起来作为鉴别道路交通事故多发点的标准。以道路交通事故次数作为横坐标，以道路交通事故率作为纵坐标，按事故次数和事故率的一定值，在图中划出不同的危险度区域（矩阵单元），每一路段在矩阵中用一个矩阵单元表示，矩阵单元的位置则表达了路段的危险程度，如图 13-7 所示。图中右上角的矩阵单元是道路交通事故次数和事故率均很高的最危险区域。

该方法的优点在于兼顾了事故频率法和事故率法；缺点是只表示了路段的危险程度，而不能对低事故次数、高事故率的路段或高事故次数、低事故率的路段做出本质区别。

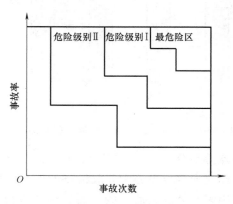

图 13-7　矩阵法示意图

4. 当量总事故次数法

在道路交通事故分析时，仅以事故次数作为指标则忽略了对道路事故严重性的描述。因为，尽管道路交通事故次数相同，若严重程度不同，其损失和对社会的危害程度也不同，如果将严重程度不同的道路交通事故统一对待，往往造成判断失误。为了更确切地判断道路交通事故多发点，鉴别时应考虑事故的严重性。因此，根据死亡、受伤等对社会危害性的大小赋予不同的权值，提出当量事故次数。其计算方法为

$$A_{EQ} = A + k_1 D + k_2 W$$

式中　A_{EQ}——当量事故数（次）；

　　　A——实际事故数（次）；

D——死亡人数（人）；

W——受伤人数（人）；

k_1、k_2——与死亡人数、受伤人数相关的权值。

由于该方法没有考虑交通量和路段长度，也存在与事故频率法同样的缺点；同时，权值的确定对分析结果的影响也非常大。

第四节　道路交通事故的预防措施

为保障交通安全，预防交通事故，必须把人-车-路-环境作为一个有机整体进行分析和处理，从谋求该系统的平衡出发，规划、协调和解决其中各组成部分的结构、性能、行为等问题。

一、改善交通环境

提高公路等级并增设或完善各种安全设施，可以提高交通安全水平。

驾驶人驾驶汽车在道路上行驶所依据的信息主要来自道路和交通环境。因此，道路的技术特征和交通设施应标准化，应便于驾驶人快速做出正确抉择；公路线形设计要素、视距、交叉口等应满足安全行车的要求。

道路平面线形由直线、圆曲线、缓和曲线等几何要素组成；纵断面线形由平坡线、坡线、竖曲线三个几何要素组成。平面线形和纵断面线形均应根据地形、地物和沿线环境条件，对几何要素进行合理的组合，满足行车安全、舒适、美观的要求。纵断面线形应与地形相适应，形成视觉连续、平顺而圆滑的线形，避免在短距离内出现频繁起伏。

在交叉口，应采取分隔带，以限止驾驶人驶入左侧行车道，避免交通事故的发生。

正确布置道路标志与方向指示牌，可有效防止驶入错误路口引起的交通事故。在立体交叉口上，应设置相应路线标志和禁止驶入叉道的标志。

二、提高汽车的安全性能

汽车安全性能包括主动安全性和被动安全性。前者指在驾驶人的正常操纵状况下，汽车能够按照驾驶人的意志运行，避免或减少事故发生可能性的能力；而后者指汽车在发生事故的过程及之后，保证乘员不受伤害或最大限度减少伤害程度的能力。

汽车的主动安全性装置主要有防抱死制动系统（ABS）、驱动防滑系统（TCS/ASR）、自动避撞系统（CA）等。

汽车的被动安全性装置主要包括安全气囊、安全带、安全门锁和各种吸能装置。

在使用过程中，汽车的技术状况和安全性能是不断变化的。因此，应加强车辆技术状况和安全性能的检测和维护工作，发现异常或故障应及时维修。

汽车安全性能应满足 GB 7258—2017《机动车运行安全技术条件》的要求。从事不同运输业务的车辆，其技术性能和技术等级应满足有关标准的相应规定。

三、加强驾驶人和行人的安全意识

提高驾驶人的安全意识对保证交通安全有重要作用，应采取以下措施：

① 研究驾驶人的生理和心理特性，研究疲劳、饮酒及药物等因素对行车安全的影响。

② 严格驾驶人培训、考核和发证工作，加强驾驶人的甄选和管理。

③ 加强交通安全宣传教育，完善驾驶人常规培训教育制度。在提高驾驶技能的同时，

加强其交通道德意识、交通法制意识和交通安全意识。

④ 加强交通执法的效果和力度，有效杜绝各类驾驶人违章行为。预防疲劳驾驶，杜绝酒后驾驶。

加强对行人交通安全宣传教育，增强行人的安全意识，提高行人遵守交通法规的自觉性，是行人交通安全管理的重要内容。

四、加强交通安全管理

交通安全管理是在由交通运输部门和有关机构根据有关法律、法规、标准规范，采用科学的管理方法，在社会公众的积极参与下，对构成道路交通系统的人、车、路、交通环境等要素进行有效的组织、协调、控制，以防止事故发生、减少死伤人数和财产损失、保证道路交通安全、畅通的管理活动。

交通安全管理的作用：规范道路交通行为；保障道路交通安全；改善道路交通畅达；稳定社会生活秩序；促进道路交通功能；推动精神文明建设。

交通安全管理的对象，是构成道路交通系统的人、车、路、环境等诸要素及其相互关系。

道路交通法规是依据国家宪法制定的强制性行政命令和规章制度，既是人们行车、出行、使用道路必须遵循的规范，又是道路交通管理部门查处交通违章、裁定事故责任、进行交通安全管理的重要依据。如《中华人民共和国道路交通安全法》、GB 5768—2009《道路交通标志与标线》、GB 7258—2017《机动车运行安全技术条件》、GB 21861—2014《机动车安全检验项目和方法》、GB 1589—2016《汽车、挂车及汽车列车外廓尺寸、轴荷及质量限值》等。

加强交通安全管理的主要措施如下：

① 制定完善的交通法规，强调法制，依法维持正常的交通秩序。

② 完善交通管理体制，统一筹划，协调管理工作。

③ 加强车辆驾驶人的培训和管理，开展并强化交通安全教育，普及交通安全知识。

④ 加强科学的管理方法，提高管理人员的技术素质，实现交通管理技术的现代化。

五、汽车安全驾驶

1. 起步

起步前应检查：汽车前后和车下是否有人或障碍物；货物装载和紧固情况或乘客状态；周围环境和交通状况。

起步准备：起动发动机并察听运转情况；观察各仪表指示状况特别是冷却液温度、机油压力指示值；发动机温度达 40℃ 以上时，关好车门，系好安全带。

起步过程：通过后视镜观察后方有无来车；鸣笛；放松驻车制动；适当选择变速器档位；缓抬离合器踏板；缓加踩加速踏板起步。

2. 车速选择

车速与行车安全关系密切。提高车速，可缩短运输时间、提高运输效率；但车速过快，制动距离大大增长且易于丧失操纵稳定性。因此，提高车速的基本前提是必须确保行车安全。

车速快慢是相对的，高速行车与安全行车的根本区别在于所使用的行驶车速是否危及行车安全。高速行车指不顾道路状况和交通环境，采用挤、抢、钻的方法盲目开快车。车速越快，制动距离越长，当遇有紧急情况时，发生事故的可能性也就越大；车速越高，转弯时的离心力就越大，极易造成车辆侧滑甚至翻车；在凸凹不平的道路上高速行车，常会因振动加剧而使车辆悬架机构、行驶机构、车架、轮胎等损坏或发生故障而导致行车事故；高速行车还会使驾驶人动视力下降、视野范围变窄，从而难以全面正确地感知车内外情况，同时由于精神高度紧张更易于导致疲劳，因而发生事故的可能性增大；高速行车时，超车的机会相对增多，从而增加了道路上的交织点，扰乱了正常行驶的交通流和行车秩序，从而也对行车安全造成影响。

因此，遵章守法，准确判断交通条件，掌握适当车速，适时制动停车，既能确保安全行车，又能平安顺利地完成运输任务。

3. 安全间距

行驶过程中，汽车与同车道内同向行驶的车辆间应保持必要的距离；会车或超车时，应有一定侧向间距。

在同向行驶的前、后车之间，其安全间距主要取决于制动停车距离，安全间距主要由后车的车速、制动减速度和后车驾驶人的反应时间确定。当制动系统的技术状况正常时，在不同车速下行驶时汽车的安全间距见表 13-1。

表 13-1　常见车速下的安全间距　　　　　　　　　　　　　（单位：m）

制动类型	车速/(km/h)	10	20	30	40	50	60	70	80
$j_1 = j_2$	液压制动	8.1	11.1	14.2	17.2	20.3	23.3	26.4	29.4
	气压制动	8.6	12.2	15.8	19.4	23.0	26.6	30.2	33.8
$j_1 = 5\text{m/s}^2$	液压制动	8.8	14.2	21.1	29.5	39.5	51.0	64.0	78.6
$j_2 = 2.5\text{m/s}^2$	气压制动	9.4	15.3	22.7	31.7	49.2	54.3	68.0	83.0

注：j_1、j_2 表示前、后车的制动减速度。

车速越快，侧向安全间距应越大。一般情况下，时速在 40km/h 以下时，侧向间距应在 0.75m 以上；时速为 40~70km/h 时，同向行驶车辆的侧向间距应保持 1~1.4m，逆向行驶的车辆则应保持 1.2~1.4m；时速高于 70km/h 时，侧向间距不应小于 1.4m。

4. 会车

与对面汽车会车时，首先应做到先让、先慢或先停，根据道路交通情况，准确判断来车的速度、距离及装载情况，选择适当侧向安全间距，运用适当车速并选择较宽阔、坚实的路段靠右侧行进而会车。

山区弯道处会车时，视线受阻，应先鸣号，注意前方来车；在陡坡道上会车时，应做到下坡车让上坡车先行，尽量避免在危险路段会车。

夜间会车，距来车 150m 时，应将远光灯改为近光灯；相距 50m 时，互闭前照灯而改用小灯，靠公路右侧缓行，以防眩目，确保会车安全。

5. 超车

超车应在视线清楚、道路宽度能保证有足够侧向安全距离，并在对方 150m 以内无来车的路段进行。超车前，先鸣号并开左转向灯向前后车辆发出超车信号，待前车示意允许超车并向道路右侧避让时，从左侧保持足够侧向安全距离迅速超越；超越后，关闭左转向灯，同时开右转向灯，在不影响被超车辆行驶的情况下驶入原行驶车道。应注意的是，超车前，驾驶人应根据本车车速和加速性能及被超车辆的车速，正确判断超车所需时间和超车距离，尤其要看清超车路段内的交通情况，并正确掌握侧向安全距离。

6. 掉头和倒车

车辆掉头、倒车时必须谨慎驾驶，尽量在道路宽阔、交通情况不复杂的地段进行。掉头、倒车时，应观察周围情况，选定进、退路线和目标；对后方情况看不清时，应有人在车下指挥；倒车时，车速要慢，同时必须控制前轮位置，应掌握"慢行车、快转向、多进少退"的方法。

7. 安全滑行

滑行指驾驶车辆过程中的具有预见性的、提前减速操作方法。正确、合理的滑行，用自然减速代替使用制动器，可以达到减少制动消耗、降低磨损和节省燃油的目的。但若运用不合理，就会使磨损和油耗增大，甚至造成事故。滑行应在发动机不熄火和制动有效的条件下进行。在泥泞、积雪、结冰、陡坡、窄路、急转弯、傍山险路等道路上，以及在视线不良、装载危险品及超高、超长、超宽物资时，严禁滑行，以防发生意外事故。

8. 高速公路行驶安全条件

超速、疲劳驾驶是影响高速公路行车安全的主要因素，汽车追尾是高速公路交通事故的典型形式之一。

为了避免发生追尾事故，汽车应保持一定的行车间距。当车速为 100km/h 时，行车间距至少应为 100m。在潮湿的路面上行驶时，车间距应增大 2 倍以上。

高速公路行车，驾驶人容易疲劳，长途行车（行程超过 300km）应配备 2 名以上驾驶人，轮流驾驶；驾驶人应注意休息，一旦发觉疲劳，必须进服务区停车休息，避免疲劳驾驶。

此外，汽车在高速公路上行驶，还应注意：严格遵守交通法规，按限速规定行驶，当遇有大风、雨、雾或路面积雪、结冰时，应以更低的速度行驶；汽车在高速公路运行前，应进行汽车维护，确保车辆处于最佳状态；按道行驶，不准在超车道长时间行驶或骑、压车道分界线行驶；不得随意停车，不得在路肩行驶，不许调头、倒车或穿越中央分隔带，不许在匝道上超车和停车；遵守管理部门采取的管制措施。

六、车辆维护和修理

汽车行驶一定里程后，技术状况发生变化，动力性、燃油经济性、安全性有所降低。实践证明：汽车技术状况下降的程度与维护和修理工作的质量密切相关。

日常维护是由驾驶人执行的保持车辆正常工作状况的经常性工作，其中心内容是清洁、补给和安全检查。车辆的日常维护和检查，应着重于安全方面的内容。

良好的技术状况是保障汽车行车安全的重要前提。为此，应根据有关规定进行汽车性能检测、维护和修理。

复 习 题

一、问答题

1. 道路交通事故的构成要素有哪些？

2. 交通事故现象有哪几种？

3. 按事故后果交通事故分为哪几类？

4. 影响道路交通事故的因素有哪些方面？

5. 道路交通事故分析指标有哪些？

6. 道路交通系统安全分析方法有哪些？

7. 事故多发点鉴别分析方法有哪些？

二、综述（分析）题

1. 分析说明人的因素对交通事故形成的影响表现在方面。

2. 分析说明车辆因素对交通事故形成的影响表现在方面。

3. 分析说明影响道路交通事故发生的道路因素。

4. 说明道路交通事故绝对指标和相对指标的作用。

5. 说明道路交通事故动态指标的作用。

6. 说明利用统计分析法进行道路交通系统安全分析的基本原理。

7. 说明利用因果分析图法进行道路交通系统安全分析的基本原理。

8. 说明利用事故树分析法进行道路交通系统安全分析的基本原理。

9. 说明各种事故多发点鉴别分析方法的基本原理。

10. 道路交通事故的预防措施包括哪些方面？

11. 汽车安全驾驶应注意哪些方面？

第十四章　汽车公害防治技术

汽车在道路上行驶而产生的损害人体健康和污染生活环境的现象称为汽车公害。
汽车公害包括：
① 排放公害，指汽车排出的废气对大气的污染。
② 噪声公害，指噪声对环境的危害（噪声公害）。
③ 电波公害，指汽车电气设备对无线电通讯及电视广播等的电波干扰。
④ 粉尘公害，指制动蹄片、离合器摩擦片、轮胎的磨损物和车轮扬起的粉尘对环境的
危害等。

其中，排放污染对人们的生活环境影响最大；其次是噪声公害；而电波公害可对无线电
通讯及电视广播等造成电波干扰，并不直接影响人们的身体健康；粉尘污染只是在交通密度
大的车流附近较为突出。

第一节　汽车排放公害的防治

随着国民经济的发展和汽车保有量的增加，汽车排放已成为城市大气污染的主要污染
源，其 CO、NO_x 和 HC 的排放量分别占总排放量的 63%、22% 和 73%。汽车排放公害直接危
害人类的健康，并破坏着自然界的生态平衡，因此必须高度重视。

排放公害控制不仅是环境保护问题，其排放量也反映汽车使用过程中对能源的浪费。
CO、HC 化合物越多，说明燃料燃烧越不充分，燃料消耗也越大。因此，降低汽车排放污染
对减轻大气环境污染和节约能源都有重要意义。

一、使用因素对汽车排放公害的影响

1. 燃油供给系统的技术状况

发动机工作过程中，燃油供给系统所供
给的混合气浓度是否适当，对排放污染物形
成有重要影响，如图 14-1 所示。

空燃比小于理论空燃比（14.8）时，混
合气过浓，因空气量不足使燃料不能完全燃
烧，随空燃比下降，CO 和 HC 排放浓度增
大。但混合气中氧的浓度低，NO_x 的排放浓
度降低。

空燃比大于理论空燃比时，随空燃比增
大，火焰传播中断现象越严重，因此 HC 浓
度增加。由于稀混合气的燃烧温度低，抑制
了 NO_x 的生成，因此 NO_x 的浓度下降。此时
排气中含有的少量 CO 主要由 CO_2 分解形成，

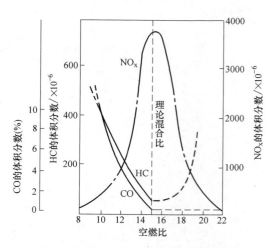

图 14-1　CO、HC、NO_x 的排放浓度与
空燃比的关系

浓度小且变化不大。

使用比理论空燃比大 10% 左右的稍稀混合气时，燃烧过程中有足够的氧，对降低 CO 和 HC 的排放浓度有利，但此时 NO_x 的排放量最大。

2. 点火（喷油）系统技术状况

增大点火提前角，气缸内工作循环压力和温度提高，废气中 NO_x 的浓度随之增大，反之，NO_x 浓度降低，如图 14-2 所示。

点火滞后时补燃增多，排气系统温度升高，废气中的 HC 和 CO 浓度有所减小；若点火过迟，因燃烧速度慢，HC 和 CO 浓度又有所提高，如图 14-3 所示。但点火滞后会引起发动机功率下降，油耗增加。点火系统技术状况不良，点火能量不足时，由于燃烧缺火现象而使 HC 的浓度增大。

柴油机供油系的喷油提前角是影响排气污染的重要因素。随着喷油提前角的减小，循环最高温度降低，废气中的 NO_x 排放浓度下降，HC 排放增加，而 CO 排放浓度基本不变。

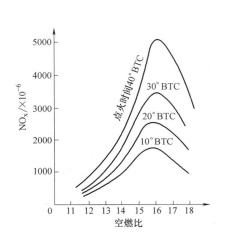

图 14-2　点火时间和空燃比对 NO_x 排放浓度的影响

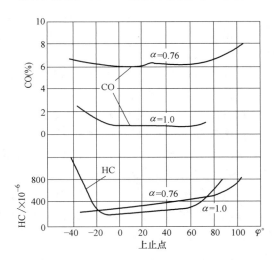

图 14-3　点火时刻对 CO、HC 排放浓度的影响

3. 配气相位

配气相位是否正确，对发动机排放污染物的浓度有较大影响。

进气门早开，会使残余在气缸中的废气量增多，新鲜混合气被废气稀释，降低燃烧温度，从而 NO_x 排放量减少。进气门早开还会使废气流入进气管，从而减少 HC 排放量，但开得过早反而会增加 HC 排放量。

排气门早关，由于废气排放不完全，NO_x 排放量减少。排气门早关对 HC 的影响较难观察，首先因含 HC 较多的废气被保留在缸内而减少了 HC 的排放，而后将因混合气变稀使燃烧情况恶化；若排气门关闭较晚时，没有排出的废气被回吸，使 HC 的排出量略有增大。

4. 汽车技术状况的变化

随着行驶里程增大，汽车技术状况逐渐变坏，燃油经济性、动力性及可靠性下降，排气污染也随之增大。HC 和 CO 排放浓度与行驶里程的关系如图 14-4 所示。

燃油供给系统和点火系统调整不当或使用中技术状况变差，导致混合气浓度、点火时刻等因素发生变化，对发动机排放特性有重要影响。

积炭是燃油不完全燃烧和润滑油窜入燃烧室参与燃烧的产物，多发生在燃烧室内的气缸盖、气缸壁、活塞顶部及气门等部位。积炭严重时，会使活塞环卡住而失去密封作用，增加了曲轴箱窜气量。火花塞积炭、气门积炭或烧蚀会使发动机某一缸工作不正常，排气中的 HC 浓度明显增大。

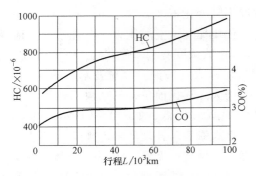

图 14-4　HC 和 CO 排放浓度与汽车行驶里程的关系

使用过程中，气门间隙的变化，使配气相位偏离标准值，影响发动机的工作过程，从而导致排放量增大。

5. 发动机运转工况

发动机负荷、转速、工况稳定性和工作温度对发动机排放污染物有很大影响。

（1）发动机负荷的影响　发动机在不同的负荷下工作时，燃油供给系统提供的可燃混合气和浓度不同，如图 14-5 所示。而发动机使用的混合气浓度（空燃比）对排放污染物的浓度影响很大，如图 14-1 所示。

汽油机怠速时，由于转速低，进气系统内空气流速低，使汽油雾化不良，汽油与空气混合不均匀，混合气在各缸内的分配也不均匀；同时缸内压力、温度低，汽油气化不良。为避免气缸缺火，在怠速工况下，发动机燃用浓混合气，从而使所排出废气中的 CO 和 HC 浓度大大增加。

小负荷工况下（节气门开度 25% 以下），进入气缸的可燃混合气较少，缸内残余废气比例相对较大，不利于燃烧。因此发动机在小负荷工况下须燃用较浓混合气，使排出废气中的 CO、HC 浓度较大。

中等负荷（节气门开度 25%~80%）工况下，发动机燃用较稀的经济混合气，废气中的 CO 和 HC 的浓度均较小。

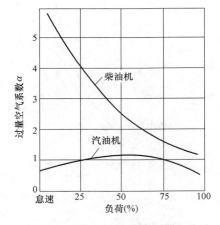

图 14-5　过量空气系数与负荷的关系

大负荷（节气门开度 80% 以上）工况下，发动机燃用较浓的功率混合气，废气中的 CO 和 HC 浓度增大，而 NO_x 浓度有所减小。柴油机在大负荷条件下工作时，如汽车加速、爬坡或超载时，CO 和 HC 的排放量增加不多，但生成的 NO_x 明显增大，并产生大量黑烟。

柴油机的负荷调节由喷油量来控制。柴油机在怠速和低负荷工况下运转时，虽喷入燃烧室内的燃料较其他工况少，混合气较稀，但因喷入的燃料分布不均匀，局部过浓，致使 CO 的生成量增大，同时因局部过稀区域的混合气不能着火，因此 HC 排放量相对较高。但与汽油机相比 CO 和 HC 的排放量仍少得多。随柴油机负荷增大则喷油量增加，燃烧状况改善，HC 和 CO 排放量逐渐降低。在接近全负荷时因混合气较浓，燃烧不完全，CO 的排放量有所增多；而在满负荷条件下工作时，柴油机的 CO 和 HC 排放量虽增加不多，但生成的 NO_x 明显增大，并产生大量炭烟。柴油机的炭烟排放量比汽油机大得多。这是因为虽然供给的空气总量充足（$\alpha>1$），但混合气形成时间短，易产生混合不均情况。缸内某些有过量空气的区域，局部温度高，使 NO_x 大量生成；而在局部混合气过浓的区域，会因氧气不足使烃分子发生分裂而形成炭烟。因此，车用柴油机的主要排气污染物是炭烟和 NO_x。

（2）发动机转速的影响　发动机转速不直接对燃烧产物中的有害成分产生影响，而是通过对进气过程和混合气形成及燃烧过程的作用影响有害气体的形成及浓度。

在混合气浓度一定的情况下，当汽油发动机的转速增大时，由于加强了燃烧室内混合气的紊流、改善了混合气质量和燃烧质量，因而排出的废气中的 CO、HC 随之下降。当转速达到最高转速的 65%～75% 时，NO_x 达到最大值。

柴油发动机转速提高时，废气中的 CO、HC 和 NO_x 浓度均有所下降；在最高转速时，CO 浓度继续下降，而 HC 和 NO_x 浓度增大，这是由于此时燃烧时间短，燃烧条件恶化，发动机工作强度大的缘故。

发动机曲轴转速对于排放污染物浓度的影响如图 14-6 所示。

（3）不稳定工况的影响　汽车运行过程中，发动机的负荷和转速是随时间不断变化的。在怠速、减速和低转速工况下，由于混合气较浓且不均匀，废气中不完全燃烧的物质较多，HC 和 CO 排放浓度大。

在加速和高转速时，NO_x 浓度明显增大。发动机加速运行时，由于使用较浓的混合气，气缸内燃气的温度提高，既会产生大量的 NO_x，又会引起不完全燃烧，导致 CO 和 HC 排放量增大。

发动机工况对排气有害成分的影响如图 14-7所示。

（4）热工况的影响　发动机的热状况对废气中有害成分的浓度有直接影响。发动机工作

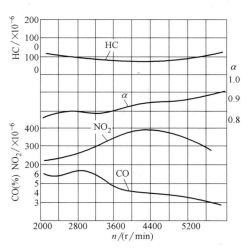

图 14-6　汽油机曲轴转速对排气有害成分影响

温度提高时，缸壁温度也高，缸壁的激冷作用减弱，排出的 HC 浓度下降；NO_x 的排放量与

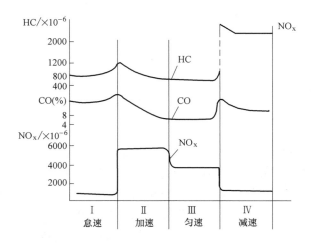

图 14-7　排气有害成分浓度与汽车运行工况的关系

燃烧的最高温度有关，缸壁温度升高时，NO_x 的排放量也增加；供油系统过热时，发动机会产生气阻现象，此时由于混合气过稀而熄火，废气中 HC 的浓度增大。HC 排放浓度与发动机冷却液温度的关系如图 14-8 所示。

二、汽车排放污染物的检测技术

根据 GB 18285—2005《点燃式发动机排气污染物排放限值及测量方法（双怠速法及简易工况法）》，对在用汽油车应检测双怠速工况下的 CO 和 HC；根据 GB 3847—2005《车用压燃式发动机和压燃式发动机汽车排气烟度排放限值及测量方法》，对在用柴油车则应检测自由加速工况下的烟度。CO 和 HC 排放浓度的检测，应采用不分光红外线气体分析法（NDIR）；而烟度检测，则应视不同情况采用滤纸烟度法或不透光烟度法。

1. 不分光红外线气体分析

不分光红外线气体分析仪由废气取样装置、废气分析装置、浓度指示装置和校准装置构成。图

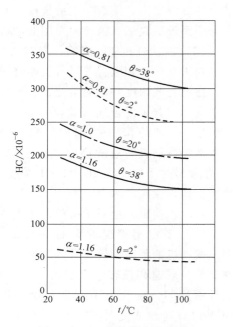

图 14-8　HC 排放量与冷却液
温度的关系

14-9 为废气在分析仪中的流动路线示意图。废气取样装置由取样探头、滤清器、导管、水分离器和泵等组成。通过取样探头、导管和泵从汽车排气管取出废气，经滤清器和水分离器过滤后，送入气体分析装置。

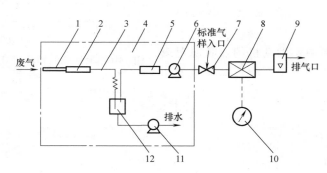

图 14-9　气体在分析仪中的流动路线

1—取样探头　2、5—滤清器　3—导管　4—废气取样装置　6、11—泵　7—换向阀
8—废气分析装置　9—流量传感器　10—浓度指示装置　12—水分离器

气体分析装置如图 14-10 所示。两个红外线光源发出两束红外线，当红外线通过具有两翼的旋转遮光片时，两束红外线被同时遮断，随后又同时导通，从而形成红外线脉冲。红外线脉冲经滤清器、气样室进入测量室。气样室由两个腔构成，其一为对比室，内充不吸收红外线能量的氮气；其二为试样室，其中连续流过被测汽车所排放的废气，某种废气成分（如 CO 或 HC）的含量越高，吸收通过试样室的相应特征波长的红外线能量越多，这样两束红外线所具有的能量便产生了差异。检测室由容积相等的两室构成，中间由金属膜片隔开，

两室充有相同浓度的被测气体，如测废气中 CO 含量时，两室均充有 CO，而测 HC 含量时，充入 C_6H_{14} 气体。通过对比室到达检测室的红外线能量未被吸收，因此被测气体吸收的能量较多；而通过试样室的红外光线已被所测气体吸收了部分能量，因此所对应的检测室中的被测气体吸收能量较少。这样，检测室两腔中的气体便产生了压差，使金属膜片产生弯曲振动，其振动频率取决于旋转遮光片的转速，振幅则取决于所测气体的浓度。膜片作为电容的一个极，其弯曲振动使电容的电容值交替变化，从而在电路中产生了交变电压。交变电压经放大整流后，转换为直流信号输送给指示装置。指示装置根据气体分析装置传来的电信号，在 CO 指示表上以容积百分数（%）为单位指示出废气中 CO 的浓度，在 HC 指示表上以正己烷当量容积百万分数（10^{-6}）为单位指示出废气中 HC 的浓度。

2. 滤纸烟度法

在自由加速工况下，用滤纸式烟度计测试柴油机烟度时，需从排气管抽取规定容积的废气，使之通过规定面积的标准洁白滤纸，滤纸被染黑的程度称为烟度。

滤纸式烟度计由废气取样装置、烟度测量装置、走纸机构和控制机构构成，如图 14-11 所示。

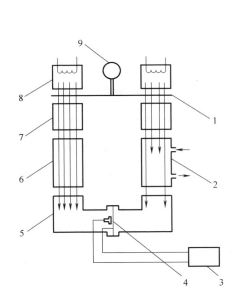

图 14-10　红外线气体分析装置原理图
1—旋转遮光片　2—试样管　3—电测量装置
4—膜片　5—检测室　6—对比室　7—滤
清器　8—红外线辐射仪　9—电动机

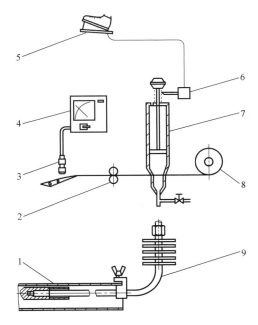

图 14-11　烟度计工作原理图
1—排气管　2—滤纸进给机构　3—光敏传感器
4—指示仪表　5—脚踏开关　6—电磁阀
7—抽气泵　8—滤纸卷　9—取样探头

废气取样装置由活塞式抽气泵、取样探头、取样管及电磁阀等组成。取样前，压下抽气泵手柄，克服回位弹簧的张力使之到达最下端锁紧；取样时，踩下脚踏开关或按下"手动抽气"按钮，锁紧装置松开，活塞在弹力作用下上升到顶端。同时，废气经取样管，通过滤纸进入抽气泵，使滤纸变黑。滤纸的有效工作面直径为 32mm。当活塞复位到达泵筒下端时，滤纸夹持机构松开，电动机带动走纸轮转动，使染黑的滤纸移位至烟度测量装置。

烟度检测装置由环形硒光电池、光源和指示仪表构成。接通电源后，光源发出的光线通过带有中心孔的环形硒光电池照射到滤纸上，当滤纸污染程度不同时，反射给环形硒光电池感光面的光线强度也不同。环形硒光电池是一种光电元件，用于接收滤纸的反射光，产生电流送给指示仪表。污染程度不同，滤纸反射给硒光电池的光强度不同，因此所产生的电流强度也不同，如图 14-12 所示。指示仪表是微安表，当硒光电池产生的电流强度不同时，其指针指示位置不同。仪表表盘以 0~10 均匀刻度，测量全白滤纸时指针位置为 0，测量全黑滤纸时指针位置为 10。

3. 不透光烟度法

不透光烟度计是利用透光衰减率测定排气烟度的仪器。图 14-13 为不透光烟度计的结构简图。测试时，废气连续流过测试管 S，同时电风扇使校正管 A 吸入干净空气。光源置于测试管一端，发出光线透过烟层照到另一端的光电管上，由光电管测出光线强度的衰减量；将光源和光电管转向校正管（图中虚线位置），可用作零点校正。其烟度显示仪表从 0 到 100% 均匀分度，其单位称为不透光度，光线全通过时为 0，全遮挡时为 100%。

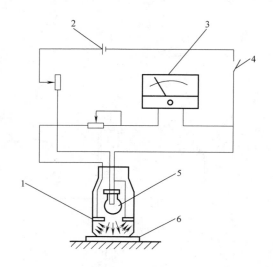

图 14-12　烟度检测装置

1—环形硒光电池　2—电源　3—指示仪表

4—电源开关　5—灯泡　6—滤纸

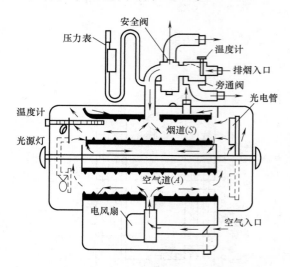

图 14-13　不透光烟度计结构原理图

光吸收系数 K 与光的衰减量之间的关系为

$$\phi = \phi_0 e^{-kL}$$

式中　ϕ_0——入射光通量（lm）；

　　　ϕ——出射光通量（lm）；

　　　L——被测气体的光通道的有效长度（m）。

不透光度 N 与光吸收系数 K 间的关系为

$$K = -\frac{1}{L}\ln\left(1-\frac{N}{100}\right)$$

式中　N——不透光度（%）；

　　　K——相应的光吸收系数（m^{-1}）。

三、降低汽车排放污染的主要措施

在用车的排放直接受新车排放水平的影响，为保证在用车排放达标，首先新车必须达标。

在用汽车的排放治理措施包括：保持发动机良好技术状况；改善燃料质量；采用排放控制装置；I/M 制度；合理驾驶等。

1. 采用排气净化装置

常用的排气净化装置包括催化转化装置、排气再循环和曲轴箱强制通风等。

（1）催化转化装置　是利用催化剂的作用将排气中的 CO、HC 和 NO_x 转换为对人体无害的气体的一种排气净化装置，也称作催化净化转换器。

催化转换器分为氧化催化转换器和三元催化转换器两类。氧化催化转换器以二次空气为氧化剂，只将排气中的 CO 和 HC 氧化为 CO_2 和 H_2O，因此也称为二元催化转换器。三元催化转换器以排气中的 CO 和 HC 作为还原剂，把 NO_x 还原为 N_2 和氧 O_2，而 CO 和 HC 在还原反应中被氧化为 CO_2 和 H_2O。因此，可同时减少 CO、HC 和 NO_x 的排放。当同时采用两种转换器时，通常把两者放在同一个转换器外壳内，并把三元催化转换器置于氧化催化转换器前面。排气经过三元催化转换器之后，部分未被氧化的 CO 和 HC 继续在氧化催化转换器中与供入的二次空气进行氧化反应。

（2）排气再循环系统　排气再循环（EGR）指把发动机排出的部分废气回送到进气歧管，并与新鲜混合气一起再次进入气缸。新鲜的混合气中掺入废气之后，混合气热值降低，致使发动机的有效功率下降。为了既能减少 NO_x 的排放，又能保持发动机的动力性，必须根据发动机运转工况控制再循环废气量。NO_x 的生成量随发动机负荷的增大而增多，因此，再循环废气量也应随负荷增大而增加。在暖机期间或怠速时，NO_x 生成量不多，为了保持发动机运转的稳定性，不进行排气再循环。在全负荷或高转速下工作时，为了使发动机有足够的动力性，也不进行排气再循环。

再循环废气量由安装在排气再循环通道上的排气再循环（EGR）阀自动控制。通道的一端通排气门，另一端连接进气歧管。当 EGR 阀开启时，部分废气从排气门经排气再循环通道进入进气歧管。EGR 阀一旦关闭，排气再循环随即停止。

（3）曲轴箱强制通风　封闭式带 PCV 阀的曲轴箱强制通风装置如图 14-14 所示。从空气滤清器引入的新鲜空气，经闭式呼吸器进入曲轴箱，与窜气混合后，从气缸盖罩经 PCV 阀计量后吸入进气歧管进入气缸内烧掉。高速、高负荷时，进气歧管真空度减弱，一旦窜气量过多而不能完全吸尽时，窜气会从曲轴箱倒流入空气滤清器，吸入进气管进入气缸烧掉。

（4）其他　曲轴箱储存和吸附法也是控制汽油蒸发、减小 HC 污染的有效方法。

曲轴箱储存法的原理：停车时，通过管道把燃油供给系统中蒸发出的汽油蒸气导入曲轴箱进行储存；运行时，经压力调节阀把汽油蒸气吸入进气管。

吸附法是利用装在容器中的活性炭吸附汽油蒸气，并在行车时由新鲜空气使汽油蒸气脱离活性炭而导入进气系统。

2. 保持发动机良好技术状况

发动机技术状况良好，可以大大降低有害气体排放量。主要包括：保持气缸压缩压力正常；保持供油系统和点火系统技术状况良好；正确调整气门间隙等。

发动机压缩压力低时，发动机起动困难，燃烧不完全，油耗增大，排气中的 CO 和 HC

浓度增大。因此，若发现气缸压缩压力值不符合制造厂规定标准，应查找原因进行调整和修复。

供油系统的正确调整影响混合气浓度，因此对有害气体排放的浓度影响很大。供油系统的调整，应着重把握好混合气浓度及怠速的调试。

采用汽油喷射系统可改善发动机的动力性和经济性，同时可以降低对大气的污染。但采用单点喷射仍存在各缸分配不均匀的情况；而多点喷射的结构因喷嘴细小，使用中容易堵塞，因此要注意清洗。

柴油机供油系统循环供油量、供油压力和喷油提前角，影响柴油喷入气缸的量和雾化质量，应按使用说明书的规定正确调整。

空气滤清器滤网堵塞，进气阻力增大时，进入气缸的空气量下降，混合气变浓，CO 和 HC 排放量增加。因此，应重视空气滤清器的清洁和维护。

点火系统应能在各种工况下产生足够点火能量的

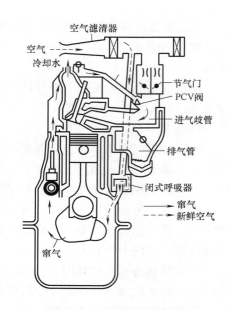

图 14-14　封闭式曲轴箱强制通风装置

电火花。若火花弱或某缸断火，就会使相应气缸燃烧不良或不能着火燃烧，从而增大排气污染。

正确的点火正时对发动机的动力性、经济性及排放性能的影响极大。虽然适当推迟点火可以提高排气温度，使 HC 在排气过程中燃烧掉，并减少 NO_x 排放量；但点火提前角不应过小，否则会使发动机的动力性和经济性明显下降。同时，火花塞间隙应符合规定标准。

配气相位是否正确，对发动机排放污染物浓度有较大影响。发动机工作过程中，其气门间隙由于磨损等原因而逐渐变化，会使配气相位失准。因此应注意对发动机配气相位的正确调整。

3. 实施 I/M 制度

I/M（Inspect Maintenance）制度是对在用车进行强制性定期检测，并对故障车辆进行强制修理的制度。其具体手段是加强在用车定期维护，同时通过由管理部门认定的检测站，对本辖区在用车辆进行检测和监控。发现排放超标车辆，则强制该车进入具备维修资格的维修企业进行维护和修理。

I/M 制度主要包括 I/M 制度法规及规章、I/M 制度规范、检测方法、标准及测试设备、质量控制和保证手段、维修技术人员培训及设备鉴定、I/M 制度信息统计及反馈等。

4. 合理驾驶

驾驶技术对降低汽车有害气体的排放十分重要。驾驶车辆时，应尽量减少发动次数；避免连续猛踏加速踏板；行驶时，保持适当节气门开度和发动机正常热状况（冷却液温度80～90℃），以降低有害气体排放量。

第二节　汽车噪声公害的防治

一、汽车噪声的影响因素

1. 发动机噪声的影响因素

（1）燃烧噪声的影响因素　主要包括发动机转速及稳定性、负荷、点火或喷油时间、不正常燃烧等。

汽油机产生爆燃、表面点火及不正常燃烧时，气缸压力剧增，导致敲缸或暴燃。汽油发动机在怠速或小负荷时，参与燃烧的燃料少，压力增长率低，燃烧噪声也明显下降；反之，则燃烧噪声增强。发动机加速运转时，燃料的着火延迟期明显增长，气缸压力上升较快。因而产生较大噪声。

柴油机转速升高时，喷油压力提高，燃烧室内空气扰动加剧；同时，由于活塞的漏气损失和散热损失减少，致使压缩终了的温度和压力增高。故转速增高将使最大爆发压力和压力增长率增大，燃烧噪声随之增大。在怠速或小负荷时，由于着火延迟期内喷入的燃料少，压力增长率低，燃烧噪声也明显下降；当负荷增大时，气缸压力及燃烧噪声随之增大。加速行驶时，负荷增大且着火延迟期明显延长，气缸压力上升快，因而柴油机的燃烧噪声要比匀速行驶时强。

当点火（或喷油提前角）变化时，着火延迟期、最高爆发压力、压力增长率随之变化。当点火（或喷油提前角）减小时，可使最高压力及压力增长率下降，从而使燃烧噪声减小。

（2）机械噪声的影响因素　发动机的最大机械噪声源是活塞对气缸壁的敲击。由于二者之间存在间隙，且活塞往复运动对气缸壁的侧向推力方向和接触面发生周期性变化，从而产生对气缸壁的强烈冲击。

活塞敲击声的强弱取决于气缸内最大爆发压力、活塞与缸壁的间隙、发动机转速、负荷以及气缸的润滑条件。冷起动时，活塞与缸壁之间间隙较大，噪声尤为明显；随着发动机转速升高，活塞敲击声随之增大。缸壁间隙和发动机转速与活塞撞击能量的关系如图 14-15 所示。气缸压力随负荷提高而增大，无负荷或小负荷时进气量少，气缸压力低，活塞敲击大幅度下降，而负荷增大后活塞的敲击也随之增强。润滑油有阻尼和吸声作用，因此若活塞与缸壁之间有足够的润滑油，可以降低活塞敲击噪声。

影响气门开、关噪声的主要因素是气门的运动速度。高速时，气门噪声增大的主要原因是惯性力过大。

正时齿轮驱动配气机构、喷油泵时载荷周期性变化，由于齿轮的制造误差和表面粗糙度导致其啮合时产生噪声。

柴油机喷油系统的噪声主要是由于喷油泵、喷油器和高压油管系统的振动引起的。

（3）进、排气噪声的影响因素　主要包括：进、排气门中流动气流的压力脉动所产生的低、中频噪声；气流高速流过气门进气截面时，形成涡流，产生高频噪声。进、排气噪声的强弱随发动机负荷和转速的不同而变化。

进气噪声随转速的提高而增强。转速提高，吸入空气的流速增大，同时进气管入口处空气脉动的强度和频率随之提高。负荷增大后进气量大，因而进气噪声随负荷增大略有增加。

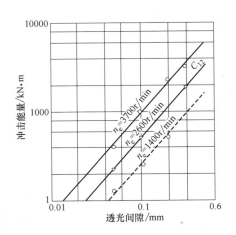

图 14-15　缸壁间隙和发动机转速
与活塞撞击能量的关系

排气噪声是仅次于发动机本体噪声的噪声源，其强弱与发动机排量、有效功率、有效转矩、平均有效压力、排气口面积有关。

（4）风扇噪声的影响因素　风扇噪声包括旋转噪声和涡流噪声以及机械振动引起的噪声。旋转噪声由叶片切割空气造成空气压力波动而引起；涡流噪声是由于叶片旋转时产生空气涡流而造成的；机械振动噪声是由于气流引起风扇、导向装置（护风圈）或散热器的振动，以及其他外部振动激发的机械振动而产生。

发动机风扇噪声在低速时以涡流噪声为主，高速时旋转噪声较强。风扇噪声与风扇转速有关，而风扇由发动机驱动运转，因而风扇噪声与发动机转速直接相关。

2. 传动系统噪声的影响因素

变速器噪声与变速器形式、档位等因素有关，并随汽车行驶状态、速度、负荷的变化而变化。变速器噪声与转速和负荷的关系如图 14-16 和图 14-17 所示。

变速器齿轮传动噪声包括：轮齿啮合产生的撞击声；轮齿之间滑动的变化和摩擦力变化造成的摩擦声；齿轮误差与刚性的变化而引起的撞击声。齿轮噪声的小部分以声波直接向外界传出，大部分则受到壳体的阻碍而转化成变速器、后桥的激振，并转化成噪声传播。减小齿轮噪声应从设计、制造精度、加工方法等方面入手，降低因啮合而引起的撞击声和激振声，还应注意齿轮的安装精度和啮合印迹的调整。

传动轴噪声是由于发动机转矩波动、变速器及驱动桥等振动输入、万向节输入和输出的转速和转矩不均衡及传动轴本身的不平衡引起的。

此外，传动系统噪声还有轴承声响、齿轮搅动润滑油的声响。

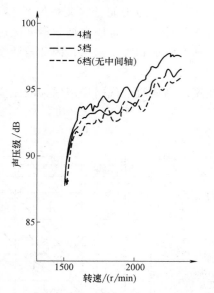

图 14-16　变速器噪声与转速的关系

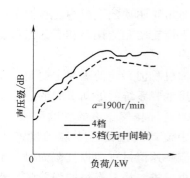

图 14-17　变速器噪声与负荷的关系

3. 轮胎噪声的影响因素

除轮胎花纹外，车速、负荷、轮胎气压、轮胎磨损程度以及路面状况等对轮胎噪声的影响也很大。

随着车速提高，轮胎噪声相应增大。其原因为：轮胎花纹内的空气容积变化速度加快，

"气泵"声增大；胎面花纹承受的激振力增大，振动声也随之增大。

负荷不同时，轮胎花纹的挤压作用也产生变化。随着载荷增加，胎面花纹的变形增大，胎肩逐渐接触地面，容易形成封闭空腔而使噪声增大。

轮胎气压增大，轮胎变形小；反之，则变形增大。因此，对于齿形花纹轮胎来说，气压高时噪声小，气压低时噪声大。

胎冠尺寸增大，花纹接地状态产生变化，使噪声增大。当进一步磨损时，花纹逐渐磨平，槽内空气量减少，噪声降低。

路面的粗糙度和潮湿程度影响轮胎噪声的强弱。路面粗糙度适当时轮胎噪声较小；干路面比湿路面的噪声小。

4. 影响噪声排放的使用因素

影响车外噪声强弱的使用因素主要包括以下方面：

① 发动机转速。发动机转速增大，其机械噪声和空气动力性噪声均大幅度增强，从而使整车噪声强度直线上升。

② 发动机负荷。发动机大负荷工作时，所发出的燃烧噪声和机械噪声均较大。

③ 行驶车速。汽车行驶车速提高时，其噪声强度随之直线上升。试验统计表明，行驶车速增加一倍，整车噪声强度上升 9~12dB。

④ 加速行驶。与匀速行驶噪声相比，加速行驶噪声一般较高。因此，大多数实施汽车噪声限制的国家，都把加速噪声作为评价汽车噪声水平的重要指标。

⑤ 变速器档位。汽车匀速行驶时，若变速器位于低档位，发动机转速较高，则汽车噪声较大；汽车加速时，档位不同，其噪声也不同，汽车起步和用低速档行驶时的噪声随加速度的变化更为明显。

⑥ 载质量。载货汽车在各种车速下匀速行驶时，重车时的噪声与空车时的噪声相比平均高 2~3dB；重载滑行比空车滑行时的噪声也高 2~3dB。这主要是由于载质量增加使轮胎噪声增大的缘故。

⑦ 技术状况。汽车各总成、机构的技术状况随着行驶里程的增加而下降，会出现程度不同的振动和异响，连接部件松旷，从而加剧了汽车行驶噪声。

二、汽车噪声检测技术

1. 声级计的工作原理

声级计是一种能够把声音的响度，按人耳听觉近似值测定出来的仪器，如图 14-18 所示。声级计由传声器、放大器、听觉修正计权网络、指示仪表和校准装置构成，其电路框图如图 14-19 所示。传声器的作用是把声压信号转变为电信号。常用的声级计是电容式传声器，其内部的金属膜片和金属电极构成平板电容，如图 14-20 所示，膜片受到声压作用变形后，极板间距离发生变化，因而电容值发生变化，在电路中产生交变电压，把声压信号转变为电信号。

传声器输出的电信号，经前置放大器放大后，输入到听觉修正计权网络。得到经过听感修正的声压级，叫作计权声级。计权网络有 A、B、C 三种，其中 A 计权网络在噪声测量中应用最广泛。经修正后的电信号送至指示仪表，使指针偏转或以数字显示出所测噪声的声级，单位为 dB（A）。

2. 频率分析仪的工作原理

汽车噪声由大量不同频率的声音复合而成，为了分析产生噪声的原因，需对噪声进行频谱分析。所谓频谱分析就是将由时间域表征的动态参数转换为由频率域表征。实现这一转换的最基本装置是滤波器，利用滤波器将待分析的噪声信号所包含的不同频率的分量分离出来，由记录器记录测量结果。通常，根据测量结果，以频率为横坐标，以声压级为纵坐标作出的噪声曲线称为噪声的频谱图，可以在频域上描述声音强弱的变化规律。

用于测定噪声频谱的仪器称为频率分析仪或频谱仪。频率分析仪主要由滤波器、测量放大器和指示装置组成。检测时，噪声信号经过一组滤波器，使被测信号中所含有的不同频率分量逐一分离出来，并由测量放大器将其幅值放大，然后由指示装置直接显示测量结果或绘制频谱图。

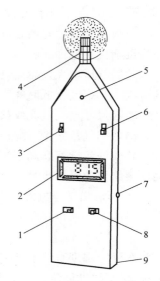

图 14-18　声级计
1—电源开关　2—显示器　3—量程开关　4—传声器　5—灵敏度调节电位计　6—读数/保持开关　7—复位按钮　8—时间计权开关　9—电池盖板

三、汽车噪声的控制措施

1. 开发低噪声车辆

常用噪声控制技术包括吸声、隔声、消声、隔振和阻尼减振，也称为无源控制技术。根据噪声产生和传播的机理，可以把噪声控制技术分为以下三类：

① 对噪声源的控制。

② 对噪声传播途径的控制。

③ 对噪声接受者的保护。

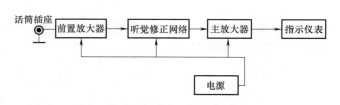

图 14-19　声级计的电路框图

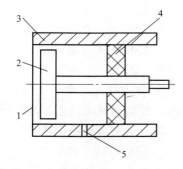

图 14-20　电容式传声器示意图
1—金属膜片　2—电极　3—壳体　4—绝缘体　5—平衡孔

其中，对噪声源的控制是最根本、最直接的措施。

（1）降低发动机噪声　包括：提高机体的结构刚度，采用精密配合间隙，改善燃烧工作过程，降低燃烧噪声及机械噪声。在油底壳上增设加强筋和横隔板，可以提高油底壳的刚度，减少振动噪声；另外，发动机壳体涂阻尼材料，可消耗振动能量。

降低进气噪声的最有效的方法是采用进气消声器，即在空滤器上增设共振腔和吸声材料。

由于排气温度高、排气气流速度快，排气噪声比进气噪声强得多。优化设计性能良好的消声器，是降低发动机排气噪声的重要手段。

（2）降低传动系统噪声　降低传动系统噪声一般采取的措施如下：

① 选用低噪声变速器。

② 发动机、变速器、主减速器等部件与底盘用橡胶垫进行柔性连接，从而达到隔振目的。

③ 控制转动轴的平衡度，降低扭转振动。

（3）降低车身噪声和轮胎噪声　随着车速提高，车身噪声越来越大。车身噪声是空气动力噪声，可用如下方案来降低车身噪声：

① 对车身进行流线型设计，实现光滑过渡。

② 在车身与车架之间采用弹性元件连接。

③ 进行室内软化，如在顶棚及车身内蒙皮间使用吸声材料。

④ 另外，轮胎也是一个噪声源。轮胎的轮距越大，则噪声越大。选用有合理花纹的钢丝帘布子午线轮胎是降低轮胎噪声的有效方法。

（4）其他措施　采用以声消声的主动控制技术，可以对噪声进行控制。其原理是利用电子消声系统产生与噪声相位相反的声波，使两者的振动相互抵消，以降低噪声。

2. 道路交通管理

① 控制或限制鸣号。从降低噪声出发，应严格执行禁止鸣号区的规定，减小主动噪声。

② 限制车辆的运行路线。噪声污染的强弱与车辆行驶车速和载质量密切相关。与轿车等轻型车相比，重型载货车产生的噪声强度要高得多。在市中心主干道采取限车驶入、限时通行的办法，限制大型车辆入城或规定其行驶的时间和线路，是降低噪声行之有效的措施。

③ 控制车速。车速与噪声强弱有关，车速越快，噪声越强，紧急制动增多。车速提高一倍，噪声要增大6~10dB；当车速高于70km/h，轮胎噪声已成为汽车的主要噪声源。合理设置限速标志，控制车速，可有效地降低噪声污染。

3. 控制噪声传播

① 搞好城市绿化：绿化植物具有吸声作用，可以有效地减少噪声污染。

② 修建隔音设施：随着车速提高，轮胎噪声成为汽车噪声的主体，应根据实际路面的情况，修建隔音墙或隔声窗，设置屏障等人为减小噪声的措施。

4. 科研成果应用

① 研究汽车智能子系统，减少汽车振动，降低汽车噪声。同时应提高汽车零部件的可塑性和整车的可塑性。

② 研究汽车在多场耦合作用下，噪声产生机理，减少多场作用产生噪声。

③ 研究车-路-人噪声传播机理，研究低噪声路面、低噪声轮胎和隔声设备，以降低汽车噪声对人类的影响。

第三节　汽车电磁波公害的防治

电磁波的危害虽然没有排放和噪声对人类生存环境所造成的影响那么严重，但随着汽车保有量的不断增加，汽车电磁波对无线电通信的干扰，已引起了人们的普遍关注和重视。为减小电磁波公害的影响，可采取以下措施。

一、合理布线，减小电路网络干扰

合理布线，抑制电路网络干扰源，是抑制电磁波公害的有效途径。常用方法如下：

① 对于电磁干扰敏感的部件应采用独立电源，分列用线。

② 对于电磁干扰敏感部件的输入端加抗干扰衰减滤波器，合理布置地线，采用一点接地法，将强弱不同的信号和电流的地线分隔布置，防止干扰信号通过地线进入各级用电设备。

③ 在汽车收放机电路中引入调频波段抑制噪声电路，或把印制电路板各个部分的馈电系统布置成放射状，收放机的公共地线置于中央位置，以免线路之间的干扰信号被收放机接收。

④ 电源的馈电系统加设 RC 滤波电路，以减轻电路的耦合感应。

二、科学设计，减少电磁辐射源

① 串接阻尼电阻。汽车电磁辐射发生在点火系高压部分的能量较大，影响也大。若在振荡电路中串联阻尼电阻，以削弱高频振荡，可以有效抑制电磁辐射。

② 并联抗干扰电容。如在调节器电池接柱与搭铁接柱之间并联 $0.2 \sim 0.5 \mu F$ 的电容；在冷却液温度表与机油压力表传感器触点间并联 $0.1 \sim 0.2 \mu F$ 的电容；在闪光器和喇叭的触点间并联大于 $0.5 \mu F$ 的电容，均能吸收火花能量，减轻干扰。

③ 采用无触点点火装置或无分电器点火系统。机械触点式点火装置在触点断开和接通时，会产生很强的电磁辐射。无触点点火装置以脉冲发生器和点火控制模块取代了触点式点火装置中的机械触点和凸轮。因而消除了干扰源，降低了电磁辐射。

④ 采用无触点车用电器。采用电子开关、电子继电器、无刷发电机等无触点车用电器，或者对现用触点式车用电器采取灭弧措施，如在其触点两端并接电容器、压敏电阻器。

⑤ 连接可靠、搭铁良好。确保汽车电器各连接点接触良好，搭铁点接触良好，以避免在电路连接点或接触面间产生电火花和瞬间过电压，降低由此导致的电磁辐射。

⑥ 采用金属屏蔽。金属屏蔽指用金属罩遮盖易于产生电火花的电器，如点火线圈、发电机、调节器、仪表和传感器等，及用金属网或金属罩屏蔽高频电流通过的导线，并将其搭铁。金属屏蔽可有效衰减电磁波的辐射和传播。

复 习 题

一、问答题

1. 汽车公害包括哪些？

2. 影响汽车排放污染物形成的使用因素有哪些？

3. 降低汽车排放污染的主要措施有哪些？

4. 发动机噪声的影响因素有哪些？

5. 传动系统噪声的影响因素有哪些？

6. 轮胎噪声的影响因素有哪些？

7. 影响噪声排放的使用因素有哪些？

8. 常用噪声控制技术包括哪些？

二、综述（分析）题

1. 说明发动机燃油供给系统技术状况对排放污染物浓度的影响。

2. 说明发动机负荷和混合气空燃比对排放污染物浓度的影响。

3. 说明发动机转速对排放污染物浓度的影响。

4. 不稳定工况和热工况对发动机有害气体的排放浓度有何影响?

5. 说明三元催化转换器的工作原理。

6. 说明排气再循环系统的工作原理。

7. 说明不分光红外线气体分析的原理。

8. 说明滤纸烟度法的原理。

9. 说明不透光烟度法的原理。

10. 分析说明影响发动机燃烧噪声强弱的因素及影响机理。

11. 分析说明影响发动机机械噪声强弱的因素及影响机理。

12. 分析说明影响传动系统噪声强弱的因素及影响机理。

13. 分析说明影响汽车轮胎噪声强弱的因素及影响机理。

14. 说明声级计的构成和工作原理。

15. 分析说明车辆噪声控制技术的内容和机理。

16. 降低电磁波公害的影响的措施有哪些?

第十五章　汽车在特殊条件下的合理使用

汽车的运用环境复杂多样。当汽车在不同气候条件，在不同海拔的高原山区和山区复杂道路条件下，以及在某些特殊使用阶段使用时，或者在执行某些特殊运输任务时，其工作状况和使用性能会发生显著变化。因而，必须根据这些特殊使用条件或阶段的特点，采取相应的技术措施，以保证汽车使用的合理性。

第一节　汽车的走合期及其合理使用

一、汽车的走合期及其作用

新车或大修竣工的汽车投入使用的初期称为汽车走合期，常用走合里程表示。汽车走合里程取决于零件表面加工精度、装配质量、润滑油的品质、运行条件和驾驶技术等，通常为1500~3000km，相当于40~60个工作小时。通常汽车制造厂对所生产车型均规定有走合里程，几种常见车型的走合里程见表15-1。

表 15-1　几种车型的走合里程

车型	CA1091	EQ1090	奥迪 100	桑塔纳	切诺基	南京依维柯
里程/km	1000	1500~2500	1500	1500	2000	1500

二、汽车走合期的作用

汽车走合期实际上是汽车使用初期对相互配合摩擦表面进行磨合加工，以改善其表面几何形状和表面层物理机械性能的工艺过程。

在汽车零件加工过程中，零件表面虽然经过了生产加工，但仍存在微观和宏观几何形状偏差（粗糙度、圆度、圆柱度、直线度等）；在总成及部件的装配过程中会有装配误差。这些使得配合零件表面间的实际接触面积比计算面积小得多，使实际单位面积的压力要比理论计算值大得多。因此，新车或大修竣工的汽车若以全负荷运行，零件摩擦表面的单位面积的压力会很大，将破坏润滑油膜并使零件局部温度升高，使零件迅速磨损和破坏。

经过走合期的使用，可以磨去零件表面的微观不平，形成比较光滑的、耐磨而可靠的工作表面，以承受正常工作载荷。同时，走合期内暴露出的生产或修理中的缺陷得以排除，可减小汽车正常使用阶段的故障率。汽车的使用寿命、使用可靠性、动力性和燃油经济性与走合期的使用情况有很大关系。

了解零件配合表面的磨损规律可以对汽车走合期的重要作用有更深入理解。汽车使用过程中，零件配合间隙 Δab 因磨损随行驶里程增大。根据磨损速率和特点走合期可分为三个阶段，如图15-1所示。

初期磨损阶段 A 又称之为零件磨合阶段。其特点是工作初期磨损较快，但随摩擦副配合状况的改善，磨损速度逐渐减慢。磨合终了间隙为 Δcd。

正常工作阶段 B 也叫作允许磨损期。经磨合阶段后，其磨损速率趋于稳定，磨损量随汽车行驶里程缓慢增长，在间隙达到 Δef 后，磨损将再度加剧。若配合零件磨损强度不同，则其磨损曲线斜率也不同。

逐渐加剧磨损阶段 C 是超过极限间隙的零件磨损期。Δef 是配合零件的极限间隙，Δae 和 Δbf 为配合副零件 1、2 的极限磨损量。在这个阶段，磨损加剧，故障增多（响声、漏气、漏油等），工作能力急剧下降，并迅速损坏。

减小磨合终了间隙 Δcd 可以延长正常工作阶段 B，延长配合零件的使用寿命，如图 15-1 所示。如：把 Δcd 减小到 $\Delta c'd'$ 后，则阶段 B 可以延长里程 K。

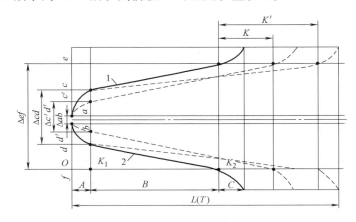

图 15-1　配合零件的磨损规律

Δef、Δcd、$\Delta c'd'$、Δab—配合间隙　L—行驶里程　T—汽车工作时间　K、K'—延长里程

三、汽车在走合期的使用特点

1. 零件表面摩擦剧烈，磨损速度快

由于配合间隙小，表面粗糙且单位面积上的压力大，因此配合零件在相互运动中产生很大摩擦力；又因摩擦发热多，润滑条件变差；同时，金属磨屑进入或残留于摩擦表面间，形成磨料磨损。从而使零件表面摩擦非常剧烈，磨损速度很快。

2. 润滑油变质快

在汽车走合期内，配合零件表面粗糙，摩擦力大，磨损剧烈，产生大量金属磨屑；同时，配合零件在相对运动中产生大量的热，零件表面和润滑油温度很高。因此，润滑油易于被污染或氧化而变质。

3. 动力性不足、燃油经济性差

汽车在走合期使用时，由于传动系统各总成中相互配合零件表面粗糙，同时因配合间隙小且润滑油变质而使得润滑效果较差，零件配合表面间摩擦剧烈，因而发动机工作过程中和传动系统传递转矩过程中的功率损失大，机械效率降低，使发动机输出功率降低，传递到驱动轮的功率和转矩减小，汽车动力性下降。

由于传动效率降低，同时因汽车走合期限速，使发动机经常在中、低负荷下工作，因而汽车运行耗油量增大，燃油经济性下降。

4. 行驶故障多

零件表面的几何偏差、装配误差、紧固件松动、使用不当等均会使汽车走合期的故障增多。例如：汽车走合时，工作表面摩擦剧烈，润滑条件差，发动机易过热，常发生拉缸、烧瓦等故障。

四、汽车在走合期使用时应采取的技术措施

1. 制定合理的走合里程

在汽车走合期，如果使用不当，未正确地执行走合规范，将影响配合零件的工作期限。走合期分为三个阶段：

第一阶段，即走合期的前 2~3h 内，因配合间隙小，零件表面粗糙，形状和装配位置都存在一定偏差，因此磨损和机械损失很大，零件表面和润滑油的温度很高。

第二阶段，即走合 5~8h 时，零件开始形成较光滑工作表面，摩擦机械损失和产生的热量逐渐减少。

第三阶段，零件表面磨合过程逐渐结束，并形成防止零件配合表面直接接触的氧化膜，进入氧化磨耗过程。

2. 减载并限速

在走合期内，应选择较好的道路并减载运行。走合期第一阶段应空载；整个走合期内，载货汽车应减载 20%~25%，并禁止拖带挂车；半挂车应减载 25%~50%。

在载质量一定的情况下，车速越高，则发动机和传动系统各总成承受的负荷越大，因此汽车在走合期内应限速行驶。应说明的是，限速行驶是指各档都要限速，通常各档位的最大车速都应降低 25%~30%。

3. 正确驾驶

在走合期内，驾驶人应该严格执行驾驶操作规程。起动时，预热温度应升至 50~60℃；行驶中，冷却系统冷却液温度不应低于 80℃；起步、加速应平稳；换档应平稳、及时；行驶中要注意选择路面，不在凹凸不平的路面上行驶，以减轻振动和冲击；经常注意变速器、后桥、轮毂及制动鼓的温度；尽量避免急促或长期使用行车制动。

4. 选择优质燃油和润滑油

汽车在走合期使用时，应选择抗爆性好的优质燃油，以防汽油机爆燃；同时应选择黏度较低的优质润滑油或加有添加剂的专用润滑油。润滑油的加注量应略多于规定量，并应按走合期内维护的规定及时更换。

5. 加强维护

汽车在走合期内实施的维护称为走合期维护。走合期维护作业的重点是检查、紧固、调整和润滑。

要特别注意做好日常维护工作。要经常检查、紧固各部外露螺栓、螺母，注意各总成在运行中的声响和温度变化，及时进行调整。

走合期维护一般分为走合前期、走合中期和走合后期的维护。汽车走合前，应检查汽车外部各种螺栓、螺母和锁销的紧固情况，检查润滑油、制动液的加注情况和轮胎气压，检查蓄电池放电情况和汽车的制动效能，以防止汽车在走合期出现事故和损坏；汽车走合 150km 时，应检查有关机件的紧固程度和汽车传动系统、行驶系统的温度状况，并消除漏水、漏油、漏气现象；汽车走合 500km 左右时，清洗发动机润滑系统和底盘传动系统壳体，更换润滑油，对汽车上技术状况开始变化的部分进行维护；走合期满后，应进行一次走合维护，对汽车进行全面的检查、紧固、调整和润滑作业，使其达到良好技术状况，其作业项目和深度参照制造厂的要求进行。

走合期结束后，在投入正常使用的 3000~4000km 行驶里程内，仍应避免发动机高速运转，车速不宜过高，载荷不宜过大，也不宜在很差的道路条件下运行。

第二节　汽车在低温条件下的合理使用

低温条件指气温在-15~-10℃以下的车辆使用条件。在寒冷季节，我国大部分地区的最低气温在0℃以下，北方地区的最低气温一般可达-25~-15℃，而西北、东北及边疆严寒地区最低气温可降至-40~-35℃。汽车在低温条件下使用时，汽车性能显著变坏，必须采取相应措施保证汽车的技术状况，保障车辆的正常运行。

一、低温条件对汽车使用的影响

汽车在低温条件下使用的主要问题是发动机起动困难、总成磨损严重、燃油消耗量增大、零件材料的性能变差、零部件易损坏等。

1. 发动机起动困难

起动性能与发动机的类型、燃烧室形式和设计制造水平有关。一般来说，当气温在-15~-10℃以下时，发动机冷车起动就会有一定的困难；而当外界气温在-30℃以下时，没有冷起动装置的汽车，不经预热则难以起动。发动机低温起动困难的主要原因有曲轴旋转阻力矩大、燃油蒸发性差、压缩终了气缸内压力和温度下降、蓄电池工作能力降低等。

（1）曲轴旋转阻力矩大　发动机起动的前提是必须达到一定起动转速，其起动性能通常用发动机在低温下的最低起动转速表示，并用最低起动温度表示其低温起动性能。

汽油发动机的最低起动转速与气温的关系如图15-2所示。曲轴旋转阻力矩增大使发动机的起动转速下降。导致进气气流流速下降，进气管和气缸内的空气涡流的强度降低，燃油雾化不良，压缩终了的压力和温度下降。

起动转速受起动阻力矩影响。起动时，曲轴旋转阻力矩包括缸内压缩气体形成的反作用力矩、运动部件对曲轴形成的惯性力矩、各摩擦副的摩擦阻力矩等。其中前二者在温度降低时变化不大，而后者主要受润滑油黏度的影响。随着温度降低，润滑油的黏度增大。因此，润滑油内摩擦力增加，曲轴旋转阻力矩增大，所需起动功率增大，使发动机起动转速下降而难以起动。润滑油黏度、起动温度与起动功率之间的关系如图15-3所示。使用低黏度润滑油时所需要的起动功率相对较小。

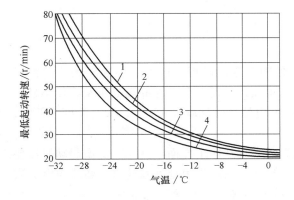

图 15-2　四种汽油发动机最低起动转速与气温的关系

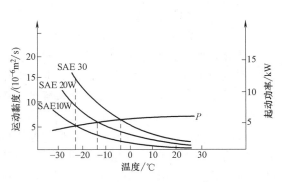

图 15-3　润滑油黏度、温度与起动功率的关系
P—起动系统输出功率

随着温度降低，发动机起动所要求的最低起动转速提高，但由于曲轴旋转阻力矩增大，却使起动机带动发动机曲轴旋转时的起动转速下降。这决定了发动机的最低起动温度，如图15-4所示。若温度过低，则会因起动转速不能达到所要求的最低起动转速而不能起动。

（2）燃油难以蒸发　温度降低会使燃油的黏度和密度增大，如图15-5所示。因而，流动性变差，表面张力增大，并且由于起动转速下降，降低了进气流速，进气管和气缸内的空气涡流的强度降低，这都使得燃油难以雾化；同时，环境温度低以及低温零件的吸热作用使燃油难以吸热蒸发，燃油难以汽化。因此，在低温条件下，大部分燃油以液态进入气缸，不能形成均匀混合气，实际混合气过稀而不易起动。试验表明，发动机起动时，气流流速一般不超过 3~4m/s，气温在 0~12℃时，只有 4%~10% 的燃油汽化。

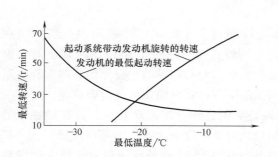

图 15-4　发动机起动的最低温度和最低转速

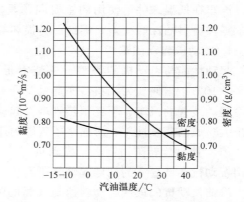

图 15-5　汽油黏度、密度与温度的关系

（3）压缩压力和压缩温度降低　低温起动转速的下降，不仅使进气管气流速度下降，影响了汽油雾化，难以形成浓度适当的均匀混合气，而且使气缸的压缩压力和压缩终了气缸内的温度降低，因此混合气更难以点火燃烧。起动时，气缸压缩压力与发动机曲轴转速的关系如图15-6所示。

（4）蓄电池工作能力下降　起动过程中，蓄电池工作能力主要影响起动机输出的起动转矩和火花塞的点火能量。蓄电池电压为

$$U = E - IR$$

式中　U——蓄电池电压（V）；

　　　E——蓄电池电动势（V）；

　　　R——蓄电池内阻（Ω）；

　　　I——蓄电池输出电流（A）。

低温条件下，蓄电池电动势 E 变化不大。但随着温度降低，电解液黏度增大，向极板的渗透能力下降，内阻增大；同时，起动时电流很大，从而使蓄电池的端电压及容量明显下降。在低温下工作时，电解液温度每降低 1℃，蓄电池容量便减少 1%~1.5%。温度过低时，电解液有冻结以致冻坏蓄电池的危险。

蓄电池端电压和容量的降低对低温起动的影响表现在两个方面。首先，低温起动时需要的起动功率很大，而蓄电池输出功率反而下降，导致起动机无力拖动发动机旋转或不能达到最低起动转速，如图15-7所示；其次，蓄电池端电压降低时火花塞点火能量小。此外，在低温条件下，点火能量降低的原因还有：可燃混合气密度增大，使电极间电阻增大；火花塞电极间有油、水及氧化物等。

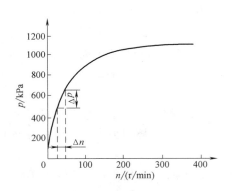

图 15-6 气缸压缩压力与曲轴转速的关系

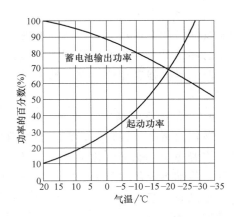

图 15-7 气温对起动功率、蓄电池
输出功率的影响

2. 总成磨损严重

汽车在低温条件下使用时，各主要总成的磨损强度均较大。

（1）发动机磨损严重的原因　在发动机的使用周期内，50％的气缸磨损发生在起动过程，而冬季起动磨损占总起动磨损的 60％~70％。发动机的主要磨损部位是气缸壁和活塞环、轴和轴瓦。发动机缸壁和活塞环磨损强度与缸壁温度的关系如图 15-8 所示。低温条件下，发动机磨损严重的主要原因是润滑条件差、腐蚀磨损大、轴承配合间隙变小。

低温起动时，润滑油黏度大、流动性差，不能及时到达气缸壁、轴承等摩擦表面；未蒸发的液态燃油进入气缸，冲刷气缸壁上的润滑油膜，并沿气缸壁流入曲轴箱，稀释润滑油使其油性减退。同时，燃烧不完全形成的碳化物随废气窜入曲轴箱后，会使润滑油进一步污染。

在低温条件下，燃烧过程中的水蒸气凝结于气缸壁，并与汽油燃烧过程中产生的氧化硫化合成酸性物质引起腐蚀磨损，使气缸壁磨损加剧。汽油的含硫量与气缸壁磨损的关系如图 15-9 所示。

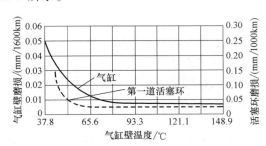

图 15-8　发动机气缸壁、活塞环磨损与
气缸壁温度的关系

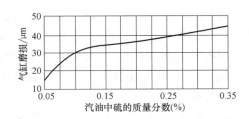

图 15-9　汽油含硫量与气缸壁磨损的关系

曲轴颈和连杆轴颈与所用轴瓦的合金成分不同，因而膨胀系数不同。在低温条件下，配合间隙变小且不均匀，加速了轴颈与轴瓦的磨损。

（2）传动系统总成磨损严重的原因　工作温度升高缓慢、润滑条件差、运动阻力大导致传动系统总成磨损严重。

传动系统总成的工作温度由零件摩擦和搅油产生的热量维持，温升速度慢。低温时，传动系统润滑油黏度增大，润滑油的内摩擦增大，齿轮和轴承摩擦表面间得不到充分润滑，因而配合零部件摩擦表面间的摩擦强烈，运动阻力增大，导致零件磨损大。研究表明，与油温35℃时的磨损强度相比，润滑油温为-5℃时，汽车主减速器齿轮和轴承的磨损强度增大10~12倍。

3. 燃油消耗量增大

在低温条件下使用时，汽车燃油消耗量增大的主要原因如下：发动机暖车时间长；发动机工作温度低，燃油汽化不良，燃烧不完全；润滑油黏度大，摩擦损失大，发动机输出功率下降，传动系统传动效率下降，汽车行驶阻力增加。

据试验，汽油发动机冷却液温度由80℃降至60℃时，油耗增加3%；降至40℃时，油耗增加12%。

4. 零部件易损坏

低温条件下，材料的物理力学性能将变差。碳钢的冲击韧性下降，铸件变脆，塑料、橡胶变硬、变脆，从而相应零部件在载荷作用下易于发生损坏。

另外，在低温条件下，蓄电池电解液易冰冻而不能正常工作；冷却液易结冰，导致散热器和发动机缸体冻裂。

5. 排气污染严重

低温条件下，燃油雾化不好。因此，冷起动阶段 HC 和 CO 排量增多，排放污染严重。据测算，汽油机 HC 排放量的80%是在冷起动阶段排出的。

在起动初期的工作循环，发动机喷入的燃油量往往是实际燃烧需求量的5~6倍，以尽快起动。这时，进气管空气流速较慢，壁面温度较低，燃油蒸发性较差，因而很多燃油以油膜的形式停留在气道壁面上、进气门处或进入气缸。这些油膜在后续的暖机工况，将随着温度升高而挥发，从而对混合气实际空燃比产生很大影响。另一方面，起动时废气氧传感器不起作用，无法提供反馈信号对燃油量进行控制。这不仅增大了暖车时间内的燃油消耗，而且增大了有害气体特别是 HC 和 CO 的排放量。

6. 行车条件差

低温条件下，道路常被冰雪覆盖，轮胎与地面间的附着系数显著下降。因此，制动距离增长且车辆极易发生侧滑；汽车加速上坡时，驱动轮也易于滑转。

特别严寒的情况下，橡胶轮胎逐渐变脆，受到冲击载荷时易发生破裂。

二、汽车在低温条件下使用时应采取的主要措施

1. 加强技术维护

在季节转换之际，应结合汽车定期维护作业，附加作业项目，提高汽车在低温、寒冷条件下的适应能力，避免发生意外事故。

冬季维护的主要附加作业项目有：安装或维护发动机保温及起动预热装置；检查调整冷却散热装置（节温器、风扇传动带等）；更换冬季润滑油（脂）及防冻（冷却）液；检查调整供油系统、点火系统；采取防滑保护措施等。

2. 预热

起动前预热有利于发动机的低温起动。常用方法有进气预热和发动机预热。

进气预热指利用进气预热装置加热进气气流。按热源不同，所用装置可分为火焰进气预热装置和电热进气预热装置。前者利用火焰来加热进气管内的气流，主要用于柴油发动机预热。后者采用装在进气系统中的电热塞对进气气流进行加热。

常用发动机预热方法有热水预热、蒸汽预热、电热器预热。

热水预热是应用最广泛的预热方式。预热时，将热水从散热器加水口注入冷却系统，注满后把放水阀打开，使之边注边流，待流出的冷却液温度达到 30~40℃后，关闭放水阀。

蒸汽预热是预热发动机的有效方法。预热时，蒸汽通过蒸汽管导入散热器的下水管，进入发动机冷却系统，或直接引入冷却水套。当缸体温度升高到一定程度时，放水阀处便排出蒸汽。预热温度升高到 50~60℃时，更易于起动。

把加热器插入冷却系统或机油内，可方便地对发动机进行加热。管式电极加热器如图 15-10 所示。

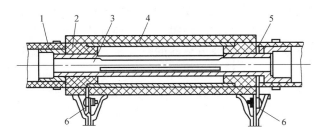

图 15-10　管式电极加热器
1—接头　2—绝缘体　3—内电极　4—外电极　5—软管　6—接线柱

3. 使用起动液

起动液是专门的起动燃料，其主要成分是乙醚（$C_2H_5OC_2H_5$），沸点为 34.5℃，因此具有很好的挥发性。

使用起动液时，应根据发动机进气系统的结构，将其呈雾状均匀地分配到各个气缸中。另设有起动装置的发动机，其起动装置以起动液为燃料，起动时可以将其呈雾状喷入进气管；对没有起动装置的汽车，可使用起动液压力喷射罐，直接把起动液喷入进气管。但应注意控制喷入量，喷入量过大时，会引起发动机起动粗暴。

4. 合理选用燃油和润滑油

为便于低温起动并减轻磨损，低温下使用的燃油应具有良好的蒸发性、流动性且含硫量低。

蒸发性对起动性能有很大影响。汽油蒸发性用馏分温度表示，其中 10%馏分温度影响发动机的起动性。10%馏分温度越低，起动性能越好。随着温度的降低，汽油的黏度和相对密度增大，流动性变坏，雾化和汽化困难。从 +40℃ 到 -10℃，汽油黏度提高 76%，相对密度提高 6%。90、93、97 号车用无铅汽油的 10%馏分温度均不高于 70℃，在气温不低于 -13℃时，可以满足直接起动的要求。

低温条件下使用的柴油机，要求柴油具有很好的流动性和较低黏度。然而，夏季牌号的柴油在温度降低到 -20~-18℃时，黏度开始明显提高。由于黏度增大，柴油雾化不良，使燃烧过程变坏。若温度进一步降低，则燃油中的含蜡沉淀物析出，燃油的流动性逐渐丧失。

进入冬季前，发动机、变速器、主传动器等总成应换用冬季润滑油。冬季润滑油具有良好的黏温特性，温度下降后黏度增大不显著，可使零件的润滑条件改善，并降低起动阻力。

5. 保温

在严寒地区使用时，应采取保温措施。其目的是使汽车在一定的热工况下工作，并保证随时出车。保温主要部位是发动机和蓄电池。气温很低时，或对于承担某些特殊任务的车辆，还应对油箱和驾驶室保温。

采用发动机舱盖保温套是保持发动机温度状况的重要措施。采用该措施后，在-30℃气温下工作时，发动机舱盖内温度可保持在 20~35℃；停车后，其主要部位的冷却速度也比无保温套时降低近 6 倍。保温材料可以是棉质或毡质的，前者保温性能较好。用薄乙烯基带密封发动机舱盖也有良好保温效果。

采用双层油底壳或在油底壳外表面封一层玻璃纤维，可以保持润滑油温。

采用百叶窗或用改变风扇参数（叶片数目或角度）的方法可以对发动机保温，也可以用降低风扇转速或断开风扇离合器的方法保温。后一种方法不但减少了热量耗散，而且还减小了功率损失。关闭百叶窗可减小流经散热器的空气流，但由于气流阻力大，风扇消耗的功率略大。

蓄电池保温的目的是保持蓄电池温度或减缓下降速率，以使其容量、内电阻变化不大。常用的保温方法是把蓄电池放在木质或玻璃钢制夹层保温箱内，若在夹层中充入导热系数很低的保温材料，则保温效果更好。

6. 正确使用防冻液

在冬季，发动机冷却系统使用防冻（冷却）液，既可起冷却作用，又可防止冻裂缸体。并可避免每天加、放水，以减轻劳动强度并缩短起动前的准备时间。因此，防冻液又称为冷却液。防冻（冷却）液的合理使用方法见本书第十二章第三节。

7. 其他应注意的问题

低温条件下，制动液、减振液黏度增大，甚至出现结晶，影响汽车行驶的安全性与平顺性。因此，应选用适合在低温条件下使用的制动液和减振液。

在特别寒冷的情况下，橡胶轮胎硬化、变脆，受冲击载荷时易破裂。因此，在冬季行驶时，为减轻冲击，要缓慢起步及越过障碍物，且起步后几公里内应低速行驶，

驾驶室和车厢的温度过低，会降低驾驶人的劳动条件和乘客的舒适感。风窗玻璃结霜会影响视野。为此，可将热空气引入驾驶室及风窗玻璃上，以便采暖和除霜。轿车和舒适性要求较高的客车上应装备采暖设备。

第三节　汽车在高温条件下的合理使用

高温条件即指气温在 35℃以上的车辆使用条件。在盛夏季节，我国南方和西北高原的一些地区，由于日照时间长，热辐射强，最高气温常常达到 35℃以上。高温条件对汽车的使用性能有不利影响，应采取相应措施，保证汽车的技术状况和正常运行。

一、高温条件对汽车使用的影响

汽车在高温条件下工作时，发动机的动力性、经济性和可靠性变坏，排气污染加剧，汽车底盘特别是传动系统和行驶系统的使用性能下降，汽车电气设备故障增多。

1. 发动机使用性能下降

汽车发动机散热器的散热量 $Q(\text{kJ})$ 的计算式为

$$Q = kS\Delta T$$

式中　k——传热系数 $[\text{kJ}/(\text{m}^2 \cdot \text{℃})]$；

　　　S——散热器的散热面积（m^2）；

　　　ΔT——散热器内外温差（℃）。

当散热器的结构和所用冷却液一定时，k 和 S 的数值为常数，散热量 Q 主要取决于温差 ΔT。因此，在高温条件下，汽车冷却系统的散热温差 ΔT 降低，使冷却系统散热量减小，发动机易过热。所产生的不利影响如下：发动机充气量降低，易于爆燃、早燃，动力性和燃油经济性差；机油变质快，磨损加剧；燃油供给系统易于气阻。

（1）发动机充气量下降　充气系数 η_V 和每循环充气量 Δm 是评价发动机进气过程完善程度的重要指标。

$$\eta_V = \frac{\Delta m}{\Delta m_0}$$

$$\Delta m = \eta_V V_h \rho_0$$

式中　Δm——实际进入气缸新鲜充气量（kg）；

　　　Δm_0——进气状态下充满气缸工作容积的新鲜充气量（kg）；

　　　V_h——气缸工作容积（m^3）；

　　　ρ_0——进气状态下空气密度（kg/m^3）。

每循环进入气缸的新鲜充气量多，则发动机功率和转矩增大，动力性能好。但试验表明：进气温度提高后，其与缸壁的温差减小，尽管充气系数变化不大，但由于高温条件下发动机舱盖内温度高，空气密度大大下降，使发动机的实际充气量减小，从而导致发动机输出的功率和转矩降低。气温越高，发动机舱盖内温度越高，空气密度越小，充气能力越低，发动机的动力性下降越显著。试验表明：当气温从 15℃ 升高到 40℃ 时发动机功率下降 5%~8%。

（2）燃烧不正常　在高温条件下使用时，发动机易产生爆燃和早燃等不正常燃烧情况。

发动机爆燃与很多因素有关。大气温度高，气缸内混合气温度也高，整个工作循环的温度上升；同时由于冷却系统散热能力下降，导致发动机过热。气缸壁、燃烧室壁温度升高后，燃烧室内末端混合气吸收热量多，使燃烧过程产生的过氧化物活动能量增强，加剧了燃前反应，使发动机在爆燃敏感的条件下运转，容易产生爆燃。另外，过热的发动机易造成可燃混合气早燃。

温度过高还使窜入缸内的润滑油在高温缺氧条件下生成积炭胶质和沉积物，积存于活塞顶部、燃烧室壁、气门顶部及火花塞上，可使导热性变差并形成炽热点，更易于导致早燃或爆燃的发生。

不正常燃烧使发动机的热负荷和机械负荷上升，容易导致零件的热变形甚至裂纹，并加剧磨损。

（3）燃油消耗量大　随着气温上升，空气密度减小，如汽车的燃油供给系统未进行调整，则实际进入发动机气缸的混合气变浓，如图 15-11 所示。过浓的混合气不能完全燃烧从而使燃油消耗量增大，汽车的燃油经济性降低。试验表明：当气温高于 28℃ 时，汽车的燃油消耗量将增大 2% 以上。

（4）润滑油易变质　发动机过热使燃烧室、活塞、活塞环和油底壳等区域的温度升高，润滑油易受热。润滑油在高温、高压下工作时，其抗氧化安定性变差，加剧了热分解、氧化和聚合的过程。不正常燃烧形成的不完全燃烧产物窜入曲轴箱，既污染了润滑油，又使其温度升高。由于润滑油温度高，因而黏度下降，油性变差。

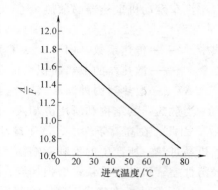

图 15-11　进气温度与空燃比 A/F 的关系

夏季炎热而干燥地区，空气中灰尘多；而湿热带地区，空气中水蒸气浓度大。灰尘和水蒸气可通过进气系统或曲轴箱通风口等处进入发动机，污染润滑油。

（5）零部件磨损加剧　在高温条件下，机润滑油黏度下降，油性变差，且润滑油变质或污染后品质变差，使发动机运转过程中气缸-活塞配合副和曲轴轴颈-轴瓦配合副等零部件磨损剧烈。特别是发动机以大负荷工作驱动汽车超载爬坡或高速行驶时，或在发动机不正常燃烧而形成的高温高压条件下，零部件磨损加剧。

（6）供油系统气阻　供油系统受热后，部分汽油蒸发成气体状态，形成气泡存在于油管及汽油泵中。由于气体的可压缩性，使之随着汽油泵供油所产生的脉动压力，不断地被压缩和膨胀，从而破坏了汽油泵吸油行程所产生的真空度，使发动机供油不足甚至中断。这种现象称为供油系统气阻。在炎热地区，特别当汽车满载上坡或长时间大载荷低速行驶时，气阻现象时常发生。影响气阻现象发生的因素如下：

① 汽油的品质（挥发性）。汽油的挥发性越好，液体汽油的挥发量越大，越易于产生气阻。

② 供油系统在发动机上的布置。汽油管道和汽油泵越靠近热源，越易产生气阻。

③ 汽油泵的使用性能。结构不同的汽油泵，尽管泵油量相同，但抗气阻的能力差别很大。泵油压力高时，其抗气阻能力也强。

④ 发动机舱盖内温度。气温越高或通风不良时，舱盖内温度越高，越易于产生气阻。

⑤ 大气压力。大气压力对供油系统气阻的影响很大。气压越低，汽油越容易挥发，产生气阻的趋势增大。

（7）排放污染加剧　大气温度通过空气密度、空燃比和燃油蒸发等因素对发动机排气污染物产生复杂的影响。气温升高，空气密度降低，混合气变浓，排气中 CO 和 HC 浓度增大；而 NO_x 的浓度则在某一空燃比时达到最大值。CO 体积分数随气温的变化关系如图 15-12 所示。

2. 汽车底盘有关总成性能下降

在高温条件下，底盘各总成的工作温度升高，导致传动系统润滑条件差，制动性能下降，汽车行驶系统的工作可靠性降低。

（1）传动系统润滑条件差　汽车大负荷连续行驶时，变速器、差速器内的齿轮油温度上升，热分解、氧化速度快导致齿轮油变质，润滑效果下降。

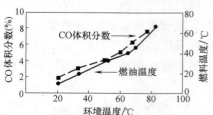

图 15-12　CO 体积分数随气温的变化关系

轮毂轴承等处的润滑脂在高温下易于流失，影响润滑效果和工作可靠性。润滑条件差使汽车底盘有关总成磨损加剧。

（2）制动效能下降　在高温条件下，汽车制动产生的热量不能及时扩散，制动毂和摩擦片的工作温度上升，二者间的摩擦系数降低，制动器产生热衰退现象，汽车的制动效能下降。液压制动的汽车，制动液温度升高后可能发生气阻，同时可能导致制动皮碗膨胀，从而致使制动可靠性降低，影响行车安全。

（3）轮胎易爆裂　外界温度高时，轮胎散热慢，胎内温度升高而使气压增大；同时橡胶老化速度加快，强度降低，因而容易引起轮胎爆裂。

3. 电气设备性能下降

高温行车对气器设备工作性能的影响主要如下：

① 点火线圈过热而使高压火花减弱，容易发生发动机高速断火现象，严重时可使点火线圈烧坏。

② 蓄电池电解液蒸发快，电化学反应加快，极板易损坏，同时易产生过充电现象，影响蓄电池使用寿命。

③ 电子元件容易因老化出现短路，造成汽车自燃。

二、汽车在高温条件下使用时应采取的主要措施

1. 提高发动机冷却强度

高温条件下，在结构方面增大发动机冷却系统冷却强度的主要措施包括：增加风扇叶片数、直径或叶片角度；提高风扇转速；采用形状圆滑过渡的护风圈等；尽量使气流畅流、分布均匀、阻力小、消除热风回流现象，并避免散热器正面无风区；增大风扇对散热器的覆盖面积；采用通风良好的发动机舱盖、舱盖外吸气、供油系统冷却等办法减小吸入空气及燃油的温度变化。

2. 加强技术维护

在夏季进行的日常维护中，要特别注意冷却系统的检查。如：冷却系统的密封情况；散热器盖上的通风口和通气孔是否畅通；冷却液温度表及温度传感器是否正常；风扇的技术状况；冷却液量等。

进入夏季使用之前，应结合二级维护，对汽车进行一次全面的检查和调整，应对汽车冷却系统、供油系统、点火系统进行检查和调整，并更换润滑油（脂）。

（1）冷却系统维护　检查和调整冷却风扇传动带的松紧程度；检查节温器的工作状况；清除散热器和缸体水套内的水垢。水垢对冷却系统散热能力的影响很大。试验表明：水垢的热导率比铸铁小十几倍。

（2）润滑系统维护　检查润滑油是否充足，适当缩短换油周期；选用优质润滑油作为发动机夏季用油；大型载货汽车、大客车大负荷连续上坡或连续行驶时，变速器和差速器的润滑油温度升高，如图15-13所示，因此应加装润滑油散热器；高温将使传动系统润滑油早期变质、黏度降低，应换用夏季齿轮油并适当缩短换油周期；轮毂轴承应换用滴点较高的润滑脂，并按规定周期进行检查和维护。

（3）燃油供给系统维护　对于在灰尘大的地区使用的车辆，应加强空气滤清器的维护，降低进气阻力，增大进气量。对采用电子控制汽油喷射系统的发动机，可适当调整发动机的匹配参数，以提高发动机的充气效率，保证混合气的质量和正常燃烧。由于高温条件下空气密度低，应调整发动机供油系统，减小供油量，以防混合气过浓。

制动液在高温下易于气阻，为了保证行车安全应选用沸点较高（不低于 115～120℃）的合成型制动液。

（4）电源及点火系统维护　高温时，混合气燃烧快，应减小点火提前角；夏季蓄电池电解液蒸发快，电解液的密度应稍小，应经常检查电解液平面高度，及时加注；夏季汽车用电量小，应调小发动机调节器充电电流，以避免蓄电池过充电，极板损坏。

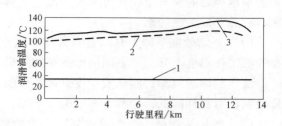

图 15-13　连续上坡时传动系统润滑油的温度变化
1—大气温度　2—差速器润滑油温度
3—变速器润滑油温度

3. 防止发动机爆燃

发动机爆燃与进气温度有关，因此通过改进发动机进气方式，降低进气温度，可以防止爆燃。汽车行驶中，应注意保持发动机工作温度正常。

防止爆燃的措施有：选用辛烷值较高的高牌号优质汽油；调稀混合气；调整点火系统，适当推迟点火时刻，增强火花塞点火能量；及时清除积炭；根据需要安装爆燃限制器。

4. 防止气阻

防止供油系统气阻的具体措施包括：使用挥发性适宜的汽油；汽车行驶中发生气阻，可冷却汽油泵；使用膜片汽油泵的车辆，将泵与缸体间的金属垫改为绝热材料垫，减少传热；装用电动汽油泵。电动汽油泵具有结构简单、工作可靠、不受安装位置限制的优点。安装位置远离热源时，可减少向供油系统的传热。现代汽车的汽油泵安装在燃油箱内，增大了供油并增设了回油管路，可有效防止供油系气阻。

防止制动系统气阻的具体措施为选用沸点较高的合成型制动液，同时，应注意汽车制动系统和行驶系统的工作温度。

5. 防止轮胎爆裂

环境温度高时，轮胎散热差。汽车长时间高速行驶时，轮胎温度升高，承载能力下降，容易爆胎。

轮胎侧面注有速度标记，汽车长距离连续行车时，车速不应高于允许速度。

超载是爆胎的重要原因。夏季路面温度高，轮胎因此升温。如果超载行驶，轮胎变形及产生的热量大，致使轮胎温度进一步升高。轮胎的橡胶材料和帘线在升温后承载能力下降。因此，汽车超载使轮胎载荷增大时，极易导致胎体爆裂。轮胎的负荷能力以速度为基础，也用胎侧的相应标记标明，行驶速度提高，负荷能力应相应减少。

夏季行车时，应注意检查轮胎的温度和气压。轮胎的实际气压与环境温度有关，随轮胎温度提高而相应增高。在炎热夏季，应保持规定的气压标准。

载货汽车装用双胎时，由于受路面拱形、轮胎负荷和散热条件的影响，内侧轮胎的工作温度较高且负荷较大。因此，应注意轮胎的定期换位。

6. 注意车身维护

汽车漆涂层的主要损坏形式是老化、褪色、失光、粉化、开裂和起泡等；车身电镀层的主要损坏形式是锈斑、脱皮以及锈蚀等。高温条件大大加快了漆涂层和电镀层的损坏。夏季使用和维修过程中，应加强汽车外表养护作业，注意喷漆前的除锈并采用耐腐蚀、耐磨性高的涂层。

高温、强光、多尘和多雨均影响驾驶人的劳动强度、行车安全和乘坐舒适性，应加装空调设备、遮阳板，或加强驾驶室、车厢的通风，并防止漏雨。

第四节　汽车在高原和山区条件下的使用

高原和山区条件指高海拔地区和山区复杂道路条件。我国地形复杂多样，山区面积广大。西南部的青藏高原，平均海拔在 4000m 以上；云贵高原和黄土高原等许多地区，海拔在 1000~2000m。高原山区条件对汽车的使用性能有不利影响，应采取相应措施，保证汽车的技术状况和正常运行。

一、高原山区条件对汽车使用的影响

汽车在高原山区条件下行驶时，由于海拔高、气压低、空气稀薄，发动机动力性和燃油经济性下降，汽车低档行驶或上长陡坡时，发动机易过热；汽车在山区复杂道路条件下行驶时，底盘特别是行驶系统的载荷大，轮胎磨损剧烈，制动系统负荷增大，行驶安全性降低。

1. 动力性降低

随着海拔升高，气压逐渐降低，空气密度减小。海拔每增加 1000m，大气压力下降约11.5%，空气密度约减小 9%，见表 15-2。

表 15-2　海拔、大气压力、密度及温度的关系

海拔/m	大气压力/kPa	气压比例	空气温度/℃	空气密度/(kg/m³)	相对密度
0	101.3	1	15	1.2225	1
1000	89.9	0.887	8.5	1.1120	0.9074
2000	79.5	0.7845	2	1.006	0.8315
3000	70.1	0.6918	-4.5	0.9094	0.7421
4000	61.3	0.6042	-11	0.8193	0.6685
5000	54.0	0.533	-17.5	0.7063	0.6008

由于气压降低，外界与缸内的压差减小；又因空气密度小，使发动机充气量下降。气压降低使进气管真空度相应减小，真空点火提前装置的工作受到影响，点火推迟。因压缩终了的压力和温度降低，混合气燃烧速度缓慢。因此，发动机动力性降低，运转稳定性特别是怠速稳定性下降。试验表明：海拔每升高 1000m，有效功率 N_e 和有效转矩 M_e 分别下降 12%和 11%左右，如图 15-14 所示；同时，海拔每升高 1000m，怠速转速降低 50r/min。

2. 燃油经济性下降

随着海拔增大，汽车的行驶油耗量相应增大，如图 15-15 所示。其主要原因如下：

① 空气密度下降，充气量降低。若供油系统未经调整，则空燃比变小，混合气变浓。

② 汽车行驶的道路阻力大。

③ 由于发动机动力不足，且坡度陡而长，道路复杂，汽车经常用低档大负荷低速行驶。

④ 发动机大负荷工作的时间比例增大，发动机易过热并易于引起不正常燃烧。

⑤ 大气压力降低，燃油蒸发性提高，易产生气阻和渗漏。

3. 润滑油易变质

高原行车时，发动机功率下降，且道路复杂，行驶阻力大，因此发动机大负荷工作的时间比例增大，发动机易过热。发动机工作温度升高，使润滑油黏度变小，氧化速度加快；同

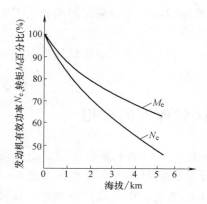

图 15-14　汽车发动机有效功率、
有效转矩与海拔的关系

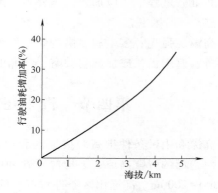

图 15-15　海拔对汽车行驶油耗的影响

时，过浓的混合气不能完全燃烧，窜入曲轴箱后，会稀释润滑油而加快润滑油变质。润滑油品质变差使发动机润滑不良，磨损加剧。

4. 排放污染物增多

由于海拔影响发动机的进气空燃比，导致混合气浓度增大，从而影响燃烧过程使有害污染物的排放量增多。海拔与发动机排气中的 CO、HC 和 NO_x 浓度的关系如图 15-16 所示。可以看出，CO、HC 排放浓度随海拔升高而增大，而 NO_x 的浓度则有所下降。

5. 制动性能变差

汽车在山区复杂道路条件下行驶时，因制动频繁或长时间持续制动，致使摩擦片和制动鼓处于持续摩擦发热状态。制动蹄摩擦片工作温度过高时，摩擦系数急剧下降，汽车制动效能下降。

在山区复杂道路上制动时，汽车易于失去转向能力，后轴易于侧滑。此外，路面附着条件和道路曲率的变化等也对汽车的制动稳定性有较大的影响。

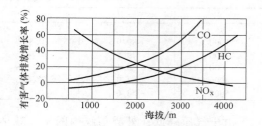

图 15-16　海拔对发动机排气污染物的影响

装用气压制动系统的汽车在高原山区使用时，因空气稀薄，空气压缩机的生产率下降，供气压力不足；同时，由于制动次数多，耗气量大，往往不能保证汽车，特别是汽车列车的制动可靠性。

装用液压制动系统的汽车在高原山区使用时，高海拔条件下制动液的挥发性提高，且当制动频繁时制动器摩擦生热使制动系统温度升高，因此若所用制动液的沸点低，则易于蒸发而产生气阻，导致制动失灵。

6. 行驶系统负荷大

在山区复杂道路条件下行驶时，换档、制动、转弯次数多，汽车的行驶系统及轮胎所受动载荷和摩擦增大，行驶系统零部件和轮胎受力变形大，轮胎磨损剧烈。

二、汽车在高原山区条件下使用时改善发动机性能的主要措施

在高原山区使用时，发动机功率下降，油耗增多，磨损加剧。可采取以下技术手段提高发动机的性能。

1. 提高压缩比

在高海拔地区，发动机实际充气量下降，压缩行程终了时气缸内压力及温度相应降低，爆燃倾向减小，具有提高压缩比的有利条件。增大压缩比不但可以提高压缩终了的温度与压力，增大膨胀比，改善燃烧过程，减少热损失，而且可以采用较稀的混合气，提高发动机的动力性和经济性。

若汽车需经常在高原地区使用时，应购买汽车制造厂为高原地区专门设计、制造的高原型汽车。

可采用高压缩比气缸盖提高压缩比。高压缩比气缸盖可以是专门设计的，也可以在原气缸盖上进行加工或使用较薄气缸垫，用缩小燃烧室容积的方法使压缩比有所提高。

2. 合理选择配气相位

合理选择配气相位可以提高气缸充气量，改善发动机的动力性和燃油经济性。配气相位的确定，应与发动机的实际转速范围相适应。转速不同，进、排气门开、闭角对气流惯性的影响也不同，因而进、排气门开闭的最有利的角度应随之变化。合理的进气迟关角可利用气流惯性提高充气量，在一定的气流惯性下，对应一个最佳迟关角。排气提前角主要影响做功行程中的膨胀功损失和排气行程中的排气功损失。随着发动机转速的提高，排气提前角亦应增大。

3. 调整燃油供给系统

随着海拔升高，充气量减小，供油系统若不进行调整，则混合气变浓，燃油燃烧不完全。因此，应根据海拔调整循环供油量。

对使用化油器供油系统的发动机而言，应调整主配剂针，减小主量孔流量；适当加大空气量孔；使浮子室油面高度适当降低，以使混合气变稀。

对于使用电控燃油喷射（EFI）系统的汽油发动机而言，利用氧传感器可以测定所排放废气中氧的浓度，可检查混合气的空燃比是否满足发动机运转工况的要求。根据氧传感器的输出电压反复调整燃油喷射量，适当降低混合气浓度，以满足海拔增大后发动机使用工况的要求。

使用含氧燃料。在汽油中掺入酒精、丙酮及其他含氧化合物的燃料。在燃烧过程中，理论上所需空气量减少，补偿了气压低而引起的充气量不足。

对于柴油机而言，除对柴油机供油量进行调整以减少循环供油量外，还因柴油喷入气缸后着火落后期延长，燃烧速率慢，需适当使喷油提前。

4. 调整点火系统

海拔升高后，发动机压缩终了的压力下降，火焰传播速度降低；同时大气压力降低，使真空提前装置受到影响，在相同工况下点火提前角减小。因此，可将点火提前角提前 $2° \sim 3°$，也可调整火花塞电极间隙，以增强火花强度。

5. 采用增压设备

增压设备的作用是提高进气压力，增加进入气缸的充气量。常用的增压设备为废气涡轮增压器，增压器涡轮由发动机排出废气的能量驱动，带动与之同轴的叶轮旋转，压缩来自空气滤清器的空气，使进气压力提高后进入气缸，如图15-17所示。发动机加快运转时，废气流速与涡轮转速同步加快，驱动叶轮使压缩后进入气缸的空气量增多，空气压力和密度因此增大。柴油机的工作过程无爆燃限制，使用增压器可增大充气量，压缩压力和温度相应提高，可改善发动机动力性和经济性，能有效补偿因海拔增高而造成的功率损失。

6. 改善润滑条件

所用机油应具有良好的黏温特性，以保证其在低温时起动性能良好，高温时具有良好润滑性能。并保持良好的曲轴箱通风，采用机油散热器散热，以防止机油变质。

7. 其他技术措施

经常检查蓄电池电解液，调整其密度，保证良好技术状况，提高点火系统的点火能量。

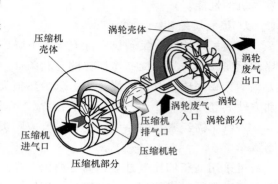

图 15-17　废气涡轮增压装置

高原山区空气稀薄、气温低，发动机冷却强度有时不相适应；低档爬坡时，发动机易过热；停车时，发动机又很快冷却；因此，发动机应采取良好的冷却和保温措施。

三、汽车在高原山区条件下使用时改善汽车行驶安全性的主要措施

高原山区地形复杂，坡陡、路窄、弯多，采取相应技术措施改善汽车行驶安全性，特别是改善其制动性能，尤为重要。

1. 采用防抱死制动系统（ABS）

制动过程中，防抱死制动系统可以防止车轮抱死，既可获得最大制动效能，又可避免危险的制动侧滑，提高制动稳定性。采用防抱制动系统是提高汽车在山区复杂道路上行驶安全性的重要途径。

2. 采用耐高温制动摩擦片

汽车连续制动或高速制动时，制动器会因温度上升而产生热衰退现象，制动力矩下降。制动器抗热衰退性能与制动器摩擦副材料及制动器的结构有关。因此，采用耐高温制动摩擦片是改善制动器抗热衰退性能的简单易行的方法。耐高温摩擦片采用环氧树脂、三聚氰胺树脂等作为黏合剂或采用无机黏合剂，使石棉摩擦材料黏结、固化成形而制成。石棉摩擦材料中常加有金属添加剂，当温度高达 400℃ 以上时，摩擦片尚可产生足够的制动力矩，可适应高原山区条件下行车制动的需要。

3. 采用辅助制动器

辅助制动器有电涡流、液体涡流和发动机排气制动器三类。前两类又称电力或液力下坡缓行器，多用于山区或矿用重型汽车上。排气制动一般是在发动机制动的基础上，在排气管内设置排气节流阀形成的，如图 15-18 所示。关闭排气节流阀，排气制动起作用，制动功率可达发动机有效功率的 80%～90%，达到降低车速的目的。辅助制动器属于缓行制动装置，可保证汽车各车轮制动均匀。

4. 防止制动系统气阻

防止制动系统气阻的有效方法是采用不易挥发的合成型制动液。评价制动液高温抗气阻性能的指标是平衡回流沸点。平衡回流沸点越高，越不易产生气阻。合成型汽车制动液一般由二乙二醇醚、三乙二醇醚等溶剂，蓖麻油、聚乙二醇等润滑剂和一些添加剂组成。根据 GB 12981—2012《机动车辆制动液》，HZY3 级合成制动液平衡回流沸点不低于 205℃，

HZY4 级不低于 230℃, HZY5 级不低于 260℃, HZY6 不低于 250℃。

5. 防止轮胎爆胎

海拔升高时,轮胎气压也会升高。在海拔 4000m 时,轮胎气压比在海平面时增加约 50kPa;同时,传递较大动力或速度过高时,轮胎表面温度较高,橡胶强度变差。因此,在高原山区行车时易爆胎而引发事故,应保持轮胎压力不超过规定值,同时注意轮胎工作温度。

6. 其他技术措施

为了满足气压制动系统的供气压力要求,可采用供气量大的双缸空气压缩机。

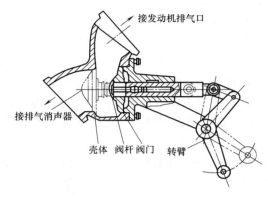

图 15-18 排气制动装置

汽车下长坡前及在下长坡制动过程中,不断对制动鼓淋水降温,以防温度过高使摩擦片烧蚀。

注意检查和维护汽车转向机构,使之转向灵活、可靠。

由于山区弯多路窄,前照灯应具有良好的技术状况。

汽车在高原和山区使用时,因换档、制动和转弯次数多,道路不平,底盘负荷大,轮胎磨损加剧,所以汽车维护周期应适当缩短。

第五节　汽车在拖挂运输条件下的合理使用

合理组织拖挂运输,增大装载质量,充分利用汽车动力,是提高运输生产率,降低运输成本的有效措施。但是,拖挂不合理,会对汽车列车的使用性能和使用寿命产生不利影响。

一、拖挂运输的条件

在良好道路及额定载荷下,一般营运车辆用直接档(包括超速档)以经济车速行驶时,其节气门开度约为 30%~40%,仅利用相应转速下发动机最大功率的 40%~50%,约为发动机额定功率的 20% 左右。合理拖挂运输,可以提高发动机功率的利用率,降低汽车的百吨公里燃油消耗量 [L/(100t·km)]。

拖挂能力取决于汽车的剩余功率。剩余功率越大,汽车加速和爬坡能力越好,拖挂能力越强。如以 P_k 表示发动机节气门全开、变速器挂直接档时,驱动轮的输出功率曲线如图 15-19 所示,图中,$\sum P$ 表示行驶阻力功率,P'_k 是节气门部分开启时驱动轮的输出功率,则汽车以某一车速 v_1 等速行驶时,负荷率为 $\dfrac{ab}{ac}$,剩余功率用 bc 所示。

二、确定拖挂质量的原则

确定汽车列车的最大总质量时,应遵循以下原则:

① 平均技术速度不低于单车的 70%,最高车速不低于单

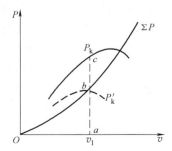

图 15-19　汽车的剩余功率

车的经济车速。

② 在所遇最大坡道上用 1 档起步，2 档通过；直接档使用时间不低于 60%。

③ 起步加速时间不高于单车的 1 倍；在平路上以直接档中速行驶时，发动机负荷不大于 70%。

④ 燃油消耗量不超过单车的 150%。

⑤ 比功率不小于 4.8kW/t，驱动力足够，且驱动轮不打滑。

三、拖挂运输对有关总成使用寿命的影响

汽车在拖挂运输条件下，发动机输出的功率和转矩增大，传动系传递的功率和转矩相应增大，起步加速时间增长，行驶中由冲击、摇摆、振动所引起的交变载荷大。因此，汽车发动机、传动系统、行驶系统、制动系统等各总成的磨损强度增大，使用寿命缩短。

汽车拖挂后，发动机功率利用率提高，气缸内混合气燃烧压力大；负荷增大使工作温度升高，润滑条件下降；汽车以低档运行时间长，发动机转速高，单位行驶里程转数增多，有关配合副磨损次数和有关部件（如火花塞、点火线圈等）的工作次数增多。从而使发动机气缸、曲柄连杆机构和其他有关部件的磨损强度增大，使用寿命下降。

拖挂运输时，汽车起步和行驶阻力增大，传动系统传递的功率和转矩增大。起步时，离合器接合延续时间是单车的 2~3 倍，摩擦片磨损加剧甚至烧蚀；变速器、传动轴、主减速器作用力增大且冲击剧烈，磨损增大甚至造成直接损坏。

汽车拖挂后，汽车起步、换档、急加速及在不平道路行驶时，均增大了作用于牵引钩上的交变载荷，产生冲击力，易使车架产生变形、裂纹和松动。由于驱动力增大，驱动轮磨损加快，缩短了轮胎使用寿命。

汽车总质量增大后，制动惯性相应增大，制动距离延长，制动次数增多，制动强度增大，使制动毂和摩擦片的磨损加剧，使用寿命缩短。

四、汽车拖挂运输的运行特点

汽车拖挂后，总质量增加和外部尺寸变化，导致起步和行驶阻力增大。汽车列车的加速能力、爬坡能力、制动能力及机动性、稳定性等较单车都有所下降。

① 汽车拖挂后，起步阻力增大，起步时间增长。由于负荷增大，在起步时的低温重负荷条件下，发动机燃油消耗增大。

② 汽车拖挂后，剩余功率降低，加速时间和加速距离比单车长，同时爬坡能力下降。

③ 汽车列车下坡时，行驶惯性较大，挂车对主车的冲击较大。

④ 汽车拖挂后机动性降低。弯道行驶时，挂车的行驶轨迹产生向心偏移，通道宽度加大，挂车易掉钩或刮碰路旁物体。汽车列车会车时，挂车易摆动而引起刮擦、碰撞事故；倒车时容易出现主车与挂车折叠现象。

⑤ 汽车列车总质量大，其运动惯性大，制动距离较长；主车与挂车制动时的同步性较差，易于在牵引钩等连接部位产生撞击。

五、拖挂运输条件下应采取的技术措施

1. 拖挂运输应注意的问题

组织拖挂运输时，首先应选择合理的拖挂质量。此外，还应注意以下问题：

① 主车的额定装载质量应在 4t 以上，轻型汽车不宜组织拖挂运输。

② 拖挂质量不得超过最大允许装载质量。

③ 技术状况不良，处于走合期或走合后 1000 km 以内的汽车不应拖挂运输。

④ 驾驶操作不熟练的驾驶人不宜驾驶带挂车的汽车。

⑤ 路况较差时不宜组织拖挂。

⑥ 主车空载时，不得拖带重载挂车。

⑦ 一车一挂，具有较大牵引力的汽车可拖挂大吨位挂车。

2. 加强技术维护

拖挂运输时，发动机负荷大，发动机及传动系各机构承受的作用力和交变负荷增大，工作温度上升，润滑不良，各总成机件磨损强度增大，使用寿命缩短。因此，要加强汽车维护并注意合理使用，应缩短大修间隔里程。

3. 合理驾驶

冬季起步前，要对发动机预热升温。起步时缓抬离合器踏板，使驱动力逐渐增大，当牵引钩拉紧后，接合离合器并深踩加速踏板，切忌起步过猛。

汽车列车的加速性能下降，加速时不能急躁。

汽车列车上坡前，应根据汽车的爬坡能力、拖挂质量、坡度大小及长度等情况，提前挂入适当档位，避免途中换档、停车。

下坡时，应保持上坡档位，合理利用发动机制动或排气制动，控制车速，缓慢下坡。车速过大时，再用行车制动器控制车速，保障安全。不可长时间使用行车制动器，以免制动毂、制动摩擦片过热。并应避免紧急制动，防止挂车冲击。

转弯前应提前减速，其行驶轨迹中心应靠向弯道中心外侧。转弯时，主车与挂车保持拉紧状态，以免挂车摆动；同时避免在弯道制动，防止挂车对主车的冲击。

会车时，应首先判断有无会车、让车的道路条件，提前降低车速、选择会车地点、适当加大会车的间距。

掉头时，尽量选择合适地点采用原地掉头方式。倒车时，应将挂车转盘锁止。汽车列车长度大或视线条件差时，倒车应有专人指挥。如出现倒车折叠现象，应停止倒车，并前行拉直后重新倒驶。

为保障汽车列车的制动性能，挂车应有制动装置。行驶时，尽量少用制动。必须使用时，应均匀制动，尽量避免紧急制动。为保持制动稳定性，制动初期应采用连续间歇制动，而后根据车速变化逐渐加大制动强度。

复 习 题

一、问答题

1. 什么是汽车的走合期？

2. 汽车磨损分哪几个阶段？

3. 汽车在低温条件下使用的主要问题有哪些？

4. 高温条件对汽车的使用性能有哪些不利影响？

5. 高原山区条件对汽车的使用性能有哪些不利影响？

6. 确定拖挂质量的原则是什么？

二、综述（分析）题

1. 汽车走合期的作用是什么？

2. 汽车在走合期有哪些使用特点？为什么？

3. 汽车在走合期应采取哪些技术措施？

4. 发动机低温起动困难的原因是什么？

5. 低温下蓄电池的工作能力为什么会下降？对发动机低温起动的影响表现在哪些方面？

6. 汽车在低温条件下使用时总成磨损大的原因是什么？

7. 改善汽车低温使用性能的主要措施有哪些？

8. 汽车在高温条件下有哪些使用特点？应采取哪些技术措施？

9. 高温条件下汽车的技术维护应注意哪些方面？

10. 高温条件下发动机使用性能下降的原因是什么？

11. 高温条件下供油系统和液压制动系统的气阻现象是怎样形成的？应采取什么措施预防？

12. 高温条件下底盘使用性能下降的原因是什么？

13. 高温条件下制动性能下降的原因是什么？

14. 高温条件下行驶时容易爆胎的原因是什么？应采取哪些措施防止爆胎？

15. 汽车行驶时，其动力性为什么随海拔升高而下降？

16. 汽车行驶时，其燃油消耗量为什么随海拔升高而增大？

17. 在高原地区改善发动机使用性能的主要措施有哪些？

18. 汽车制动系统在高原及山区条件下有哪些使用特点？应采取措施？

19. 简述拖挂运输对有关总成使用寿命的影响。

20. 简述汽车拖挂运输的运行特点。

21. 拖挂运输条件下应采取哪些技术措施？

第四篇 汽车运用技术保障

　　在汽车运用过程中，由于磨损、腐蚀、疲劳、变形、老化等原因和各种使用因素的影响，汽车的技术状况是不断变化的。

　　然而，汽车的技术状况对于汽车运用功能的发挥，对于汽车的运用效果和运输效益具有重要影响。

　　因此，必须研究汽车技术状况的变化规律，采用科学合理的技术保障措施，以提高汽车在使用过程中的技术状况，降低运行消耗，延长汽车使用寿命。

第十六章　汽车技术状况及其变化

汽车运用过程中，由于磨损、腐蚀、疲劳、变形、老化等基本原因和各种使用因素的影响，汽车的技术状况是不断变化的。

为了提高汽车的技术状况，降低运行消耗，延长汽车使用寿命，必须研究汽车技术状况的变化规律，采用科学合理的技术保障措施。

第一节　汽车技术状况和运用性能

一、汽车技术状况

汽车技术状况是指定量测得的、表征某一时刻汽车外观和性能的参数值的总和。

使用过程中，汽车与外部环境之间、汽车内部零件之间、零件与工作介质和工作产物之间均存在着相互作用，其结果是汽车零件在机械负荷、热负荷和化学腐蚀作用下，引起磨损、发热、腐蚀等一系列物理的和化学的变化，使零件尺寸、零件相互装配位置、配合间隙、表面质量等发生改变。如发动机气缸活塞组的尺寸、曲柄连杆机构的尺寸、制动器制动蹄片的尺寸、制动蹄与鼓的间隙等，在汽车使用过程中时刻都在发生着变化。汽车由机构、总成组成，而机构和总成又由零件组成，零件是汽车的基本组成单元。零件性能下降后，汽车的技术状况将受到影响。因此，汽车技术状况的变化取决于组成零件的综合性能。

随着汽车行驶里程增加，其技术状况逐渐变坏，致使汽车动力性下降、经济性变坏、使用方便性下降、行驶安全性和使用可靠性变差，直至达到使用极限。其主要外观症状如下：

① 动力性下降。汽车最高行驶速度降低；加速时间与加速距离增长。

② 燃料与润滑油消耗量增加。

③ 制动迟缓、失灵；转向沉重；操纵困难。

④ 行驶中出现振抖、摇摆或异常声响。

⑤ 排黑烟或有异常气味。

⑥ 运行中因技术故障而停歇的时间增长。

二、汽车运用性能

汽车技术状况可用汽车工作能力或运用性能评价。汽车运用性能包括动力性、经济性、使用方便性、行驶安全性、使用可靠性、载质量和容积等。其评价指标见表 16-1。

表 16-1　汽车运用性能评价指标

使用性能	评 价 指 标
动力性	最高行驶车速、加速时间与加速距离、最大爬坡能力、平均技术速度、低档使用时间
使用经济性	燃料消耗量、润滑油消耗量、维修费用
使用方便性	每 100km 平均操纵作业次数、操作力、灯光、信号的完好程度、起动暖车时间、最大续驶里程
行驶安全性	制动距离、制动力、制动减速度、制动时的方向稳定性、测滑量
使用可靠性	故障率和小修频率、维修工作量、因技术故障停歇的时间

汽车运用性能下降会导致运输生产过程中运输生产率下降、运输成本增大、经济效益变差，同时对环境污染加剧，并易于发生行车安全事故。表 16-2 所列统计数据反映了载货汽车随使用年限增加，其运输生产率、维修工作量和运输成本的相对变化情况。

表 16-2　运输生产率、成本、维修工作量与使用年限的关系

汽车工作时间/年	运输生产率（%）	维修工作量（%）	运输成本（%）
1	100	100	100
4	75~80	150~170	130~150
8	55~60	200~215	150~170
12	45~50	290~300	170~200

三、汽车运用性能的变化

汽车运用性能是由原设计与制造工艺所确定的，主要取决于汽车设计制造质量。在使用过程中，汽车实际运用性能从汽车初始性能开始，随着使用时间或行驶里程增长而变化。汽车初始性能取决于汽车制造质量；而汽车实际运用性能除取决于汽车制造质量外，还取决于汽车运用条件和运输工作情况等多方面因素。在汽车制造方面，可以通过改进汽车的结构设计和完善汽车的制造工艺来提高汽车的运用性能；在汽车运用方面，可以通过合理运用来提高汽车的实际运用性能（A_k）。

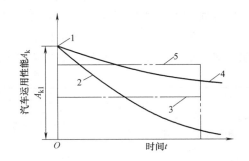

图 16-1　汽车运用性能随时间变化的情况
1—汽车初始性能　2—汽车运用性能随时间变化的曲线
3—汽车实际运用性能　4—汽车合理运用对性能的
影响　5—通过合理运用可提高汽车的实际运用性能

合理运用汽车，可使汽车运用性能随使用时间增长而下降的程度减小，从而使使用过程中汽车实际运用性能的平均水平有所提高，并延长汽车使用寿命，如图 16-1 所示。要实现汽车合理运用，必须对汽车技术状况的影响因素和在各种运用条件下提高汽车技术状况的措施进行研究，依靠有一定技术专长的人员和汽车技术管理等手段来保证汽车工作能力；同时，要做好汽车运用技术管理的基础工作，在汽车运用过程中要经常按运用时间（或行驶里程）测量、记录汽车运用性能的变化情况，以作为分析汽车技术状况变化，并确定提高汽车技术状况相应措施的依据。

第二节　汽车技术状况变化的基本原因

汽车结构设计的合理性、制造及装配质量和所用材料的优劣，对于汽车的技术状况及其变化过程有决定性影响。

汽车技术状况的变化是诸多内在原因综合作用的结果。主要原因有磨损、腐蚀、疲劳、变形、老化等。这些原因使零件尺寸、几何形状及表面质量发生改变，破坏了原来的配合特性和位置关系，从而引起汽车（或总成）技术状况变坏。汽车在某种特定使用条件下，其零件各种损坏所占百分比见表 16-3。

磨损是零件的主要损坏形式，磨损现象只发生在零件表面，其磨损速度的快慢既与零件

的材料、加工方法有关，又受汽车运用过程中装载、润滑、车速等条件的影响。引起汽车技术状况变化的主要磨损形式有磨料磨损、分子-机械磨损和腐蚀磨损。磨料磨损是零件相互摩擦表面间在坚硬、锐利的微粒作用下产生的磨损。微粒的来源有的来自外界，如尘埃、沙土等；而有的微粒是从零件工作表面上脱落下来的，如金属磨屑。在零件相互摩擦过程中，磨料的作用将加速零件的磨损过程。分子-机械磨损也称黏着磨损，当零件接触面承受大载荷、滑动速度高、同时润滑又不良时，零件表面在摩擦过程中会产生大量的热，使材料强度降低并形成局部热点，而易使零件局部表面金属黏结在一起；而黏结点在零件表面的相对运动中又被撕开，使一部分金属从一个零件表面转移到另一个零件表面而造成零件表面的损伤。产生粘着磨损的典型实例是气缸筒"拉缸"和曲轴"烧瓦"。腐蚀磨损是摩擦表面在酸、碱等腐蚀物质作用下而产生的磨损。腐蚀物质对零件表面的腐蚀可使表面形成薄而脆的氧化层，在摩擦力作用下，氧化层脱落，腐蚀作用进一步向零件深部发展，再形成氧化层。如此，氧化层不断生成，不断脱落，从而造成了零件表面的损伤。

表 16-3　汽车零件各种损坏所占百分比

零件表面特征		载货汽车	大型载货汽车和公共汽车
磨损		40	37
塑性变形与损坏	折断、破裂、脱离、剪断	20	19
	拉伸、弯曲、压缩	6	10
疲劳损伤	裂痕	12	7
	断裂	5	8
	剥落	1	1
高温损伤	烧毁	5	7
	烧损	4	3
	炭化	3	1
其他		4	7
总计		100	100

疲劳损坏是由于零件承受超过材料的疲劳极限的循环应力时而产生的损坏。通常，易于产生疲劳损坏的零件是承受交变载荷较大的零件，如汽车的钢板弹簧等。在交变载荷与零件内部所产生的循环应力作用下，零件表面产生疲劳裂纹，裂纹不断积累、加深、扩展而产生零件的疲劳损坏。

腐蚀损坏产生于与腐蚀性物质接触的零件表面。易于产生腐蚀损坏的主要部件有燃油供给系统和冷却系统管道、车身、车架等。汽车行驶过程中，车身外表要受到风沙的磨蚀；汽车使用环境中的空气湿度、尘埃等，对车身及裸露的金属零件也都有一定的腐蚀作用。

零件所受载荷在内部产生的内应力超过零件材料的弹性极限，就会发生变形。零件在制造和加工过程中产生的残余内应力和零件受热不匀而产生的热应力足够大时，也会导致零件变形或加剧变形过程。

老化是由于零件材料在物理、化学和温度变化的影响下，而逐渐变质或损坏的故障形式。汽车上的橡胶零部件（如轮胎、油封、膜片等）和电气元件（如晶体管、电容器等），长期受环境和温度变化的影响，会逐渐老化而失去原有性能。

因汽车零件和运行材料性能的变化，而使汽车技术状况逐渐变坏的现象，不仅发生于汽车使用过程中，也发生于储存过程中。例如：橡胶、塑料等非金属零件因老化而失去弹性，强度下降；燃油、润滑油、制动液等氧化变质及产生沉淀；金属零件产生锈蚀；车身表面漆层剥落等。

第三节　影响汽车技术状况变化的使用因素

汽车技术状况的变化不仅与结构设计和制造水平有关，还受各种使用因素的影响。这些因素通过对引起技术状况变化的各个基本原因的影响，作用于汽车各个总成和部件，影响着汽车技术状况的变化过程。

影响汽车运用效果的运用条件多而复杂。在这些运用条件中，影响汽车技术状况变化的使用因素主要有：运行条件、燃油和润滑油的品质、汽车运用的合理性等。

一、汽车运行条件

汽车运行条件主要包括道路条件、交通状况和气候条件。

1. 道路条件

道路网络是最重要的汽车运用基础设施，道路和道路网络的分类、构成和技术参数等见本书第一章。道路条件对汽车技术状况有重要影响。汽车运行速度、发动机转速、汽车负荷、操纵次数和强度等都与道路有关，因此汽车总成、零件的磨损强度也与道路条件有关。路面不同对汽车工作过程的影响见表 16-4。

表 16-4　路面不同对汽车工作过程的影响

指　　标	混凝土与沥青	沥青矿碴混合	碎石路面	卵石路面	天然路面
滚动阻力系数	0.014	0.020	0.032	0.040	0.080
曲轴平均转速/(r/min)	2228	2561	2628	3185	4122
平均技术速度/(km/h)	66	56	36	27	20
转向轮转角均方差	8	9.5	12	15	18
离合器使用频度/(次/km)	0.35	0.37	0.49	0.64	1.52
制动器使用频度/(次/km)	0.24	0.25	0.34	0.42	0.90
变速器使用频度/(次/km)	0.52	0.62	1.24	2.10	3.20
垂直振幅大于 30mm 的振动频度/(次/100km)	68	128	214	352	625

汽车在良好道路上行驶时，行驶阻力小，冲击和动载荷小，汽车的速度性能得以发挥，燃油经济性好，零件磨损速率小，汽车使用寿命长。而在坏路面上行驶时，行驶阻力大，低档使用时间比例大，因而车速低，但发动机的转速和负荷却很大，气缸内平均压力很高，所以气缸-活塞组件磨损严重；同时，由于操作次数增加和使用时间增长，离合器、变速器、制动蹄和制动鼓等部件的磨损增大。在崎岖不平的道路上行驶时，汽车底盘各总成如车轮、悬架、车桥等受到的冲击载荷加大，甚至直接破坏和损伤。

2. 交通状况

交通状况好坏对汽车的运行工况也有很大影响。汽车在交通状况不良（如车多路窄、交通流量大、交通堵塞、交叉路口多）的道路上行驶时，汽车采用低档运行的时间比例大大增大，离合器、变速器和制动器的操纵次数增多，汽车不能稳定运行使其所受冲击载荷大大增强，平均技术速度偏离汽车的经济车速。因此，汽车运输效率低，而燃油消耗多，且所承受的冲击载荷大大增强。据统计，在相同路面条件下，货车在市内的行驶速度较郊区降低 50% 左右，换档次数增加 2~2.5 倍，制动消耗的能量增加 7~7.5 倍。显然，仅有良好的道路质量和路面条件，而没有良好的交通环境，汽车则不能保持良好的运行工况，汽车技术状况的恶化进程加剧。

3. 气候条件

气候条件包括环境温度、湿度、风力和阳光辐射强度等。气候条件通过影响汽车总成的工作温度，改变其技术性能和工作可靠性。

在适宜的工作温度下，汽车及各总成的故障率最低，可靠性最高，如图 16-2 所示。如冷却系统冷却液温度为 70~90 ℃ 时，发动机磨损最小，如图 16-3 所示。气温过低使发动机工作温度低时，使润滑油黏度大、流动性差，起动时到达润滑表面的时间长；同时燃油雾化不良，燃油以液态进入气缸后，冲刷气缸壁上的润滑油膜，使磨损加剧。试验表明，在 -15℃ 的条件下起动发动机时，润滑油经 2min 才能到达主轴承；在 -18℃ 时起动并走热发动机一次，气缸磨损程度相当于行驶 200~250km 的气缸磨损量。当气温过高时，发动机易过热，则爆燃倾向增强，同时润滑油黏度降低，在摩擦表面不易形成油膜，磨损加剧。

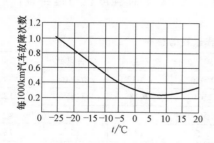

图 16-2　环境温度对汽车故障率的影响

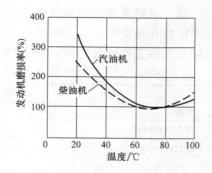

图 16-3　温度对发动机磨损的影响

在低温下，非金属零部件易出现硬化、开裂、弹性下降或强度降低等现象；而气温过高，易使供油系统和液压制动管路产生气阻并易发生爆胎，导致汽车的工作可靠性下降。

季节交替使环境温度、湿度和道路情况发生相应变化，如：夏季炎热、干燥，灰尘多；秋、冬季雨雪多，气候湿冷，道路泥泞。不同气候条件引起汽车工作过程发生变化而影响着汽车技术状况。

二、燃油和润滑油的品质

燃油和润滑油是重要的汽车运行材料，燃油、润滑油的类别、技术指标及技术要求等见本书第十二章。燃油、润滑油的规格和品质对保证汽车正常工作和良好技术状况具有重要影响。

汽油的蒸发性、馏分温度、辛烷值和含硫量是与汽车技术状况的变化有直接联系的指标。馏分温度越高，说明汽油中不易挥发、雾化和燃烧的重馏分越多。重质馏分易以液滴状态进入气缸，冲刷气缸壁润滑油膜，窜入曲轴箱稀释润滑油，从而使润滑条件差、磨损加剧。燃用辛烷值低的汽油易于发生爆燃，发动机的机械负荷和热负荷增大，同时破坏气缸壁上的润滑油膜，磨损加剧，还会引起气门烧蚀、连杆变形、火花塞绝缘部分损坏等故障。燃油中的含硫量决定了发动机腐蚀磨损的强弱。

柴油的蒸发性、十六烷值、黏度、含硫量对发动机的工作过程有很大影响。重馏分过多，会使燃烧不完全而形成炭粒，排放烟度增大，气缸磨损增加，还易堵塞喷油器喷孔。十六烷值高低对发动机工作的平稳性影响很大。十六烷值过低，则柴油机工作粗暴；而过高时，或因其低温流动性不良，雾化和蒸发性变差，从而加剧零件磨损。柴油黏度大，则柴油的低温流动性和雾化性差，燃烧不完全，积炭和黑烟排放多；而黏度小，则柴油对于喷油泵柱塞偶件的润滑作用下降，磨损加剧。柴油中含硫量从 0.1% 增加到 0.5% 时，气缸和活塞环的磨损量将增加 20~25%。

润滑油的黏度和抗氧化安定性对汽车的技术状况影响较大。润滑油黏度应与发动机转速、磨损状况和气候条件相适应。黏度大，则润滑油流动性差，低温时润滑条件差，磨损加剧；黏度小，则润滑油流动性好，但油性差，润滑油吸附金属表面的能力差，易使工作表面出现边界摩擦或半干摩擦状态，也会使发动机的磨损增大。如果氧化安定性不良，润滑油易于形成胶质沉淀物，使润滑性能下降；同时，因胶质物在润滑系统中的沉积而影响正常工作，加剧零件的磨损。

三、汽车的合理运用

驾驶技术、装载情况和行驶速度等因素对汽车技术状况的变化有很大影响。

1. 驾驶技术

驾驶技术对汽车使用寿命有直接影响。技术好的驾驶人在驾驶操作过程中，注意采用预热升温、平稳行驶、换档及时、合理滑行、温度控制等一系列正确合理的操作方法，注意根据道路情况合理选择行驶路线和车速，使车辆经常处于最佳工作状态，减缓汽车技术状况的变化，延长使用寿命。同时，驾驶人还应有一定的技术素质，能根据使用说明书中规定的使用要求合理使用车辆。

2. 装载情况

汽车装载量应按额定装载量进行控制。在超载状态下，汽车各总成承受的负荷增大，发动机工作不稳定，低档使用时间比例增大，冷却系统和润滑系统的工作温度升高，从而导致发动机和其他总成的磨损增大，汽车的使用寿命缩短。某中型汽车总质量与发动机和变速器磨损的关系如图 16-4 所示。

3. 行驶速度

车速高低对汽车技术状况变化的影响十分明显。载质量一定时，行驶车速对发动机磨损的影响如图 16-5 所示。汽车行驶速度过高，发动机经常高速运转，活塞在气缸内移动速度升高，气缸磨损增大。底盘特别是行驶机构受到的冲击增大，易使前、后桥发生永久变形。同时，高速行驶时，制动使用更为频繁，制动器磨损加剧。车速过低时，低档使用的时间比例增多，行驶相同里程发动机平均运转次数增多，同时由于润滑条件变差，其磨损强度较大。

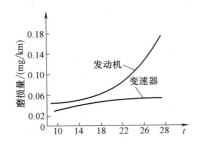

图 16-4　某中型汽车总质量与总成磨损的关系

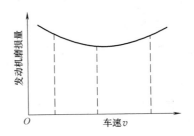

图 16-5　行驶速度对发动机磨损的影响

第四节　汽车技术状况变化的规律

汽车技术状况变化规律指汽车的技术状况与行驶里程或行驶时间的关系。

在使用过程中，汽车受到外部环境和内部条件多种因素的作用，其结构强度和使用条件的变化都有平稳变化的一面，同时又有不确定的一面，反映在汽车技术状况变化规律上，表现为渐发性和突发性两种变化规律。渐发性变化规律指汽车技术状况的变化随行驶时间或行驶里程单调变化，从而可用函数式表示的变化规律；突发性变化规律表示汽车或总成出现故障或达到极限状态的时间是随机的、偶发的，没有必然的变化规律，对其变化过程独立地进行观察所得结果呈现不确定性，但在大量重复观察中又具有一定统计规律。

如果汽车运用合理，则汽车主要技术状况的变化随使用时间或行驶里程而逐渐变化，而汽车在使用过程中出现的某些具体故障则是随机发生的。

一、汽车技术状况逐渐变化的规律

如果运用合理，汽车大部分总成、机构的技术状况随汽车行驶里程平稳而单调地逐渐变化，如图 16-6 所示。其特点是：汽车技术状况随行驶里程的变化过程可以用二者之间的函数关系式描述，可表示为 n 次多项式或幂函数两种形式：

1. n 次多项式

$$y = a_0 + a_1 L + a_2 L^2 + \cdots + a_n L^n \tag{16-1}$$

式中　　　　y——汽车技术状况参数值；

L——汽车行程或汽车工作时间；

a_0——汽车技术状况的初始值；

a_1、a_2……a_n——待定系数，表征 y 与 L 的关系。

2. 幂函数

$$y = a_0 + a_1 L^b \tag{16-2}$$

式中　a_1、b——确定汽车技术状况变化程度的系数。

对于主要因零件磨损所引起的汽车技术状况参数变化的规律，可用幂函数描述，如曲轴箱窜气量随行驶里程的变化过程等。

对于汽车技术状况随行驶里程或使用时间平稳变化的情况，原则上可以通过及时的维护和修理措施防止故障的发生；同时，由于汽车技术状况变化的单调性，可据此预测故障的发生。属于该种变化规律的技术状况参数的类型有：汽车零件磨损而导致的配合间隙的变化；冷却系统和润滑系统中沉淀物的积累；润滑油消耗率及润滑油中机械杂质含量等。

二、汽车技术状况的随机变化

汽车技术状况的随机变化过程受汽车使用中的偶然因素、驾驶操作技术水平、零部件材料的不均匀性和隐蔽缺陷等因素的影响，汽车或某总成技术状况变坏而进入故障状态所对应的行程是随机变量。

技术状况参数随机性变化的特点是各影响因素具有随机性的反映。当给定汽车技术状况参数的极限值时，该随机性变化表现为汽车技术状况参数达到极限值所对应的行程是多种多样的，如图 16-7a 中的 L_{p1}、L_{p2}……L_{pn} 所示；而在同一行驶里程下，汽车技术状况也存在明显差异，如图 16-7b 所示。

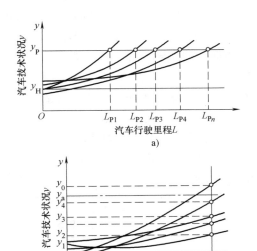

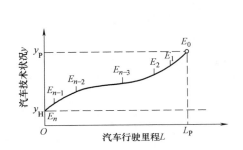

图 16-6　汽车技术状况随行驶里程逐渐变化曲线

E_n，E_{n-1}，$\cdots$，E_0—汽车技术状况从

初始值 E_n 到极限值 E_0

图 16-7　汽车技术状况的随机变化

y_p—技术状况参数的极限值　y_a—技术状况参数的许用值

y_H—技术状况参数的名义值

由于汽车技术状况的随机变化过程，不可避免地会引起汽车定期检测、维护作业超前或滞后进行。只有掌握技术状况随机变化的规律，才能合理制订汽车定期检测、维护的作业周期、确定作业工作量，提高汽车检测、维护作业的质量，延长汽车的使用寿命。

第五节　道路运输车辆技术等级划分和评定

一、道路运输车辆技术状况等级划分和评定

由于汽车的行驶里程或使用时间和运行条件、使用强度及维修质量的不同，汽车技术状况变化速度和程度各有差异。为掌握汽车的技术状况，合理地组织和安排运输能力，科学地编制汽车维修计划，应定期对运输车辆进行技术状况等级鉴定，核定其技术状况，并根据相关标准将车辆技术状况划分等级，以便于车辆的合理使用和科学管理。

根据 JT/T198—2016《道路运输车辆技术等级划分和评定要求》的规定，道路运输车辆技术等级划分为一级和二级。

统计期内，企业全部运输车辆技术状况的平均等级 T 为

$$T = \frac{N_1 + 2N_2}{S} \tag{16-3}$$

式中　N_1——一级车数（辆）；

N_2——二级车数（辆）；

S——车辆总数。

　　道路运输车辆技术状况等级的主要评定内容是汽车整车各总成和附属装备、动力性、燃油经济性、制动性、排放性，转向操纵性、悬架特性等。

　　道路运输车辆技术状况等级的评定原则如下：

　　① 道路运输车辆的综合性能要求和检测方法应满足 GB 18565—2016《道路运输车辆综合性能要求和检验方法》的规定。

　　② 以道路运输车辆综合性能的检测结果为依据，其技术等级评定项目和技术要求按 JT/T 198—2016《道路运输车辆技术等级划分和评定要求》的规定执行。

二、营运客车类型划分和等级评定

　　根据 JT/T 325—2013《营运客车类型划分及等级评定》的规定，营运客车分为客车和乘用车，客车按车长分为特大型、大型、中型、小型四个类型，每个类型又分为普通级、中级、高一级、高二级、高三级（仅特大型、大型），见表16-5。

表16-5　营运客车类型及等级划分

类型	客车车长 L/m																			乘用车			
	特大型 （13.7≥L>12）					大型 （12≥L>9）					中型 （9≥L>6）				小型 （6≥L>3.5）								
等级	高三级	高二级	高一级	中级	普通级	高三级	高二级	高一级	中级	普通级	高二级	高一级	中级	普通级	高二级	高一级	中级	普通级	高二级	高一级	中级	普通级

　　客车主要评定内容为客车结构与底盘配置、安全性、动力性、舒适性及服务设施等；乘用车主要评定内容为发动机排量、空气调节与控制、卫星定位系统及行李舱容积等。

　　在用营运客车等级核定：

　　① 经检测符合 GB 18565—2016《道路运输车辆综合性能要求和检验方法》有关规定的客车具备核定相应等级资格。

　　② 经检测符合 JT/T 198—2016《道路运输车辆技术等级划分和评定要求》一级车相关规定的客车才具备核定相应高级客车资格。

　　③ 按 JT/T 325—2013《营运客车类型划分及等级评定》的有关规定，对车辆现有技术等级和设施的实车检测结果进行检验，根据等级评定要求核定相应等级。

复 习 题

一、问答题

1. 什么是汽车的技术状况？
2. 汽车技术状况变化的基本原因是什么？
3. 影响汽车技术状况变化的使用因素有哪些？
4. 什么是汽车技术状况变化规律？有哪两类？
5. 道路运输车辆技术等级是怎样划分的？
6. 营运客车类型和等级是怎样划分的？

二、综述（分析）题

1. 分析说明磨损等对汽车技术状况变化有怎样的影响。
2. 分析说明腐蚀、疲劳对汽车技术状况变化有怎样的影响。
3. 分析说明变形、老化对汽车技术状况变化的影响。

4. 分析说明交通状况对汽车技术状况变化的影响。

5. 分析说明道路条件对汽车技术状况变化的影响。

6. 分析说明气候条件对汽车技术状况变化的影响。

7. 为减缓汽车技术状况的变化，应采用哪些汽车合理运用的措施。

8. 道路运输车辆技术状况等级的评定原则是什么。

9. 在用营运客车等级核定的原则和方法是什么。

第十七章 车辆的技术管理

车辆是公路运输的生产工具。采取科学管理制度和手段，加强车辆的技术管理水平，是保障车辆技术状况良好的重要手段。对于提高车辆运用的经济效益、社会效益和环境效益，为运输生产提供安全、优质、高效、低耗、及时、舒适的运力，具有重要意义。

第一节 车辆技术管理概述

一、车辆技术管理的原则、目的

根据《道路运输车辆技术管理规定》（交通运输部令 2016 年第 1 号），道路运输车辆技术管理应当坚持分类管理、预防为主、安全高效、节能环保的原则，对道路运输车辆实施择优选配、正确使用、周期维护、视情修理、定期检测和适时更新的全过程技术管理。

车辆技术管理的目的：保持车辆技术状况良好，保障运输安全，发挥车辆效能，促进节能减排。以取得良好的经济效益、社会效益和环境效益。

二、车辆技术管理的一般要求

① 遵守有关法律法规、标准和规范，认真履行车辆技术管理的主体责任，建立健全管理制度，加强车辆技术管理。

② 设置相应的部门负责车辆技术管理工作，并根据车辆数量和经营类别配备车辆技术管理人员，对车辆实施有效的技术管理。

③ 加强车辆维护、使用、安全和节能等方面的业务培训，提升从业人员的业务素质和技能，确保车辆处于良好的技术状况。

④ 根据有关道路运输企业车辆技术管理标准，结合车辆技术状况和运行条件，正确使用车辆。

⑤ 依据相关标准要求，制定车辆使用技术管理规范，科学设置车辆经济、技术定额指标并定期考核，提升车辆技术管理水平。

⑥ 建立车辆技术档案制度，实行一车一档。档案内容应当准确、详实。

三、车辆技术管理的职责

道路运输经营者是车辆技术管理的责任主体，应根据车辆数量和经营类别合理地设置部门，配备人员，有效地对道路运输车辆实施全过程技术管理，保证投入道路运输经营的车辆符合技术要求。鼓励使用安全、节能、环保型车辆，促进标准化车型推广运用，加强科技应用，不断提高车辆的管理水平和技术水平。

机动车维修经营者作为车辆维护、修理的实施主体，为道路运输车辆的维护和修理提供服务保障。

汽车综合性能检测机构作为评价道路运输车辆技术状况的技术支撑单位，对检测评定的结果应当承担相应的法律责任。

交通运输部主管全国道路运输车辆技术管理监督；县级以上地方人民政府交通运输主管

部门负责本行政区域内道路运输车辆技术管理监督；县级以上道路运输管理机构具体实施道路运输车辆技术管理监督工作。

第二节 车辆的基础管理

作好车辆的基础管理是进行车辆全过程技术管理工作的前提条件。

一、车辆的技术档案

车辆技术档案指车辆从新车购置直到报废的整个运用过程中，记载车辆基本情况、技术状况、运行使用、检测维修和车辆事故等内容的车辆资料的历史档案。车辆技术档案对于了解车辆性能、技术状况及其变化原因，掌握车辆使用、维修规律，为车辆维修、改造和配件储备提供科学依据，具有重要作用。

车辆技术档案应该逐车建立，一车一档；档案内容应当准确、详实；车辆所有权转移、转籍时，车辆技术档案应当随车移交。车辆技术档案一般应包括如下内容：

① 车辆的基本信息。记载车辆的装备、技术性能指标和规格等。

② 车辆技术等级评定、客车类型等级评定或者年度类型等级评定复核等。

③ 车辆维护和修理。记载维修的内容、时间、结果，查明故障或隐患的部位、原因及解决对策，历次维修情况，以及各主要总成的技术状况等。

④ 车辆主要零部件更换和车辆变更情况等

⑤ 运行使用情况。记载车辆的行驶里程、运输周转量、燃料消耗、轮胎使用和车辆机件故障等。

⑥ 对车辆造成损伤的交通事故等记录。主要记载车辆事故发生的状况、原因、损失、解决对策和处理情况等。

档案应保存以下材料的原件或复印件：机动车行驶证；道路运输证；机动车登记证书；机动车整车出厂合格证；机动车维修竣工出厂合格证；车辆燃料消耗量核查表或报告；机动车安全技术检验、环保检验报告；汽车综合性能检验报告（含车辆技术等级评定结论）；客车类型等级评定（复核）报告；压力容器和罐式专用车辆的罐体检测报告。

道路运输经营者应当运用信息化技术做好道路运输车辆技术档案管理工作，及时记载车辆全寿命周期的技术状况信息，定期统计分析车辆行驶里程、能源消耗量、维修费用、维护计划执行率、车辆完好率、车辆小修频率、车辆平均技术等级等技术指标。

二、车辆基本技术条件

从事道路运输经营的车辆应当符合下列技术要求：

① 车辆的外廓尺寸、轴荷和最大允许总质量应当符合 GB 1589—2016《汽车、挂车及汽车列车外廓尺寸、轴荷及质量限值》的要求。

② 车辆的技术性能应当符合 GB 18565—2016《道路运输车辆综合性能要求和检验方法》的要求。

③ 车型的燃料消耗量限值应当符合 JT/T 711—2016《营运客车燃料消耗量限值及测量方法》、JT/T 719—2016《营运货车燃料消耗量限值及测量方法》的要求。

④ 车辆技术等级应当达到二级以上。危货运输车、国际道路运输车辆、从事高速公路客运以及营运线路长度在 800km 以上的客车，技术等级应当达到一级。技术等级评定方法

应当符合国家有关道路运输车辆技术等级划分和评定的要求。

⑤ 从事高速公路客运、包车客运、国际道路旅客运输，以及营运线路长度在 800km 以上客车的类型等级应当达到中级以上。其类型划分和等级评定应当符合国家有关营运客车类型划分及等级评定的要求。

⑥ 危险货物运输车应当符合 JT 617—2004《汽车运输危险货物规则》的要求。

三、车辆的技术经济定额

技术经济定额是进行生产和经济活动所应遵守或达到的限额，是实行经济核算、分析经济效益、考核经营管理水平的依据。

1. 主要技术经济定额

（1）能源消耗定额　即汽车每行驶百车公里或完成百吨公里运输工作量所消耗能源的限额。

（2）轮胎行驶里程定额　即车辆装配的新轮胎从开始装用到报废总行驶里程的限额。根据车型、使用条件和轮胎性能分别制定。

（3）轮胎翻新率　即在统计期内经过翻新的报废轮胎数占全部报废轮胎数的百分比。

（4）车辆维修费用定额　即车辆每行驶一定里程所需维护与修理耗用的工时和物料费用的限额。按车型和使用条件等分别制定。

（5）车辆小修频率　指统计期内，企业全部运输车辆每千公里发生小修的次数，可用下式计算：

$$f = 1000 \frac{n}{L}$$

式中　f——车辆小修频率（次/kkm）。

n——小修总次数（次）。

L——车辆总行驶里程（km）。

（6）维护计划执行率　指统计期内，企业全部运输车辆按照维护计划要求，实际维护车辆数占计划维护车辆数的百分比。

（7）车辆平均技术等级　指统计期内，企业全部运输车辆技术状况的平均等级，可用式 16-3 计算。

（8）车辆新度系数　车辆新度系数 ρ_x 是综合评价运输单位车辆新旧程度的指标。可用下式计算：

$$\rho_x = \frac{C_e}{C_o}$$

式中　C_e——年末单位全部运输车辆固定资产净值；

C_o——年末单位全部运输车辆固定资产原值。

（9）车辆完好率　指统计期内，企业全部运输车辆的完好车日占总车日的百分比。

（10）车辆大修间隔里程定额　即新车到大修，或大修到大修之间所使用的里程限额。按型号和使用燃料类别等分别制定。汽车行驶里程达到大修间隔里程定额时，可进行技术鉴定，在技术可行和经济上合理的前提下，可规定补充行驶里程定额。

技术经济定额和指标是车辆管理的主要内容之一，道路运输经营者和交通运输管理部门应重视并加强车辆技术经济定额和指标的管理。

2. 制定技术经济定额的方法

合理制定车辆技术经济定额，可以促进道路运输企业改善经营管理，提高经济效益。制定技术经济定额的常用方法有三面统筹法、比例法和系数法等。

三面统筹法是适当选择专业运输单位的先进面、总体平均面和落后面的比例，以制定技术经济指标的平均先进定额的一种方法。计算公式为

$$A = A_1 Q_1 + A_2 Q_2 + A_3 Q_3$$

式中　　　　　A——均先进定额；

A_1、A_2、A_3——先进面、总体面、落后面上的平均定额；

Q_1、Q_2、Q_3——先进面、总体面、落后面所占百分比，一般取 30%、50%、20%左右。

三面统筹法的特点是能够从整体出发，注意到了三个方面的实际情况，因而据此制定出的定额较为稳妥，适用于制定工时消耗定额、材料消耗定额等。

比例法是把最先进的水平、最可靠的水平和最保守的水平，按一定比例进行平均计算，来确定技术经济定额的方法。计算公式为

$$A = \frac{A_4 + 4 A_5 + A_6}{6}$$

式中　　A_4、A_5、A_6——最先进、最可靠、最保守水平的平均定额，一般取 1：4：1。

系数法是在平均定额的基础上，根据年度计划指标，合理确定增减系数以确定技术经济定额的方法。计算公式为

$$A = A_2(1+\delta)$$

式中　δ——增减系数。

四、车辆的租赁、停驶、封存、转让

租赁、停驶或封存、转让是车辆技术管理的一项经常性工作，对于保护运力、避免运力浪费具有重要作用。

1. 车辆租赁

车辆租赁是一种车辆经营方式，加强租赁车辆管理，对保证其技术状况良好有重要作用。车辆租赁的期限以一个大修周期为宜。车辆租赁期间，应按规定填写车辆技术档案，认真执行车辆检测诊断与维修制度，保持汽车技术状况良好。租赁车辆的技术档案、技术经济指标完成情况和技术状况等级由出租与承租双方记录和考核，并在签定租赁协议时予以明确。

2. 车辆停驶或封存

因部分总成和部件损坏，较长时间内无法解决，但不符合报废条件的车辆，运输单位可作停驶处理；凡技术状况良好，因其他原因需要较长时间停驶的车辆，运输单位可作封存处理。导致车辆封存的原因主要指燃料短缺、运力过剩、驾驶人不足等非技术性原因。根据JT/T 1045—2016《道路运输企业车辆技术管理规范》，车辆的停驶或封存应满足以下要求：

① 长期停驶或封存的车辆，应指定专人负责保管。

② 车辆停驶或封存期间，应根据整车制造厂的要求或当地实际情况，做好车辆防护工作。车辆停驶期间，应选择适当地点停放，原车机件不得拆借、丢失，并积极修复以恢复运力；车辆封存期间不进行指标考核，但应妥善保管，定期维护，保持车况良好。

③ 车辆停驶或封存四个月以上的，投入运输生产前应进行二级维护作业。

3. 车辆转让

车辆转让指车辆所有者将车辆的所有权有偿转让他人的行为。车辆转让应满足以下要求：

① 办理完成车辆转让变更手续，完整移交车辆技术档案。

② 清除车辆与企业有关的喷涂图案、字符和标识。

五、车辆折旧

车辆折旧里程的规定是提取车辆基本折旧基金的依据。折旧里程不同，每百车公里提取的折旧费用也就不同。采用不同的车辆折旧率，对运输企业的经济效益和发展潜力有很大影响。车辆的折旧基金必须严格按国家规定提取，专款专用。

第三节 车辆的全过程技术管理

为了保持车辆技术状况良好，保障运输安全，发挥车辆效能，促进节能减排，必须对运输车辆实施有效的全过程技术管理。其内容包括择优选配、正确使用、周期维护、视情修理、定期检测和适时更新。

一、择优选配

车辆的择优选配决定运输生产设备优劣，是保障运输生产基本条件的关键措施。

1. 车辆择优选配的含义

车辆的择优选配包含两方面的含义，即车辆的合理配置和择优选购。

车辆合理配置指在车辆购置前就要首先考虑运输市场的具体情况，进行选型论证，择优配置，使运输车辆适应运输市场的需要，获得各类车型的最佳配比关系。

择优选购指在购置车辆时，要选择性能好、质量高、价格低的车辆。力求购置到技术性能好、使用寿命长、可靠性好，故障少、维护费用低和适应性强的车辆，提高车辆投资效益。

2. 车辆合理配置的要求

根据 JT/T 1045—2016《道路运输企业车辆技术管理规范》，企业应建立车辆采购管理制度，应根据运输任务需求，提出车辆新增或更新的采购计划。车辆合理配置的目的是为了获得各种不同车型的最佳配比关系，优化其车辆构成。如大、中、小型车辆比例，汽油车与柴油车比例，通用车型与专用车辆的比例等。从而提高车辆的利用率，满足运输市场的需要。

（1）车辆合理配置的要求

① 车型先进、安全可靠，装卸货物或旅客上下方便。

② 车辆规格与客、货源的具体情况相适应，配比合理，吨位利用率或客位利用率高。

③ 车辆的运输生产率高，而燃油消耗、维修费用、运输成本低。

④ 应变能力强，即对于汽车的各种运用条件的适应性强，具有一车多用的可能性。

（2）车辆合理配置应考虑的因素　主要包括运输市场状况、道路条件、运输条件、气候条件及海拔、燃料、润滑油供应条件、使用和维修等。

① 运输市场状况。配置车辆时，首先应考虑运输市场状况，分析现有在用运输车辆的基本技术状况，使车辆配置有针对性和实用性，达到车型配置合理的目的，以避免造成运力

浪费或运力不足。

② 道路条件。所配置车辆的技术参数应与道路的通过能力、承载质量、坡度、路面质量和转弯半径等相适应，以充分发挥汽车性能，提高汽车的运输效益。

③ 运输条件。运输条件对于车型选择有很大影响，车型选择时应根据货物类别、货运量、运输距离、运输类别、运输组织特点等，选择与运输条件相适应的车辆。

④ 气候条件及海拔。气候条件和海拔不同，对车辆性能的要求也应不同，配置车辆时应充分考虑到本地区的气候、海拔等自然条件，使车辆性能与自然条件相适应。

⑤ 燃、润料供应。车辆配置尤其是选用进口车时，应了解其对燃料、润滑油使用的要求和供应情况。以免因为燃料和润滑油的供应不能满足要求而影响汽车的使用。

⑥ 车辆使用经验和维修能力。在性能先进的前提下，车辆配置时，应结合本单位车辆使用经验和维修能力，选用熟悉的车型。

3. 车辆择优选购应满足的要求

根据 JT/T 1045—2016《道路运输企业车辆技术管理规范》，企业应根据车辆的用途、运量、运距和道路、气候及燃料供应等条件，对拟选车型的容载量、动力性、安全性、环保性、经济性、通过性、可靠性及维修方便性等进行技术论证；宜优先选购燃气、纯电动、混合动力等清洁能源或新能源汽车，以及具有自适应巡航控制系统、防撞预警系统、车道偏离预警系统等安全技术的汽车；车辆技术条件应符合国家车辆登记注册要求并满足有关国家标准的规定。车辆择优选购时需考虑的因素如下：

（1）适应性　不仅所选车型应有好的适应性，其性能指标也要与汽车运用条件相适应。如：在复杂道路条件下使用的货运车辆要求有更好的动力性和通过性，且大吨位车辆更适用于长途运输。

要使车辆的运输生产率高，必须考虑影响汽车运输生产率的诸要素中，属于汽车结构方面的因素。如载质（客）量、平均技术速度、装卸条件等。

（2）安全性　安全性是汽车的一项综合性能，对于运输生产极为重要。影响汽车行驶安全性的性能指标，如制动性能、操纵稳定性能等，应满足国家有关标准的规定。另外，汽车动力性、操作方便性、使用可靠性等都对安全性有明显的影响。

（3）环保性　为减轻污染、保护环境，许多国家和城市对汽车的环保性特别是汽车的排放性能提出了越来越严格的要求，制定了越来越严格的排放控制标准。汽车的环保性应该与之相适应。

（4）燃油经济性　燃油经济性好坏对于汽车运行费用的高低具有很大影响，节约燃油就意味着汽车运输成本的降低，经济效益的提高。因此应对不同车型的燃油经济性进行比较。同时，减少燃油消耗可以降低发动机所排出的有害气体的量和 CO_2 排放量，是保护环境的重要措施。

（5）可靠性　车辆的可靠性一般用发生故障的平均里程和频率来评价。可靠性高则在使用过程中车辆的完好率和工作率高，汽车的工作车日多而维修车日少，因而可以提高汽车的运输生产率，减少维修费用，降低运输成本。另外，可靠性高的车辆，其使用方便性和行驶安全性也高。

（6）维修和配件供应方便性　车辆的维修性好则发现和排除故障容易，易于早期发现故障并更换损坏的零部件；配件供应好则配件购买容易。因此，维修和配件供应的方便性好，则车辆维修的工时短、费用少。选购车辆时，应对该车型的售后和维修服务网点进行分析，选购服务网点完善，维修服务水平高的车型。

（7）使用寿命　车辆寿命长显然是车辆质量好的重要标志，同时寿命长的汽车的平均年折旧费低，因此使用寿命长的汽车生产率高、使用成本低。

（8）价格　汽车选购时，应综合考虑汽车售价、汽车使用寿命和汽车的燃料费、维修费、轮胎费、折旧费等各种使用费用，分析比较车辆的投入产出比。

择优选购车辆是关系到运输单位主要生产设备优劣的关键，应进行技术经济论证，避免盲目购置。要从实际出发，按需选购，量力而行，讲究实用、实效，以及尽可能达到少投入多产出、综合经济效益好的目的。

二、正确使用

正确使用车辆，是发挥车辆运输效率、减少行车事故、降低维修费用、节约能耗和延长车辆使用寿命的重要环节。

1. 车辆投入使用前期管理

根据 JT/T 1045—2016《道路运输企业车辆技术管理规范》，新车在接收和使用前应做到：

① 新车接收时，应按采购合同，核对车辆及装备信息，清点随车工具及有关资料。

② 组织车辆技术管理人员和驾驶人对新购车型的技术性能、使用要求进行技术培训。设有机动车维修机构的运输企业，还应组织维修人员对新型车型的技术性能、维修方法进行技术培训。

③ 配齐三角木、警示牌、消防器材、安全锤（客车）等必要的安全设备。

④ 在办理完营运手续后五个工作日内建立车辆技术档案。

⑤ 在走合期内，驾驶人应严格按照整车制造厂的要求进行新车走合维护，减载限速，规范操作。汽车在走合期内合理使用的有关要求见本书第十五章第一节。

⑥在质保期内，企业应严格按照制造厂的技术要求进行车辆使用和维护。因车辆质量问题发生故障及损坏，应及时组织技术鉴定，并按照规定程序向整车制造厂或销售商索赔。

2. 车辆运行管理

投入道路运输的车辆的技术等级和车辆类型应分别符合 JT/T 198—2016《道路运输车辆技术等级划分和评定要求》、JT/T 325—2013《营运客车类型划分及等级评定》的要求，并满足运输任务、运输条件的要求；车辆的技术状况应符合 GB 7258—2017《机动车运行安全技术条件》、GB 18565—2016《道路运输车辆综合性能要求和检验方法》的要求，并按计划进行正常维护。其车辆基本技术条件见本章第二节。

（1）合理装载　根据 JT/T 1045—2016《道路运输企业车辆技术管理规范》："车辆装载质（客）量应符合核定装载要求，不得超员、超载和超限。"

汽车超载、超负荷运行时，发动机处于高负荷的不稳定情况下工作，使冷却液温度和曲轴箱润滑油温度过高，热状况不良，发动机各部件负荷加剧，从而导致早期损坏；同样，车架、传动机构及轮胎都将因所承受的负荷增大而早期损坏。因此，为保护运力、延长车辆使用寿命，必须重视车辆装载的管理。

汽车的额定载质量是由制造厂根据零部件的强度，以可靠性高、经济使用寿命长、行驶安全性好为基本出发点经试验确定的汽车重要技术性能指标，并在汽车的使用说明书中作了规定。因此，车辆装载应首先符合制造厂的规定。

（2）合理拖挂　汽车拖载运输载质量大，运输效率高，运输成本低；而且挂车结构简单，制造和维修成本低，对道路的适应性好；条件许可时，还可组织"甩挂"运输，以缩短车辆的装卸停歇时间，提高汽车的工作时间利用率。但拖载运输也会使汽车使用性能降低、各总成磨损强度增大，驾驶操作难度增加。如果汽车拖载不合理，就不能发挥拖载运输的经济效益，还会使汽车的使用寿命大大降低。因此，汽车拖载总质量应根据不同使用条件，通过试验后确定。拖挂运输的基本原则和要求详见第十五章第五节。

（3）合理装载、运输危险货物　车辆在装载、运输具有爆炸、易燃、有毒、腐蚀、放射性等性质的危险货物时，容易造成人身伤亡和财产损毁。为此，交通运输部专门制定了部颁标准 JT 617—2004《汽车运输危险货物规则》，该规定对车辆装载运输危险货物时的车辆设备、运输装卸、保管消防、劳动防护、医疗急救和监督管理等都作了具体规定。运输单位和个人在运输该类货物时，应认真贯彻执行。

（4）在特殊使用条件下的合理使用　根据 JT/T 1045—2016《道路运输企业车辆技术管理规范》：企业应根据车辆使用环境和道路条件，依据 JT/T 807—2011《汽车驾驶节能操作规范》、JT/T 915—2014《机动车驾驶人安全驾驶技能培训要求》制定驾驶操作规程，内容应包括一般条件和高温、低温、高原、山区等特殊条件的驾驶操作要求及安全技术措施；在特殊运行条件下使用时，车辆应根据需要配备保温、防滑、牵引等临时性装备。

1）在低温条件下使用应采取的措施

① 车辆在低温条件下停放时，应采取防冻、保温措施。使用前应预热。

② 各总成和轮毂轴承换用冬季润滑油（脂），制动系统换用冬季用制动液。柴油发动机使用低凝点柴油。

③ 调整发电机调节器，增大发电机充电电流。注意保持蓄电池电解液的合适密度和蓄电池的保温。

④ 发动机舱盖和散热器前加装保温套，注意保持正常工作温度。

⑤ 使用防冻液时，应掌握其正确的使用方法。

⑥ 在冰雪路面上行驶时，应采取有效的防滑措施。

2）在高温条件下使用应采取的措施

① 对汽油发动机供油系统，采取隔热、降温等有效措施，防止气阻。

② 加强冷却系统的维护，清除水垢，保持良好的冷却效果。行车中注意勿使发动机过热。

③ 各总成和轮毂轴承换用夏季润滑油（脂）。制动系统换用夏季制动液。

④ 调整发电机调节器，减小充电电流。检查调整蓄电池电解液密度，保持液面高度和通气孔畅通。

⑤ 行车途中经常检查轮胎温度和气压。

3）在山区或高原条件下使用应采取的措施

① 加强制动系统和操纵系统的检查和维护工作，确保制动和操纵装置可靠，工作正常。

② 爬长坡、陡坡时，注意提前换档。

③ 下坡前，注意制动系统压力及制动机构工作状况。禁止熄火空档滑行。防止制动毂过热。

④ 对点火系统和供油系统作适当调整。

⑤ 在风沙严重地区，注意车辆的密封。加强发动机空气、机油和燃油滤清器维护工作。

⑥ 酌情采取提高压缩比、改变配气相位、增压等措施，提高发动机的动力性。

在上述特殊使用条件下提高汽车使用性能的具体方法，可参阅本书第十五章。

（5）驾驶操作基本要求和日常维护　车辆驾驶操作是否合理，日常维护进行的好坏，与车辆技术状况、使用寿命、故障频率和维护费用的高低有密切关系。JT/T 1045—2016《道路运输企业车辆技术管理规范》规定：

① 驾驶人应严格按照操作规程要求，规范操作，安全行车，防止发生机械损伤和安全事故。行车前，做到预热起动、低速升温、低档起步；行驶中，注意保持温度、及时换档、保有余力、行驶平稳、安全滑行、合理节油；在拖带挂车时，加强主车、挂车之间连接机构的检查，避免冲击。

② 应督促驾驶人在出车前、行车途中和收车后，做好车辆安全检查和日常维护，做好相关记录，发现故障或安全隐患应及时报修。车辆的日常维护是驾驶人的日常性工作。其具体内容主要包括：坚持三检，即出车前、行车中、收车后检视车辆的安全机构及各部机件连接的紧固情况；保持四清，即保持机油、空气、燃油滤清器和蓄电池的清洁；防止四漏，即防止漏水、漏油、漏气、漏电；保持车容整洁；检查故障隐患。

3. 车辆能源管理及合理使用

（1）车辆能源管理　JT/T 1045—2016《道路运输企业车辆技术管理规范》规定：

① 企业应建立车辆能源消耗管理制度，内容包括能源管理相关部门及职责、能源类别、定额指标和统计考核。

② 企业应根据车辆类型、使用条件、载质（客）量和能源类别等，依据相关标准制定能源消耗定额指标。

③ 企业应建立车辆能源消耗管理台账，逐月记录车辆的行驶里程、能源消耗量和载客（货）量等基础数据，定期统计分析车辆能源消耗量盈亏情况，并根据考核结果实施奖惩。

（2）燃料、润滑油的合理使用　使用燃料、润滑油时应注意以下事项：

① 燃料、润滑油的选用必须符合制造厂说明书的技术要求。

② 各种燃料、润滑油的运输和存放必须遵守有关规定。

③ 燃料、润滑油应保持清洁。

④ 不同种类、牌号的燃料、润滑油不得混合使用。更换不同牌号的润滑油或进行季节性换油时，必须做好清洗工作。

⑤ 进口汽车所用的燃料、润滑油，应严格按汽车制造厂规定选用，或按其规格性能要求，选用相应国产牌号的燃料、润滑油。

⑥ 认真做好润滑油的回收工作。回收的油料应按不同种类分别盛装，防止混入水分和杂质。收集到一定数量后，交回收部门处理。做好润滑油的回收工作，不仅可以节约材料，而且也可以有效防止废油乱倒所造成的环境污染。

有关汽车燃料、润滑材料合理使用的具体问题可参阅本书第十二章。

4. 车辆轮胎管理及合理使用

（1）车辆轮胎管理　JT/T 1045—2016《道路运输企业车辆技术管理规范》规定：

① 企业应建立轮胎管理制度，内容包括轮胎管理相关部门及职责、采购、仓储、领用、

维修、报废、定额指标和统计考核。

② 企业应建立轮胎管理台账，准确记录轮胎的厂牌、规格、胎号、换装日期及维修、报废信息，定期实际记录行驶里程、累积行驶里程。

③ 企业应根据车辆类型、使用条件和轮胎性能等，制定轮胎行驶里程定额指标，定期统计考核。

④ 载重汽车和轿车的轮胎规格、负荷和速度等级应分别符合 GB/T 2977—2016《载重汽车轮胎规格、尺寸、气压与负荷》和 GB/T 2978—2014《轿车轮胎规格、尺寸、气压与负荷》的规定。

⑤ 同一轴上的轮胎规格、花纹、厂牌机层级应相同，斜交胎与子午线胎、有内胎与无内胎不得同轴混装。

⑥ 翻新轮胎的使用应符合 GB 7258—2017《机动车运行安全技术条件》的要求。

⑦ 车辆技术管理人员应定期对轮胎进行检查、维护，轮胎外观、气压及花纹深度应符合有关标准和原厂技术要求。

（2）轮胎的合理使用　为强化轮胎使用中的管理，应根据 GB/T 9768—2008《轮胎使用与保养规程》和交通部《汽车运输行业轮胎技术管理制度》，对轮胎的使用实行全过程综合性管理，对轮胎的计划、选购、装运、验收、保管、使用、保养、翻修、报废和奖惩等方面进行有效管理。汽车轮胎的合理使用措施见本书第十二章第四节。

5. 卫星定位装置管理　为加强车辆卫星定位装置管理，保证其工作状况正常，JT/T 1045—2016《道路运输企业车辆技术管理规范》规定：

① 按照规定需要安装卫星定位装置的车辆，企业应建立卫星定位终端安装、使用及维护制度，并按规定进行安装和使用。

② 企业应督促驾驶人在出车前、行车中和收车后检查卫星定位装置的工作状态，发现故障应及时报修。

③ 企业应定期对卫星定位装置进行维护，确保装置完好和系统工作状态正常。

④ 车辆转出或报废时，应及时办理相关手续，对车载终端予以变更或拆除。

三、周期维护

汽车维护是保持车容整洁，及时发现和消除故障及其隐患，防止车辆早期损坏的技术作业。车辆维护应贯彻预防为主、周期维护的原则。即车辆维护应遵照确定的行驶里程或间隔时间周期按期执行，并在维护作业中遵循车辆维护分级和作业范围的有关规定，保证维护质量。

根据《道路运输车辆技术管理规定》（交通运输部令 2016 年第 1 号）和 JT/T 1045—2016《道路运输企业车辆技术管理规范》，道路运输经营者和道路运输企业对于道路运输车辆的周期维护应满足如下要求：

① 建立车辆维护管理制度，内容包括维护管理部门及职责、作业分类、质量管理、定额指标和统计考核要求。

② 车辆维护分为日常维护、一级维护和二级维护。日常维护由驾驶人实施，一级维护和二级维护由道路运输经营者组织实施，并做好记录。

③ 依据 GB/T 18344—2016《汽车维护、检测、诊断技术规范》、GB/T 27876—2011《压缩天然气汽车维护技术规范》、GB/T 27877—2011《液化石油气汽车维护技术规范》、

JT/T 1009—2015《液化天然气汽车维护技术规范》等标准及维修手册、使用说明书等技术文件，结合车辆类别、运行状况、行驶里程、道路条件、使用年限等因素，确定车辆维护周期。并根据车辆维护周期要求，制订车辆维护计划，并按期组织实施。

④ 设有机动车维修机构并自行实施车辆维护的企业，应依据上述标准制定车辆维护作业规范或细则，明确维护作业项目、内容及技术要求，维护过程中应做好维护记录。

⑤ 若不具备二级维护作业能力，可以委托二类以上机动车维修经营者进行二级维护作业。委托外单位机动车维修企业实施二级维护的车辆，作业项目、内容及技术要求应符合上述相关标准要求，维护完成后应妥善保存竣工出厂合格证及相关凭证。

⑥ 车辆技术管理人员应不定期开展车辆维护执行情况抽查并建立台账，对抽查中发现的问题应及时处理。

有关汽车维护制度、维护周期、作业组织和质量管理等问题可参阅本书第十九章。

四、视情修理

车辆修理是消除故障及其隐患，恢复车辆的工作能力和良好技术状况的技术作业。车辆修理遵循视情修理的原则。既要防止拖延修理造成汽车技术状况恶化，又要防止提前修理造成浪费。

根据《道路运输车辆技术管理规定》（交通运输部令 2016 年第 1 号）和 JT/T 1045—2016《道路运输企业车辆技术管理规范》，道路运输经营者和道路运输企业对于道路运输车辆的视情修理应满足如下要求：

① 根据检测诊断和技术鉴定的结果，根据实际情况按不同作业范围和深度对车辆进行及时修理。

② 车辆修理的技术条件应符合 GB/T 3799—2005《商用汽车发动机大修竣工出厂技术条件》、GB/T 3798—2005《汽车大修竣工出厂技术条件》、GB/T 5336—2005《大客车车身修理技术条件》等标准要求。

③ 用于运输剧毒化学品、爆炸品的专用车辆及罐式专用车辆（含罐式挂车），应当到具备道路危险货物运输车辆维修资质的企业进行维修。专用车辆的牵引车和其他运输危险货物的车辆由道路运输经营者消除危险货物的危害后，可以到具备一般车辆维修资质的企业进行维修。

④ 企业应根据车辆类型和使用条件等，制定车辆维修费用定额指标，并定期进行统计分析。

有关汽车修理制度、作业组织和质量管理等问题可参阅本书第十九章。

五、定期检测

车辆检测指在不解体情况下，判明汽车或总成的技术状况、查明故障部位及原因的技术。车辆检测应贯彻预防为主和技术与经济相结合的原则，实行定期检测。

根据《道路运输车辆技术管理规定》（交通运输部令 2016 年第 1 号）和 JT/T 1045—2016《道路运输企业车辆技术管理规范》，道路运输经营者和道路运输企业对于道路运输车辆的定期检测应满足如下要求：

① 建立车辆检测评定管理制度，内容包括检测管理部门及职责、检测分类和检测组织。

② 按期组织车辆进行安全技术检验、环保检验和综合性能检测（含技术等级评定、客车类型等级评定或年度类型等级评定复核）、检测周期和频次应符合有关规定。

③ 定期到通过质量技术监督部门的计量认证、取得计量认证证书并符合 GB/T 17993—

2017《汽车综合性能检测站能力的通用要求》等国家相关标准的机动车综合性能检测机构，对道路运输车辆进行综合性能检测。客车、危险货物运输车的综合性能检测应当委托车籍所在地汽车综合性能检测机构进行。货车的综合性能检测可以委托运输驻在地汽车综合性能检测机构进行。

④ 自道路运输车辆首次取得《道路运输证》当月起，按照下列周期和频次，委托汽车综合性能检测机构进行综合性能检测和技术等级评定：

客车、危险货物运输车自首次经国家机动车辆注册登记主管部门登记注册不满 60 个月的，每 12 个月进行 1 次检测和评定；超过 60 个月的，每 6 个月进行 1 次检测和评定。

其他运输车辆自首次经国家机动车辆注册登记主管部门登记注册的，每 12 个月进行 1 次检测和评定。

⑤ 检测不合格的车辆应及时维修、调整，经复检合格后方可安排运输任务。

有关汽车检测评定和汽车检测机构的分类、技术要求等问题可参阅本书第十八章。

六、适时更新

1. 车辆更新

以新车辆或高效率、低消耗、性能先进的车辆更换在用车辆，称为车辆更新。既包括用同类型新车辆或性能优越的车辆更换尚未达到报废条件的性能较差的车辆，也包含已达到报废条件的车辆的更新。凡符合下列条件之一者，应该考虑进行更新：

① 燃油消耗高于原生产厂规定值的 20%。

② 行驶里程达 50 万 km，经过三次大修。

③ 大修费达到汽车原值的二分之一。

④ 老旧，无配件来源。

车辆更新不仅仅是以新换旧和原有车型的重复，而是对运输单位车辆配置的调整，即通过更新保持和提高运输单位的生产力，优化车辆配置，降低运行消耗。更新车辆选为原车型或新车型，要根据运输市场情况和客源、货源的变化情况来决定，同时还要考虑人员培训、维修设备的更换等因素。

更新下来的运输车辆，运输单位可根据国家有关规定进行处理，其变价收入应用于车辆更新。对于属于报废车辆的更新，应按报废车辆处理。

车辆更新应以提高运输经济效益和社会效益为原则，应进行可行性论证，并以更新理论为指导（详见本书第二十章）。

2. 车辆报废

汽车经长期使用，车型老旧，性能低劣，物料超耗严重，维修费用过高，继续使用不经济、不安全的应予以报废。车辆报废应根据车辆报废的技术条件，提前报废会造成运力浪费，过迟报废则又增大运输成本，影响运力更新。

（1）报废条件 根据《机动车强制报废标准规定》（商务部令 2012 年第 12 号），已注册机动车有下列情形之一的应当强制报废。

① 达到规定使用年限。

② 经修理和调整仍不符合机动车安全技术国家标准对在用车有关要求。

③ 经修理和调整或者采用控制技术后，向大气排放污染物或者噪声仍不符合国家标准对在用车有关要求。

④ 在检验有效期届满后连续三个机动车检验周期内未取得机动车检验合格标志。

机动车达到强制报废条件时，其所有人应当将机动车交售给报废机动车回收拆解企业，由报废机动车回收拆解企业按规定进行登记、拆解、销毁等处理，并将报废机动车登记证书、号牌、行驶证交公安机关交通管理部门注销。

（2）车辆报废手续及事项　根据 JT/T 1045—2016《道路运输企业车辆技术管理规范》，车辆报废时应做好如下工作：

① 达到国家强制报废标准规定的车辆，应按照有关规定进行报费，及时办理报废手续。

② 机动车达到强制报废条件时，其所有人应当将机动车交售给报废机动车回收拆解企业，由报废机动车回收拆解企业按规定进行登记、拆解、销毁等处理。

③ 车辆报废后应将《道路运输证》及有关营运标志交回原证件配发机关。

④ 应妥善保存回收证明、注销证明等凭证。

复　习　题

一、问答题

1. 汽车技术管理的原则和目的是什么？

2. 车辆技术管理的责任主体是谁？

3. 什么是车辆的技术经济定额？

4. 车辆实施有效的全过程技术管理包括哪些内容？

5. 择优选配的含义是什么？

6. 合理配置的含义是什么？

7. 择优选购的含义是什么？

8. 什么是车辆维护？车辆维护的原则是什么？什么是车辆的周期维护？

9. 什么是车辆修理？车辆修理的原则是什么？什么是车辆的视情修理？

10. 什么是车辆检测？车辆检测的原则是什么？

11. 什么是车辆更新？什么是车辆报废？

二、综述（分析）题

1. 说明车辆技术管理的一般要求。

2. 说明车辆技术管理的职责。

3. 说明车辆技术档案应包括的内容。

4. 简述从事道路运输经营的车辆应当符合的技术要求。

5. 简述车辆的技术经济定额所包括的指标和含义。

6. 分析说明车辆合理配置应满足的要求和应考虑的因素。

7. 分析说明车辆择优选购应满足的要求。

8. 简述车辆投入使用前期管理所应满足的要求。

9. 怎样做好车辆的运行管理？

10. 简述车辆能源管理及合理使用应满足的要求。

11. 说明汽车轮胎管理应满足哪些规定。

12. 简述道路运输车辆的周期维护应满足的要求。

13. 简述道路运输车辆的视情修理应满足的要求。

14. 简述道路运输车辆的定期检测应满足的要求。

15. 车辆更新应满足什么条件？车辆报废应满足什么条件？

第十八章　汽车的检测诊断与维修

车辆的检测诊断指在不解体情况下，判明汽车或总成的技术状况、查明故障部位及原因的技术；汽车维修包括汽车维护和汽车修理两种性质完全不同的技术措施，指在使用过程中，为维持和恢复汽车的技术状况，保持汽车的工作能力，所采取的技术措施。

汽车的检测诊断、维护和修理是监控、维持和恢复汽车的使用性能和技术状况的重要技术手段，也是进行车辆全过程技术管理的关键环节。

第一节　汽车的检测诊断

车辆检测诊断应贯彻预防为主和技术与经济相结合的原则，实行"定期检测"。

一、车辆检测诊断的作用

运用车辆检测诊断技术，就是应用必要的仪器设备，准确、迅速地确定车辆的技术状况、工作能力，查明故障的部位及原因。车辆的检测诊断是保证运行车辆技术状况的重要手段，汽车新产品的性能鉴定、车辆安全技术和综合性能的年度审验、道路运输车辆技术等级的评定、营运客车类型等级评定或者年度类型等级评定复核、维修过程中的检测诊断、维修竣工后的验收及维修质量检测等，都离不开检测诊断技术。车辆的检测诊断，对于保持运输行业车辆技术状况良好，减小故障率，延长车辆使用寿命，降低维修费用，保证安全运输生产，提高经济效益、社会效益和环境效益，有着十分重要的作用。

因而，推广车辆检测诊断技术，是检查、鉴定车辆技术状况，监督车辆正确使用和维修质量的重要手段，是促进维修技术发展，实现视情修理的重要保证，是推进汽车运输现代化管理的一项重要措施和有效实施运输车辆全过程技术管理的关键。

二、汽车检测诊断的分类

1. 自行检测和强制性检测

自行检测指车辆所属单位对本单位车辆的技术状况所进行的自检，以确保车辆具有良好动力性、经济性和安全性为主要目的；或汽车维修企业对承修车辆的故障部位、故障原因、汽车性能和技术状况检查，以彻底排除故障、保证汽车维修质量为主要目的。如：道路运输车辆出车前进行的制动性能检测等；维修企业对修竣车辆所进行的技术状况检查等。

强制性检测指管理部门对在用车辆进行的技术状况检查，目的在于通过检查其是否符合国家规定的技术条件，以确定被检车辆的技术状况是否满足运行安全和道路运输的基本要求。如：车辆管理部门对新申请牌照车辆和在用车辆进行的安全技术检测；交通运输管理部门对道路运输车辆的技术状况所进行的综合性能检测诊断。

2. 根据车辆检测的时间要求分类

根据车辆参加检测诊断的时间要求，可分为年度检测和临时性检验两类。

（1）年度检测　主要指按照车辆管理部门规定的期限对在用车辆进行的安全性能定期检测，或根据交通运输管理部门制定的车辆检测制度对道路运输车辆进行的综合性能定期检测。

（2）临时性检测 指除对车辆年检和正常检测之外的车辆技术检测。车辆临时性检测的内容与年检基本相同，其目的是评价车辆性能是否满足 GB 7258—2017《机动车运行安全技术条件》、GB 21861—2014《机动车安全技术检验项目和方法》和 GB 18565—2016《道路运输车辆综合性能要求和检验方法》的要求，以确定其能否在道路上行驶，或车辆技术状况是否满足参加道路运输的基本要求。

1）在用车辆参加临时性检测的范围

① 申请领取临时号牌（如新车出厂、改装车出厂）的车辆。

② 放置很长时间，要求复驶的车辆。

③ 遭受严重损坏，修复后准备投入使用的车辆。

④ 挂有国外、港澳地区号牌，经我国政府允许，可进入我国境内短期行驶的车辆。

⑤ 车辆管理部门认为有必要进行临时检测的车辆（如春运期间、交通安全大检查期间）。

2）道路运输车辆参加临时性检测的范围

道路运输车辆在下述情况下，应按交通运输管理部门的规定，参加临时性检测：

① 申请领取营运证的车辆。

② 经批准停驶的车辆恢复行驶前。

③ 经批准封存的车辆启封使用时。

④ 改装和主要总成改造后的车辆。

⑤ 申请报废的车辆。

⑥ 其他车辆检测诊断服务。

3. 根据车辆检测的目的分类

根据检测项目和检测目的，车辆检测分为以下类别：安全技术检测、综合性能检测、汽车故障检测、汽车维修检测诊断、特殊检测。

（1）安全技术检测 机动车安全技术检测是指"根据《中华人民共和国道路交通安全法》及其实施条例规定，按照机动车国家安全技术标准等要求，对上道路行驶的机动车进行检验检测的活动"。

《中华人民共和国道路交通安全法》规定："申请机动车登记时，应当接受对该机动车的安全技术检测""对登记后上道路行驶的机动车，应当依照法律、行政法规的规定，根据车辆用途、载客载货数量、使用年限等不同情况，定期进行安全技术检测"。

汽车安全性能检测的目的在于检查汽车性能和技术状况是否满足 GB 7258—2017《机动车运行安全技术条件》、GB 21861—2014《机动车安全技术检验项目和方法》等技术标准的要求，确保汽车具有符合要求的外观和良好的安全性能，以强化汽车的安全管理，保障汽车的行驶安全。

（2）环保检测 即根据有关法规对反映汽车对环境污染程度的规定项目进行检测，包括机动车登记时的环保检验、登记后的环保检测等。其目的是检测汽车的排放性能是否满足 GB 18285—2005《点燃式发动机排气污染物排放限值及测量方法（双怠速法及简易工况法）》和 GB 3847—2005《车用压燃式发动机和压燃式发动机汽车排气烟度排放限值及测量方法》等有关国家标准的规定，确保汽车具有良好的排放性能，以强化汽车环保管理，降低汽车运用过程对大气环境的污染。

（3）综合性能检测　汽车综合性能指"在用汽车动力性、安全性、燃料经济性、使用可靠性、排气污染物和噪声以及整车装备完整性与状态、防雨密封性等多种技术性能的组合"。综合性能检测指对汽车上述性能的全面检测。

《汽车运输业车辆技术管理规定》（交通运输部令 2016 年第 1 号）要求："道路运输经营者应当定期到机动车综合性能检测机构，对道路运输车辆进行综合性能检测。" JT/T 1045—2016《道路运输企业车辆技术管理规范》规定："企业应按期组织车辆进行安全技术检验、环保检验和综合性能检测（含技术等级评定、客车类型等级评定或年度等级评定复核），检测周期和频次应符合有关规定。"

道路运输车辆综合性能检测的目的：在不解体情况下，确定道路运输车辆的工作能力和技术状况，检查道路运输车辆的性能和技术状况是否满足 GB 18565—2016《道路运输车辆综合性能要求和检验方法》的要求；同时，结合综合性能检测结果，根据 JT/T 198—2016《道路运输车辆技术等级划分和评定要求》、JT/T 325—2013《营运客车技术等级评定》等技术标准的规定，对道路运输车辆的技术等级进行评定，对营运客车类型等级进行评定或者进行年度类型等级评定复核；根据 GB/T 15746—2011《汽车修理质量检查评定办法》等技术标准，对维修车辆实行质量监督。确保道路运输车辆和营运客车的使用性能和技术状况满足道路运输的基本技术条件，以保证运输车辆的安全运行，提高运输效能及降低消耗，使运输车辆具有良好的经济效益和社会效益；督促车属单位对车辆进行维修和更新，消除事故隐患，确保车辆具有良好的技术状况；同时，使车辆管理部门全面掌握车辆分类和技术状况的变化情况，以便加强管理。

（4）汽车故障检测　对故障汽车进行检测诊断，目的是在不解体（或仅卸下个别小件）情况下，查出故障的确切部位和产生的原因，从而确定故障的排除方法，提高排除汽车故障的效率，使汽车尽快恢复正常使用。

（5）汽车维修检测诊断　检测诊断是实行"视情修理"的重要技术保证。根据 GB/T 18344—2006《汽车维护、检测、诊断技术规范》、GB/T 15746—2011《汽车修理质量检查评定方法》和 JT/T795-2011《事故汽车修复技术规范》等技术标准的规定，通过汽车维修检测诊断：可以对汽车维修前进行技术状况检测和故障诊断，据此确定附加作业和小修项目以及是否需要大修；同时，在汽车维修过程中，利用设置在工位上的诊断设备，可使检测诊断和调整、维修交叉进行，以提高维修效率和维修质量；对完成维护或修理的车辆或事故车辆进行性能检测和诊断，对维修质量进行监测。

（6）特殊检测　指为了不同的目的和要求对在用车辆进行的检测。主要包括改装或改造车辆检测、事故车辆检测、外事车辆检测等。

改装或改造后的车辆，因其结构和使用性能变更较大，车辆管理部门在核发号牌及行车执照时，应对其进行特殊检测。主要包括：汽车主要总成改造后的车辆的检测；有关新工艺、新技术、新产品，以及节能、科研项目等的检测、鉴定。

对发生交通事故并有损伤的车辆进行检测，一方面是为了分析事故原因，分清事故责任；另一方面是为了查找车辆的故障，确定汽车的技术状况，以保证行车安全。

为保证参加外事活动车辆的技术状况，防止意外事故发生，必须对车辆的安全性能和其他有关性能进行检测。

此外，特殊检测还包括接受公安、商检、计量、保险等部门委托，进行有关项目的检测。

三、汽车技术检测机构

汽车技术检测机构或汽车检测站是综合利用检测诊断技术从事汽车检测诊断工作的场所。汽车技术检测工作是在具有若干必需的技术装备、并按一定工艺路线组成的汽车检测站进行的。根据检测站的服务对象和检测内容，可分为汽车安全技术检测站、汽车环保检测站、汽车综合性能检测站和汽车维修检测站四类。

1. 汽车安全技术检测站

根据《机动车安全技术检验机构监督管理办法》（国家质量检验检疫总局令 2009 年第 121 号）：机动车安全技术检验机构是指"在中华人民共和国境内，根据《中华人民共和国道路交通安全法》及其实施条例的规定，按照机动车国家安全技术标准等要求，对上道路行驶的机动车进行检验，并向社会出具公证数据的检验机构"。

汽车安全技术检测站根据国家有关法规，定期对反映汽车行驶安全的规定项目进行技术检测，得到反映规定检测项目的数据，根据 GB 7258—2017《机动车运行安全技术条件》等国家有关标准，给出"合格"与"不合格"的检测结果。

汽车安全技术检测站主要承担下列检测任务：汽车申请注册登记时的初次检测；汽车定期检测；汽车临时检测；汽车特殊检测，包括事故车辆、外事车辆、改装车辆和报废车辆等的技术检测。

根据 GB 7258—2017《机动车运行安全技术条件》和 GB 21861—2014《机动车安全技术检验项目和方法》的规定，汽车安全技术检测的主要项目、方法、常用设备和工具见表 18-1，汽车安全技术检验流程如图 18-1 所示。

表 18-1　机动车安全技术检验方法

序号	检验项目		检验方法
1	车辆唯一性检查	号牌号码/车辆类型	目视比对检查，目视难以清晰辨别时使用内窥镜等工具；有条件时，可使用能自动识别车辆识别代号、发动机号码的仪器设备
		车辆品牌/型号	
		车辆识别代号（或整车出厂编号）	
		发动机号码（或电动机号码）	
		车辆外观形状	
2	联网查询		利用联网信息系统查询车辆事故/违法信息
3	车辆特征参数检查	外廓尺寸	用长度测量工具测量，中型客货车、专项作业车、挂车应使用自动测量装置
		轴距	用长度测量工具测量，有条件时，可使用自动测量装置
		整备质量	用地磅或轴（轮）重仪等装置称量
		核定载客人数	目视检查。目测座椅深度、宽度及驾驶室内部宽度等。参数偏小时使用量具测量相关尺寸
		栏板高度	用钢尺等长度测量工具测量
		后轴钢板弹簧片数	目视检查
		客车应急出口	目视检查，目测应急出口尺寸偏小的，使用长度测量工具测量相关尺寸
		客车乘客通道和引道	目视检查，目视通道、引道偏窄或高度不符合要求时，使用通道、引道测量装置测量
		货箱	目视检查，目测货箱有超长、超宽、超高嫌疑时，使用长度测量工具测量相关尺寸

（续）

序号	检验项目		检验方法
4	车辆外观检查	车身外观	目视检查,对封闭式货箱的货车、挂车应打开货箱门检查,目测有疑问时,使用透光率计、钢尺、手锤、铁钩及照明器具等工具测量相关参数
		外观标识和标注	目视检查,目视字高偏小时,必要时使用长度测量工具测量相关尺寸
		外部照明和信号灯具	目视检查并操作
		轮胎	目视检查轮胎规格/型号,目测胎压不正常、胎冠花纹深度偏小时,使用轮胎气压表、花纹深度计等测量工具测量相关参数
		号牌/号牌架	目视检查,目测号牌安装位置、形式,有疑问时使用长度测量工具测量相关尺寸
		加装/改装灯具	目视检查
5	安全装置检查	汽车安全带	目视检查并操作
		机动车用三角警告牌	目视检查
		灭火器	目视检查
		行驶记录装置	目视检查。目测显示功能异常存疑时,使用专用检验仪器
		车身反光标识	目视检查。目测逆反射系数偏小时,使用专用检验仪器
		车辆尾部标志板	目视检查。目测逆反射系数偏小时,使用专用检验仪器
		侧后防护装置	目视检查。目测防护装置单薄、安装不规范时,使用长度测量工具
		应急锤	目视检查
		急救箱	目视检查
		限速功能或限速装置	审查机动车产品公告、机动车出厂合格证、产品使用说明书等技术凭证资料
		防抱死制动装置	打开电源,观察"ABS"指示灯,对于半挂车检查相关装置
		辅助制动装置	操作驾驶室操纵开关,有疑问时检查相关装置
		盘式制动器	目视检查
		紧急切断装置	目视检查
		发动机舱自动灭火装置	目视检查
		手动机械断电开关	目视检查。有疑问时操作开关,观察是否断电
		副制动踏板	目视检查。有疑问时踩下踏板,判断踏板工作是否正常
		校车标志灯和校车停车指示标志牌	目视检查
		危险货物运输车标志	目视检查
6	底盘动态检验	制动系统	以不低于20km/h左右的速度正直行驶,双手轻扶转向盘,急踩制动踏板后迅速放松
		转向系统	起步并行驶20m以上,通过检验员操作车辆,利用目视、耳听、操作感知等方式检查。对转向盘最大自由转动量和转向力有疑问时,使用转向盘转向力-转向角检测仪测量相关参数
		传动系统	
		仪表和指示器	检验过程中,观察仪表和指示器

（续）

序号	检验项目		检验方法
7	车辆底盘部件检查	转向系统部件	车辆停放在地沟上方的指定位置,使用专用手锤等工具检查,并由驾驶室操作人员配合;大中型客车、重中型货车、专项作业车、挂车检查时应使用底盘间隙仪
		传动系统部件	
		行驶系统部件	
		制动系统部件	
		其他部件	
8	仪器设备检验	行车制动 空载制动率	采用滚筒反力式制动检验台、平板制动检验台、便携式制动性能测试仪等检验
		行车制动 空载制动不平衡率	
		行车制动 加载轴制动率	
		行车制动 加载轴制动不平衡率	
		驻车制动	
		前照灯 远光发光强度	采用前照灯检测仪检验
		前照灯 远近光光束垂直偏移	
		车速表指示误差	采用车速表检测台检验
		转向轮横向侧滑量	采用侧滑检测台检验

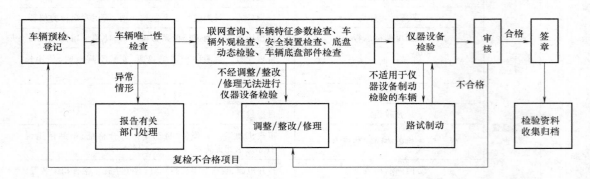

图 18-1 机动车安全技术检验流程图

2. 汽车环保检测站

汽车环保检测站指承担在用车辆排放污染物定期检测任务的汽车环保检测机构。

根据环境保护部《机动车环保检验管理规定》(2013),机动车环保检测机构应按省级环保部门委托的业务范围和检验类别开展环保定期检验,与当地环保部门联网实时上传环保检验数据,按照国家及地方在用机动车排放标准出具检验报告,并对检验结果承担法律责任。

机动车环保定期检验周期原则上与机动车安全技术检验一致,主要根据车辆用途、载客载货数量、使用年限等情况确定。因此,为方便起见,汽车安全技术检测站常常接受环保部门委托进行环保项目的检测。

对通过环保定期检验的机动车,环保部门应按照《机动车环保检验合格标志管理规定》(2009)核发机动车环保检验合格标志。未通过环保定期检验的机动车,应在有相关资质的机动车维修厂进行排放控制的维修治理,经再次检验合格后,环保部门予以核发环保标志。

机动车环保检测站主要承担下列检测任务：

（1）机动车登记时的环保检验　新购置机动车注册登记时应进行环保检验，包括检测废气排放、查验排放控制装置、登记机动车环保管理信息。但列入国家环保达标车型公告的新购置轻型汽油车，可免于注册登记时的尾气排放检测。

（2）机动车登记后的环保定期检验　按照机动车环保定期检验周期，根据 GB 18285—2005《点燃式发动机排气污染物排放限值及测量方法（双怠速法及简易工况法）》和 GB 3847—2005《车用压燃式发动机和压燃式发动机汽车排气烟度排放限值及测量方法》等有关国家标准，对汽车进行规定项目的检测。依据环保检验数据和国家及地方在用机动车排放标准，出具检验报告。

（3）其他环保定期检验　已注册登记的机动车出现以下情况之一的，应重新进行机动车环保定期检验，并申领机动车环保标志。

① 更换发动机的。

② 营运机动车改为非营运或者非营运机动车改为营运的。

③ 更换污染物排放控制装置的。

④ 依法依规对污染物排放控制装置、燃料使用种类等进行改造的。

汽车环保检测的主要项目、检测指标、常用设备和工具见表 18-2。

表 18-2　机动车环保检验指标和设备

检测项目	车型	检验指标	设备和工具
排气污染物	汽油车	CO、HC 容积浓度值（双怠速法）	红外线气体分析仪 滤纸式烟度计 不透光烟度计 底盘测功机 发动机转速表 秒表
		CO、HC 和 NO 容积浓度值（加速模拟工况法）	
	柴油车	自由加速试验排气可见污染物限值：烟度值（Rb）	
		自由加速试验排气可见污染物限值：光吸收系数（m^{-1}）	

3. 汽车综合性能检测站

根据 GB/T 17993—2017《汽车综合性能检测站能力的通用要求》，汽车综合性能检测站指"按照规定的程序、方法，通过一系列技术操作行为，对在用汽车综合性能进行检测（验）评价工作并提供检测数据、报告的社会化服务机构"。汽车综合性能检测站对汽车的综合性能即动力性、安全性、燃料经济性、使用可靠性、排气污染物和噪声等多种技术性能进行全面检测，依据 GB 18565—2016《道路运输车辆综合性能要求和检验方法》等有关技术标准，可代表交通运输管理部门对车辆的技术状况和维修质量进行监控，对道路运输车辆的技术等级进行评定或对营运客车类型等级进行评定或者年度复核。保证车辆运行安全，提高运输效率，降低运行消耗。汽车综合性能检测站的服务功能如下：

① 依法对营运车辆的技术状况进行检测。

② 依法对车辆维修竣工质量进行检测。

③ 接受委托，对车辆改装（造）、延长报废期及其相关新技术、科研鉴定等项目进行检测。

④ 接受交通、公安、环保、商检、计量、保险和司法机关等部门、机构的委托，为其进行规定项目的检测。

根据 GB/T 17993—2017《汽车综合性能检测站能力的通用要求》，汽车综合性能检测站的主要检测项目和仪器设备见表 18-3。汽车综合性能检测站的工艺组织如图 18-2 所示。

表 18-3　汽车综合性能检测站主要检测项目和仪器设备

序号	检测项目	主要检测指标	主要检测方法	主要设备、仪器、工具
1	车辆唯一性确认	略	人工检测	
2	整车装备完整有效性	略	人工测量检测	量具
3	发动机技术性能	发动机功率、最低稳定转速、最高转速、单缸转速降、相对气缸压力、点火提前角、触点闭合角、分电器重叠角、供(喷)油提前角、火花塞点火电压、起动电流、起动电压、电喷系、气缸压力、机油污染指数	仪器有线连接、规定工况采样、数据自动处理、记忆、输出;人工检测	发动机综合性能检测仪、气缸压力表、润滑油质分析仪
4	使用可靠性基本检测	发动机异响、底盘异响、总成紧固螺栓、铆钉、主要部件间隙、重要部位缺陷	人工检测;人工辅以扭力板手及专用手锤检测;人工辅以地沟和专用设备检测;人工辅以专用手锤检测	底盘间隙观察仪(注:可选配)
5	动力性	校正驱动轮输出功率、整车外特性曲线、加速性能、加速性能曲线	台架程序测试;人工采集测试现场环境要素;自动跟踪采样	汽车底盘测功机、大气压力表、温度计、湿度计
6	燃料经济性	等速百公里燃料消耗量	台架程控测试或道路试验	汽车底盘测功机、油耗计、非接触式速度计或五轮仪(注:可选配)
7	整车滑行性能	滑行距离、滑行时间、滑行阻力	台架程控测试;道路试验	汽车底盘测功机(注:宜选配惯量模拟装置)、拉力计
8	噪声控制	车辆定置噪声、客车车内噪声、驾驶人耳旁噪声、喇叭声级	场地检测或道路试验;仪器程控测试	声级计
9	车速表、里程表核准	车速表示值误差、里程表示值误差	台架程控测试	汽车车速表检测台、汽车底盘测功机
10	制动性能	轴(轮)重量、整备质量变化率、制动力、制动力平衡因数、车轮阻滞力因数、驻车制动力、制动协调时间、轮产生最大制动力时的踏板力、制动距离、制动减速度、制动跑偏量、ABS 防抱制动性能	台架程控测试;道路测试	轴(轮)重仪、滚筒反力式制动检测台或平板式制动检测台、制动踏板力计、驻车制动操纵力计、非接触式速度计或五轮仪、制动性能测试仪或非接触式速度计、ABS 防抱制动检测台(注:可选配)

序号	检测项目	主要检测指标	主要检测方法	主要设备、仪器、工具
11	转向操纵性	转向自动回正能力、转向盘自由转动量、转向盘操纵力、转向轮最大转角、转向轮侧滑量、车轮定位	道路试验、人工辅以仪器测试	转向盘转向力-转向角仪、转向轮转角仪、侧滑检测台、前轮定位仪或四轮定位仪（注：均可选配）
12	前照灯性能	基准中心高度、远光光强、远光光束中心垂直方向上下偏角（或偏距）、远光光束中心水平方向左右偏角（或偏距）、近光光束中心垂直方向上下偏角（或偏距）、近光光束中心水平方向左右偏角（或偏距）	程控测试	前照灯检测仪
13	排气污染物	点燃式发动机：①怠速工况法 CO、HC；②双怠速工况法 CO、HC；③加速模拟工况法 CO、HC、NO 压燃式发动机：①烟度；②光吸收系数	仪器、设备程控测试	排气分析仪（注：宜带有发动机转速显示功能）、汽车底盘测功机、滤纸式烟度计、不透光烟度计
14	悬架特性	吸收率、左右轮吸收率差、悬架特性曲线、悬架效率、左右轮悬架效率差	台架程控测试	悬架装置检测台

4. 汽车维修检测站

汽车维修检测站是为汽车维修服务的检测站。其主要任务是以 GB/T 18344—2016《汽车维护、检测、诊断技术规范》、GB/T 15746—2011《汽车修理质量检查评定方法》等技术标准为依据：

① 对二级维护前的汽车进行技术状况检测和故障诊断以确定附加作业和小修项目。

② 对大修前的汽车或总成进行技术状况检测以确定其是否达到大修标志需要大修。

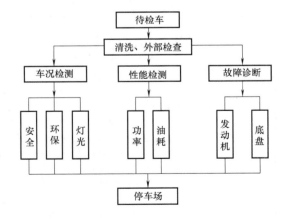

图 18-2　综合性能检测站工艺组织示意图

③ 对维修后的汽车进行技术检测以监控汽车的维修质量。

汽车维修检测站的工艺组织如图 18-3 所示。

四、汽车检测诊断的内容及标准

汽车检测诊断的类型和目的不同，其检测诊断内容和标准也不同。

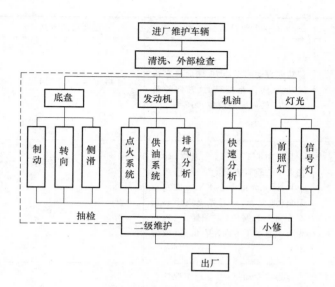

图 18-3　汽车维修检测站工艺组织示意图

1. 汽车安全技术检测的内容和标准

汽车安全技术检测以涉及汽车行驶安全及环保的项目为主要检测内容，根据检测手段不同，一般分为外检和有关性能的检测。其主要检测项目见表 18-1。

在汽车安全技术检测的外检过程中，应通过目视检查和实际操作确定车辆整车及各系统是否满足标准所规定的基本要求。

对于利用专用汽车检测设备进行检测的项目，其检测结果应满足的数量指标见表 18-4。

表 18-4　汽车安全技术台试检测项目及技术要求

序号	检测项目	技术要求
1	侧滑量	不大于 5m/km
2	制动性能	
2.1	制动力大小	制动力总和占整车重量的百分比：满载不小于 50%；空载不小于 60%；前轴制动力不小于轴荷的 60%，后轴制动力不小于 20%
2.2	制动力平衡	在制动力增长全过程中同时测得的左、右轮制动力差的最大值，与全过程中测得的该轴左、右轮最大制动力中大者之比，对前轴不应大于 24%，对后轴（及其他轴）在轴制动力不小于该轴轴荷的 60% 时不应大于 30%；当后轴（及其他轴）制动力小于该轴轴荷的 60% 时，在制动力增长全过程中同时测得的左、右轮制动力差的最大值不应大于该轴轴荷的 10%
2.3	制动阻滞力	进行制动力检测时，各车轮的阻滞力均不应大于车轮轮荷的 10%
2.4	制动协调时间	对液压制动的汽车不应大于 0.35s，对气压制动的汽车不应大于 0.60s；汽车列车和铰接客车、铰接式无轨电车的制动协调时间不应大于 0.80s
2.5	驻车制动力	机动车空载，乘坐一名驾驶人，使用驻车制动装置，驻车制动力的总和不应小于该车在测试状态下整车重量的 20%，但总质量为整备质量 1.2 倍以下的机动车为不小于 15%
3	车速表误差	车速表指示车速 V_1（单位：km/h）与实际车速 V_2（单位：km/h）之间应符合下列关系式：$0 \leqslant V_1 - V_2 \leqslant (V_2/10) + 4$

（续）

序号	检测项目	技术要求
4	前照灯	
4.1	发光强度	新注册车:两灯制的汽车,每只灯的发光强度应大于18000cd;四灯制的汽车,每只灯的发光强度应大于15000cd 在用车:两灯制的汽车,每只灯的发光强度应大于15000cd;四灯制的汽车,每只灯的发光强度应大于12000cd
	照射位置	在检测前照灯近光光束照射位置时,前照灯照射在距离10m的屏幕上时,乘用车前照灯近光光束明暗截止线转角或中点的高度应为 0.7~0.9H(H 为前照灯基准中心高度,下同),其他机动车(拖拉机运输机组除外)应为 0.6~0.8H。机动车(装用一只前照灯的机动车除外)前照灯近光光束水平方向位置向左偏不允许超过 170mm,向右偏不允许超过 350mm
4.2		在检测前照灯远光光束及远光单光束照射位置时,前照灯照射在距离10m的屏幕上时,要求在屏幕光束中心离地高度,对乘用车为 0.85~0.95H,对其他机动车为 0.8~0.95H;机动车(装用一只前照灯的机动车除外)前照灯远光光束水平位置要求,左灯向左偏不允许超过170mm,向右偏不允许超过 350mm,右灯向左或向右偏均不允许超过 350mm
5	喇叭声级	在距车前2m、离地高1.2m 处测量时,其值对发动机最大净功率为7kW 以下的摩托车及轻便摩托车为 80~112dB(A),对其他机动车为 90~115dB(A)

2. 汽车环保检测的内容和标准

汽车环保检测以汽车工作过程中涉及环境危害的项目为检测内容,依据环境保护部《机动车环保检验管理规定》(2103),环保定期检验方法按照国家或地方在用机动车排放标准确定。国家大气污染防治重点区域和重点城市应优先选用简易工况法。汽车环保检测的主要项目见表 18-2。

汽车环保检测站按省级环保部门委托的业务范围和检验类别开展环保定期检验时,所依据的标准主要有 GB 18285—2005《点燃式发动机排气污染物排放限值及测量方法(双怠速法及简易工况法)》和 GB 3847—2005《车用压燃式发动机和压燃式发动机汽车排气烟度排放限值及测量方法》等有关国家标准。其检测结果应满足的数量指标见表 18-5。

表 18-5 汽车环保检测项目及技术要求

车型	检测方法	车类		技术要求			
				怠速		高怠速	
				CO(%)	HC/×10⁻⁶	CO(%)	HC/×10⁻⁶
汽油车	双怠速法	2000 年 7 月 1 日起生产的第一类轻型汽车		0.8	150	0.3	100
		2001 年 10 月 1 日起生产的第二类轻型汽车		1.0	200	0.6	150
		2004 年 9 月 1 日起生产的重型汽车		1.5	250	0.7	200
	简易工况法	采用简易工况法检测的排气污染物应符合各行政区域的限值要求					
柴油车	自由加速-滤纸烟度法			烟度值 R_b		光吸收系数/(m⁻¹)	
		1995 年 7 月 1 日~2001 年 9 月 30 日间生产的在用汽车		4.5			
	自由加速-不透光烟度法	2001 年 10 月 1 日~2005 年 6 月 30 日生产的汽车	自然吸气式			2.5	
			涡轮增压式			3.0	
		2005 年 6 月 30 日后生产车型				车型核准时限值,再加 0.5	
	加载减速法	采用加载减速法检测的排气可见污染物应符合各行政区域的限值要求					

3. 汽车综合性能检测的内容和标准

根据 GB/T 17993—2017《汽车综合性能检测站能力的通用要求》和 GB 18565—2016《道路运输车辆综合性能要求和检测方法》，汽车综合性能检测的主要内容包括：基本要求；动力性；燃料经济性；行驶安全性；行驶可靠性；噪声和排放性能；整套装备完整性；防雨密封性等，其主要检测项目见表 18-3。

经认证的汽车综合性能检测站，对道路运输车辆进行综合性能检测，并对道路运输车辆的技术等级进行评定及对营运客车类型等级进行评定或者进行年度类型等级评定复核时，所依据的主要技术标准如下：

GB 7258—2017《机动车运行安全技术条件》

GB 18565—2016《道路运输车辆综合性能要求和检测方法》

GB/T 17993—2017《汽车综合性能检测站能力的通用要求》

JT/T 198—2016《道路运输车辆技术等级划分和评定要求》

JT/T 325—2013《营运客车技术等级评定》

GB 18565—2016《道路运输车辆综合性能要求和检测方法》规定了申请从事道路运输车辆的技术要求、在用道路运输车辆的技术要求和检验方法。其中，在用道路运输车辆的部分技术要求见表 18-6。

表 18-6　在用道路运输车辆的部分技术要求

序号	检测项目	技术要求
1	基本要求	
1.1	唯一性认证	略
1.2	发动机	工作性能,密封性,传动带,燃料供给
1.3	制动系统	行车制动,驻车制动
1.4	转向系统	部件连接,部件技术状况,转向助力装置
1.5	行驶系统	车架,车桥,拉杆和导杆,车轮及螺栓螺母,轮胎
1.6	悬架	弹性元件,部件连接,减振器
1.7	传动系统	离合器,变速器,传动件异响,万向节与轴承
1.8	照明、信号装置和标识	外部照明和信号装置,前照灯远、近光光束变换功能,反射器与侧标志灯,货车车身反光标示和尾部标志板
1.9	电气线路及仪表	导线,仪表与指示器,卫星定位系统车载终端
1.10	车身	门窗及照明,车身外观
1.11	附属设备	后视镜和下视镜、防眩目装置、除雾除霜装置、排气管和消声器
1.12	安全防护	安全带,侧面防护装置,后部防护装置,保险杠,牵引装置和安全锁止机构,安全架与隔离装置,灭火装置、警示牌与停车楔,危险货物运输车辆安全装置与标志
2	性能要求	
2.1	动力性	车辆动力性以 GB/T18276 中规定的驱动轮轮边稳定车速进行评价。额定功率工况下,驱动轮轮边稳定车速应不小于额定功率车速。额定转矩工况下,驱动轮轮边稳定车速应不小于额定转矩车速
2.2	燃料经济性	燃用柴油或汽油总质量大于 3500kg 的在用车辆,其燃料消耗量限值及评价方法应符合 GB/T18566 的规定

（续）

序号	检测项目	技术要求
2.3	制动性	
2.3.1	密封性和起步气压	汽车制动系统的密封性和起步气压建立时间满足 GB 18565 要求
2.3.2	行车制动性能	①整车制动率：空载≥60%，满载≥50% ②轴制动率：M₁ 类乘用车、N₁ 类货车，前轴≥60%、后轴≥20%；M₂ 和 M₃ 类客车、N₂ 和 N₃ 类货车，前轴≥60%、后轴≥50% ③制动不平衡率：前轴≤24%，后轴≤20%
2.3.3	驻车制动	台架检验时，在空载状态下，乘坐一名驾驶人，使用驻车制动装置，驻车制动力的总和不应小于测取的整车重量的 20%，总质量为整备质量 1.2 倍以下的机动车应不小于 15%
2.4	排放性	
2.4.1	点燃式发动机	采用双怠速法检测的排气污染物应符合 GB18285 的要求。 采用简易工况法检测的排气污染物应符合各行政区域的限值要求
2.4.2	压燃式发动机	采用自由加速法检测的排气烟度应符合 GB3847 的要求。 采用加载减速法检测的排气可见污染物应符合各行政区域的限值要求
2.5	转向操纵性	
2.5.1	转向轮横向侧滑量	转向桥采用非独立悬架的车辆，其转向轮（含双转向桥的转向轮）的横向侧滑量应在 ±5m/km 范围内
2.5.2	转向盘最大自由转动量	最高设计车速不小于 100km/h 的道路运输车辆，其转向盘的最大自由转动量不大于 15°，其他道路运输车辆不大于 25°
2.6	悬架特性	设计车速不小于 100km/h，轴质量不大于 1500kg 的载客汽车，其轮胎在激励振动条件下测得的悬架吸收效率应不小于 40%，同轴左、右轮悬架吸收率之差不得大于 15%
3	其他要求	
3.1	前照灯	
3.1.1	远光发光强度	最大设计车速不小于 70km/h 的车辆： 二灯制不小于 15000cd；四灯制不小于 12000cd
3.1.2	光束照射位置	前照灯照射在距离 10m 的屏幕上时的位置： ①近光光束 明暗截止线转角或中点高度：M₁ 类乘用车应为 0.7~0.9H（H 为前照灯基准中心高度，单位为毫米）；其他车辆应为 0.6~0.8H 水平方向位置：左偏≤170mm；右偏≤350mm。 ②远光光束 光束中心离地高度：M₁ 类乘用车应为 0.85~0.95H；其他车辆应为 0.8~0.95H 水平方向位置：左灯左偏≤170mm，左灯右偏≤350mm；右灯左偏≤350mm，右灯左偏≤350mm
3.2	车速表指示误差	车速表指示车速 v_1（km/h）与实际车速 v_2（km/h）之间应符合关系式： $$0 \leq v_1 - v_2 \leq (v_2/10) + 4$$
3.3	车轮阻滞力	各车轮的阻滞力不大于静态轴荷的 3.5%。
3.4	喇叭	喇叭应能发出连续、均匀的声响，声压级应为 90~115 dB（A）

4. 汽车维修检测的内容和标准

汽车维修检测包括汽车二级维护前的检测和汽车维修质量检测。

（1）汽车二级维护前的检测　根据 GB/T 18344—2016《汽车维护、检测、诊断技术规范》，汽车进行二级维护前，应进行技术状况检测和故障诊断，据此确定二级维护附加作业和小修项目以及是否需要大修。其主要检测内容如下：

① 汽车基本性能。最高车速、加速性能、燃油消耗量、制动性能、转向轮侧滑量、滑行能力等。

② 发动机技术状况。气缸压力、机油压力、工作温度、点火系统技术状况、机油质量、发动机异响等。

③ 底盘技术状况。离合器工作状况；变速器、主减速器、传动轴技术状况（密封、工作温度、异响等）；车轮、悬架技术状况；车架有无裂伤及各部件铆接状况等。

④ 车辆外观状况检查。车辆装备是否齐全，车身有无损伤，车轴及车架有无断裂、变形及有无"四漏"现象等。

汽车二级维护检测所依据的主要技术标准是 GB/T 18344—2016《汽车维护、检测、诊断技术规范》和汽车制造厂关于汽车使用性能及结构参数的推荐标准。据此可进行二级维护前检测，并据此确定二级维护的附加作业项目，同时对汽车二级维护的质量进行监控，汽车二级维护的竣工检测项目和技术要求见表 18-7。

表 18-7　二级维护竣工要求

序号	检测部位	检测项目	技术要求
1	整车	①清洁	汽车外部、各总成外部、三滤应清洁
		②面漆	车身面漆、腻子无脱落现象，补漆颜色应与原色基本一致
		③对称	车体应周正，左右对称
		④紧固	各总成外部螺栓、螺母按规定力矩拧紧，锁销齐全有效
		⑤润滑	发动机、变速器、转向器、减速器润滑符合规定，各通气孔畅通。各部润滑点润滑脂加注符合要求。润滑脂嘴齐全有效，安装位置正确
		⑥密封及电器	全车无油、水、气泄漏，密封良好，电器装置工作可靠，绝缘良好
		⑦前照灯、信号、仪表、刮水器、后视镜等装置	稳固、齐全有效，符合有关规定
2	发动机	①发动机工作状况	发动机能正常起动，低、中、高速运转均匀及稳定、冷却液温度正常，加速性能良好，无断裂、回火、放炮等现象，发动机运转稳定后应无异响
		②发动机功率	无负荷功率不小于额定值的 80%
		③发动机装置	齐全有效
3	离合器	①踏板自由行程	符合原厂规定
		②离合情况	接合平稳，分离彻底，无打滑、抖动及异响
4	转向系统	①转向盘最大转动量	符合规定
		②横直拉杆装置	球头销不松旷，各部螺栓螺母紧固，锁止可靠
		③转向机构	操作轻便，转动灵活，无摆振、跑偏等现象。车轮转到极限位置时，不得与其他部件有碰擦现象
		④前束及最大转向角	符合规定
		⑤侧滑	符合 GB7258 中的有关规定

（续）

序号	检测部位	检测项目	技术要求
5	传动系统	变速器、传动轴、主减速器	变速器操纵灵活、不跳档，不乱档。变速器传动轴、主减速器各部无异响，传动轴装配正确
6	行驶系统	①轮胎	轮胎磨损应在规定范围内、同轴轮胎应为相同的规格和花纹，转向轮不得使用翻新轮胎，轮胎气压符合规定，后轮辋孔与制动鼓观察孔对齐
		②钢板弹簧	钢板弹簧无断裂、位移、缺片、U 形螺栓紧固、前、后钢板支架无裂纹及变形
		③减振器	稳固有效
		④车架	车架无变形，纵横梁无裂纹，铆钉无松动，拖车钩、备胎架齐全，无裂损变形，连接牢固
		⑤前、后轴	无变形及裂纹
7	制动系统	①制动性能	应符合 GB7258 中的有关规定
		②制动踏板自由行程	符合规定
		③驻车制动性能	应符合 GB7258 中的有关规定
8	滑行	滑行性能	符合规定
9	车身、车箱	车身	驾驶室装置紧固，门锁链灵活无松旷，限动装置齐全有效，驾驶室门关闭牢靠，无松动，风窗玻璃完好，窗框严密，门把、门锁、玻璃升降器齐全有效。发动机舱盖锁扣有效，暖风装置工作正常
10	排放	尾气排放测量	符合有关标准的规定

（2）维修质量检测 指汽车维修竣工后进行的汽车二级维护质量检测、汽车或发动机大修质量检测。

根据 GB/T 18344—2016《汽车维护、检测、诊断技术规范》，汽车二级维护质量检测主要内容包括：外观检查，包括车容整齐、装备齐全、无"四漏"现象等；动力性能检测，包括发动机功率或气缸压力、汽车的加速性能、滑行能力等；经济性能检测，即燃油消耗量；安全性能检测，包括转向轮定位和侧滑量、转向盘自由转动量、制动性能、前照灯发光强度及光束照射位置、车速表误差、喇叭声级及噪声等；废气排放检测，包括汽油车急速污染物（CO、HC）排放、柴油车自由加速烟度排放；异响，即检查发动机和底盘各总成有无异常声响。

汽车修理质量检测所依据的主要技术标准如下：

GB/T 3799.1—2005《商用汽车发动机大修竣工出厂技术条件 第 1 部分：汽油发动机》。

GB/T 3799.2—2005《商用汽车发动机大修竣工出厂技术条件 第 2 部分：柴油发动机》。

GB/T 3798.1—2005《汽车大修竣工出厂技术条件 第 1 部分：载客汽车》。

GB/T 3798.2—2005《汽车大修竣工出厂技术条件 第 2 部分：载货汽车》。

GB/T 15746—2011《汽车修理质量检查评定方法》。

以上标准规定了汽车整车大修、发动机大修、车身大修质量评定的内容、规则、办法和基本检测技术文件评定及竣工质量评定的评定项目、技术要求、检查方法与手段、评定方法等，与标准中所涉及的相关标准和制造厂所规定的技术条件及推荐标准配套使用，可对汽车的修理质量进行检测和监控。

汽车维修检测和修理质量检测标准的具休检测项目及技术要求可参阅以上标准，限于篇幅，本书从略。

第二节　汽车的维护

一、汽车维护的概念及作用

汽车维护是保持车容整洁，及时发现和消除故障及其隐患，防止车辆早期损坏的技术作业。通过汽车的技术维护，可以保持汽车的技术状况，使汽车的技术状况不再下降或延缓下降速率。所应达到的要求如下：

① 使汽车经常处于技术状况良好状态，可以随时出车。

② 在合理使用的前提下，不致因汽车中途损坏而停车，以及因机械故障而影响行车安全。

③ 在汽车运行过程中，降低燃料、润滑油以及配件和轮胎的消耗。

④ 使汽车各总成的技术状况尽量保持均衡，以延长汽车大修间隔里程。

⑤ 减轻车辆噪声和排放污染物对环境的污染。

二、汽车维护的原则

根据《道路运输车辆技术管理规定》（交通运输部令 2016 年第 1 号），车辆维护应贯彻周期维护的原则，即车辆维护应遵照确定的行驶里程或间隔时间周期按期执行，并在维护作业中遵循车辆维护分级和作业范围的有关规定，保证维护质量。

车辆的周期维护应满足《道路运输车辆技术管理规定》（交通运输部令 2016 年第 1 号）和 JT/T 1045—2016《道路运输企业车辆技术管理规范》的有关规定。

三、汽车维护的分类和作业内容

汽车维护分为日常维护（亦称例行维护），一级维护、二级维护和根据实际需要进行的走合维护、换季维护和 I/M 维护等，如图 18-4 所示。汽车维护作业内容主要包括清洁、润滑、检查、补偿、紧定、调整等，除主要总成发生故障必须解体时，不得对其进行解体。

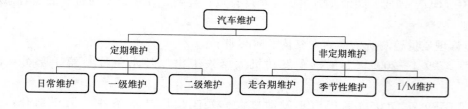

图 18-4　汽车维护的分类

1. 日常维护

日常维护以清洁、补给和安全检视为中心内容，其目的主要是维持汽车的车容和车态，使车辆处于正常工作状况，保证正常运行。包括出车前检查、途中检查和回场后的维护，是由驾驶人负责执行的日常性作业。

2. 一级维护

一级维护除执行日常维护作业外，以清洁、润滑、紧固为中心内容，消除车辆在行驶一定里程后出现的某些不正常现象，并检查有关制动、操纵等安全部件，使车辆保持正常运行状况。一级维护由道路运输经营者组织实施，由专业维修工负责执行，并做好记录。

3. 二级维护

二级维护除执行一级维护作业外，以检查、调整为中心，并拆检轮胎，进行轮胎换位。其目的是对行驶一定里程的车辆进行一次较深入的技术状况检查和调整，以维持其使用性能，以保证车辆的安全性、动力性和经济性达到使用要求。

在实施二级维护前，应对汽车进行检测诊断和技术鉴定，并据此确定附加作业或小修项目，结合二级维护一并进行，以消除发现的故障和隐患。二级维护由道路运输经营者组织实施，由专业维修工负责执行，并做好记录。

4. 走合和换季维护

对新车或大修后的汽车要进行走合维护（参见第十五章第一节）；在春、秋季末，为适应季节的变换，应进行季节性维护（参见第十五章第二、三节）。季节性维护可结合定期维护进行。

5. I/M 维护

I/M 制度是以国家的排放法规为依据，对在用车辆排放（尾气排放和蒸发排放、颗粒排放）进行控制，防止其排放净化系统被拆除、损坏、性能失效或恶化，充分发挥在用车本身净化能力，保证排放达标的制度。具体手段是加强在用车周期维护，同时通过由管理部门认定的检测站，对本辖区在用车辆进行检测和监控。发现排放超标车辆，则在具备维修资格的维修企业，对该车进行 I/M 维护和修理。

四、汽车维护周期

汽车各级维护周期指汽车进行同级维护之间的间隔期，应当根据汽车技术状况变化规律和技术条件，综合考虑车辆结构性能、使用条件、故障规律、配件质量等因素合理确定。

1. 汽车维护主要作业项目的周期

汽车维护周期首先取决于其主要作业项目的合理维护周期。

（1）紧固作业的合理周期　汽车上的螺栓联接件随着行驶里程的增加而产生松动。为掌握其松动规律，应积累大量数据并加以分析。选取适量的样车，对所考察的螺栓按标准力矩紧固并涂快干漆作标记，在行驶中进行检查（如每 500km 检查一次），记录松动的螺栓，做出螺栓松动百分比与行驶里程的关系曲线，其松动百分比最大的行驶里程，即可定为紧固作业的合理周期。行驶检查可在日常维护时进行，紧固作业的周期一般在一级维护时进行。

（2）润滑作业的合理周期　汽车润滑作业的周期，取决于汽车各总成、机构、零部件润滑油质量的变化规律及润滑技术要求，具体表现为添加和更换润滑油的时间（或里程）。

机油更换周期，除考虑机油氧化变质外，还要考虑机油中含铁量的增长。机油更换可以改善发动机的磨损状况，同时也增加了维护费用。因此，其合理周期要经技术经济分析确定。目前，车辆更换机油的作业，通常安排在二级维护时进行。

（3）调整作业的合理周期　随着行驶里程的增加，汽车有关配合副的配合间隙，由于零件自然磨损而逐渐增大。当间隙达到某一值后，磨损急速加剧，润滑条件变坏，冲击载荷加大，甚至出现故障。

确定调整作业的合理周期，通常以汽车车轮制动器进行试验，做出制动器间隙和行驶里程的关系图，回归分析后，据此确定调整周期。

$$l_0 = \frac{\delta_{max} - \delta_1}{a}$$

式中　l_0——调整作业的合理周期（kkm）；

　　　δ_{max}——保证制动效能的最大允许间隙（mm）；

　　　δ_1——制动器的初始间隙（mm）；

　　　a——制动器的平均磨损强度（mm/1000km）。

2. 汽车维护周期的确定

① 日常维护的周期为出车前、行驶中和收车后。

② 汽车一、二级维护周期的确定，应以汽车的行驶里程为基本依据。道路运输经营者应当依据国家有关标准和车辆维修手册、使用说明书等，结合车辆类别、车辆运行状况、行驶里程、道路条件、使用年限等因素，参考维护作业项目及其合理维护周期，合理确定车辆维护周期，确保车辆正常维护。

对于不便使用行驶里程统计、考核的汽车，用行驶时间间隔确定一、二级维护周期。其时间（天）间隔可依据汽车使用强度和条件，参照汽车一、二级维护里程周期确定。

二级维护的间隔里程一般是一级维护间隔里程的4~5倍。

③ 季节性维护分为夏季维护和冬季维护，夏季维护在春季末，而冬季维护在秋季末。季节性维护一般结合周期维护进行。

④ 根据 GB/T 18344—2016《汽车维护、检测、诊断技术规范》，道路运输车辆一级维护和二级维护的推荐周期见表18-8。

表18-8　道路运输车辆一级维护、二级维护推荐周期

适用车型		维护周期	
		一级维护行驶里程间隔上限值或行驶时间间隔上限值	二级维护行驶里程间隔上限值或行驶时间间隔上限值
客车	小型客车（含乘用车）（车长≤6m）	10000km 或 30 日	40000km 或 120 日
	中型及以上客车（车长>6m）	15000km 或 30 日	50000km 或 120 日
货车	轻型货车（最大设计总质量≤3500kg）	10000km 或 30 日	40000km 或 120 日
	轻型以上货车（最大设计总质量>3500kg）	15000km 或 30 日	50000km 或 120 日
	挂车	15000km 或 30 日	50000km 或 120 日

注：对于以山区、沙漠、炎热、寒冷等特殊运行环境为主的道路运输车辆，可适当缩短维护周期

五、汽车维护作业组织形式

为了有效地完成汽车维护工作，维护作业地点应按工艺配备技术装备，合理布局，使之工作协调，以充分利用人力、物力，提高工作效率，减少消耗。进行汽车维护工艺组织时，应考虑以下原则：

① 工艺过程的组织应符合车辆运行的工作制度（车辆停运时进行维护）。

② 合理利用汽车维护的工艺设备和厂房的生产面积。

③ 有效完成维护的工作内容（各级维护规定的内容），保证维护质量。

④ 工艺过程的组织，要考虑技术上可行、经济上合理，综合效益最好。

汽车二级维护作业的工艺过程如图 18-5 所示，其维护工艺的组织形式可分为以下类别。

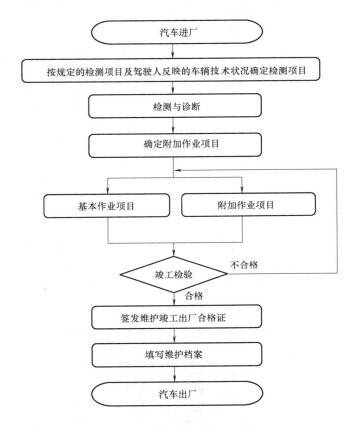

图 18-5　二级维护工艺过程图

1. 按专业分工程度分类

根据专业分工程度不同，汽车维护工艺的组织形式分为全能工段式和专业工段式两种。

（1）全能工段式　把除外表维护作业外的其他规定作业组织在一个工段上实施，把执行维护作业的人员编成作业组，各作业组有序完成各部位的作业项目。在组织作业时，可考虑固定工位作业，也可考虑平行交叉作业。

（2）专业工段式　把规定的各项维护作业，按其工艺特点分配在一个或几个工段上，各专业工人在指定工段上完成各自的工作。汽车可以依靠本身的动力或利用其他驱动装置在工段上按作业顺序移动，组织流水线作业。

2. 按维护工作地点的布置方式分类

按维护工作地点的布置方式，汽车维护工艺的组织形式分为尽头式和直通式两种。

（1）尽头式工段　尽头式工段的布置如图 18-6 所示。汽车可单独地出入工段，在维护期间，汽车则停在各自地点固定不动，维护工人按照综合作业分工等不同的劳动组织形式，交叉执行各项维护作业项目。各工段的作业时间单独组织，彼此无影响。因此，尽头式工段适合于规模较小、车型复杂的维修企业，在汽车进行二级维护作业和小修时采用。

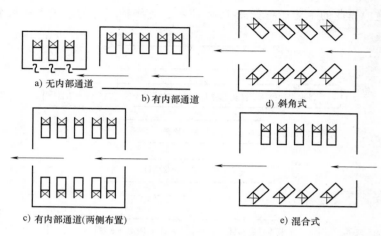

图 18-6　尽头式工段

（2）直通式工段　直通式工段的布置如图 18-7 所示，维护作业按作业顺序要求分配在各工段上，作业工人按专业分工完成维护作业，按流水作业组织维护，其维护作业生产率较高，但适用于车型单一，作业内容和劳动量比较固定的情况。

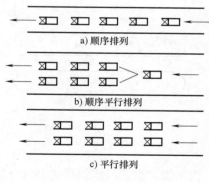

图 18-7　直通式工段

第三节　汽车的修理

一、汽车修理的概念及作用

汽车修理是消除故障及其隐患，恢复汽车的工作能力和良好技术状况的技术作业。在使用过程中，汽车在载荷和外界环境的共同作用下，其组成部分或零件会因磨损、疲劳、腐蚀、变形等原因而失效，汽车或其零部件的技术状况不断下降或受到损伤，使汽车性能降低甚至丧失其原有功能。但若零部件损伤所导致汽车性能降低和功能丧失的程度还在可恢复的范围内，就可以通过修理，将其技术状况恢复到完好技术状况。因此，修理是恢复汽车技术状况和功能的技术措施。

二、汽车修理的原则

根据《道路运输车辆技术管理规定》（交通运输部令 2016 年第 1 号）和 JT/T 1045—2016《道路运输企业车辆技术管理规范》，车辆修理应遵循视情修理的原则，即根据车辆检测诊断和技术鉴定的结果，视情按不同作业范围和深度进行。既要防止拖延修理造成汽车技术状况恶化，又要防止提前修理造成浪费。

汽车修理指对汽车所有零件、总成及整车进行修理的总和。汽车各部零件及总成的使用寿命各不相同，不能同时进行修理。但又必须使它们的技术状况在汽车运行中能保持基本平衡。

视情修理是随着检测诊断技术和维修技术的发展而提出来的。计划修理，往往因计划不周或执行不彻底，而造成修理不及时或提前修理的情况，其结果或者导致车况急剧恶化，或者造成不必要的浪费。视情修理必须经过检测诊断和技术鉴定，而不能只凭车辆所有者或者使用者的意见来随便确定修理时间和项目。为实现视情修理，必须积极创造车辆检测诊断和技术鉴定的条件，视情修理的实质如下：

① 由以行驶里程为基础确定车辆是否修理，改变为以车辆实际技术状况为基础确定车辆是否修理。

② 车辆修理的作业范围通过检测诊断后确定，检测诊断技术是实现视情修理的重要保证。

③ 视情修理体现了技术与经济相结合的原则。

三、现代汽车维修思想和维修方式

汽车维修的前提：一是汽车出现或即将出现故障，需要维修；二是汽车具备再制造性（修复性）功能，可以维修。汽车维修的主要目的就是为了维持或恢复汽车使用性能、延长汽车使用寿命、保证汽车运输的正常进行。

现代汽车是复杂的高技术产品，其生产建造和使用成本越来越高，其使用对社会安全和环境的影响越来越大。维修可以使汽车持续保持其安全性、可靠性，提高运输效率，节省使用总成本，延长使用寿命。因此，维修的作用越来越重要，维修技术也越来越复杂。

1. 汽车维修思想及其发展

所谓汽车维修思想是关于汽车维修的原则、理念和总体规划。随着汽车维修实践活动的深入和维修技术的进步，维修思想从传统的维修思想发展为现代的维修思想；从单一、简单的维修操作发展到复杂、深刻的维修理论；从简单的维修工作到多元的维修工作和众多的维修策略。其发展过程分为三个阶段，如图 18-8 所示。

（1）故障后维修 所对应的维修方式是事后维修。

（2）预防为主的维修思想 即在对故障规律的深刻认识的基础上，采取各种预防性措施，减少或者避免故障发生，所对应的维修方式主要是定时维修方法。

（3）以可靠性为中心的维修思想 随着对故障规律认识的深化，以及可靠性理论在维修领域中的深入应用，维修的主要任务转变为控制影响产品可靠性下降的各种因素，达到保持或者恢复产品可靠性的目的，从而形成以可靠性为中心的维修理论。随着状态监控和故障诊断等技术的进步，产生了视情维修方式。以可靠性为中心的维修是现代维修理论的核心，我国目前采用的"周期维护，视情修理"原则正体现了以可靠性为中心的维修理论的实际应用。

2. 汽车维修方式的分类

汽车维修方式可以分为两类：预防性维修和事后维修，如图 18-9 所示。

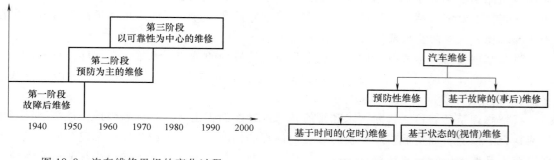

图 18-8　汽车维修思想的变化过程

图 18-9　汽车维修策略的分类

事后维修也称修复性维修，指汽车发生故障后，使其恢复到规定状态所进行的全部活动。事后维修是汽车维修工作的重要组成部分。因为，尽管采用了预防性维修措施保证汽车的功能或延缓汽车的功能失效，但汽车在运营中还会出现故障。故障后进行修复性维修是基于故障的维修方式，是对汽车故障的紧急响应措施。对小故障或一般故障，可以采用这种方式。预防性维修指通过对汽车零部件的检查、检测，发现故障征兆，以防止故障发生，并使其保持规定状态所进行的全部活动。也就是说，在故障发生前预先对汽车进行维修，使其保持规定的技术状态，消除故障隐患，防患于未然。预防性维修包括定时维修和视情维修两种形式，用于故障后果影响较严重的情况。

定时维修指维修在一个特定的时间段后进行。如果汽车性能降低程度和故障率随使用时间增长而单调变化，且变化规律可以预测，则采用定时维修可以收到预防性维修的效果，且比事后维修更经济，汽车故障停歇时间缩短。

视情维修是基于汽车技术状况的维修方式，指经过一定时间间隔后，通过检测汽车技术状态或潜在故障，并与相应技术标准比较，据此采取措施防止汽车技术性能下降或预防功能故障发生的维修方式。视情维修的前提是对汽车技术状况的检测，通常要依靠检测诊断设备，并要求有明确的用于判别汽车技术状况的技术标准和潜在故障或功能故障的定量依据。

汽车潜在故障及由潜在故障发展到功能故障的一般过程如图 18-10 所示，A 点为故障开始的发生点，P 点为能够检测到的潜在故障点，F 点为功能故障点，T 点为由潜在故障发展到功能故障的间隔期，T_c 为视情维修检测的间隔期。由图可见，只有视情维修的检测间隔期 T_c 小于 T 时，才有可能在功能故障发生前检测到潜在故障。

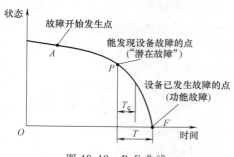

图 18-10　P-F 曲线

以可靠性为中心的维修理论提出的潜在故障概念，致力于使汽车在潜在故障阶段得到更换或修理，防止功能故障的出现，使汽车在不发生功能故障的前提下得到充分地利用，既安全又经济。

四、汽车修理制度

1. 汽车修理的分类和作业内容

根据修理作业的范围，汽车修理分为汽车大修、总成大修、汽车小修、零件修理四类。如图 18-11 所示。

图 18-11　汽车修理的分类

（1）汽车大修　新车或经过大修后的车辆，在行驶一定里程（或时间）后，经过检测诊断和技术鉴定，用修理或更换车辆任何零部件的方法，恢复车辆的完好技术状况，完全或接近完全恢复车辆寿命的恢复性修理。

汽车大修时，需对汽车全部总成解体，并对全部零件进行清洗和检验分类，更换不可修复零件，修复可修件，按大修技术标准进行装配和调试，以达到全面恢复汽车技术性能的目的。

（2）总成大修　车辆的总成经过一定使用里程（或时间）后，用修理或更换总成任何零部件（包括基础件）的方法，恢复其完好技术状况和寿命的恢复性修理。

车辆经过一定使用里程（或时间）后，其基础件或主要零件出现破裂、磨损和变形等，在两次车辆大修之间，可安排一次用修理或更换总成任何零部件（包括基础件）的方法，恢复其完好技术状况和寿命的平衡性修理。通过总成大修，使汽车各总成的工作寿命趋于平衡，延长汽车大修间隔里程。

（3）汽车小修　用修理或更换个别零件的方法，保证或恢复车辆工作能力的运行性修理。主要目的是消除车辆在运行过程或维护作业过程中发生或发现的故障或隐患。

对于有规律的损伤（如清除积炭、换活塞环、研磨气门等），可作为计划性小修，结合各级维护作业进行。汽车小修时，不应扩大修理范围，并在保证汽车技术性能和行车安全的前提下，尽量利用修复旧件以降低修理费用。

（4）零件修理　对因磨损、变形、蚀损、断裂等失效而不能继续使用的零件所进行的加工性修理。其目的是在符合经济性原则的前提下，利用矫正、喷镀、电镀、堆焊、机械加工等修复方法对零件进行修复，以恢复其使用性能。

2. 汽车和总成大修标志

要确定车辆及其总成是否需要大修，必须掌握车辆和总成的大修标志。

（1）汽车大修送修标志　客车以车厢为主，结合发动机总成；货车以发动机总成为主，结合车架总成或其他两个总成符合大修条件。

（2）挂车大修送修标志

① 挂车车架（包括转盘）和货厢符合大修条件。

② 定车牵引的半挂车和铰接式大客车，按照汽车大修的标志与牵引车同时进厂大修。

（3）总成大修送修标志

1）发动机总成。气缸磨损，圆柱度达到 0.175～0.250mm 或圆度已达到 0.050～0.063mm（以其中磨损量最大的一个气缸为准）；最大功率或气缸压力较标准降低 25% 以上；燃料和润滑油消耗量显著增加。

2）车架总成。车架断裂、锈蚀、弯曲、扭曲变形逾限，大部分铆钉松动或铆钉孔磨损，必须拆卸其他总成后才能进行校正、修理或重铆方能修复。

3）变速器（分动器）总成。壳体变形、破裂、轴承承孔磨损逾限，变速齿轮及轴恶性磨损、损坏，需要彻底修复。

4）后桥（驱动桥、中桥）总成。桥壳破裂、变形，半轴套管承孔磨损逾限，减速器齿轮恶性磨损，需要校正或彻底修复。

5）前桥总成。前轴裂纹、变形，主销承孔磨损逾限，需要校正或彻底修复。

6）客车车身总成。车厢骨架断裂、锈蚀、变形严重，蒙皮破损面积较大，需要彻底修复。

7）货车车身总成。驾驶室锈蚀、变形严重、破裂，或货厢纵、横梁腐朽，底板、栏板破损面积较大，需要彻底修复。

3. 车辆和总成送修规定

① 车辆和总成送修时，承修单位与送修单位应签订合同，商定送修要求、修理车日和质量保证等。合同签订后必须严格执行。

② 车辆送修时，应具备行驶功能，装备齐全，不得拆换。

③ 总成送修时，应在装合状态，附件、零件均不得拆换和短缺。

④ 肇事车辆或因特殊原因不能行驶和短缺零部件的车辆，在签订合同时，应作出相应的规定和说明。

⑤ 车辆和总成送修时，应将车辆和总成的有关技术档案一并送承修单位。

4. 修竣车辆和总成的出厂规定

① 送修车辆和总成修竣检验合格后，承修单位应签发出厂合格证，并将技术档案、修理技术资料和合格证移交送修单位。

② 车辆或总成修竣出厂时，不论送修时的装备（附件）状况如何，均应按照有关规定配备齐全。发动机应安装限速装置。

③ 接车人员应根据合同规定，就车辆或总成的技术状况和装备情况等进行验收，如发现确有不符合竣工要求的情况时，承修单位应立即查明，及时处理。

④ 送修单位必须严格执行车辆走合期的规定，在保证期内因修理质量发生故障或提前损坏时，承修单位应优先安排，及时排除，免费修理。如发生纠纷，由维修管理部门组织技术分析，进行仲裁。

五、汽车修理作业组织形式

汽车修理作业组织是指汽车修理基本方法、作业方式、劳动组织形式。

1. 汽车修理基本方法

汽车修理基本方法分为就车修理法、总成互换修理法、混装修理法。

（1）就车修理法　即原车原件修理法，指从原车上拆下的总成、零部件经修复后仍装回原车的修理方法。由于其生产效率低，修理车日长，适用于承修车型多、生产纲领不大的小型汽车修理厂。采用就车修理法的大修工艺过程如图 18-12 所示。

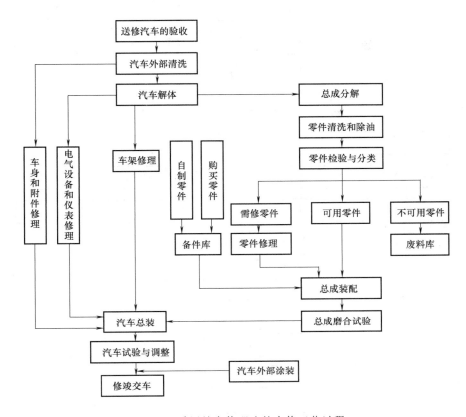

图 18-12 采用就车修理法的大修工艺过程

（2）总成互换修理法 除车架和车身（客车、轿车）经修复仍装回原车外，其余需修的总成、零部件均换用储备件的修理方法。换下来的总成、零部件经修复后送入备件库储存以备换用。由于缩短了修理车日，保证了汽车总装连续性，提高了生产效率，有利于组织流水作业，适用于生产纲领大、承修车型少、有足够储备件的大型汽车修理厂。采用总成互换修理法的汽车大修工艺过程如图 18-13 所示。

（3）混装修理法 结合上述两种方法的汽车修理方法。既不要求总成互换，也不要求完全就车，而是充分发挥两种方法优点，克服两种方法缺点的综合修理法。

2. 汽车修理作业方式

汽车修理作业方式一般分为定位作业法和流水作业法两种。

（1）定位作业法 汽车的拆散和装配作业，固定在一个工作位置上完成的作业方式。即车架位置不动，拆散后的各总成、零部件的修理作业，可分散到各专业工组去完成的作业方式。其优点是占地面积小，所需设备简单，拆装作业不受连续性限制，生产调度与调整比较方便；缺点是修理时间长，运输劳动强度大，适用于规模较小、承修车型较多的修理企业。

（2）流水作业法 汽车的拆散和装配作业沿流水线顺序，分别在各专业工组完成的作业方式。对于不能在流水线上完成的作业，应配合流水作业的要求，分散在各工位上完成，避免破坏作业的连续性。

流水作业分为连续流水和间歇流水两种方式。连续流水作业指汽车车架沿流水线的方向

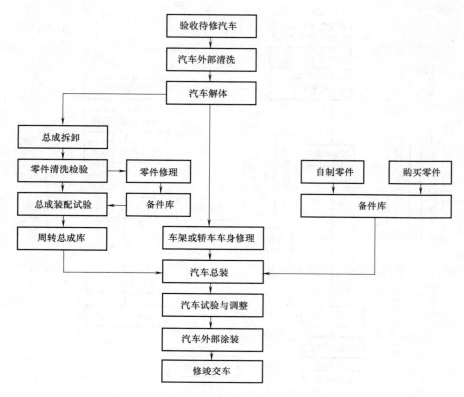

图 18-13 采用总成互换修理法的汽车大修工艺过程

有节奏地连续移动的方法，适用于规模较大的修理厂。间歇流水作业指汽车车架在流水线上移动到每个工组时，间歇一定时间，待完成作业后再移动到下一个工组的作业方法，适用于大、中型汽车修理厂。

流水作业法的优点是专业化程度高、分工明确、修车速度快、质量好、生产率高；同时，总成和大件运输距离短、劳动强度小。缺点是占地面积大、工艺设备要求完善、承修车型单一，要有足够的备用总成，以保证流水作业的连续性和节奏性。

3. 汽车修理的劳动组织

汽车修理的劳动组织形式，一般分为综合作业法和专业分工法两种形式。

（1）综合作业法　除车身、轮胎、机械加工和锻焊等作业由专业工组配合完成外，其余全部拆装修理作业由同一个班组完成的组织形式。这种劳动组织形式相当于承包制，便于生产管理；但作业内容多、难度大，要求工人技术全面，因此生产率低，只适于生产量不大、承修车型复杂的小型汽车修理厂。

（2）专业分工法　每个修理作业单元，由一个或几个工人去完成的组织形式。作业单元可以按工种、工位、总成、零部件等去划分，各单元之间应有连续性，以适应流水作业的节奏。作业单元划分越细，专业化程度就越高。该方法便于采用专用设备，工人技术易于提高、修车质量好，劳动生产率高。

4. 维修工艺组织方法的选择

汽车维修企业在组织汽车修理生产时，可依据自身技术条件，对基本修理方法、作业方法、劳动组织形式等灵活加以运用，选择最适合的工艺组织形式，以达到提高工效、降低成本、保证修理质量的目的。

① 对于承修车型复杂的汽车修理企业，宜采用就车修理法为主，总成互换修理法为辅。在作业方式上，汽车的拆装可采用定位作业，由综合工组进行。而总成的修理，则可根据专业分工采用专业修理。

② 对于承修车型较单一而承修车辆数量较多的汽车修理企业，宜以总成互换修理法为主，就车修理法为辅。在作业方式上，对汽车的拆装可采用间歇流水的方式。而总成修理，则应按流水作业的顺序安排工位，以便进一步组织修理生产流水线。对于个别采用就车修理法的车辆应另行采用定位作业法。在劳动组织形式上与流水作业相适应，以采用专业分工法为宜。较小的维修企业，适合采用就车修理法、定位和综合作业法。

第四节　汽车维修经营及维修质量管理

一、汽车维修经营业务的分类和条件

1. 汽车维修经营业务的分类

根据《机动车维修管理规定》（交通运输部令 2016 年第 37 号），机动车维修经营依据维修车型种类、服务能力和经营项目实行分类许可。

机动车维修经营业务根据维修对象分为汽车维修经营业务、危险货物运输车辆维修经营业务、摩托车维修经营业务和其他机动车维修经营业务四类。

汽车维修经营业务、其他机动车维修经营业务根据经营项目和服务能力分为一类维修经营业务、二类维修经营业务和三类维修经营业务。其中一类和二类属于汽车整车维修企业，三类属于汽车综合小修及专项维修业户。

获得一类、二类汽车维修经营业务或者其他机动车维修经营业务许可的，可以从事相应车型的整车修理、总成修理、整车维护、小修、维修救援、专项修理和维修竣工检验工作。

获得三类汽车维修经营业务（含汽车综合小修）、三类其他机动车维修经营业务许可的，可以分别从事汽车综合小修或者发动机维修、车身维修、电气系统维修、自动变速器维修、轮胎动平衡及修补、四轮定位检测调整、汽车润滑与养护、喷油泵和喷油器维修、曲轴修磨、气缸镗磨、散热器维修、空调维修、汽车美容装潢、汽车玻璃安装及修复等汽车专项维修工作。

具体有关经营项目按照 GB/T 16739—2014《汽车维修业开业条件》相关条款的规定执行。

2. 汽车维修经营的条件

根据《机动车维修管理规定》（交通运输部令 2016 年第 37 号），从事汽车维修经营业务或者其他机动车维修经营业务的，应当符合下列条件：

（1）有与其经营业务相适应的维修车辆停车场和生产厂房。

（2）有与其经营业务相适应的设备、设施，所配备的计量设备应当符合国家有关标准要求，并经法定检定机构检定合格。

（3）有必要的技术人员；从事一类和二类维修业务的应当各配备至少一名技术负责人员、质量检验人员、业务接待人员以及从事机修、电器、钣金、涂漆的维修技术人员。从事

354

三类维修业务的，按照其经营项目分别配备相应的机修、电器、钣金、涂漆的维修技术人员；从事发动机维修、车身维修、电气系统维修、自动变速器维修的，还应当配备技术负责人员和质量检验人员。

（4）有健全的维修管理制度；包括质量管理制度、安全生产管理制度、车辆维修档案管理制度、人员培训制度、设备管理制度及配件管理制度。

（5）有必要的环境保护措施。

（6）从事危险货物运输车辆维修的汽车维修经营者，除具备汽车维修经营一类维修经营业务的开业条件外，还应当具备下列条件：

① 有与其作业内容相适应的专用维修车间和设备、设施，并设置明显的指示性标志。

② 有完善的突发事件应急预案。包括报告程序、应急指挥以及处置措施等内容。

③ 有相应的安全管理人员。

④ 有齐全的安全操作规程。

各类汽车维修经营业务的具体条件按照 GB/T 16739—2014《汽车维修业开业条件》相关条款的规定执行。

机动车维修经营许可证件实行有效期制。从事一、二类汽车维修业务证件的有效期为 6 年；从事三类汽车维修业务证件的有效期为三年。

二、汽车维修质量管理

维修质量指维修作业对汽车技术状况和工作能力维持或恢复的程度，决定着汽车能否以良好的技术状态安全行驶。为加强维修质量管理，提高维修质量，必须采取严格的技术手段和管理措施对影响维修质量的相关因素实施系统管理，从员工的维修技能、维修设备、配件质量、维修质量检验等方面采取符合企业实际的相关措施。

汽车维修质量管理的目的：综合运用现代管理手段和方法，完善工艺方法和维修组织形式，通过建立完善的质量标准和体系，不断提高汽车维修质量的管理水平，以保证修竣出厂汽车的技术状况及其使用性能为最佳水平。

1. 汽车维修质量管理规定

根据《机动车维修管理规定》（交通运输部令 2016 年第 37 号），机动车维修质量管理的要求如下：

（1）维修标准 机动车维修经营者应当按照国家、行业或者地方的维修标准和规范进行维修。尚无标准或规范的，可参照机动车生产企业提供的维修手册、使用说明书和有关技术资料进行维修。

维修标准和技术规范是进行汽车维修质量检验的依据。维修企业和维修质量检验人员，必须认真贯彻执行国家和交通部颁布的汽车维修技术标准、规范，规范维修作业和维修质量检验，保证汽车维修质量。有条件的企业还应当依据国家标准、行业标准要求制定企业技术标准，不断提高汽车维修质量。

1）汽车整车修理质量评定的国家、行业标准主要有：

GB/T 15746—2011《汽车修理质量检查评定方法》

GB/T 3798.1—2005《汽车大修竣工出厂技术条件第 1 部分：载客汽车》

GB/T 3798.2—2005《汽车大修竣工出厂技术条件第 2 部分：载货汽车》

GB/T 3799.1—2005《商用汽车发动机大修竣工出厂技术条件 第 1 部分 汽油发动机》

GB/T 3799.2—2005《商用汽车发动机大修竣工出厂技术条件 第2部分 柴油发动机》

GB/T 5336—2005《大客车车身修理技术条件》

GB/T 19910—2005《汽车发动机电子控制系统修理技术要求》

2）汽车维护质量评定的国家、行业标准主要有：

GB/T 18344—2016《汽车维护、检测、诊断技术规范》

GB/T 27876—2011《压缩天然气汽车维护技术规范》

GB/T 27877—2011《液化石油气汽车维护技术规范》

JT/T 1009—2015《液化天然气汽车维护技术规范》

（2）维修配件管理 机动车维修经营者不得使用假冒伪劣配件维修机动车。

机动车维修配件实行追溯制度。机动车维修经营者应当记录配件采购、使用信息，查验产品合格证等相关证明，并按规定留存配件来源凭证。托修方、维修经营者可以使用同质配件维修机动车。同质配件是指，产品质量等同或者高于装车零部件标准要求，且具有良好装车性能的配件。

（3）维修检测诊断 机动车维修经营者对机动车进行二级维护、总成修理、整车修理的，应当实行维修前诊断检验、维修过程检验和竣工质量检验制度。

承担机动车维修竣工质量检验的机动车维修企业或机动车综合性能检测机构应当使用符合有关标准并在检定有效期内的设备，按照有关标准进行检测，如实提供检测结果证明，并对检测结果承担法律责任。

机动车维修竣工质量检验合格的，维修质量检验人员应当签发《机动车维修竣工出厂合格证》。

（4）维修档案管理 机动车维修经营者应当建立机动车维修档案，并实行档案电子化管理。维修档案应当包括：维修合同（托修单）、维修项目、维修人员及维修结算清单等。对机动车进行二级维护、总成修理、整车修理的，维修档案还应当包括：质量检验单、质量检验人员、竣工出厂合格证（副本）等。

（5）维修质量监督管理

① 道路运输管理机构应当加强对机动车维修专业技术人员的管理，严格执行专业技术人员考试和管理制度。

② 道路运输管理机构应当加强对机动车维修经营的质量监督和管理，采用定期检查、随机抽样检测检验的方法，对机动车维修经营者维修质量进行监督。

③ 道路运输管理机构可以委托具有法定资格的机动车维修质量监督检验单位，对机动车维修质量进行监督检验。

2. 汽车维修质量保证

根据《机动车维修管理规定》（交通运输部令2016年第37号），机动车维修实行竣工出厂质量保证期制度。不同类型车辆，不同维修内容有不同的保修期。

（1）汽车和危险货物运输车辆

① 整车修理或总成修理质量保证期为车辆行驶20000 km或者100天。

② 二级维护质量保证期为车辆行驶5000 km或者30天。

③ 一级维护、小修及专项修理质量保证期为车辆行驶2000 km或者10天。

（2）其他机动车

① 整车修理或者总成修理质量保证期为机动车行驶 6000 km 或者 60 天。

② 维护、小修及专项修理质量保证期为机动车行驶 700 km 或者 7 天。

机动车维修质量保证期，从维修竣工出厂之日起计算；质量保证期中行驶里程和日期指标，以先达到者为准。

在质量保证期和承诺的质量保证期内，因维修质量造成机动车无法正常使用，且承修方在 3 日内不能或者无法提供因非维修原因而造成机动车无法正常使用的相关证据的，机动车维修经营者应当及时无偿返修。

在质量保证期内，机动车因同一故障或维修项目经两次修理仍不能正常使用，维修经营者应当负责联系其他机动车维修经营者，并承担相应修理费用。

复 习 题

一、问答题

1. 汽车检测的原则是什么？

2. 根据检测目的，车辆检测诊断分哪几类？

3. 什么是机动车安全检测机构？

4. 什么是汽车综合性能检测站？

5. 什么是汽车环保检测站？

6. 什么是汽车维修检测站？

7. 什么是汽车维护？汽车维护的原则是什么？

8. 什么是车辆修理？汽车修理的原则是什么？

9. 汽车维护如何分类？

10. 汽车修理如何分类？

11. 汽车维护作业组织形式有哪几种？

12. 汽车修理基本方法分为哪几种？

13. 汽车修理作业方式分为哪几种？

二、综述（分析）题

1. 简述汽车安全技术检测和环保检测的作用和目的。

2. 简述汽车综合性能检测的作用和目的。

3. 简述汽车维修检测诊断的作用和目的。

4. 简述安全技术检测站的功能、检测内容和标准。

5. 说明机动车环保检测站所承担的检测任务和检测标准。

6. 简述综合性能检测站的功能、检测内容和标准。

7. 简述汽车维修检测站的功能、检测内容和标准。

8. 说明什么是周期维护，什么是视情修理。

9. 说明各类维护的作业内容。

10. 简述汽车维修周期的确定方法。

11. 进行汽车维护工艺组织时应考虑哪些原则？

12. 怎样进行汽车维护工艺组织？

13. 简述汽车维修思想的发展过程和维修方式的分类。

14. 简述汽车修理的分类和作业内容。

15. 说明车辆及其总成的大修标志。

16. 维修工艺组织方法的选择应考虑哪些问题？

第十九章　汽车更新理论

汽车更新理论主要研究汽车使用过程中的损耗、性能低劣化过程及规律、汽车使用寿命，并据此确定汽车更新最佳时机，可作为汽车更新的理论基础。

第一节　汽车性能劣化的原因

汽车性能劣化的原因有多种，但可归纳为有形损耗、无形损耗和综合损耗。

一、有形损耗

汽车运用过程中，由于载荷或周围介质的作用，使汽车实体发生损耗。这种发生于汽车实体的损耗称为有形损耗。有形损耗可分为以下两种：

第一种有形损耗指汽车在载荷作用下，因零部件摩擦磨损、变形和疲劳等损伤使汽车性能下降而引起的损耗。汽车发生有形损耗后，零部件原有尺寸或几何形状改变，配合精度下降，甚至发生零件损坏；从而使汽车性能变坏，生产率降低，生产成本增加，故障增多，甚至失去工作能力。

第二种有形损耗指汽车闲置过程中，由于零部件与外部介质发生化学、电化学作用，使金属零部件腐蚀，非金属制品老化变质，甚至丧失工作能力。管理不善或缺乏必要的维护，会使第二种有形损耗的速率加快。

二、无形损耗

无形损耗是由于技术进步引起的原有车辆技术上的陈旧和贬值。无形损耗不表现为汽车实体的变化，而表现为汽车原始价值的降低。无形损耗也分为两种：

第一种无形损耗指由于科学技术的进步，使生产同样结构汽车的再生产价值降低，致使保有的原型汽车价值降低。

第二种无形损耗指由于科学技术的进步，生产出了性能更为完善的新型汽车，从而使保有的原型汽车价值降低。

例如：某单位 5 年前购进一批桑塔纳 2000 型轿车，由于生产厂技术进步和生产规模扩大，使该车再生产成本下降，价格下调，产生了第一种无形损耗；又由于桑塔纳 3000 型轿车的问世，还使这批老桑塔纳轿车发生了第二种无形损耗。

三、综合损耗

综合损耗指车辆在有效使用期内发生的有形损耗和无形损耗的综合。汽车在使用过程中，有形损耗和无形损耗会同时发生，二者均会引起设备原始价值的降低。有形损耗严重时，会导致车辆在修复之前不能正常运行，而任何无形损耗却不影响车辆的正常运行。

第二节　汽车使用寿命

汽车从开始使用到不能使用的整个时期称为汽车的使用寿命。汽车使用寿命的长短直接影响汽车运用的经济效益。研究汽车使用寿命的意义在于，保持在用车辆具有良好使用性能，减小公害，节约能源，提高运力，充分提高车辆的社会效益和经济效益。

一、汽车使用寿命的分类

根据汽车更新或报废的依据和年限的不同，汽车使用寿命可分为物理寿命、技术使用寿命、经济使用寿命、折旧寿命和合理使用寿命。

物理寿命又称为自然寿命，指汽车从全新状态投入使用开始，直到不能保持正常生产状态，在技术上不能按原有用途继续使用为止所经历的时间。物理寿命是由有形损耗确定的，其长短与汽车的制造质量、运行材料的品质、运用条件、驾驶操作技术、维修质量有关，又可通过恢复性修理延长其物理寿命。

技术使用寿命指汽车从全新状态投入使用，到由于新技术的出现，因技术落后丧失其使用价值而被淘汰所经历的时间。技术使用寿命是由无形损耗决定的，其长短与技术进步的速度有关，技术进步越快，技术寿命越短，技术寿命一般短于物理寿命，当更先进的汽车出现或生产过程提出更高要求时，汽车在其物理寿命尚未终结前即被淘汰。但通过现代化技术改装，可以适当延长汽车的技术寿命。

经济使用寿命指综合考虑汽车使用中的各种消耗，以取得汽车使用最佳经济效果为出发点进行分析，保证汽车年平均总使用费用最低时的使用期限。年平均费用是车辆在使用年限内每年平均折旧费用与经营总费用之和。随着使用过程延续，汽车有形损耗增大，技术状况逐渐下降，使运行材料费用、维修费用等经营费用不断增加；但使用时间越长，每年分摊的折旧费越少。年均总费用是使用时间或运行里程的函数，如图 19-1 所示。汽车使用至一定年限就会达到年均费用的最低值，此后若继续使用将使经济性变坏。根据汽车使用的经济效益所确定的汽车寿命，称为汽车的经济使用寿命。经济使用寿命是确定汽车最佳更新时机的依据。超过该使用寿命年限，汽车在技术上仍可继续使用，但年平均总费用上升，在经济上不宜继续使用。

经济使用寿命时期内，汽车使用的经济效益最佳，因此得到广泛关注。研究表明：在汽车的整个使用期内，其制造费用平均占总费用的 15%，而使用和维修费则占 85%。主要发达国家载货汽车的平均经济使用寿命见表 19-1。

表 19-1　发达国家载货汽车的平均经济使用寿命

国别	美国	德国	英国	法国	日本	意大利
平均经济寿命/年	10.3	11.5	10.6	12.1	7.5	11.2

折旧寿命指按国家规定或企业自行规定的折旧率，把汽车总值扣除残值后的余额，折旧到接近于零所经历的时间或里程。

合理使用寿命指以经济使用寿命为基础，考虑国民经济发展和能源节约的实际情况后，所制定出的符合实际情况的使用期限。也就是说，汽车已经达到经济使用寿命，但是否更新应视国情而定，如更新汽车的来源及更新资金等。

二、汽车使用寿命的主要指标

反映汽车使用寿命长短的主要指标有年限、

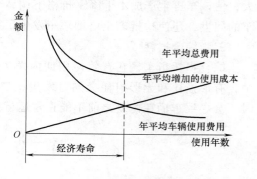

图 19-1　汽车的经济使用寿命

行驶里程、使用年限和大修次数。

年限指汽车开始投入运行到报废所经过的年度。年限不仅包括了车辆运行时间，还包括了车辆停驶期，但不能反映汽车的使用强度和使用条件，同年限车辆的技术状况差别很大。

行驶里程指从汽车开始投入运行到报废这一期间内的累计行驶里程数。行驶里程可以反映汽车的使用强度，但不能反映运行条件的差别和停驶期间的自然损耗。在汽车运输企业，大多以行驶里程作为考核车辆各项指标的基数。

使用年限是一个折算年限，数值上等于汽车行驶总里程与年平均行驶里程之比。年平均行驶里程是用统计方法得到的，与车辆的技术状况、完好率、平均技术速度和道路条件等因素有关。

$$Y_Z = \frac{\sum L}{\overline{L}}$$

式中　Y_Z——折算年限（年）；

$\sum L$——累计行驶总里程（km）；

$\overline{L}$——年平均行驶里程（km）。

大修次数指车辆报废之前所经历的大修次数。确定汽车经几次大修后报废最为经济时，需综合考虑购买新车的费用、旧车未折完的费用、大修费用和经营费用等。

第三节　汽车更新时刻的确定

确定更新时刻的主要根据是汽车的经济使用寿命。此时更新，可取得最佳经济效果；而提前或延迟更新，都会在一定程度上造成经济损失。确定经济使用寿命所依据的原则，是使车辆的一次性投资和各年度经营费用的总和最小。其确定方法有低劣化数值法、面值法、应用现值及资本回收系数估算法、模式法、折旧法、判定大修与更新界限法。本书以下介绍低劣化数值法、面值法、判定大修与更新界限法。

一、低劣化数值法

随着汽车使用年限的增长和行驶里程的增加，汽车的有形损耗和无形损耗均加剧，其主要技术性能下降，汽车经营费用主要因燃油费和维修费的增加而增大，这种现象称为汽车的低劣化。汽车燃油消耗量、维修费与使用年限的关系分别如图 19-2 和图 19-3 所示。

在研究汽车更新问题时，所考虑的汽车使用总费用由三部分组成：劣化费、折旧费和投资利息。

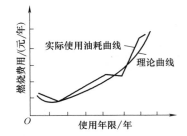

图 19-2　燃油消耗与使用年限的关系曲线

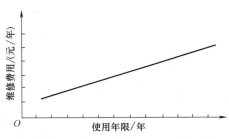

图 19-3　维修费用与使用年限的关系

劣化费是因汽车使用性能下降而引起的费用，包括经营费增加、停歇时间增加和工作质量下降引起的损失。其中维修费和燃料费增加最明显。

设 b 为年平均劣化费增加值，则第二年劣化费为 b，第三年为 $2b$……第 n 年为 $(n-1)b$。显然，各年的劣化费构成一个等差数列，年平均劣化费 b_m 为

$$b_\mathrm{m} = \frac{(n-1)b}{2}$$

用平均折旧法，年均折旧费 g 为

$$g = \frac{I_0 - C}{n}$$

式中　I_0——汽车的原值（元）；

C——汽车的残值（元）；

n——汽车使用年限（年）。

投资利息即汽车占用资金的利息，其数值为每年的汽车净值与利率的乘积。各年汽车投资利息也构成一个等差数列，其首项为 $I_0 i$，末项为 Ci，年均投资利息 I 为

$$I = \frac{(I_0 + C)i}{2}$$

式中　i——年利率（%）。

这样，年平均总费用 U 为

$$U = \frac{(n-1)b}{2} + \frac{I_0 - C}{n} + \frac{(I_0 + C)i}{2}$$

汽车使用至经济使用寿命时，其年平均总费用最小。将上式对使用年限 n 求导数并令其为零，得：

$$\frac{\mathrm{d}U}{\mathrm{d}n} = \frac{b}{2} - \frac{I_0 - C}{n^2} = 0$$

从中可解出汽车的经济使用年限，若记作 n_p。则

$$n_\mathrm{p} = \sqrt{\frac{2(I_0 - C)}{b}} \tag{19-1}$$

于是，只要确定了汽车的原值 I_0（元）、残值 C（元）和年平均劣花费增加值 b（元），即可求出汽车最佳更新年限。

确定年平均劣化费增加值 b 时，需根据汽车经营费用的历史统计数据进行回归分析，研究汽车经营费与使用年限间的关系。回归方程为

$$y = a + bx$$

式中　y——因变量，此问题中为年经营费用（元）；

x——自变量，此问题中为使用年度（元）；

a——待定常数；

b——待定常数，此问题中为年平均劣化费增加值。

待定常数 a、b 表示为

$$a = \frac{1}{n} \sum_{i=1}^{n} y_i - b \frac{1}{n} \sum_{i=1}^{n} x_i$$

$$b = \frac{n\sum\limits_{i=1}^{n} x_i y_i - \left(\sum\limits_{i=1}^{n} x_i\right)\left(\sum\limits_{i=1}^{n} y_i\right)}{n\sum\limits_{i=1}^{n} x_i^2 - \left(\sum\limits_{i=1}^{n} x_i\right)^2}$$

式中　n——数据统计年限（年）。

若 n 为奇数，把坐标纵轴平移至中间，使 $\sum\limits_{i=1}^{n} x_i = 0$，则有

$$a = \frac{1}{n}\sum\limits_{i=1}^{n} y_i \qquad b = \frac{\sum\limits_{i=1}^{n} x_i y_i}{\sum\limits_{i=1}^{n} x_i^2}$$

因此，只要求得 $\sum\limits_{i=1}^{n} y_i$、$\sum\limits_{i=1}^{n} x_i y_i$、$\sum\limits_{i=1}^{n} x_i^2$，即可求出 a、b 的数值。把年平均劣化费增加值 b、汽车的原值 I_0 和残值 C 代入式 19-1，即可求出 n_p 并据此确定汽车的最佳更新年限。

例：某汽车原值 80000 元，残值 8000 元，使用前 7 年经营费用历史数据见表 19-2，该车的最佳更新年限为多少？

表 19-2　年经营费用历史数据

使用年限 x/年	1	2	3	4	5	6	7
经营费用 y/元	6000	6000	7000	8000	9000	12000	15000

解：以自变量 x 为使用年限，因变量 y 为经营费，经计算列出表 19-3。

表 19-3　$\sum\limits_{i=1}^{n} x_i$、$\sum\limits_{i=1}^{n} y_i$、$\sum\limits_{i=1}^{n} x_i y_i$、$\sum\limits_{i=1}^{n} x_i^2$ 计算表

n	y_i	x_i	$x_i y_i$	x_i^2
第 1 年	6000	−3	−18000	9
第 2 年	6000	−2	−12000	4
第 3 年	7000	−1	−7000	1
第 4 年	8000	0	0	0
第 5 年	9000	1	9000	1
第 6 年	12000	2	24000	4
第 7 年	15000	3	45000	9
$n = 7$	$\sum\limits_{i=1}^{n} y_i = 63000$	$\sum\limits_{i=1}^{n} x_i = 0$	$\sum\limits_{i=1}^{n} x_i y_i = 41000$	$\sum\limits_{i=1}^{n} x_i^2 = 28$

$$a = \frac{1}{n}\sum\limits_{i=1}^{n} y_i = \frac{63000}{7}（元）= 9000（元）$$

$$b = \frac{\sum\limits_{i=1}^{n} x_i y_i}{\sum\limits_{i=1}^{n} x_i^2} = \frac{41000}{28}（元）= 1464.3（元）$$

根据已知条件：汽车的原值 $I_0 = 80000$（元）、残值 $C = 8000$（元）。与用年平均劣化费增加值 $b = 1464.3$（元）一起代入式 19-1，即可求得汽车最佳更新年限（经济使用年限）n_p。

$$n_p = \sqrt{\frac{2(I_0 - C)}{b}} = \sqrt{\frac{2 \times (80000 - 8000)}{1464.3}}（年）= 9.92（年）$$

二、面值法

面值法是一种仅以账面数值作为分析基础的经济分析法。与低劣化数值法相比，面值法可避免数据统计困难，适于在实际生产中分析和预估本单位车辆的经济使用寿命，通常采用列表计算的方法。

假定以汽车的原值即购置费用 $I_0 = 30000$ 元，预计可使用 10 年，其价值将随着使用年限的增加而降低，而运行成本则增加。相关数据列于表 19-4，计算其总使用成本和年平均使用成本，则可以得到年平均使用成本最低的使用年限。

表 19-4　汽车年总使用成本

使用年限 ①	汽车残值 ②	年折旧 ③ ③ = $(I_0 - ②)/①$	运行成本 ④	累计运行成本 ⑤ ⑤ = $\sum$ ④	总使用成本 ⑥ ⑥ = ③ + ⑤	年均使用成本 ⑦ ⑦ = ⑥/①
1	25000	5000	3200	3200	8200	8200
2	20000	5000	3850	7050	12050	6025
3	15000	5000	4300	11350	16350	5450
4	10000	5000	4700	36050	21050	5263
5	8000	4400	5200	21250	25650	5113
6	6000	4000	5600	26850	30850	5142
7	4000	3714	6100	32950	36334	5238
8	3000	3375	6500	39450	42825	5353
9	2000	3111	7000	46450	49561	5507
10	1000	2900	7200	53650	56550	5655

由表 19-4 可见，第 5 年末为该车最经济寿命时期，可作为更新时参考。

三、判定大修与更新界限计算法

汽车使用一段时期后，需要在更新或大修两种方案之间作出判断。可修而不修，过早更新，会因未达到折旧期而造成未折旧完的部分价值的损失。应该更新而未更新，则将增加维修费用，降低生产效率。因此，究竟进行大修还是更新，需要进行判别分析后再行决策。

确定大修或更新方案时，常采用的判别式为

$$R_i + S_e < \alpha \beta K_n + S_a$$

式中　R_i——车辆第 i 次大修的费用（元）；

S_e——使用成本的损失（元）；

α——大修后运输生产率与新车运输生产率的比例；

β——大修后车辆的大修间隔里程与新车大修间隔里程的比例；

S_a——更新产生的折旧损失（元）。

其中：使用成本损失 S_e 的大小等于大修后车辆与新购车辆的运输成本差值乘以至下次大修期间的运输生产量（即经营损失）。

更新与大修两方案耗费之差 B（元）为

$$B = (I_0 \alpha \beta + S_a) - (R_1 + S_e)$$

式中 I_0——新车原值（元）。

设 E_τ 为大修耗费效果系数，即

$$E_\tau = \frac{B}{I_0 \alpha \beta + S_a} = 1 - \frac{R_1 + S_e}{I_0 \alpha \beta + S_a}$$

当 $E_\tau > 0$ 时，说明更新在经济上是合理的。

例：假定某运输公司购进的汽车的车价为 $I_0 = 14500$，汽车残值为 500 元，单车折算吨位为 3.33t（考虑实载率、里程利用率、拖挂率等因素，由统计数据求出）。该公司汽车大修次数与大修间隔里程、费用以及完好率的关系见表 19-5，试判定在汽车进行第几次大修前进行更新最为经济。

表 19-5 汽车大修次数与大修间隔里程、费用以及完好率的关系

大修次数	大修间隔里程 /1000km	大修费用 /元	大修间隔里程内的平均成本 /[元/(1000t·km)]	大修间隔里程内的平均完好率(%)
0			159.49	89
1	180	3000		
2	100	4000		82
3	100	5000	180.61	
4	80		183.1	74.18
5	80			

1. 先判定是否需要进行第三次大修

根据表 19-5 经计算得到：

$$R_i = R_2 = 4000(元)$$

$$I_0 = 14500(元)$$

$$S_e = (180.61 - 159.49) \times 3.33 \times 100 \ 元 = 7032.96(元)$$

$$\alpha = \frac{82}{89} = 0.9213$$

$$\beta = \frac{100}{180} = 0.56$$

$$S_a = 14500 - \frac{14500}{800} \times 380 - 500(元) = 7112.5(元)$$

其中：折旧里程取 $800 \times 10^3 km$。

大修耗费效果系数 E_τ 为

$$E_\tau = 1 - \frac{R_i + S_e}{I_0 \alpha \beta + S_a} = 1 - \frac{4000 + 7032.96}{14500 \times 0.56 \times 0.92 + 7112.5} = 0.2434$$

据 $E_\tau >$ 可知，进行第三次大修在经济上是合理的。

2. 再判断是否需要进行第四次大修

$$R_i = R_3 = 5000(元)$$

$$I_0 = 14500(元)$$

$$S_e = (183.1 - 159.49) \times 3.33 \times 80 = 6289.7(元)$$

$$\alpha = \frac{74.18}{88.9} = 0.83$$

$$\beta = \frac{80}{180} = 0.44$$

$$S_a = 14500 - \frac{14500}{800} \times 460 - 500(元) = 5662.5(元)$$

计算得大修耗费效果系数 E_τ 为

$$E_\tau = 1 - \frac{R_i + S_e}{I_0 \alpha \beta + S_a} = 1 - \frac{5000 + 6289.7}{14500 \times 0.83 \times 0.44 + 5662.5} = -0.03$$

据 $E_\tau < 0$ 可知，进行第四次大修不经济，应在第四次大修前更新。

复 习 题

一、问答题

1. 汽车性能劣化的原因有哪几种？

2. 什么是有形损耗？什么是无形损耗？

3. 汽车使用寿命分为哪几种？

4. 什么是汽车经济使用寿命？

5. 汽车使用寿命的主要指标包括哪些？

二、综述（分析）题

1. 车辆使用的年平均费用包括哪些内容？变化趋势如何？

2. 怎样采用低劣化数值法确定汽车的最佳更新时刻？

3. 怎样采用面值法确定汽车的最佳更新时刻？

4. 怎样采用判定大修与更新界限计算法确定汽车的最佳更新时刻？

参 考 文 献

[1] 许洪国. 汽车运用工程 [M]. 5 版. 北京：人民交通出版社，2014.

[2] 余志生. 汽车理论 [M]. 5 版. 北京：机械工业出版社，2010.

[3] 张文春. 汽车理论 [M]. 2 版. 北京：机械工业出版社，2014.

[4] 鲁植雄. 汽车运用工程 [M]. 北京：人民交通出版社，2015.

[5] 陈焕江. 汽车运用工程 [M]. 2 版. 北京：人民交通出版社，2016.

[6] 陈焕江. 汽车检测与诊断技术 [M]. 2 版. 北京：人民交通出版社，2015.

[7] 陈家瑞. 汽车构造 [M]. 5 版. 北京：人民交通出版社，2008.

[8] 王海林，迟瑞娟. 汽车运用技术 [M]. 北京：北京理工大学出版社，2007.

[9] 杨柏青. 汽车使用与技术管理 [M]. 2 版. 北京：北京大学出版社，2012.

[10] 叶新娜. 汽车运用基础 [M]. 北京：化学工业出版社，2011.

[11] 陈焕江. 汽车运用基础 [M]. 3 版. 北京：机械工业出版社，2014.

[12] 戴汝泉. 汽车运行性能 [M]. 北京：机械工业出版社，2010.

[13] 姜立标，张黎骅. 汽车运用工程基础 [M]. 北京：北京大学出版社，2008.

[14] 邵毅明. 汽车新能源与节能技术 [M]. 北京：人民交通出版社，2008.

[15] 藏杰. 新能源汽车 [M]. 北京：机械工业出版社，2013.

[16] 陈焕江. 汽车检测与诊断 [M]. 3 版. 北京：机械工业出版社，2013.

[17] 赵英勋. 汽车检测与诊断技术 [M]. 北京：机械工业出版社，2011.

[18] 张学利，刘富佳. 汽车燃油经济性检测 [M]. 北京：人民交通出版社，2010.

[19] 张雪莉. 机动车排气污染物检测技术 [M]. 北京：清华大学出版社，2010.

[20] 孙凤英. 汽车运行材料 [M]. 北京：人民交通出版社，2012.

[21] 方锡邦. 汽车检测技术与设备 [M]. 北京：人民交通出版社，2009.

[22] 关强，杜丹丰. 汽车试验学 [M]. 北京：人民交通出版社，2009.

[23] 王文辉. 公路概论 [M]. 北京：人民交通出版社，2006.

[24] 鲍香台. 运输组织学 [M]. 南京：东南大学出版社，2009.

[25] 左付山. 汽车维修工程 [M]. 南京：东南大学出版社，2008.

[26] 汪国梁. 汽车维修质量检测与评定 [M]. 重庆：重庆大学出版社，2006.

[27] 张远. 运输港站与枢纽 [M]. 南京：东南大学出版社，2008.

[28] 张举兵，等. 城市道路交通规划 [M]. 北京：化学工业出版社，2006.

[29] 宋年秀，王耀斌. 运输枢纽与场站设计 [M]. 北京：机械工业出版社，2006.

[30] 王耀斌，刘宏飞. 汽车维修管理工程 [M]. 北京：机械工业出版社，2007.

[31] 骆勇. 道路运输组织学 [M]. 北京：人民交通出版社，2006.

[32] 任科社. 交通运输系统规划 [M]. 北京：人民交通出版社，2005.

[33] 沈斐敏. 道路交通安全 [M]. 北京：机械工业出版社，2007.

[34] 王毓民. 实用汽车润滑技术手册 [M]. 北京：化学工业出版社，2005.

[35] 陈唐民. 汽车运输学 [M]. 北京：人民交通出版社，1999.

[36] 王永凯，王耀斌. 汽车运用优化技术 [M]. 北京：人民交通出版社，1998.

[37] 李卫平. 汽车运用基础教程 [M]. 北京：人民交通出版社，1997.

[38] 韩敏. 汽车与工程机械用油常识 [M]. 北京：化学工业出版社，1997.

[39] 张发均. 汽车年审检验知识 [M]. 成都：四川科学技术出版社，1999.

[40] 张学敏. 我国汽油车废气检测方法分析研究 [J]. 汽车技术, 2004 (7): 8-11.

[41] 刘平, 等. 基于工况机和 RS-485 的新型汽车性能测控系统 [J]. 公路与汽运, 2004 (8): 11-13.

[42] 何勇, 等. 汽车动力性现状分析 [J]. 公路交通科技, 2001, 18 (2): 74-77.

[43] 王建强, 等. 汽车动力性检测模型的建立 [J]. 中国公路学报, 2001, 14 (2): 109-112.

[44] 张增建, 等. 发动机瞬态油耗测量系统的研制 [J]. 天津大学学报, 2001, 4: 27-29.

[45] 喻国平. 全自动车辆检测网络管理系统研制 [J]. 南昌大学学报, 2005, 27 (3): 83-85.

[46] 陈叶箐, 龚时雨. 以可靠性为中心的维修思想 [J]. 工业安全与环保, 2006, 32 (6): 36-39.

[47] 潘玉立, 程珊珊. 运行速度和发动机油耗预测模拟技术研究 [J]. 公路交通科技, 2004, 21 (5): 96-99.

[48] 杨得军, 等. 汽车转向盘脉冲试验数据后处理方法 [J]. 汽车技术, 2009 (8): 43-48.

[49] 胡昌斌, 等. 长下坡路段货车毂式制动器摩擦片温升规律 [J]. 交通运输工程学报, 2009, 19 (4): 49-55.

[50] 郝合瑞, 等. 基于指标链的道路站场布局评价方法 [J]. 长安大学学报 (自然科学版) 2009, 29 (1): 74-77.

[51] 李孟良, 等. 不同排放法规阶段轻型汽油车排放控制技术特征 [J]. 汽车工程, 2009, 31 (8): 741-745.